21世纪
高等院校法学系列精品教材

涉外法治概论

杜 涛 著

中国人民大学出版社
·北京·

图书在版编目（CIP）数据

涉外法治概论/杜涛著. --北京：中国人民大学出版社，2025.5.--（21世纪高等院校法学系列精品教材）.--ISBN 978-7-300-33900-9

Ⅰ. D922.134

中国国家版本馆 CIP 数据核字第 2025EH8575 号

21世纪高等院校法学系列精品教材

涉外法治概论

杜 涛 著

Shewai Fazhi Gailun

出版发行	中国人民大学出版社		
社　　址	北京中关村大街31号	**邮政编码**	100080
电　　话	010－62511242（总编室）		010－62511770（质管部）
	010－82501766（邮购部）		010－62514148（门市部）
	010－62511173（发行公司）		010－62515275（盗版举报）
网　　址	http://www.crup.com.cn		
经　　销	新华书店		
印　　刷	北京昌联印刷有限公司		
开　　本	787 mm×1092 mm　1/16	**版　　次**	2025年5月第1版
印　　张	21.5 插页2	**印　　次**	2025年5月第1次印刷
字　　数	419 000	**定　　价**	65.00元

作者简介

杜涛，法学博士，华东政法大学国际法学院院长、“经天学者”特聘教授、涉外法治研究院首席专家、博士生导师、外国法查明研究中心执行主任。兼任中国国际私法学会副会长、中国国际法学会常务理事、上海市涉外法治研究会副会长、香港特别行政区国际法律人才培训专家委员会委员等。

内容提要

本教材以中国特色涉外法治自主知识体系建构为目标，深入阐释习近平法治思想和习近平外交思想中关于统筹国内法治和涉外法治的核心概念与理念，重点梳理习近平新时代中国特色社会主义思想指导下我国涉外法治建设取得的成就，厘清涉外法治对中国式现代化的巨大意义。帮助学生了解中国处理涉外事务的国家基本制度，祛魅“西方中心主义”视角下的价值理念、话语叙事和全球治理框架，刻画中国涉外法治的完善路径。教材聚焦中国涉外法治的基本法律制度，重点论述《对外关系法》和其他基本涉外法律制度体系，内容涵盖涉外法治的基础理论、涉外法治的宪法原则、外国人法律地位和管理制度、条约与外交关系法律制度、域外管辖权制度、涉外经济管理法律制度、对外贸易与经济制裁法律制度、对外援助法律制度、涉外国家安全法律制度及涉外应急管理法律制度等领域，剖析了涉外法治领域诸多重点、难点和热点问题，可作为高等院校和企业事业单位涉外法治人才培养教材使用。

| 序 |

中共中央总书记习近平在主持二十届中央政治局第十次集体学习时发表了重要讲话，强调加强涉外法治建设既是以中国式现代化全面推进强国建设、民族复兴伟业的长远所需，也是推进高水平对外开放、应对外部风险挑战的当务之急。要从更好统筹国内国际两个大局、更好统筹发展和安全的高度，深刻认识做好涉外法治工作的重要性和紧迫性，建设同高质量发展、高水平开放要求相适应的涉外法治体系和能力，为中国式现代化行稳致远营造有利法治条件和外部环境。习近平总书记的重要讲话系统阐释了什么是涉外法治、为什么要建设涉外法治以及如何建设涉外法治这几个根本问题，为涉外法治建设指明了目标和方向，提供了根本遵循。

涉外法治作为中国特色社会主义法治体系的重要组成部分，事关全面依法治国，事关我国对外开放和外交工作大局。在2020年中央全面依法治国工作会议上，“坚持统筹推进国内法治和涉外法治”首次被列为习近平法治思想的核心内容。党的二十大报告提出：“加强重点领域、新兴领域、涉外领域立法，统筹推进国内法治和涉外法治，以良法促进发展、保障善治。”这是首次将涉外法治建设写入党的全国代表大会报告之中，充分体现了涉外法治建设在为新时代新征程以中国式现代化全面推进中华民族伟大复兴进程中的重要作用。

近年来，中国综合国力和国际影响力大幅提升。美国等西方国家将中国视为主要竞争对手，企图对中国实施全方位的遏制和打压。美国在这场战略竞争中的一个显著特点就是采用“法律战”的形式。美国已经对中国国家、企业、银行和个人采取五花八门的“长臂诉讼”和经济制裁措施，可谓无所不用其极。“法律战”严格上说是涉外法律之战。伴随着贸易和投资的全球化，劳动力、资金等生产要素的全球流动，一国的对内事务与对外事务相互交织，这导致国内法治建设需要涉外法治建设相配合。中国加强涉外法治体系建设是为了回应国际治理体系的时代变迁，基于对国家主权、安全和发展利益的保护作出的战略选择。我国积极推进“一带一路”建设，构建人类命运共同体，实现中华民族伟大复兴，这一系列高瞻远瞩的战略目标和愿景要求我国必须统筹推进国内法治和涉外法治。

习近平总书记强调：“涉外法治工作是一项涉及面广、联动性强的系统工程，必须统筹国内和国际，统筹发展和安全，坚持前瞻性思考、全局性谋划、战略性布局、整体性推进，加强顶层设计，一体推进涉外立法、执法、司法、守法和法律服务，形成涉外法治工作大协同格局。”习近平总书记的这一要求明确了我国推进涉外法治建设的总体战略和具体工作方法，着重强调了涉外法治工作的系统性、协调性和全局性。

法治的生命在于法的实施。涉外法治在实施过程中要重视不同涉外法律制度之间的制度协同性和实施高效性。制度协同性要求涉外法律制度之间不能在实施的过程中产生法律冲突，而实施高效性要求从执法、司法角度进行制度变革。要进一步推进涉外司法审判体制机制改革，提高涉外司法公信力。加快推进我国法域外适用的实施机制建设。健全反制裁、反干涉和反“长臂管辖”法律执行机制。人民法院进一步加强国际商事法庭建设，依法行使管辖权，准确适用国际公约，尊重国际惯例，公正高效地审理涉外民商事案件。

涉外法治建设滋养和夯实高水平开放的法治根基。高水平对外开放意味着全方位、多领域的国际交流和合作。涉外法治与高水平开放相伴而行。完善的涉外法治将产生内外双重效应，不仅助益于国内营商环境的改善，还助益于国际市场的拓展。涉外法治的建设，一方面要主动对接和吸纳高标准国际经贸规则，积极构建自由贸易区等高层次对外开放高地，建设更高水平开放型经济新体制；另一方面要确保我国涉外法律体系的科学性和公开性，维护外资企业合法权益。

涉外法治建设应当以涉外法治理论和实践的研究为先导。涉外法治理论和实践的研究，将分析涉外法治的法理基础和逻辑起点，结合中国外交和法律实践，构建中国特色、融通中外的涉外法治理论体系和话语体系。学界应当关注我国涉外法治体系中存在的短板和不足，进一步加强以《中华人民共和国对外关系法》为中心的涉外法治教学研究。涉外法治实务部门应当同涉外法治理论研究者之间建立协同合作的常态化机制，将涉外法治研究的理论成果吸收、转化为涉外法治建设的实践指南。

涉外法治人才培养在涉外法治建设中具有基础性、先导性和源头性的地位和作用。涉外法治人才应当具有坚定的政治立场和过硬的专业素质。坚定的政治立场确保涉外法治人才真正服务于国家，过硬的专业素质确保高水平对外开放中国家利益的维护。因此，要坚持立德树人、德法兼修，加强学科建设，办好法学教育，完善以实践为导向的培养机制，早日培养出一批政治立场坚定、专业素质过硬、通晓国际规则、精通涉外法律实务的涉外法治人才。

为了满足高等院校和实务部门涉外法治教学和培训需求，在上海市人民政府参事陈晶莹教授和中国人民大学出版社策划下，我们于 2021 年开始组织撰写这本《涉外法治概论》教材，纳入“21 世纪高等院校法学系列精品教材”出版。本教材是国家社科基金重大项目“中国特色社会主义对外关系法律体系构建研究”

(19ZDA167) 的中期成果。因涉外法治的内容博大精深，国内外均无先例可供参考，本教材虽历经三年多时间才得以完成，但错漏之处在所难免，恳请读者多提宝贵意见，以便及时修订更正。本教材由课程负责人杜涛教授撰写，但在写作过程中，吴尚轩博士、王国华教授、费秀艳副教授、曲光毅博士、冷静教授、伍巧芳教授等课程组成员提供了诸多参考意见。陈晶莹教授作为本教材的早期策划人，一直关心教材的写作进度，中国人民大学出版社的白俊峰编辑和其他编辑老师对书稿的审读校对付出了辛苦劳动，特表示谢意！

2025 年 2 月于上海

目　录

第一章　涉外法治的基础理论

第一节　涉外法治概述

一、涉外法治的定义

法治，就是依法治国。党的十八届四中全会通过的《中共中央关于全面推进依法治国若干重大问题的决定》指出："全面推进依法治国，总目标是建设中国特色社会主义法治体系，建设社会主义法治国家。这就是，在中国共产党领导下，坚持中国特色社会主义制度，贯彻中国特色社会主义法治理论，形成完备的法律规范体系、高效的法治实施体系、严密的法治监督体系、有力的法治保障体系，形成完善的党内法规体系，坚持依法治国、依法执政、依法行政共同推进，坚持法治国家、法治政府、法治社会一体建设，实现科学立法、严格执法、公正司法、全民守法，促进国家治理体系和治理能力现代化。"① 这一定义是对中国特色社会主义法治概念的科学凝练，同时也是中国特色社会主义涉外法治概念的基本出发点。

习近平总书记 2018 年 8 月 24 日在中央全面依法治国委员会第一次会议上正式宣布："中国走向世界，以负责任大国参与国际事务，必须善于运用法治。在对外斗争中，我们要拿起法律武器，占领法治制高点，敢于向破坏者、搅局者说不。全球治理体系正处于调整变革的关键时期，我们要积极参与国际规则制定，做全球治理变革进程的参与者、推动者、引领者。"② 这是习近平总书记首次明确提出要在国际事务中运用法治。

在 2019 年 2 月 25 日中央全面依法治国委员会第二次会议上，习近平总书记首次提出了"涉外法治"和"涉外法律"的概念。习近平总书记指出："要加快推进我国法域外适用的法律体系建设，加强涉外法治专业人才培养，积极发展涉外法律服务，强化企业合规意识，保障和服务高水平对外开放。"2019 年 10 月 31 日，党的十九届四中全会通过的《中共中央关于坚持和完善中国特色社会主义制度推

---

① 习近平：《关于〈中共中央关于全面推进依法治国若干重大问题的决定〉的说明》，《人民日报》2014 年 10 月 29 日，第 2 版。

② 《加强党对全面依法治国的领导》，《求是》2019 年第 4 期。

进国家治理体系和治理能力现代化若干重大问题的决定》首次在中央文件中使用“涉外法治”概念。

在2020年11月16日至17日举行的中央全面依法治国工作会议上，习近平总书记用“十一个坚持”对全面依法治国进行阐释、部署，从而正式形成“习近平法治思想”。[①]“坚持统筹推进国内法治和涉外法治”首次被列为习近平法治思想的核心内容。[②] 习近平总书记在中央全面依法治国工作会议上强调指出：“要坚持统筹推进国内法治和涉外法治。要加快涉外法治工作战略布局，协调推进国内治理和国际治理，更好维护国家主权、安全、发展利益。要强化法治思维，运用法治方式，有效应对挑战、防范风险，综合利用立法、执法、司法等手段开展斗争，坚决维护国家主权、尊严和核心利益。要推动全球治理变革，推动构建人类命运共同体。”[③] 上述讲话为中国特色社会主义涉外法治体系建设指明了方向，提供了根本遵循。

2022年10月16日，习近平总书记在党的二十大报告中正式提出，“加强重点领域、新兴领域、涉外领域立法，统筹推进国内法治和涉外法治，以良法促进发展、保障善治”，为新时代新征程以中国式现代化全面推进中华民族伟大复兴进程中的涉外法治建设指明了方向。

2023年11月27日，习近平总书记在中共中央政治局就加强涉外法制建设进行第十次集体学习时指出，涉外法律制度是国家法制的重要组成部分，是涉外法治的基础，发挥着固根本、稳预期、利长远的重要作用。

习近平总书记指出：涉外法治工作是一项涉及面广、联动性强的系统工程，必须统筹国内和国际，统筹发展和安全，坚持前瞻性思考、全局性谋划、战略性布局、整体性推进，加强顶层设计，一体推进涉外立法、执法、司法、守法和法律服务，形成涉外法治工作大协同格局。要坚持立法先行、立改废释并举，形成系统完备的涉外法律法规体系。要建设协同高效的涉外法治实施体系，提升涉外执法司法效能，推进涉外司法审判体制机制改革，提高涉外司法公信力。要积极发展涉外法律服务，培育一批国际一流的仲裁机构、律师事务所。要深化执法司法国际合作，加强领事保护与协助，建强保护我国海外利益的法治安全链。要强化合规意识，引导我国公民、企业在“走出去”过程中自觉遵守当地法律法规和

---

① 张文显：《习近平法治思想的理论体系》，《法制与社会发展》2021年第1期。

② 习近平总书记在2018年8月24日中央全面依法治国委员会第一次会议上将党的十八大以来我党提出的一系列全面依法治国新理念新思想新战略概括为十个方面，即“十个坚持”。参见《加强党对全面依法治国的领导》，《求是》2019年第4期。与“十个坚持”相比，“十一个坚持”增加了“坚持统筹推进国内法治和涉外法治”这一项新要求。见《坚定不移走中国特色社会主义法治道路 为全面建设社会主义现代化国家提供有力法治保障》，《人民日报》2020年11月18日，第1版。

③ 《坚定不移走中国特色社会主义法治道路 为全面建设社会主义现代化国家提供有力法治保障》，《人民日报》2020年11月18日，第1版。

风俗习惯，运用法治和规则维护自身合法权益。

习近平总书记强调：要坚定维护以国际法为基础的国际秩序，主动参与国际规则制定，推进国际关系法治化。积极参与全球治理体系改革和建设，推动全球治理朝着更加公正合理的方向发展，以国际良法促进全球善治，助力构建人类命运共同体。

习近平总书记指出：法治同开放相伴而行，对外开放向前推进一步，涉外法治建设就要跟进一步。要坚持在法治基础上推进高水平对外开放，在扩大开放中推进涉外法治建设，不断夯实高水平开放的法治根基。法治是最好的营商环境，要完善公开透明的涉外法律体系，加强知识产权保护，维护外资企业合法权益，用好国内国际两类规则，营造市场化、法治化、国际化一流营商环境。要主动对接、积极吸纳高标准国际经贸规则，稳步扩大制度型开放，提升贸易和投资自由化便利化水平，建设更高水平开放型经济新体制。要对标国际先进水平，把自由贸易试验区等高水平对外开放的有效举措和成熟经验及时上升为法律，打造开放层次更高、营商环境更优、辐射作用更强的对外开放新高地。要全面提升依法维护开放安全能力。完善外国人在华生活便利服务措施和相关法律法规。

习近平总书记强调：要加强专业人才培养和队伍建设。坚持立德树人、德法兼修，加强学科建设，办好法学教育，完善以实践为导向的培养机制，早日培养出一批政治立场坚定、专业素质过硬、通晓国际规则、精通涉外法律实务的涉外法治人才。健全人才引进、选拔、使用、管理机制，做好高端涉外法治人才培养储备。加强涉外干部队伍法治能力建设，打造高素质专业化涉外法治工作队伍。各级领导干部要带头尊法、学法、守法、用法，切实提升涉外法治思维和依法办事能力。习近平总书记指出：要坚定法治自信，积极阐释中国特色涉外法治理念、主张和成功实践，讲好新时代中国法治故事。加强涉外法治理论和实践前沿课题研究，构建中国特色、融通中外的涉外法治理论体系和话语体系，彰显我国法治大国、文明大国形象。中华法系源远流长，中华优秀传统法律文化蕴含丰富法治思想和深邃政治智慧，是中华文化的瑰宝。要积极推动中华优秀传统法律文化创造性转化、创新性发展，赋予中华法治文明新的时代内涵，激发起蓬勃生机。

2024 年 7 月 18 日，中国共产党第二十届中央委员会第三次全体会议通过的《中共中央关于进一步全面深化改革 推进中国式现代化的决定》对“加强涉外法治建设”提出了具体要求：“建立一体推进涉外立法、执法、司法、守法和法律服务、法治人才培养的工作机制。完善涉外法律法规体系和法治实施体系，深化执法司法国际合作。完善涉外民事法律关系中当事人依法约定管辖、选择适用域外法等司法审判制度。健全国际商事仲裁和调解制度，培育国际一流仲裁机构、律师事务所。积极参与国际规则制定。”

综合上述讲话和文件精神，我们认为，中国特色涉外法治，就是指在习近平法治思想体系下，调整我国涉外法律关系的法律理念、原则、制度、机制、规则、措施的集合，包括涉外立法、涉外执法、涉外司法、涉外守法、涉外法律服务、涉外法治人才培养等方面。

二、涉外法治的相关概念

1. 涉外法律

涉外法治与涉外法律是两个不同的概念。涉外法治所依托的法律规范体系就是涉外法律体系。涉外法律是调整一国涉外关系或对外事务的法律规范的总称，是一个国家国内法的组成部分，但它不同于调整纯粹国内事务的那一部分国内法，也不同于调整国际社会中国家间关系的国际法。国际法的渊源是国际条约、国际习惯和各国所承认的一般法律原则，而涉外法律的渊源则是国内宪法、成文立法、行政法规等。涉外事务具有广义性质，既包括一国与其他国家之间的国际事务，也包括一国国民与他国国民（自然人或法人）之间的私人事务。总而言之，只要在交往关系中涉及不同国家的人、物或行为，就属于涉外事务或涉外关系。从法理上来看，只要是法律关系中含有涉外因素的，都会涉及涉外法治工作，都属于涉外法律的调整对象。

涉外法律与“外事法律”（foreign affairs law）或“对外关系法”（foreign relations law 或 external relations law）既有联系也有区别。在美国和欧洲，通常把一国调整对外事务的法律称为对外关系法。[①] 美国法学会专门编纂了《对外关系法重述》，目前已修改了三次，现行的为第四版。[②] 欧盟也形成了独立的对外关系法律体系。[③] 西方国家没有涉外法治的概念，对外关系法（对外事务法）是最接近于涉外法治的。我国于 2023 年 6 月 28 日颁布《中华人民共和国对外关系法》（以下简称《对外关系法》），自 2023 年 7 月 1 日起施行。《对外关系法》是我国涉外法治领域的基础性、综合性法律，是对我国发展对外关系作出规定，集中阐述我国对外大政方针、立场主张，完善我国对外关系的重要法律制度。该法明确规定了我国对外工作中具有指导意义、普遍意义的思想、方针、原则，为其他涉外法律提供授权和指引。

对外关系法与“外交关系法”是两个不同的概念。外交关系（diplomatic relations）特指国际法主体之间通过相互派遣外交代表或设立常设外交代表机关而建立的相互关系。联合国专门制定了《维也纳外交关系公约》来规范国家之间的外

---

① Curtis A. Bradley，What is Foreign Relations Law? In the Oxford Handbook of Comparative Foreign Relations Law，Oxford University Press 2018，p. 1.

② Curtis A. Bradley，Foreign Relations Law as a Field of Study，AJIL Unbound，Vol. 111（2017），p. 306.

③ 张华：《欧洲联盟对外关系法原理》，法律出版社 2016 年版。

交关系。而对外关系（foreign relations）是一个更广泛的概念，泛指一切对外交往中的关系，包括但不限于国家之间的交往关系。例如，我国香港和澳门特别行政区不能与其他国家发展外交关系，但是可以在《中华人民共和国宪法》（以下简称《宪法》）和香港、澳门特别行政区法律框架下与外国政府、企业和个人开展各种形式的对外交流。美国国会 1978 年颁布了专门的《外交关系法案》（Diplomatic Relations Act）来调整美国的外交关系，而美国法学会编纂的《对外关系法重述》则涵盖了美国对外交往中所涉及的各种法律制度。外交关系法是对外关系法的一部分。

涉外法律体系，是指一个国家调整该国涉外事务的法律规范的系统集合。党的十八届四中全会通过的《中共中央关于全面推进依法治国若干重大问题的决定》提出要"适应对外开放不断深化，完善涉外法律法规体系"。国务院副总理汪洋在 2014 年 11 月发表于《人民日报》的《加强涉外法律工作》一文中进一步明确指出：党的十一届三中全会之后，我国陆续制定了"外资三法"、海关法、商检法、对外贸易法、涉外民事关系法律适用法、出境入境管理法以及外汇管理条例等一系列骨干性、支撑性的涉外法律法规，在民事、刑事等基本法律中也都规定了专门的涉外条款，为对外开放有序进行提供了法律保障。加入世界贸易组织前后，我国开展了新中国成立以来最大规模的法律法规和政策措施立、改、废工作，基本建立起符合我国国情和世界贸易组织规则的涉外法律体系。[①] 这一论断表明，中共中央已明确肯定我国的涉外法律法规体系已经基本形成，但尚需完善。

2. 涉外法制与涉外法治

涉外法制是指涉外法律制度。2023 年 11 月 27 日，中共中央政治局就加强涉外法制建设进行第十次集体学习，首次提出了涉外法律制度的概念。习近平总书记在讲话中指出：法律是社会生活、国家治理的准绳。涉外法律制度是国家法制的重要组成部分，是涉外法治的基础，发挥着固根本、稳预期、利长远的重要作用。

"法制"和"法治"都包含国内和涉外两个方面。国内法制（治）与涉外法制（治）构成国家法制（治）的"一体两翼"。涉外法治建设事关全面依法治国，事关我国对外开放和外交工作大局。推进涉外法治工作，根本目的是用法治方式更好维护国家和人民利益，促进国际法治进步，推动构建人类命运共同体。在强国建设、民族复兴新征程上，必须坚持正确政治方向，以更加积极的历史担当和创造精神，加快推进我国涉外法治体系和能力建设。[②]

3. 涉外法治体系

根据中央全面依法治国工作会议精神，中国特色社会主义法治体系的具体内容包括：第一，完备的法律规范体系；第二，高效的法治实施体系；第三，严密的法治

① 汪洋：《加强涉外法律工作》，《人民日报》2014 年 11 月 6 日，第 6 版。

② 黄惠康：《新形势下加强涉外法治建设的根本遵循》，《人民政协报》2024 年 2 月 5 日，第 3 版。

监督体系；第四，有力的法治保障体系；第五，完善的党内法规体系。[①] 中国特色社会主义涉外法治体系也应当包含上述几个方面，即完备的涉外法律规范体系、高效的涉外法治实施体系、严密的涉外法治监督体系、有力的涉外法治保障体系和完善的党内涉外法规体系。中国特色社会主义涉外法治体系所秉持的基本理念是坚持推动构建人类命运共同体，坚定维护以联合国宪章宗旨和原则为核心的国际秩序和国际体系，为全球治理体系改革和建设贡献中国智慧和中国方案。[②]

中共中央印发的《法治中国建设规划（2020—2025年）》为我国的涉外法治工作提出了明确要求："加强涉外法治工作。适应高水平对外开放工作需要，完善涉外法律和规则体系，补齐短板，提高涉外工作法治化水平。"具体包括以下方面："积极参与国际规则制定，推动形成公正合理的国际规则体系。加快推进我国法域外适用的法律体系建设。围绕促进共建'一带一路'国际合作，推进国际商事法庭建设与完善。推动我国仲裁机构与共建'一带一路'国家仲裁机构合作建立联合仲裁机制。强化涉外法律服务，维护我国公民、法人在海外及外国公民、法人在我国的正当权益。建立涉外工作法务制度。引导对外经贸合作企业加强合规管理，提高法律风险防范意识。建立健全域外法律查明机制。推进对外法治宣传，讲好中国法治故事。加强国际法研究和运用。加强多双边法治对话，推进对外法治交流。深化国际司法交流合作。完善我国司法协助体制机制，推进引渡、遣返犯罪嫌疑人和被判刑人移管等司法协助领域国际合作。积极参与执法安全国际合作，共同打击暴力恐怖势力、民族分裂势力、宗教极端势力和贩毒走私、跨国有组织犯罪。加强反腐败国际合作，加大海外追逃追赃、遣返引渡力度。"

第二节　中国特色涉外法治体系建设的重要性和必要性

一、贯彻落实习近平法治思想和习近平外交思想

党的十八大以来，以习近平同志为核心的党中央统筹中华民族伟大复兴战略全局和世界百年未有之大变局，形成了习近平法治思想。习近平法治思想强调法治是国家核心竞争力的重要内容，明确提出坚持统筹推进国内法治和涉外法治，加强涉外领域立法，加快形成系统完备的涉外法律法规体系，为维护我国主权、安全、发展利益，推动构建人类命运共同体提供法治保障。改革开放以来，我国涉外法治建设不断加强，涉外法治体系不断健全，为对外开放提供了重要法治保

① 《坚定不移走中国特色社会主义法治道路 为全面建设社会主义现代化国家提供有力法治保障》，《人民日报》2020年11月18日，第1版。

② 《推进全面依法治国，发挥法治在国家治理体系和治理能力现代化中的积极作用》，《求是》2020年第22期。

障。党的十八大以来，涉外领域立法的广度和深度大幅拓展，相继制定修改一批重要涉外法律法规，为扩大对外开放，增进国际交往，维护国家主权、安全、发展利益发挥了重要作用。但是，同国内法治体系相比较，我国涉外法治体系建设还存在一些制度短板和发展弱项。当前，世界百年未有之大变局加速演进，我国改革发展稳定任务艰巨繁重，对外开放深入推进，必须更好发挥法治固根本、稳预期、利长远的保障作用，加快涉外法治体系建设，提高涉外工作法治化水平，有效应对风险挑战，以法律手段更好维护我国主权、安全、发展利益。

习近平外交思想是习近平新时代中国特色社会主义思想的重要组成部分，是新时代我国对外工作的根本遵循和行动指南。加强涉外法治建设，明确发展对外关系的指导思想，以法治方式贯彻落实习近平外交思想的核心要义、精神实质、丰富内涵和实践要求，使党在对外工作领域的方针政策通过法定程序转化为国家意志，规范和指导对外工作，服务国内发展大局和对外工作全局。同时，加强涉外法治建设，明确党中央对对外工作的集中统一领导，规定党和国家机构改革后形成的外事工作领导体制机制，明确各方面职责任务，有利于形成在党中央集中统一领导下的对外交往大协同格局，为新时代对外工作提供坚实法治支撑。

二、统筹我国国内法治和国际法治建设

《中共中央关于全面推进依法治国若干重大问题的决定》为我国确立了全面推进依法治国的根本方针，总目标是建设中国特色社会主义法治体系，建设社会主义法治国家。该决定指出，要实现这个目标，必须加强涉外法律工作。当今世界，一国的对内事务与对外事务犬牙交错，这导致国家的国内法治建设不能脱离国际法治建设。随着对外开放的深入发展和“一带一路”建设的成功推进，我国的海外利益日益广泛，对于这些海外利益，同样需要依靠法治予以保护。传统上，这一部分海外利益的保护要么依靠传统的国际法，要么依靠其他国家的法律。然而，现行国际法规则大都是在西方国家主导下形成的。由于国际法的形成机制存在先天缺陷，依靠中国自身力量短时间内根本无法改变现行国际规则。中国必须建立一套完善的对外关系法律体系才能像美国和欧盟一样维护自身的海外利益。[①] 涉外法律体系建设回应了对外与对内事务治理的时代变迁，摆脱了传统的国际法与国内法两分法思维，它对于作为新兴大国的中国尤其具有重要意义。

正如习近平总书记所说：涉外法治工作是一项涉及面广、联动性强的系统工程，必须统筹国内和国际，统筹发展和安全，坚持前瞻性思考、全局性谋划、战略性布局、整体性推进，加强顶层设计，一体推进涉外立法、执法、司法、守法和法律服务，形成涉外法治工作大协同格局。要坚持立法先行、立改废释并举，

① 蔡从燕：《中国崛起、对外关系法与法院的功能再造》，《武汉大学学报（哲学社会科学版）》2018年第5期。

形成系统完备的涉外法律法规体系。要建设协同高效的涉外法治实施体系，提升涉外执法司法效能，推进涉外司法审判体制机制改革，提高涉外司法公信力。要积极发展涉外法律服务，培育一批国际一流的仲裁机构、律师事务所。要深化执法司法国际合作，加强领事保护与协助，建强保护我国海外利益的法治安全链。要强化合规意识，引导我国公民、企业在"走出去"过程中自觉遵守当地法律法规和风俗习惯，运用法治和规则维护自身合法权益。

三、参与全球法律合作

涉外法治是中国参与国际治理体系改革的必要工具，是中国推进"一带一路"建设的需要，是构建人类命运共同体、实现中华民族伟大复兴的制度保障。哈佛商学院迈克尔·波特（Michael E. Porter）教授提出的"国家竞争优势"（the competitive advantage of nations）理论指出，在现代全球经济下，繁荣是一国自己的选择，竞争力的大小不再由先天继承的自然条件所决定。如果一国选择了有利于生产率增长的政策、法律和制度，那它就选择了繁荣。随着全球化的深入发展，法律本身也逐渐成为服务业的一部分。[①] 跨国商事仲裁、跨国调解、跨国律师服务等已经实现了商业化。即使是隶属于国家主权的法院，现在也越来越走向国际竞争的行列。至少在国际民商事领域，当事人越来越能够在全球范围内选择诉讼法院地和仲裁地，同时也可以选择所适用的法律。[②] 在当前世界百年未有之大变局下，全球竞争已经逐渐从传统的经济领域向法律领域蔓延。各国都在修改完善法律，组建各种更灵活的国际商事法庭，并向全球当事人承诺提供更好的法律服务，以便吸引当事人到本国法院或仲裁机构解决纠纷，吸引当事人选择适用本国的法律。中国绝不能置身于全球法律竞争之外。中华民族的伟大复兴也必然要求中国法律制度能够屹立于世界各民族法律之林。我国涉外法制体系已初步形成。中国特色社会主义涉外法律体系是中国特色社会主义法律体系的一部分，它们一起在国际上打造"中国造法"（law made in China）的品牌。

同时，我国积极参与国际法治建设。截至 2023 年 8 月底，80 多个国家和国际组织参与中国发起的《"一带一路"贸易畅通合作倡议》。中国已与 29 个国家和地区签署 22 个自贸协定；《区域全面经济伙伴关系协定》（RCEP）于 2022 年 1 月 1 日正式生效，是世界上人口规模和经贸规模最大的自贸区，与共建"一带一路"在覆盖国家和地区、涵盖领域和内容等方面相互重叠、相互补充，在亚洲地区形成双轮驱动的经贸合作发展新格局。中国还积极推动加入《全面与进步跨太平洋伙伴关系协定》（CPTPP）和《数字经济伙伴关系协定》（DEPA）。

---

① 迈克尔·波特：《国家竞争优势》，李明轩、邱如美译，中信出版社 2012 年版，"序言"第 XVI 页。

② Anthony Ogus, Competition between National Legal Systems: A Contribution of Economic Analysis to Comparative Law, International & Comparative Law Quarterly, Vol. 48 (2) (1999).

四、应对西方战略竞争

近年来，中国综合国力大幅提升，在国际事务中的地位全面提高、作用全面增强。美国则因内部政治和社会矛盾加剧，综合国力相对下降，国际影响力削弱，对日益发展的中国深感恐惧，于是便把中国确定为主要“竞争对手”，并竭其所能对中国进行全面遏制和打压。美国共和、民主两党在对华关系方面空前一致，这归根到底是由美国国家利益决定的。美国出台的一些文件充分说明，美国对我国发动的贸易战针对的是中国的大国崛起和中华民族的伟大复兴。中美之间将要进行的是一场长期的综合国力竞争。而这场战略竞争，很大一部分将会以“法律战”的形式展开。二战后，经过几十年的发展，美国已经建立了一套非常完善的法律域外管辖、域外适用和域外执行的制度，可以得心应手地运用各种法律手段将外国政府、外国领导人、外国企业和个人送上美国法院或者国际法庭。美国还可以运用其遍布全球的强大的律师团队控制跨国诉讼和仲裁。此外，美国还拥有实力雄厚的法学科研教育机构，通过它们可以培养国外政治和法律人才，对外输出美国司法制度。近年来，美国已经对多家中国企业、银行和个人采取过法律诉讼或其他司法措施。

在这样的背景下，出于应对中美未来长期战略竞争的需要，我国必须有一套整体的战略规划，应当把建立中国特色社会主义涉外法律体系作为战略规划的一部分。这套体系能够丰富和完善我国的法治战略储备，应对各种不期而至的“法律战”。①

随着中华民族的伟大复兴，中国在经济和军事等硬实力方面已经成为世界上的新兴力量，党中央在对外法治建设方面又提出了新的要求和愿景，这为中国涉外法律体系建设创造了充分的条件。随着中国“一带一路”倡议的成功推进和构建人类命运共同体理念的推广，中国需要加强涉外法律体系建设，从而打破美国和西方国家的法律霸权主义。

第三节 中国式现代化涉外法治体系建设

一、涉外法治体系概论

中国特色社会主义涉外法治体系和与之相对应的涉外法学体系的建构是一种新范式的确立过程。拥有一种范式，是任何一个科学部门达到成熟的标志。② 中国

① 沈伟：《中美贸易摩擦中的法律战——从不可靠实体清单制度到阻断办法》，《比较法研究》2021 年第 1 期。

② 托马斯·库恩：《科学革命的结构》，金吾伦、胡新和译，北京大学出版社 2003 年版，第 10 页。

特色社会主义国家制度和法律制度，必须吸收借鉴人类制度文明有益成果，正如习近平总书记所言："我们的制度将一天天完善起来，它将吸收我们可以从世界各国吸收的进步因素，成为世界上最好的制度。"[①] 习近平总书记在中共中央政治局第十次集体学习时强调：要坚定法治自信，积极阐释中国特色涉外法治理念、主张和成功实践，讲好新时代中国法治故事。加强涉外法治理论和实践前沿课题研究，构建中国特色、融通中外的涉外法治理论体系和话语体系，彰显我国法治大国、文明大国形象。

在涉外法治领域，中国特色社会主义涉外法治体系要对以美国为代表的西方的涉外法治范式进行批判性借鉴。

美国对外关系法范式的最本质特征在于其极具帝国主义特征的霸权主义，具体包括：行政机关垄断对外关系权力，代表性案例是1936年的"美国诉柯蒂斯-赖特出口公司案"，大法官萨瑟兰将美国所享有的国家主权分为两种——"内部主权"（internal sovereignty）和"外部主权"（external sovereignty），认为美国自独立以来，国家的内部主权存于各州之手，而外部主权则作为一个整体，由美国直接从英王手中继承。美国的对外事务权不是来源于宪法，而是植根于美国的国家主权和国家地位。因此在对外关系领域，总统的权力不受宪法限制。同时，总统的对外权力也不受法院的司法审查。总之，在美国，对外关系与国内关系在法律上被区别对待，不能用处理国内关系的法律原则来处理对外事务，这就是所谓的"对外事务例外论"（foreign affairs exceptionalism）。[②]

同样，欧盟近年来加强了对外关系方面的权力，在人权、气候变化、数据流动、人工智能等领域开始单方面扩张欧盟法的域外管辖权，试图向全球输出欧盟法治经验。[③]

二、中国特色、融通中外的涉外法治理论体系和话语体系

随着中国特色社会主义进入新时代，中国特色社会主义涉外法治面临新的时代要求，需要在实践中不断展现新作为、开辟新疆界。在这样的背景下，习近平总书记所说的"中国特色、融通中外的涉外法治理论体系和话语体系"就是要从中国的视角来制定中国法律、研究中国法律、推广中国法律，同时还要以中国的视角来研究国际法、运用国际法和改造国际法。"加强涉外法治建设既是以中国式现代化全面推进强国建设、民族复兴伟业的长远所需，也是推进高水平对外开放、应对外部风险挑战的当务之急。"涉外法治是承内启外、实现这一研究范式转换的

① 习近平：《坚持、完善和发展中国特色社会主义国家制度与法律制度》，《求是》2019年第23期。

② Ganesh Sitaraman & Ingrid Wuerth，The Normalization of Foreign Relations Law，Harvard Law Review，Vol. 128：1897（2015）.

③ See Anu Bradford，The Brussels Effect，Oxford University Press 2019，p. 14.

工具。构建中国特色社会主义涉外法治体系，包括理论体系和话语体系，理论体系又具体包括学科体系和学术体系，它们一起为中国式现代化行稳致远营造有利法治条件和外部环境。

1. 中国共产党的领导是中国特色涉外法治的最本质特征

中国是共产党领导的国家，党的领导是中国最大的国情和特色，中国涉外法治建设同样必须绝对坚持中国共产党的领导。《对外关系法》第5条明确规定："中华人民共和国对外工作坚持中国共产党的集中统一领导。"坚持共产党的领导是中国特色社会主义涉外法治的最大特色和最本质的特征，是社会主义涉外法治建设最根本的保证，也是中国特色涉外法治区别于西方国家对外关系法的最根本之处。美国等西方国家的对外关系法规定对外关系权专属于行政机关，对外关系不受立法和司法机关的制约，也不受宪法的限制，容易导致独断专权和霸权主义，这是美国频频对外发动侵略战争的根源之一。中国特色涉外法治必须坚持党领导立法、保证执法、支持司法、带头守法，把党的领导贯彻到对外法律工作全过程和各方面；发挥党总揽全局、协调各方的领导核心作用，贯彻落实党中央决策部署，使党在对外工作领域的方针政策通过法定程序转化为国家意志，服务国内发展大局和对外工作全局。

2. 中国特色涉外法治必须坚持社会主义方向

中国走上社会主义道路是历史的选择，也是符合中国国情和人类未来发展方向的选择。中国近代对外关系的历史告诉我们，只有社会主义道路才能救中国，才能实现中华民族伟大复兴。社会主义制度能够集中力量办大事，在涉外法治领域同样如此。党的十八大以来，中国在对外交往领域取得了一系列重大成就，无不体现了社会主义的巨大优势。

中国坚持社会主义涉外法治道路，但我们并不搞制度输出。《对外关系法》第4条规定："中华人民共和国坚持独立自主的和平外交政策，坚持互相尊重主权和领土完整、互不侵犯、互不干涉内政、平等互利、和平共处的五项原则。中华人民共和国坚持和平发展道路，坚持对外开放基本国策，奉行互利共赢开放战略。中华人民共和国遵守联合国宪章宗旨和原则，维护世界和平与安全，促进全球共同发展，推动构建新型国际关系；主张以和平方式解决国际争端，反对在国际关系中使用武力或者以武力相威胁，反对霸权主义和强权政治；坚持国家不分大小、强弱、贫富一律平等，尊重各国人民自主选择的发展道路和社会制度。"中国的以"共商共建共享"为原则的"一带一路"倡议也是社会主义在涉外法治领域的具体体现。虽然共建"一带一路"是中国的倡议，但是中国把机会和成果分享给世界。中国弘扬"丝路精神"，坚决反对西方资本主义的殖民主义和霸权主义。坚持以相互尊重、合作共赢为基础走和平发展道路，坚持以深化外交布局为依托打造全球伙伴关系，这是新时代中国涉外法治的重要内涵。所有这些，都体现了中国涉外法治的社会主义基本价值观和核心理念。它不同于西方资本主义国家以殖民主义、帝国主义和霸权主义为基础的片面追求经济利益的价值观，有利于解决日益严重的全球不平等和不平衡问题。

3. 中国特色涉外法治必须服务于中国特色大国外交

中国涉外法治坚持大国思维、大国气度。中国涉外法治以实现中华民族伟大复兴为使命，服务于中国特色大国对外关系。实现民族复兴中国梦和人民对美好生活的向往是新时代赋予中国对外交往工作的历史使命。涉外法治要为国家发展和民族复兴营造更好国际法治环境，创造更多有利条件。中国特色社会主义涉外法治体系所秉持的基本理念是坚持推动构建人类命运共同体，坚定维护以联合国宪章宗旨和原则为核心的国际秩序和国际体系，为全球治理体系改革和建设贡献中国智慧和中国方案。[①] 我国颁布的《对外关系法》以法律形式明确推动构建人类命运共同体，吸收中华文化和中国精神的时代精华，有助于在涉外法治领域彰显中国风范、中国气派，在全球治理领域提供中国方案、传播中国经验。

4. 中国特色涉外法治应当坚持辩证唯物主义和历史唯物主义研究方法

习近平总书记在 2015 年 1 月 23 日十八届中央政治局第二十次集体学习时专门强调了辩证唯物主义对于当代中国的重要意义。[②] 在研究中国特色社会主义涉外法治和法律体系的过程中坚持辩证唯物主义需要把握两个方面的问题：

第一，对于西方的对外关系法理论学说，要运用辩证唯物主义方法论进行批判性研究，不能盲从。西方学者的理论受到传统西方唯心主义哲学思想的影响，片面强调主观意识的绝对性。有些学者从基督教神学出发，提出了所谓的“上帝之城”的天启学说，认为美国的历史使命就是要在人间建立《圣经》中的“山巅之城”，从而为美国的对外扩张和霸权主义提供思想武器。另外一些学者提出的“历史终结论”和“文明冲突论”等国际关系理论，也都是唯心主义世界观的体现。至于当代美国出现的单边主义和保护主义对外政策，更是逆世界潮流而动，完全违背人类社会发展的普遍规律。构建人类命运共同体理念是新时代马克思辩证唯物主义在中国的理论结晶，完全符合马克思主义关于人类社会发展阶段和发展规律的原理，是指导中国哲学社会科学研究的基本原则之一。

第二，就研究中国涉外法治和涉外法律理论和实践问题而言，最重要的就是要坚持一切从客观实际出发，而不是从主观愿望出发。中国特色社会主义涉外法治体系建设涉及中国对外关系的根本原则、规则，一定要从中国实际情况出发。例如：在研究中国对外关系权力分配制度时，一定要从《宪法》的四项基本原则出发，坚持中国共产党对对外事务的绝对领导。在涉及特别行政区的外交权方面，

---

① 《推进全面依法治国，发挥法治在国家治理体系和治理能力现代化中的积极作用》，《求是》2020 年第 22 期。

② 《辩证唯物主义是中国共产党人的世界观和方法论》，《求是》2019 年第 1 期。

坚持中央政府对外交事务的领导权和决定权。在研究域外管辖权和法律域外效力时，要坚决反对美国的司法霸权主义，坚决维护多边主义国际法体系。在“一带一路”建设过程中，中国作为新兴大国，要坚决不搞新霸权主义，同时也要积极承担大国责任，根据本国国力和外国实际需要实施合理的对外援助。构建人类命运共同体是我国的一项长期的远大目标，而不是一项一蹴而就的工程，不能指望毕其功于一役。在对外投资和对外合作领域，要避免形成“烂尾工程”并造成不良国际影响。我们在对外法律交往中既要反对“西方中心主义”，同时也要防止中国式的大国沙文主义，要尊重发展中国家的主权。

历史唯物主义认为，对任何问题的研究都应当把该问题放置到特定的历史场景之中去进行分析。在社会科学领域，不存在脱离人类历史发展阶段而普遍适用的规律和理论。涉外法治也同样如此。通过对美国对外关系法的历史研究，我们发现美国的对外关系法也是在不断演变的，在不同的历史阶段诞生出不同的理论学说，每一种学说都有其特定的历史场域。我们在研究过程中要避免把某一个阶段、某一个学者所提出的某一种理论普遍化，不假思索地照搬到中国的现实环境。

历史唯物主义认为，推动历史发展的力量是生产力，生产力决定生产关系，从而决定一切上层建筑，包括一国的对外关系理论和实践。美国对外关系法从19世纪和20世纪上半叶的“例外论”走向20世纪末和21世纪初的“正常化理论”，其背后的社会基础是美国生产力发展水平及其在全球的地位和影响。当经济实力尚不足以与传统欧洲大国抗衡的时候，美国奉行孤立主义的对外政策，其对外关系法也坚持所谓的“例外主义”，反对司法对外交的介入。二战结束之后，在美苏对抗的国际冷战背景下，美国为了与苏联抗衡，在对外关系法上比较看重国际法的作用，牵头组建了联合国、世界银行、国际货币基金组织等国际机构，比较强调对外合作和多边主义。而成为冷战结束后的世界霸主之后，美国开始奉行积极干预的单边主义外交政策，发动了科索沃战争和所谓的反恐战争等一系列单边军事行动，在对外关系上越来越强调美国国内法高于国际法，人权高于主权，实施单边对外经济制裁等；在司法上也开始积极干预对外关系，扩张美国法院的“长臂管辖权”和美国法的域外效力，奉行司法帝国主义。

5. 涉外法治与中华传统法律文化

习近平总书记强调，“要注意研究我国古代法制传统和成败得失，挖掘和传承中华法律文化精华，汲取营养、择善而用”。[①] 中华法系源远流长，中华优秀传统法律文化蕴含丰富法治思想和深邃政治智慧，是中华文化的瑰宝。要积极推动中华优秀传统法律文化创造性转化、创新性发展，赋予中华法治文明新的时代内涵，激发起蓬勃生机。

---

① 《加快建设社会主义法治国家》，《求是》2015年第1期。

我国在古代就已有专门调整对外交往关系的法律制度。许多学者将中国古代对外关系制度归纳为“朝贡体制”。朝贡体制的雏形是古代中国的畿服制度，即中原王朝的君主作为内服和外服的共主（“天子”），君主在王国的“内服”（中心地区）进行直接的行政管理，直属地区之外的“外服”（边缘地区）则由中原王朝册封的地方统治者进行统治，内服和外服相互保卫，由此形成“溥天之下，莫非王土”的世界共主的“天下”体系。在历史发展和文化传播过程中，“内服”统治区域不断扩展，许多“外服”地区在接受“内服”地区的社会组织和思想文化观念后，慢慢变成“内服”的一部分，从而不断形成新的“外服”地区。

孟子曰：“以力假仁者霸，霸必有大国；以德行仁者王，王不待大。汤以七十里，文王以百里。以力服人者，非心服也，力不赡也。以德服人者，中心悦而诚服也，如七十子之服孔子也。诗云：‘自西自东，自南自北，无思不服。’此之谓也。”

中国传统涉外法律制度受到了许多西方学者的高度重视。美国学者马士所著的三卷本《中华帝国对外关系史》对中国清代对外关系进行了全面系统研究。美国哈佛大学费正清教授所编的《中国的世界秩序：传统中国的对外关系》一书对中国传统对外关系法律制度做了富有启发意义的阐释。我国学者也加强了这方面的研究。黎虎先生 1998 年出版的《汉唐外交制度史》是该领域的开山之作。李云泉先生 2004 年出版的《朝贡制度史论——中国古代对外关系体制研究》和 2014 年出版的《万邦来朝：朝贡制度史论》是研究我国古代朝贡制度的权威资料。山东大学陈尚胜先生指导研究生对我国古代涉外法律制度进行了系统研究，完成了一系列有关唐朝、宋朝、明清时期涉外法律的著作、论文。袁南生教授 2017 年出版的《中国古代外交史》也提供了丰富的涉外法律方面的资料。

6. 社会主义革命和建设时期我国涉外法治的经验

新中国成立后，我国在涉外法治建设中也取得了历史性成就。新中国采取了与旧中国完全不同的对外政策。中华人民共和国成立伊始就一贯坚持与其他国家在互相尊重主权和领土完整、互不侵犯、互不干涉内政、平等互利、和平共处五项原则的基础上发展对外关系。1954 年 4 月，中国与印度在双边条约中明确和平共处五项原则。同年 9 月，新中国成立后的第一部《宪法》就在序言中规定：“我国根据平等、互利、互相尊重主权和领土完整的原则同任何国家建立和发展外交关系的政策，已经获得成就，今后将继续贯彻。在国际事务中，我国坚定不移的方针是为世界和平和人类进步的崇高目的而努力。”

新中国成立后的 30 年，我国在外交关系上始终坚持独立自主外交政策，敢于废除帝国主义国家强加于我国的不平等条约。1949 年 9 月 29 日通过的《中国人民政治协商会议共同纲领》第 55 条专门规定：“对于国民党政府与外国政府所订立的各项条约和协定，中华人民共和国中央人民政府应加以审查，按其内容，分别予以承认，或废除，或修改，或重订。”第 56 条和 57 条又分别规定：“凡与国民党反动派断绝关系、并对中华人民共和国采取友好态度的外国政府，中华人民共和国中央人民政府可在平等、互利及互相尊重领土主权的基础上，与之谈判，建立外交关系。”“中华人民共和国可在平等和互利的基础上，与各外国的政府和人民恢复并发展通商贸易关系。”《关于建国以来党的若干历史问题的决议》指出：中国革命的胜利，在我国结束了极少数剥削者统治广大劳动人民的历史，结束了帝国主义、殖民主义奴役中国各族人民的历史。劳动人民成了新国家新社会的主人。人民革命在一个人口占全人类近四分之一的大国的胜利，改变了世界政治力量的对比，也激励了许多类似中国这样受帝国主义、殖民主义剥削压迫的国家的人民，增强了他们前进的信心。中国革命的胜利是第二次世界大战以后最重大的政治事件，对国际局势和世界人民斗争的发展具有深刻的久远的影响。在国际上，始终不渝地奉行社会主义的独立自主的外交方针，倡导和坚持了和平共处五项原则，同全世界一百二十四个国家建立了外交关系，同更多的国家和地区发展了经济、贸易和文化往来。我国在联合国和安理会的席位得到恢复。我们坚持无产阶级国际主义，发展同各国人民的友谊，支持和援助被压迫民族的解放事业、新独立国家的建设事业和各国人民的正义斗争，坚决反对帝国主义、霸权主义、殖民主义和种族主义，维护世界和平，在国际事务中发挥着越来越重大的积极作用。这一切为我国的社会主义建设创造了有利的国际条件，促进了国际形势朝着有利于世界人民的方向发展。[①]

新中国成立后 30 年的涉外法律实践在国际法上也具有重大历史意义，它们奠定了新中国与外国发展对外关系的基本法律原则。同时更重要的是，它们向国际社会展示了新中国在敢于废除不平等国际条约方面的独特大胆的创新实践。这一实践使得中国作为一个主权独立并与其他国家处于平等地位的国家登上了国际舞台，也使中国与国际法的关系发生了根本的变化，即主权国家有权废止帝国主义通过非正义手段强迫他国达成的国际协议。[②]

7. 改革开放和社会主义现代化建设新时期我国涉外法治建设

党的十一届三中全会以后，以邓小平同志为主要代表的中国共产党人，团结带领全党全国各族人民，深刻总结新中国成立以来正反两方面经验，围绕什么是社会主义、怎样建设社会主义这一根本问题，借鉴世界社会主义历史经验，创立了邓小平理论，解放思想，实事求是，作出把党和国家工作中心转移到经济建设上来、实行改革开放的历史性决策，深刻揭示社会主义本质，确立社会主义初级阶段基本路线，明确提出走自己的路、建设中国特色社会主义，科学回答了建设中国特色社会主义的一系列基本问题，制定了到 21 世纪中叶分三步走、基本实现

---

① 《关于建国以来党的若干历史问题的决议》，1981 年 6 月 27 日中国共产党第十一届中央委员会第六次全体会议一致通过。

② 晓蔷、徐乃斌：《新中国对现代国际法的实践和贡献》，《现代法学》1988 年第 2 期。

社会主义现代化的发展战略，成功开创了中国特色社会主义。①

我国改革开放以来的社会主义法律体系建设是从对外经济贸易领域的立法开始的。1978年12月召开的党的十一届三中全会上，邓小平同志在《解放思想，实事求是，团结一致向前看》的发言中明确指出："为了保障人民民主，必须加强法制。……此外，我们还要大力加强对国际法的研究。"在对外关系上，我国继续坚持反对帝国主义、霸权主义、殖民主义和种族主义，维护世界和平。在和平共处五项原则的基础上，积极发展同世界各国的关系和经济文化往来。坚持无产阶级国际主义，支持被压迫民族的解放事业、新独立国家的建设事业和各国人民的正义斗争。②

1979年7月，五届全国人大二次会议通过了《中华人民共和国中外合资经营企业法》，它是在我国还没有建立起基本法律制度的情况下出台的。当时我国甚至尚没有外商投资企业的管理经验，也没有相关的学术研究，因此该法是一部典型的超前立法。这部法律对合营企业的法律地位、设立、组织机构、税收、外汇等问题都进行了规定，是中国对外开放领域颁布的第一部法律，是当时全国工作重点转移到社会主义经济建设的重要标志。直到1982年12月4日，五届全国人大五次会议通过的《宪法》第18条规定"中华人民共和国允许外国的企业和其他经济组织或者个人依照中华人民共和国法律的规定在中国投资，同中国的企业或者其他经济组织进行各种形式的经济合作"，这才从宪法上确立了外国人在中国的法律地位，并奠定了我国对外关系上的一项基本原则：平等地位原则。

改革开放后，我国涉外法治建设进入崭新发展期。我国颁布了一系列与改革开放有关的法律法规，包括"外资三法"、海关法、商检法、对外贸易法、涉外民事关系法律适用法、出境入境管理法以及外汇管理条例等一系列骨干性、支撑性的涉外法律法规，在民事、刑事等基本法律中也都规定了专门的涉外条款，为对外开放有序进行提供了法律保障。

加入世界贸易组织前后，我国开展了新中国成立以来最大规模的法律法规和政策措施立、改、废工作，基本建立起符合我国国情和世界贸易组织规则的涉外法律体系，支撑了全方位对外开放新格局。③

8. 中国特色社会主义新时代我国涉外法治建设的历史使命

党的十八大以来，习近平总书记高度重视涉外法治建设，强调"法治是国家核心竞争力的重要内容"，明确提出要"坚持统筹推进国内法治和涉外法治"，"加

---

① 《中共中央关于党的百年奋斗重大成就和历史经验的决议》，2021年11月11日中国共产党第十九届中央委员会第六次全体会议通过。

② 《关于建国以来党的若干历史问题的决议》，1981年6月27日中国共产党第十一届中央委员会第六次全体会议一致通过。

③ 汪洋：《加强涉外法律工作》，《人民日报》2014年11月6日，第6版。

快涉外法治工作战略布局”。在习近平法治思想指引下，以习近平同志为核心的党中央统筹中华民族伟大复兴战略全局和世界百年未有之大变局，加强涉外领域立法，加快形成系统完备的涉外法律法规体系，为维护我国主权、安全、发展利益和推动构建人类命运共同体，提供了重要法治保障。

“中国走向世界，以负责任大国参与国际事务，必须善于运用法治。”习近平总书记曾这样阐明涉外法治建设的重要意义。在中共中央政治局第十次集体学习时，习近平总书记进一步指出，“涉外法治作为中国特色社会主义法治体系的重要组成部分，事关全面依法治国，事关我国对外开放和外交工作大局”，“对外开放向前推进一步，涉外法治建设就要跟进一步”。

当前，世界百年未有之大变局加速演进，国际环境不稳定性不确定性明显上升，法治作为国家核心竞争力的重要性更加凸显，运用法治和规则维护自身合法权益的需求更为迫切。与此同时，我国日益走近世界舞台中央，在全球治理中发挥越来越重要的作用，对国内法治与涉外法治的衔接提出更高要求。在强国建设、民族复兴新征程上，必须坚持正确政治方向，坚定不移走中国特色社会主义法治道路，同时要以更加积极的历史担当和创造精神，加快建设同我国高质量发展、高水平开放要求相适应的涉外法治体系，以法治的确定性应对前进道路上的各种不确定性，为中国式现代化行稳致远营造有利法治条件和外部环境。

第二章　涉外法治的宪法原则

第一节　中国的国际法主体地位

一、中华人民共和国是全中国在国际社会的唯一合法代表

《宪法》序言指出："中国是世界上历史最悠久的国家之一"，"一九一一年孙中山先生领导的辛亥革命，废除了封建帝制，创立了中华民国。但是，中国人民反对帝国主义和封建主义的历史任务还没有完成"，"一九四九年，以毛泽东主席为领袖的中国共产党领导中国各族人民，在经历了长期的艰难曲折的武装斗争和其他形式的斗争以后，终于推翻了帝国主义、封建主义和官僚资本主义的统治，取得了新民主主义革命的伟大胜利，建立了中华人民共和国。从此，中国人民掌握了国家的权力，成为国家的主人"。这一段表述明确了中华人民共和国作为全中国在国际社会的唯一代表的法律地位。

在国际法上，所谓国家的主体资格（statehood），是指一个在确定领土上建立的政治实体，需要具备哪些特定要素，才能成为国际法所承认的主体。根据国际社会普遍接受的1933年《蒙特维的亚公约》第1条所规定的标准，国际法上的国家应当具备四个条件：（1）固定的居民；（2）确定的领土；（3）政府；（4）与他国交往的能力。①

1949年10月1日，中华人民共和国中央人民政府宣告成立，取代中华民国政府成为代表全中国的唯一合法政府。这是在中国这一国际法主体没有发生变化情况下的政权更替，中国的主权和固有领土疆域没有改变。②

在历史上，中华人民共和国政府在联合国的合法席位长期被蒋介石政权非法占据。1971年，第26届联合国大会通过了第2758号决议，"恢复中华人民共和国的一切权利，承认她的政府的代表为中国在联合国组织的唯一合法代表并立即把蒋介石的代表从它在联合国组织及其所属一切机构中所非法占据的席位上驱逐出

---

① 邵津主编：《国际法》，北京大学出版社2000年版，第35页。

② 中华人民共和国国务院台湾事务办公室、国务院新闻办公室：《台湾问题与新时代中国统一事业》白皮书，2022年8月。

去”。中华人民共和国在国际法上的合法地位和权利从此得到恢复。截至 2024 年 12 月，中华人民共和国已有 183 个建交国。目前世界上仍有 13 个国家未与中华人民共和国建交，其中除不丹外，只有 12 个国家与所谓的“中华民国”保持“外交关系”。

在中华人民共和国政府成立前夕，1949 年 9 月，国民党政府下令属于国家所有的中央航空公司的 40 架飞机飞往香港。中华人民共和国政府成立后，在香港的中央航空公司的中国职员宣布起义并准备将他们控制的飞机归属于新政府。11 月，中华人民共和国政府宣布中央航空公司及其财产为中华人民共和国所有。12 月 12 日，台湾的国民党当局将中央航空公司的这批飞机卖给两个美国人，这两个美国人又将飞机卖给美国民用航空公司。1950 年 1 月，英国承认中华人民共和国政府是中国法律上的政府。当中央航空公司准备移交飞机时，该公司的中国职员认为这批飞机是中华人民共和国的财产，反对移交给民用航空公司。于是民用航空公司起诉至香港最高法院，请求宣布这批飞机的所有权属于它。

香港最高法院驳回了原告的请求，认为这些飞机属于中华人民共和国政府的财产。因为国民党政府在 1949 年 12 月 12 日的地位已使它不能有效地进行这笔交易，它已经没有这个权力；英国承认中华人民共和国政府为法律上的政府，承认的溯及力已使这批飞机在出卖时属于中华人民共和国政府的财产，国民党政府无权进行这笔交易。原告不服上诉至香港上诉法院，同样被驳回，于是又上诉至英国枢密院司法委员会。该司法委员会不顾中国反对，准予上诉，并于 1952 年 7 月 28 日作出终审判决，将这批飞机判给民用航空公司。

本案主要涉及在发生政府继承的情况下，法律上承认的效果问题。一般认为，承认在国际法上具有溯及的效果。也就是说，现有国家对新国家或新政府的承认，其效力可以追溯到该新国家或新政府成立之时起所作的立法、司法和行政行为。因此，新国家或新政府在未被承认之前完成的法律行为的效力，承认国应予以承认。我国政府自成立之时起就宣布，所有当时属于中国的国家财产，无论在什么地方，无论其所在地的国家是否承认了中华人民共和国中央人民政府，当然都归中华人民共和国所有。而且，在本案件发生之前和之后，我国政府一再声明中央航空公司在香港的财产为中华人民共和国中央人民政府所有。既然英国在 1950 年初正式承认中华人民共和国政府，这种承认的效果就应当溯及承认我国政府在未被英国正式承认前所作的关于中国国家财产的法令和声明有效。这就意味着，英国承认的后果应该致使它承认在香港的 40 架飞机的所有权属于中华人民共和国政府，前国民党政府无权处置该财产。英国枢密院混淆国家与政府的概念，将属于中国的国家财产说成是前国民党政府的财产。英国枢密院出于政治原因肆意改变香港最高法院的正确判决，遭到我国政府的强烈抗议。

二、台湾是中华人民共和国的神圣领土的一部分

《宪法》序言规定："台湾是中华人民共和国的神圣领土的一部分。完成统一祖国的大业是包括台湾同胞在内的全中国人民的神圣职责。"台湾是中国的一部分不容置疑也不容改变。台湾自古属于中国的历史经纬清晰、法理事实清楚。

1894年7月，日本发动侵略中国的甲午战争，次年4月迫使战败的清朝政府割让台湾及澎湖列岛。1941年12月9日，中国政府发布对日宣战布告，宣告"所有一切条约、协定、合同，有涉及中日间之关系者，一律废止"，并宣布将收回台湾、澎湖列岛。1943年12月1日，中美英三国政府发表《开罗宣言》宣布，三国之宗旨在使日本所窃取于中国之领土，例如东北、台湾、澎湖列岛等，归还中国。1945年7月26日，中美英三国共同签署、后来苏联参加的《波茨坦公告》，重申"开罗宣言之条件必将实施"。同年9月，日本签署《日本投降条款》，承诺"忠诚履行波茨坦公告各项规定之义务"。同年10月25日，中国政府宣告"恢复对台湾行使主权"，并在台北举行"中国战区台湾省受降仪式"。由此，通过一系列具有国际法律效力的文件，中国从法律和事实上收复了台湾。

第26届联合国大会通过的第2758号决议不仅从政治上、法律上和程序上彻底解决了包括台湾在内全中国在联合国的代表权问题，而且明确了中国在联合国的席位只有一个，不存在"两个中国""一中一台"的问题。

1991年12月17日，中华人民共和国国务院颁布《中国公民往来台湾地区管理办法》(2015年进行了修订)，为两岸中国居民的往来提供了便利。1994年3月5日，第八届全国人民代表大会常务委员会第六次会议通过了《中华人民共和国台湾同胞投资保护法》(2019年进行了修正)，对台湾同胞在大陆的投资予以保护。1978年两岸贸易额仅有4 600万美元，2021年增长至3 283.4亿美元，增长了7 000多倍；大陆连续21年成为台湾最大出口市场，每年为台湾带来大量顺差；大陆是台商岛外投资的第一大目的地，截至2021年底，台商投资大陆项目共计123 781个、实际投资额713.4亿美元。[①]

祖国的统一大业尚未完成，需要包括台湾同胞在内的全中国人民共同为之而奋斗。2005年3月通过的《反分裂国家法》规定："世界上只有一个中国，大陆和台湾同属一个中国，中国的主权和领土完整不容分割。维护国家主权和领土完整是包括台湾同胞在内的全中国人民的共同义务。""台湾是中国的一部分。国家绝不允许'台独'分裂势力以任何名义、任何方式把台湾从中国分裂出去。"2015年7月，第十二届全国人民代表大会常务委员会第十五次会议通过的《中华人民共和国国家安全法》(以下简称《国家安全法》)规定："中国的主权和领土完整不容侵

---

① 中华人民共和国国务院台湾事务办公室、国务院新闻办公室：《台湾问题与新时代中国统一事业》白皮书，2022年8月。

犯和分割。维护国家主权、统一和领土完整是包括港澳同胞和台湾同胞在内的全中国人民的共同义务。”

台湾是中国领土不可分割的一部分，中华人民共和国政府是中国的唯一合法政府。中国政府一贯坚决反对任何国家允许台湾设立甚至与之互设带有官方性质的代表机构，进行官方性质的来往。换言之，中国政府坚决反对任何可能导致出现“两个中国”“一中一台”，或任何把台湾作为一个单独的政治实体的活动。① 任何与中华人民共和国建立外交关系的国家都必须坚持上述原则，不得与台湾进行官方往来，但可以保持文化、商务和其他非官方关系。1978 年发表的《中华人民共和国和美利坚合众国关于建立外交关系的联合公报》（以下简称《中美建交公报》）对此也做了明确规定。但美国前总统卡特在中美建交不久就签署了“与台湾关系法”，以美国国内法的形式变相维护美国与台湾的官方关系和军事关系，违反了《中美建交公报》和《中美联合声明》的规定。近年来，美国又通过了所谓的“2019 年台北法案”和“2019 年台湾保证法”等反华法律，一些国会议员和议长频繁窜访台湾，试图干涉我国统一大业。

台湾没有任何根据、理由或权利参加联合国及其他只有主权国家才能参加的国际组织。中国台湾地区参与国际组织活动，必须以一个中国原则为前提。正是在一个中国原则的前提之下，中国台湾地区才得以以适当名义和身份参与世界贸易组织、亚洲开发银行等国际组织。台湾以单独关税区身份加入世界贸易组织，不构成台湾加入区域自贸安排和商签双边自贸协议的先例。2009 年至 2016 年，在两岸均坚持体现一个中国原则的“九二共识”基础上，通过两岸协商，台湾地区以“中华台北”名义、观察员身份连续 8 年参与世界卫生大会。这是在坚持一个中国原则的前提下，在当时两岸关系和平发展的大背景下作出的特殊安排，同样不构成先例。2017 年 6 月 13 日，中国与巴拿马签署建交公报。巴拿马外交部随即宣布取消与台湾签订的所有协议，巴拿马与台湾间签署的所有条约、协议、协定、谅解备忘录和其他所有文件“都不再具有法律效力”。

我国法律对于实施分裂国家、破坏国家统一的行为进行严厉打击和制裁。《中华人民共和国刑法》（以下简称《刑法》）设有“危害国家安全罪”专章，其中第 103 条规定：组织、策划、实施分裂国家、破坏国家统一的，对首要分子或者罪行重大的，处无期徒刑或者十年以上有期徒刑；对积极参加的，处三年以上十年以下有期徒刑；对其他参加的，处三年以下有期徒刑、拘役、管制或者剥夺政治权利。煽动分裂国家、破坏国家统一的，处五年以下有期徒刑、拘役、管制或者剥夺政治权利；首要分子或者罪行重大的，处五年以上有期徒刑。明确规定了分裂国家罪、煽动分裂国家罪的构成要件和处罚结果。

---

① 《中华人民共和国外交部就反对任何国家同台湾进行官方性质来往事给各国驻华外交代表机关的照会》，1982 年 3 月 15 日。

2021年11月，国台办受权宣布将苏贞昌、游锡堃、吴钊燮三人列入“台独”顽固分子名单。2022年8月，国台办受权宣布第二批“台独”顽固分子名单，包括萧美琴、顾立雄、蔡其昌、柯建铭、林飞帆、陈椒华、王定宇等7人在列。对上述名单上的人，禁止其本人及家属进入大陆和香港、澳门特别行政区，限制其关联机构与大陆有关组织、个人进行合作，绝不允许其关联企业和金主在大陆谋利，以及采取其他必要的惩戒措施，依法终身追责。对游锡堃担任董事长的“台湾民主基金会”的执行长、吴钊燮担任董事长的“国际合作发展基金会”的秘书长实施制裁，禁止其进入大陆和香港、澳门特别行政区。

2022年8月，美国国会众议长佩洛西不顾中方严重关切和坚决反对执意窜台，严重干涉中国内政，严重损害中国主权和领土完整，严重践踏一个中国原则，严重威胁台海和平稳定。针对佩洛西恶劣挑衅行径，中方决定，根据中华人民共和国有关法律，对佩洛西及其直系亲属采取制裁措施。

在中日之间围绕“光华寮案”发生的政治纠纷中，也涉及所谓的“中华民国”在外国法院的诉讼主体资格问题。

光华寮是坐落于日本京都市的一座楼房，建于1931年，原为日本京都大学在第二次世界大战期间为中国留学生租赁的学生宿舍。1950年5月，台湾当局驻日代表团用变卖侵华日军掠夺物资的公款买下该房产，1952年12月，台“驻日使馆”同原房主签订买卖合同并于1961年6月以“中华民国”名义进行了房产登记。1967年，台“驻日大使”陈之迈向京都地方法院起诉，要求爱国华侨退出。但该房产自日本战败后一直由中国爱国华侨和留学生管理和使用。1972年，中日邦交正常化，日本承认中华人民共和国政府是中国唯一合法政府，撤销了对中华民国的承认。中国驻日使馆和驻大阪总领馆对该寮一直给予经常性的监督指导，中国政府还拨专款对光华寮予以修缮，作为中国留日学生的宿舍加以使用。

1977年9月，京都地方法院判决，驳回原告起诉，认定由于中日邦交正常化，光华寮所有权归属中华人民共和国；但同时称原告“中华民国”具有“诉讼当事者能力”。台湾当局于同年10月以“中华民国”名义上诉至大阪高等法院。1982年4月，大阪高等法院裁判决定受理“中华民国”的上诉，并将此案退回到京都地方法院重审。1986年2月，京都地方法院重新判决，沿用了大阪高等法院的主要论据，认为“中华民国”政府自中华人民共和国成立之后，事实上排他性地持续性地支配和统治台湾地区及其周围诸岛的人。在旧政府还没有完全消灭的情况下，旧政府拥有的财产中，位于新政府统治地区的，由新政府继承；旧政府位于外国的财产不为新政府继承，因此判定我爱国华侨方面败诉。1987年2月大阪高等法院二审判决，维持原判。华侨方面于1987年3月向日本最高法院提出上诉。

自1974年至今，中国政府多次向日方提出交涉，强调光华寮是中国的国有财产，中日邦交正常化后理应归中华人民共和国所有，要求日方协助变更光华寮登记名义，同时指出，光华寮问题不是一般的民事诉讼，而是事关中国政府合法权益、涉及中日两国关系基本原则的政治案件。这个问题的实质是日本以司法裁判的形式公开制造“两个中国”，违反了《中日联合声明》《中日和平友好条约》。大阪高等法院的判决不仅在政治上是错误的，而且在法理上也是站不住脚的，在政府承认的法律效力、国家继承与政府继承的区别以及财产的性质区分等许多问题上违反了国际法准则，也与日本宪法的有关内容不符。在强大的正义力量压力之下，日本最高法院于 2007 年做出判决，认为“中华民国”已不能代表中国政府，不具有本案诉讼当事人资格，要求下级法院重审。

一些“台独”分子试图通过法院诉讼制造“两个中国”或“一中一台”。在美国，一批台湾地区的“台独”分子起诉美国政府和“中华民国”政府，指控“中华民国”政府 1946 年颁布的恢复所有台湾人民中国国籍的法令无效。原告还声称他们因“被剥夺日本国籍”和“被强加给中华民国国籍”而受到伤害。美国法院以该案所涉事项“属于不可由法院审理的政治问题”为由驳回原告诉讼。[①] 在瑞士，“中华民国”起诉位于日内瓦的国际标准化组织（ISO），要求该组织不得在其地区识别系统中使用“中国台湾省”标识。瑞士法院同样以政治问题为由驳回了“中华民国”的诉讼。[②]

上述案件中，一些外国法院坚持将“中华民国”作为诉讼当事人对待，这违反了国际法上的主权原则和外国政府所承认的一个中国原则，遭到我国政府的坚决反对。

也有一些案件中，外国法院根据该国政府的官方宣示，认为台湾是中国的一部分，应当适用中国所缔结的公约。例如在 2021 年的一起案件中，美国加州法院同意了被告的论点，即“台湾受《联合国国际货物销售合同公约》约束，因为它是中国的一部分，而中国是一个缔约国”[③]。

第二节 对外事务的职权分配

一、中国共产党对外事工作的集中统一领导

对外事务简称外事（foreign affairs），是指与外国国家或国际组织、外国企业和其他组织、外国自然人和无国籍人有关的事务。《宪法》第 1 条第 2 款明确规定：“中国共产党领导是中国特色社会主义最本质的特征。”《对外关系法》第 5 条规定：“中华人民共和国对外工作坚持中国共产党的集中统一领导。”坚持共产党的领导

① Lin v. United States，177 F. Supp. 3d 242（2016）.

② ROC（Taiwan）v. ISO（Switzerland's Federal Court，2010）.

③ Pulse Electronics，Inc. v. U. D. Electronic Corp.，530 F. Supp. 3d 988（2021）.

是中国特色社会主义涉外法治的最根本的保证，也是中国涉外法治区别于西方国家对外关系法的最根本之处。

美国等西方国家的对外关系法以资本主义权力分立学说为基础，将对外关系权专属于行政机关，对外关系不受立法和司法机关的制约，也不受宪法的限制，容易导致独断专权和霸权主义，这是美国频频对外发动侵略战争和实施单边经济制裁的根源之一。近年来，美国立法机关和司法机关不断侵蚀总统的外交权力，导致美国在对外事务方面越来越难“用一个声音说话”，美国外交政策中经常出现言而不行、出尔反尔等违反国际关系基本准则的现象。1979 年 1 月 1 日，美国总统卡特宣布与中国建立正式外交关系，而美国国会不久则通过了“与台湾关系法”，变相维持了与台湾的关系，违反了中美两国政府之间签订的《中美建交公报》。

相反，在中国共产党领导下，中国坚持走和平发展之路，始终做世界和平的建设者；坚持走改革开放之路，始终做全球发展的贡献者；坚持走多边主义之路，始终做国际秩序的维护者。中国始终维护以联合国为核心的国际体系、以国际法为基础的国际秩序、以联合国宪章宗旨和原则为基础的国际关系基本准则。中国坚决反对一切形式的霸权主义和强权政治，坚决反对一切形式的单边主义和保护主义。①

我国的外事工作决策机构是中央政治局及其常委会；在中央政治局之下设专门的外交领导机构，即中央外事工作委员会；根据党的十八届三中全会决定成立的中央国家安全委员会，负责规划包括外交在内的国家安全战略。在决策机构之下是专门的外事工作执行机构，负责安排外交议题和日程、国际会议等具体工作。我国的外事工作执行机构主要是中共中央对外联络部和外交部，分别负责党际外交和国家外交事务。除此之外，我国还有部分中央部委和机构涉及议会外交和领域外交事务，以辅助国家外事工作，如全国人大、全国政协、商务部、国防部、教育部等的外事工作部门。处于最外围的是地方外事工作机构和部分经过政府认证的民间机构，主要参与公共外交事务，以增进与各国地方政府和民间团体之间的友好合作关系。

《对外关系法》第 9 条规定：“中央外事工作领导机构负责对外工作的决策和议事协调，研究制定、指导实施国家对外战略和有关重大方针政策，负责对外工作的顶层设计、统筹协调、整体推进、督促落实。”我国的中央对外工作决策机制主要有两个，都经历了从无到有、不断调整完善的过程。

一是中央外事工作委员会。1958 年，中央设立中央外事小组，是中共中央领导外事、国家安全工作的议事协调机构，后一度被撤销。1981 年，该小组重新设立，更名为中央外事工作领导小组。2018 年 3 月，中共中央印发了《深化党和国

① 习近平：《在中华人民共和国恢复联合国合法席位 50 周年纪念会议上的讲话》，2021 年 10 月 25 日。

家机构改革方案》，将中央外事工作领导小组改为中央外事工作委员会，中共中央总书记、国家主席、中央军委主席习近平担任委员会主任。中央外事工作委员会的办事机构是中央外事工作委员会办公室。中央外事工作委员会的职能主要包括：对国际形势和执行外交政策的重大问题、外事管理工作进行调查研究，承办外事协调工作，审核中央、国家机关各部门和各省、自治区、直辖市制定的重要外事规定，办理中央、国家机关各部门和各省、自治区、直辖市报送的重要外事问题的请示、报告。2018 年 5 月 15 日，中央外事工作委员会第一次会议召开，习近平总书记在讲话中指出，要加强党中央对外事工作的集中统一领导，准确把握当前国际形势发展变化，锐意进取，开拓创新，努力开创中国特色大国外交新局面，为实现“两个一百年”奋斗目标、实现中华民族伟大复兴的中国梦作出更大贡献。[①] 同时组建的还有中央全面依法治国委员会，负责全面依法治国的顶层设计、总体布局、统筹协调、整体推进、督促落实，是党中央决策议事协调机构。中共中央总书记、国家主席、中央军委主席习近平担任委员会主任。2018 年 8 月 24 日，习近平总书记在中央全面依法治国委员会第一次会议上发表题为《加强党对全面依法治国的领导》的讲话并指出：要健全党领导全面依法治国的制度和工作机制，强化党中央在科学立法、严格执法、公正司法、全民守法等方面的领导，更加有力地推动党中央决策部署贯彻落实。我们要继续推进党的领导制度化、法治化，不断完善党的领导体制和工作机制，把党的领导贯彻到全面依法治国全过程和各方面。中国走向世界，以负责任大国参与国际事务，必须善于运用法治。在对外斗争中，我们要拿起法律武器，占领法治制高点，敢于向破坏者、搅局者说不。全球治理体系正处于调整变革的关键时期，我们要积极参与国际规则制定，做全球治理变革进程的参与者、推动者、引领者。[②]

二是中央国家安全委员会。该委员会从成立至今一直与中央外事工作委员会紧密相关。2000 年 9 月，中共中央决定组建中央国家安全领导小组，与中央外事工作领导小组合署办公，负责对涉及国家安全工作领域的重大问题做出决策。2013 年 11 月，党的十八届三中全会决定创立中央国家安全委员会，该委员会作为中共中央关于国家安全工作的决策和议事协调机构，向中央政治局、中央政治局常务委员会负责，统筹协调涉及国家安全的重大事项和重要工作，将国内外各种涉及国家安全的问题统一在一个机构下予以处理。中央国家安全委员会成员分为常务委员和委员，外交部、公安部、国家安全部、对外贸易经济合作部等部门的主要负责人为中央国家安全委员会成员。该委员会的主要职责包括制定和实施国家安全战略、推进国家安全法治建设、制定国家安全工作方针政策、研究解决

---

① 习近平：《坚持以新时代中国特色社会主义外交思想为指导，努力开创中国特色大国外交新局面》（2018 年 6 月 22 日），《论坚持推动构建人类命运共同体》，中央文献出版社 2018 年版，第 537 页。

② 《加强党对全面依法治国的领导》，《求是》2019 年第 4 期。

国家安全工作中的重大问题四个方面。这为建立集中统一、高效权威的国家安全领导体制，强化党中央对国家安全工作的绝对领导搭建了一个强有力的平台；有利于进一步建立健全各地区各领域国家安全工作责任制，使各地区各部门各方面在中央国家安全委员会的统筹协调下，各司其职、各负其责，密切配合、通力合作，勇于负责、敢于担当，强化维护国家安全的责任。2018 年 4 月 17 日，中共中央总书记、国家主席、中央军委主席、中央国家安全委员会主席习近平主持召开十九届中央国家安全委员会第一次会议并发表重要讲话，强调要加强党对国家安全工作的集中统一领导，正确把握当前国家安全形势，全面贯彻落实总体国家安全观。会议审议通过了《党委（党组）国家安全责任制规定》，明确了各级党委（党组）维护国家安全的主体责任，要求各级党委（党组）加强对履行国家安全职责的督促检查，确保党中央关于国家安全工作的决策部署落到实处。2019 年 10 月 31 日，党的十九届四中全会通过的《中共中央关于坚持和完善中国特色社会主义制度 推进国家治理体系和治理能力现代化若干重大问题的决定》，进一步要求健全国家安全体系，增强国家安全能力；完善集中统一、高效权威的国家安全领导体制，健全国家安全法律制度体系。2023 年 5 月 30 日，中共中央总书记、国家主席、中央军委主席、中央国家安全委员会主席习近平主持召开二十届中央国家安全委员会第一次会议并发表重要讲话，强调要全面贯彻党的二十大精神，深刻认识国家安全面临的复杂严峻形势，正确把握重大国家安全问题，加快推进国家安全体系和能力现代化，以新安全格局保障新发展格局，努力开创国家安全工作新局面。会议审议通过了《加快建设国家安全风险监测预警体系的意见》《关于全面加强国家安全教育的意见》等文件。

二、国家机构的对外事务职权

（一）概论

国家主权包括两个方面：对内主权和对外主权。对外主权是国家独立自主处理对外事务的权力，是国家主权的外在表现形式。联合国大会通过的《国家权利义务宣言草案》规定了国家享有的基本权利义务，其中第 3 条规定："各国对任何他国之内政外交，有不加干涉之义务。"

对外事务权是一个国家的主权权力，因此对外事务权具体由哪一机构行使，属于国家主权范围内的事项，通常由国家宪法和法律予以规定。《宪法》第三章规定了我国的国家机构，包括全国人民代表大会、中华人民共和国主席、国务院、中央军事委员会、地方各级人民代表大会和地方各级人民政府、民族自治地方的自治机关、监察委员会、人民法院和人民检察院。在中国共产党领导下，我国各国家机构分别行使一定的对外事务的权力。《对外关系法》第二章具体规定了各国家机构对外关系的职权。

（二）全国人民代表大会的对外事务职权

1. 对外事务立法权

《宪法》第 2 条规定："中华人民共和国的一切权力属于人民。人民行使国家权力的机关是全国人民代表大会和地方各级人民代表大会。"《宪法》第 57 条规定："中华人民共和国全国人民代表大会是最高国家权力机关。它的常设机关是全国人民代表大会常务委员会。"《中华人民共和国立法法》（以下简称《立法法》）第 10 条规定："全国人民代表大会和全国人民代表大会常务委员会根据宪法规定行使国家立法权。全国人民代表大会制定和修改刑事、民事、国家机构的和其他的基本法律。全国人民代表大会常务委员会制定和修改除应当由全国人民代表大会制定的法律以外的其他法律；在全国人民代表大会闭会期间，对全国人民代表大会制定的法律进行部分补充和修改，但是不得同该法律的基本原则相抵触。"第 11 条规定："下列事项只能制定法律：（一）国家主权的事项；（二）各级人民代表大会、人民政府、监察委员会、人民法院和人民检察院的产生、组织和职权；（三）民族区域自治制度、特别行政区制度、基层群众自治制度；（四）犯罪和刑罚；（五）对公民政治权利的剥夺、限制人身自由的强制措施和处罚；（六）税种的设立、税率的确定和税收征收管理等税收基本制度；（七）对非国有财产的征收、征用；（八）民事基本制度；（九）基本经济制度以及财政、海关、金融和外贸的基本制度；（十）诉讼制度和仲裁基本制度；（十一）必须由全国人民代表大会及其常务委员会制定法律的其他事项。"

根据《宪法》第 67 条，全国人民代表大会常务委员会行使下列职权：(14) 决定驻外全权代表的任免；(15) 决定同外国缔结的条约和重要协定的批准和废除；…… (19) 在全国人民代表大会闭会期间，如果遇到国家遭受武装侵犯或者必须履行国际间共同防止侵略的条约的情况，决定战争状态的宣布；……《对外关系法》第 10 条第 1 款规定："全国人民代表大会及其常务委员会批准和废除同外国缔结的条约和重要协定，行使宪法和法律规定的对外关系职权。"

根据上述规定，我国全国人民代表大会及其常务委员会拥有广泛的对外事务立法权，尤其是对涉及国家主权的事项，拥有专属立法权。近年来，面对错综复杂的国际形势、艰巨繁重的改革发展稳定任务，在以习近平同志为核心的党中央坚强领导下，全国人大常委会坚持以习近平新时代中国特色社会主义思想为指导，深入贯彻习近平法治思想，履职尽责、积极作为，有效发挥了国家权力机关的职能作用。全国人大及其常委会加快推进涉外领域立法，围绕反制裁、反干涉、反制"长臂管辖"等，充实应对挑战、防范风险的法律"工具箱"，推动形成系统完备的涉外法律法规体系，制定或修改了《中华人民共和国护照法》《中华人民共和国外交特权与豁免条例》《中华人民共和国外商投资法》《中华人民共和国出口管制法》《中华人民共和国反外国制裁法》《中华人民共和国香港特别行政区维护国家安全法》《中华人民共和国海南自由贸易港法》《对外关系法》《中华人民共和国外国国家豁免法》等一批维护国家主权安全和促进对外开放的涉外法律。今后几年，全国人大将认真落实党中央批准的五年立法规划，全力以赴完成党中央确定的重大立法任务，加强重点领域、新兴领域、涉外领域立法，推动我国法域外适用的法律体系建设。

2. 对外交往权

全国人大及其常委会还承担人大对外交往工作。《对外关系法》第 10 条第 2 款规定："全国人民代表大会及其常务委员会积极开展对外交往，加强同各国议会、国际和地区议会组织的交流与合作。"近年来，全国人大常委会紧紧围绕国家总体外交大局，坚持以习近平外交思想为指引，坚决贯彻执行党中央对外大政方针和决策部署，把推动落实习近平主席重大外交行动成果和与外国领导人达成的重要共识作为首要任务。按照党中央统一部署，统筹安排、精心组织好委员长会议组成人员的外事活动，加强与外国议会和国际及地区议会组织的交流与合作，推进与重点国家和地区大国议会的交流。

3. 战争权

战争是国家间政治斗争的最激烈形式，因此战争权是一个国家对外事务中最重要的职权。二战以后，战争逐渐被国际法所限制。《联合国宪章》第 2 条明确规定："各会员国在其国际关系上不得使用威胁或武力，或以与联合国宗旨不符之任何其他方法，侵害任何会员国或国家之领土完整或政治独立。"但是，宪章并没有禁止所有的使用武力的行为。在联合国授权采取的强制行动、自卫以及抵抗侵略和殖民统治的斗争中使用武力是合法的。因此，现代国家为了防止军队轻易发动或卷入战争，大都将战争权交给民选的国会。例如美国宪法将宣战权授予美国国会。《宪法》第 62 条规定：全国人民代表大会有权"决定战争和和平的问题"。全国人大常委会"在全国人民代表大会闭会期间，如果遇到国家遭受武装侵犯或者必须履行国际间共同防止侵略的条约的情况，决定战争状态的宣布"。《中华人民共和国国防法》（以下简称《国防法》）第 6 条规定："中华人民共和国奉行防御性国防政策，独立自主、自力更生地建设和巩固国防，实行积极防御，坚持全民国防。"《中华人民共和国国防动员法》第 8 条规定："国家的主权、统一、领土完整和安全遭受威胁时，全国人民代表大会常务委员会依照宪法和有关法律的规定，决定全国总动员或者局部动员。国家主席根据全国人民代表大会常务委员会的决定，发布动员令。"这表明，我国的战争权主要是防御性质的。正如习近平总书记所说："中华民族传承和追求的是和平和睦和谐理念。我们过去没有，今后也不会侵略、欺负他人，不会称王称霸。中国始终是世界和平的建设者、全球发展的贡献者、国际秩序的维护者、公共产品的提供者，将继续以中国的新发展为世界提供新机遇。”

（三）中华人民共和国主席的对外事务职权

《宪法》第 81 条规定：“中华人民共和国主席代表中华人民共和国，进行国事活动，接受外国使节；根据全国人民代表大会常务委员会的决定，派遣和召回驻外全权代表，批准和废除同外国缔结的条约和重要协定。”该条是 2004 年修正的《宪法》新增加的规定，这是自 1982 年《宪法》恢复设立国家主席以来对国家主席职权的首次扩大，赋予了国家主席多方面的外交职权。在对外关系上，国家主席是中华人民共和国的代表，他所做出的一切法律行为，都被视为我国的国家行为，即国家主席享有“全权代表权”。国家主席出席国际会议和国际谈判不需要出示全权代表证书。

《对外关系法》第 11 条规定：“中华人民共和国主席代表中华人民共和国，进行国事活动，行使宪法和法律规定的对外关系职权。”中华人民共和国主席作为我国国家元首，具体行使以下对外事务职权：

1. 进行国事活动

我国现行法律并未规定“国事活动”的含义，学者之间对此有不同争论。[①] 根据我国外交实践和惯例，这里的“国事活动”主要是指以国家为主体所进行的重大外交仪式性活动，包括在国内举行的外交接见活动和在国外进行的外交访问活动等。1982 年《宪法》恢复设立国家主席，主要考虑的就是适应国际交往的需要，发挥国家主席的重要外交职能。《关于〈中华人民共和国宪法修正案（草案）〉的说明》指出，该宪法修正案（草案）增加“国事活动”条款的理由是：“作这样的规定，主要的考虑是：当今世界，元首外交是国际交往中的一种重要形式，需要在宪法中对此留有空间。”[②] 国家主席进行一般的国事活动不需要根据全国人大常委会的事先决定。

接受外国使节也属于国家主席进行国事活动的一部分。我国参加的 1961 年《维也纳外交关系公约》确立了三级外交使节制度，即大使、公使和代办。外交使节无论级别大小，地位都是同等的，享有的外交特权和豁免都是一样的，只是在位次和礼仪上有所区别。外国大使上任后通常要向驻在国元首递交国书。国书是派遣国元首致接受国元首用以证明使节身份的正式文件。国书由派遣国元首签署，外交部长副署。外国大使到达接受国后，应当立即拜访接受国外交部长，然后根据商定的时间向接受国元首递交国书。国书一般都有一份加封的原件和一份副本。副本递交给驻在国外交部长，原件需由外国大使本人亲自递交给驻在国元首。递交国书后或递交国书副本后，外国大使正式开始执行职务。公使一般不被认为是元首的个人代表，不享有大使的外交尊荣，没有与驻在国元首亲自交涉的特权，

---

① 孙如意：《宪法上“国事活动”的涵义与监督》，《政治与法律》2016 年第 10 期。

② 王兆国：《关于〈中华人民共和国宪法修正案（草案）〉的说明》，《人民日报》，2004 年 3 月 9 日。

也不能随时要求拜谒驻在国元首。如果使节是代办，则无权向驻在国元首递交国书，通常只能向驻在国外交部长递交本国外交部长签署的委任书。

2. 派遣和召回驻外全权代表

《宪法》第 81 条规定，中华人民共和国主席根据全国人民代表大会常务委员会的决定，派遣和召回驻外全权代表。相对于接受外国使节，派遣和召回驻外使节属于实质性国家权力，《宪法》将该项权力赋予全国人大常委会，国家主席行使的仅仅是形式性权力。

3. 批准和废除同外国缔结的条约及重要协定

《宪法》第 81 条规定，中华人民共和国主席根据全国人民代表大会常务委员会的决定批准和废除同外国缔结的条约和重要协定。批准和废除同外国缔结的条约及重要协定的实质性权力属于全国人大常委会，国家主席行使的同样是形式性权力。

4. 特权与豁免

一国元首在他国享有全部的外交特权和豁免，这是国际习惯法的普遍规则，也得到国际法院和绝大多数国家的承认。[①]《中华人民共和国外交特权与豁免条例》第 23 条规定："来中国访问的外国国家元首、政府首脑、外交部长及其他具有同等身份的官员，享有本条例所规定的特权与豁免。"

近年来，一些西方国家打着保护人权和反腐败的旗号，试图对一些外国国家元首和政府首脑进行刑事指控。[②] 美国和欧盟制定了一些法律对外国现任领导人和官员进行制裁，严重违反了国际习惯法。

（四）国务院的对外事务职权

《宪法》第 85 条规定："中华人民共和国国务院，即中央人民政府，是最高国家权力机关的执行机关，是最高国家行政机关。"《宪法》第 89 条明确规定，国务院"管理对外事务，同外国缔结条约和协定"。《对外关系法》第 12 条规定："国务院管理对外事务，同外国缔结条约和协定，行使宪法和法律规定的对外关系职权。"这表明，国务院是我国的最高外事行政管理机关。国务院在外事领域的权限主要包括以下几个方面：

1. 管理对外事务

国务院总理和外交部长有权签署本国一定级别外交代表的全权证书（《中华人民共和国缔结条约程序法》以下简称《缔结条约程序法》第 6 条），任免本国一定级别的外交人员等。[③] 总理、副总理可以代表政府进行外交访问，参加国际会议和

---

① 参见国际法院在刚果民主共和国诉比利时案中的裁决。

② 参见英国对皮诺切特的引渡案。

③ 《中华人民共和国驻外外交人员法》第 24 条规定："特命全权大使和代表、副代表为特命全权大使的，由中华人民共和国主席根据全国人民代表大会常务委员会的决定派遣和召回。前款以外的代表、副代表，由国务院或者派出部门派遣和调回。其他驻外外交人员，由外交部或者其他派出部门派遣和调回。"

国际谈判。

在对外事务中，国务委员作为国务院领导成员，可代表政府进行各项外事工作，并经总理委托代表总理进行重要活动。[①]

国务院各部委根据分工负责管理本部门的外事事务。例如，中华人民共和国商务部负责国际贸易和国际经济合作领域的对外事务工作；国家移民管理局（中华人民共和国出入境管理局）负责全国移民管理工作和出入境管理工作；中华人民共和国海关总署负责全国海关工作，包括进出口关税及其他税费征收管理、出入境卫生检疫和出入境动植物及其产品检验检疫、进出口商品法定检验、海关风险管理、国家进出口货物贸易等海关统计、全国打击走私综合治理等工作。

2. 办理外交事务

外交部是国务院下设的代表国家和政府办理外交事务的政府机构。《对外关系法》第 14 条规定："中华人民共和国外交部依法办理外交事务，承办党和国家领导人同外国领导人的外交往来事务。外交部加强对国家机关各部门、各地区对外交流合作的指导、协调、管理、服务。中央和国家机关按照职责分工，开展对外交流合作。"第 15 条规定："中华人民共和国驻外国的使馆、领馆以及常驻联合国和其他政府间国际组织的代表团等驻外外交机构对外代表中华人民共和国。外交部统一领导驻外外交机构的工作。"我国外交部的具体职责如下：

（1）贯彻执行国家外交方针政策和有关法律法规，代表国家维护国家主权、安全和利益，代表国家和政府办理外交事务，承办党和国家领导人与外国领导人的外交往来事务。

（2）调查研究国际形势和国际关系中全局性、战略性问题，研究分析政治、经济、文化、安全等领域外交工作的重大问题，为党中央、国务院制定外交战略和方针政策提出建议。

（3）按照外交总体布局，就对外贸易、经济合作、经援、文化、军援、军贸、侨务、教育、科技、外宣等重大问题，负责与有关单位协调，向党中央、国务院报告情况、提出建议。

（4）起草外交工作领域相关法律法规草案和政策规划。

（5）负责处理联合国等多边领域中有关全球和地区安全以及政治、经济、人权、社会、难民等外交事务。

（6）负责国际军控、裁军、防扩散等领域工作，研究有关国际安全问题，组织军控方面有关条约、协定的谈判。

（7）负责办理国家对外缔结双边、多边条约事务，负责国际司法合作有关事项，负责或参与处理涉及国家和政府的重大涉外法律案件，协助审核涉外法律法

① 参见《中华人民共和国外交部就国务委员职位及其在对外事务中的作用问题给各国驻华外交代表机关和联合国系统组织代表机构的照会》，1982 年 5 月 5 日。

规草案，组织协调有关我国履行国际公约、协定工作。

（8）牵头或参与拟订陆地、海洋边界相关政策，指导协调海洋对外工作，组织有关边界划界、勘界和联合检查等管理工作并处理有关涉外案件，承担海洋划界、共同开发等相关外交谈判工作。

（9）发布重要外交活动信息，阐述对外政策，负责国家重要外事活动新闻工作，组织公共外交活动，主管在华外国记者和外国常驻新闻机构事务。

（10）负责国家对外礼仪和典礼事务，负责国家重要外事活动礼宾事宜，负责驻华外交机构在华礼遇、外交特权和豁免事宜。

（11）负责领事工作。管理外国驻华外交、领事机构；负责海外侨务工作；办理和参与境内涉外案件的对外交涉工作；负责领事保护和协助工作，协调有关部门、地方政府并指导驻外外交机构处理领事保护和协助案件，发布领事保护和协助的预警信息。

（12）负责协调处置境外涉我突发事件，保护境外中国公民和机构的合法权益，参与处置境内涉外突发事件。

（13）依法管理香港、澳门特别行政区外交、领事事务，处理涉台外交事务。

（14）指导、协调地方和国务院各部门外事工作，审核地方和国务院各单位的重要外事规定和上报国务院的外事请示，会同有关部门研究提出对重大外事违规违纪事件的处理意见。

（15）处理和协调关系国家安全问题的有关涉外事宜。

（16）负责国家重要外事活动、外交文件和文书翻译工作。

（17）领导驻外外交机构及驻香港、澳门特派员公署工作，负责驻外外交机构干部队伍建设，指导、监督驻外外交机构及驻香港、澳门特派员公署信息化、财务和馆舍建设工作，负责驻华外交机构房地产使用管理工作。

（18）代管中国人民对外友好协会，归口管理中国红十字会总会、中国宋庆龄基金会的外事工作。

（19）承办党中央、国务院交办的其他事项。

3. 外事立法

《立法法》第72条规定：“国务院根据宪法和法律，制定行政法规。行政法规可以就下列事项作出规定：（一）为执行法律的规定需要制定行政法规的事项；（二）宪法第八十九条规定的国务院行政管理职权的事项。应当由全国人民代表大会及其常务委员会制定法律的事项，国务院根据全国人民代表大会及其常务委员会的授权决定先制定的行政法规，经过实践检验，制定法律的条件成熟时，国务院应当及时提请全国人民代表大会及其常务委员会制定法律。”根据上述规定，国务院在对外事务领域可以制定以下三类行政法规：

（1）为执行法律的规定需要制定的行政法规。

国务院2019年12月26日公布的《中华人民共和国外商投资法实施条例》是为了执行《中华人民共和国外商投资法》而制定的行政法规。《中华人民共和国海关稽查条例》则是为了执行《中华人民共和国海关法》而制定的。《中华人民共和国外国人入境出境管理条例》是为了执行《中华人民共和国出境入境管理法》(以下简称《出境入境管理法》)而制定的。

(2)《宪法》第89条授权国务院制定的行政法规。

《宪法》第89条授权国务院“管理对外事务”,因此国务院有权在不与宪法和法律相冲突的范围内制定相关行政法规。例如,《中华人民共和国外资保险公司管理条例》《中华人民共和国外资银行管理条例》《对外劳务合作管理条例》《中华人民共和国国际海运条例》《中华人民共和国境内外国人宗教活动管理规定》等。

(3)根据全国人大及其常委会授权决定先制定的行政法规。

1985年,全国人民代表大会第三次会议通过了《关于授权国务院在经济体制改革和对外开放方面可以制定暂行的规定或者条例的决定》。《中华人民共和国外商投资法》(以下简称《外商投资法》)第42条第2款也规定:“本法施行前依照《中华人民共和国中外合资经营企业法》、《中华人民共和国外资企业法》、《中华人民共和国中外合作经营企业法》设立的外商投资企业,在本法施行后五年内可以继续保留原企业组织形式等。具体实施办法由国务院规定。”国家市场监督管理总局根据该项规定于2022年制定了《外商投资企业授权登记管理办法》。

2013年,国务院发布《关于印发中国(上海)自由贸易试验区总体方案的通知》,正式批准设立中国(上海)自由贸易试验区。国务院还发布了《关于在中国(上海)自由贸易试验区内暂时调整有关行政法规和国务院文件规定的行政审批或者准入特别管理措施的决定》。2018年,国务院发布《关于印发中国(海南)自由贸易试验区总体方案的通知》。2020年,国务院发布《关于在中国(海南)自由贸易试验区暂时调整实施有关行政法规规定的通知》。经过多年的试验,自由贸易试验区制度已经成熟,2021年6月10日,第十三届全国人民代表大会常务委员会第二十九次会议通过了《中华人民共和国海南自由贸易港法》(以下简称《海南自由贸易港法》),将国务院的行政法规上升为国家法律。

《立法法》第91条规定:国务院各部、委员会、中国人民银行、审计署和具有行政管理职能的直属机构以及法律规定的机构,可以根据法律和国务院的行政法规、决定、命令,在本部门的权限范围内,制定规章。部门规章规定的事项应当属于执行法律或者国务院的行政法规、决定、命令的事项。没有法律或者国务院的行政法规、决定、命令的依据,部门规章不得设定减损公民、法人和其他组织权利或者增加其义务的规范,不得增加本部门的权力或者减少本部门的法定职责。根据上述规定,国务院各部委可以制定相关的涉外规章。例如,外交部《关于外国驻中国使领馆和联合国系统组织驻中国代表机构人员的配偶在中国任职的规定》等。

需要注意的是，部门规章规定的事项应当属于执行法律或者国务院的行政法规、决定、命令的事项。中华人民共和国对外贸易经济合作部可以根据有关法律或者国务院的行政法规、决定、命令，就对外援助、对外工程承包和对外劳务输出等事项，制定规章。同时根据《立法法》第 97 条规定，部门规章签署公布后，及时在国务院公报或者部门公报和中国政府法制信息网以及在全国范围内发行的报纸上刊载。部门规章未按上述规定公布的，不具有规章的效力，不能作为行政处罚的依据。[①]

4. 对外谈判和缔结条约

《宪法》第 89 条明确将“同外国缔结条约和协定”的权力授予国务院。但国务院缔结条约的权力是有限的。《缔结条约程序法》第 3 条对我国的缔约权做了详细规定：“中华人民共和国国务院，即中央人民政府，同外国缔结条约和协定。中华人民共和国全国人民代表大会常务委员会决定同外国缔结的条约和重要协定的批准和废除。中华人民共和国主席根据全国人民代表大会常务委员会的决定，批准和废除同外国缔结的条约和重要协定。中华人民共和国外交部在国务院领导下管理同外国缔结条约和协定的具体事务。”加入多边条约和协定，由全国人民代表大会常务委员会或者国务院决定。接受多边条约和协定，由国务院决定。

（五）中央军事委员会的对外事务职权

《宪法》第 93 条规定：“中华人民共和国中央军事委员会领导全国武装力量。”《对外关系法》第 13 条规定：“中央军事委员会组织开展国际军事交流与合作，行使宪法和法律规定的对外关系职权。”《国防法》第 15 条规定：“中央军事委员会领导全国武装力量，行使下列职权：（一）统一指挥全国武装力量；（二）决定军事战略和武装力量的作战方针；（三）领导和管理中国人民解放军、中国人民武装警察部队的建设，制定规划、计划并组织实施；（四）向全国人民代表大会或者全国人民代表大会常务委员会提出议案；（五）根据宪法和法律，制定军事法规，发布决定和命令；（六）决定中国人民解放军、中国人民武装警察部队的体制和编制，规定中央军事委员会机关部门、战区、军兵种和中国人民武装警察部队等单位的任务和职责；（七）依照法律、军事法规的规定，任免、培训、考核和奖惩武装力量成员；（八）决定武装力量的武器装备体制，制定武器装备发展规划、计划，协同国务院领导和管理国防科研生产；（九）会同国务院管理国防经费和国防资产；（十）领导和管理人民武装动员、预备役工作；（十一）组织开展国际军事交流与合作；（十二）法律规定的其他职权。”

2015 年 6 月，中央军委副主席范长龙访问了美国并同美方签署了《中美陆军

---

① 《全国人民代表大会常务委员会法制工作委员会关于制定法律、法规条件不成熟能否先制定部门规章，涉及外交、外贸政策的部门规章能否不向社会公开的答复》（2000 年 11 月 20 日）。

交流与合作对话机制框架文件》。这是两国陆军近年来签署的第一份合作协议。

2021年2月，中央军委主席习近平签署命令，发布《国际军事合作工作条例》，自2021年3月1日起施行。该条例共8章48条，是新时代国际军事合作工作领域的第一部基本法规，是我军开展国际军事合作工作的基本依据。该条例明确了国际军事合作工作的主要任务和合作领域，确立了国际军事合作工作规划计划、风险管控、工作保障以及检查评估等制度，规范了组织实施国际军事合作的程序和方法，为进一步提升新时代国际军事合作的综合效益，推动国际军事合作工作创新发展提供有力保障。该条例把依法治军思想融入国际军事合作工作中，强化法治思维，完善国际军事合作法规制度，在开展国际军事合作时注重有法可依、法律先行，注重签署法律文件固化合作成果，注重运用法律手段维护自身利益，同时积极参与创制国际军事规则。

军事外交是国家外交的重要组成部分。香格里拉对话会（Shangri-La Dialogue，SLD）是亚洲最有影响力的军事外交大会之一。我国国防部长多次参加该会议，有力宣传了习近平外交思想特别是全球安全倡议，全面阐释了我国国防政策和原则立场，与个别国家进行了针锋相对、有理有力的军事外交斗争。

（六）地方各级人民代表大会和地方各级人民政府的对外事务职权

《宪法》规定：省、直辖市、县、市、市辖区、乡、民族乡、镇设立人民代表大会和人民政府（第95条）。地方各级人民代表大会是地方国家权力机关（第96条）。省、直辖市的人民代表大会和它们的常务委员会，在不同宪法、法律、行政法规相抵触的前提下，可以制定地方性法规，报全国人民代表大会常务委员会备案（第100条）。

《立法法》第80条规定："省、自治区、直辖市的人民代表大会及其常务委员会根据本行政区域的具体情况和实际需要，在不同宪法、法律、行政法规相抵触的前提下，可以制定地方性法规。"但是，根据《立法法》第81条的规定，设区的市的人民代表大会及其常务委员会只能"对城乡建设与管理、生态文明建设、历史文化保护、基层治理等方面的事项"制定地方性法规。

根据上述规定，省、自治区、直辖市的人民代表大会及其常务委员会可以为执行中央涉外法律、行政法规的规定，制定涉外地方性法规。例如，上海市第十一届人民代表大会常务委员会第六次会议1998年11月5日通过了《上海市居民同外国人、华侨、香港特别行政区居民、澳门地区居民、台湾地区居民婚姻登记和婚姻咨询管理若干规定》。1996年，上海市第十届人民代表大会常务委员会第三十二次会议通过了《上海外高桥保税区条例》。2014年，上海市人民代表大会常务委员会根据全国人大常委会和国务院有关法律法规的规定制定了《中国（上海）自由贸易试验区条例》。普通的设区的市没有涉外事务方面的地方性法规立法权。

《宪法》规定，地方各级人民政府是地方各级国家权力机关的执行机关，是地方各级国家行政机关（第 105 条）。地方各级人民政府没有外交权，不能与其他国际法主体签订国际协议，不能加入只有主权国家才能参加的国际组织，但它们可以在宪法、法律、行政法规规定的权限范围内开展地方性外事活动。例如，金砖国家新开发银行在上海市设立总部的协定只能由中华人民共和国与新开发银行签署。但是，地方人民政府可以与其他国家的地方政府建立合作关系。《对外关系法》第 16 条规定："省、自治区、直辖市根据中央授权在特定范围内开展对外交流合作。省、自治区、直辖市人民政府依职权处理本行政区域的对外交流合作事务。"《中华人民共和国反恐怖主义法》第 69 条规定："国务院有关部门根据国务院授权，代表中国政府与外国政府和有关国际组织开展反恐怖主义政策对话、情报信息交流、执法合作和国际资金监管合作。在不违背我国法律的前提下，边境地区的县级以上地方人民政府及其主管部门，经国务院或者中央有关部门批准，可以与相邻国家或者地区开展反恐怖主义情报信息交流、执法合作和国际资金监管合作。"

2021 年 6 月 10 日，第十三届全国人民代表大会常务委员会第二十九次会议通过《全国人民代表大会常务委员会关于授权上海市人民代表大会及其常务委员会制定浦东新区法规的决定》，授权上海市人民代表大会及其常务委员会根据浦东改革创新实践需要，遵循宪法规定以及法律和行政法规基本原则，制定浦东新区法规，在浦东新区实施。2021 年颁布的《海南自由贸易港法》第 10 条规定：海南省人民代表大会及其常务委员会可以根据本法，结合海南自由贸易港建设的具体情况和实际需要，遵循宪法规定和法律、行政法规的基本原则，就贸易、投资及相关管理活动制定法规，在海南自由贸易港范围内实施。

《立法法》第 84 条也规定："经济特区所在地的省、市的人民代表大会及其常务委员会根据全国人民代表大会的授权决定，制定法规，在经济特区范围内实施。上海市人民代表大会及其常务委员会根据全国人民代表大会常务委员会的授权决定，制定浦东新区法规，在浦东新区实施。海南省人民代表大会及其常务委员会根据法律规定，制定海南自由贸易港法规，在海南自由贸易港范围内实施。"

根据《中华人民共和国民族区域自治法》，我国在民族自治地方设立自治机关，自治机关是国家的一级地方政权机关。民族自治地方的自治机关实行民主集中制的原则。各民族自治地方都是中华人民共和国不可分离的部分。民族自治地方的自治机关必须维护国家的统一，保证宪法和法律在本地方的遵守和执行。民族自治地方依照国家规定，可以开展对外经济贸易活动，经国务院批准，可以开辟对外贸易口岸。与外国接壤的民族自治地方经国务院批准，开展边境贸易。民族自治地方在对外经济贸易活动中，享受国家的优惠政策。

（七）监察委员会的对外事务职权

2018 年 3 月 11 日，第十三届全国人民代表大会第一次会议通过《中华人民共和国宪法修正案》，决定设立国家监察委员会和地方各级监察委员会。修正后的《宪法》第 124 条规定："中华人民共和国设立国家监察委员会和地方各级监察委员会。"中华人民共和国各级监察委员会是国家的监察机关。2018 年 3 月 17 日，第十三届全国人民代表大会第一次会议审议通过了国务院机构改革方案，将监察部并入新组建的国家监察委员会，将国家预防腐败局并入国家监察委员会，不再保留监察部、国家预防腐败局。第十三届全国人民代表大会第一次会议于 2018 年 3 月 20 日通过《中华人民共和国监察法》（以下简称《监察法》），并于 2024 年修正，明确规定各级监察委员会是行使国家监察职能的专责机关，依照该法对所有行使公权力的公职人员进行监察，调查职务违法和职务犯罪，开展廉政建设和反腐败工作，维护宪法和法律的尊严。

监察委员会也行使反腐败国际合作职能。《监察法》第六章专门规定了"反腐败国际合作"，其中规定，国家监察委员会统筹协调与其他国家、地区、国际组织开展的反腐败国际交流、合作，组织反腐败国际条约实施工作（第 57 条）。国家监察委员会会同有关单位加强与有关国家、地区、国际组织在反腐败方面开展引渡、移管被判刑人、遣返、联合调查、调查取证、资产追缴和信息交流等执法司法合作和司法协助（第 58 条）。国家监察委员会加强对反腐败国际追逃追赃和防逃工作的组织协调，督促有关单位做好相关工作：（1）对于重大贪污贿赂、失职渎职等职务犯罪案件，被调查人逃匿到国（境）外，掌握证据比较确凿的，通过开展境外追逃合作，追捕归案；（2）向赃款赃物所在国请求查询、冻结、扣押、没收、追缴、返还涉案资产；（3）查询、监控涉嫌职务犯罪的公职人员及其相关人员进出国（境）和跨境资金流动情况，在调查案件过程中设置防逃程序（第 59 条）。中央反腐败协调小组国际追逃追赃和跨境腐败治理工作办公室近年来不断加大反腐败国际追逃追赃力度，持续启动"天网行动"，打好追逃追赃攻坚战、持久战。其中，国家监察委员会牵头开展职务犯罪国际追逃追赃专项行动，公安部开展"猎狐"专项行动，中国人民银行会同公安部开展预防、打击利用离岸公司和地下钱庄向境外转移赃款专项行动，最高人民法院会同最高人民检察院开展犯罪嫌疑人、被告人逃匿、死亡案件追赃专项行动，中央组织部会同公安部等开展违规办理和持有证件专项治理等工作。

地方各级监察机关在国家监察委员会领导下，统筹协调、督促指导本地区反腐败国际追逃追赃等涉外案件办理工作，具体包括：落实上级监察机关关于反腐败国际追逃追赃和防逃工作部署，制定工作计划；按照管辖权限或者上级监察机关指定管辖，办理涉外案件；按照上级监察机关要求，协助配合其他监察机关开展涉外案件办理工作；汇总和通报本地区职务犯罪外逃案件信息和追逃追赃工作信息；承担本地区其他与反腐败国际追逃追赃等涉外案件办理工作相关的职责等。省级监察委员会应当会同有关单位，建立健全本地区反腐败国际追逃追赃和防逃协调机制。国家监察委员会派驻或者派出的监察机构、监察专员统筹协调、督促指导本部门反腐败国际追逃追赃等涉外案件办理工作，参照上述规定执行。

（八）人民法院和人民检察院的对外事务职权

1. 人民法院

《宪法》第128条规定："中华人民共和国人民法院是国家的审判机关。"其中，最高人民法院是最高审判机关。最高人民法院监督地方各级人民法院和专门人民法院的审判工作，上级人民法院监督下级人民法院的审判工作。人民法院作为国家的审判机关，也承担着涉外审判职权和国际司法合作职能，具体包括以下几个方面：

（1）涉外司法解释。

根据《全国人民代表大会常务委员会关于加强法律解释工作的决议》和《中华人民共和国人民法院组织法》（第18条）的规定，最高人民法院可以对属于审判工作中具体应用法律的问题进行解释。最高人民法院也专门制定了《关于司法解释工作的规定（2021修正）》。根据上述规定，最高人民法院针对涉外审判工作中具体应用法律的问题发布了大量司法解释，例如《最高人民法院关于设立国际商事法庭若干问题的规定（2023修正）》《最高人民法院关于适用〈中华人民共和国外商投资法〉若干问题的解释》《最高人民法院关于涉外民事或商事案件司法文书送达问题若干规定（2020修正）》《最高人民法院关于涉外民商事案件诉讼管辖若干问题的规定（2020修正）》《最高人民法院关于适用〈中华人民共和国涉外民事关系法律适用法〉若干问题的解释（一）（2020修正）》等。

（2）涉外审判。

人民法院作为国家的审判机关，承担着涉外案件的审判职能。《中华人民共和国民事诉讼法》（以下简称《民事诉讼法》）第四编专门规定了涉外民事诉讼的程序。《中华人民共和国行政诉讼法》（以下简称《行政诉讼法》）第九章专门规定了涉外行政诉讼基本原则。《中华人民共和国刑事诉讼法》（以下简称《刑事诉讼法》）第17条规定："对于外国人犯罪应当追究刑事责任的，适用本法的规定。对于享有外交特权和豁免权的外国人犯罪应当追究刑事责任的，通过外交途径解决。"

2023年度，全国各级人民法院审结涉外民商事案件2.4万件、海事案件1.6万件，依法平等保护中外当事人合法权益。[①] 最高人民法院2018年设立专门的国际商事法庭，并在部分地区批准设立专门的涉外商事审判机构。

（3）国际司法协助。

最高人民法院、外交部和司法部联合发布了《关于我国法院和外国法院通过外交途径相互委托送达法律文书若干问题的通知》。最高人民法院2013年还发布了《关于依据国际公约和双边司法协助条约办理民商事案件司法文书送达和调查取证

---

① 张军：《最高人民法院工作报告》，2024年3月8日在第十四届全国人民代表大会第二次会议上。

司法协助请求的规定》(2020 年进行了修正) 及其实施细则。我国与数十个国家签订了双边民事或刑事司法协助条约，人民法院可以依据这些条约的规定对相关国家进行司法协助。

2. 人民检察院

《宪法》第 134 条规定："中华人民共和国人民检察院是国家的法律监督机关。"人民检察院依照法律规定独立行使检察权，不受行政机关、社会团体和个人的干涉。最高人民检察院是最高检察机关。最高人民检察院领导地方各级人民检察院和专门人民检察院的工作，上级人民检察院领导下级人民检察院的工作。

(1) 涉外司法解释。

根据《全国人民代表大会常务委员会关于加强法律解释工作的决议》及有关规定，对检察工作中具体应用法律的问题，由最高人民检察院进行解释。

(2) 办理涉外案件。

人民检察院作为《宪法》规定的国家法律监督机关和司法机关，承担对职务犯罪案件进行审查逮捕、提起公诉等职能，在跨国反腐败、反恐怖主义，打击跨国网络犯罪和维护外国当事人权益等涉外领域承担着重要的司法职责。2023 年度，全国检察院共办理涉外刑事案件 4 243 件、刑事司法协助案件 220 件，平等保护中外当事人合法权益，有力维护国家主权、安全、发展利益。[①]

(3) 国际司法协助。

最高人民检察院还承担一定的刑事司法协助职能。最高人民检察院设立国际合作局，承担全国检察机关的对外交流合作和有关国际司法协助，承担全国检察机关与香港、澳门特别行政区的联系协助工作，承担全国检察机关涉外个案协查工作的管理，承办最高人民检察院与外国检察机关合作协议或议定书的文本起草、谈判及签订等对外协调、管理工作，指导地方各级人民检察院开展相关工作。根据《中华人民共和国引渡法》的规定，最高人民检察院可以依法与外国开展引渡合作。

2024 年 12 月，最高人民检察院印发《最高人民检察院关于加强涉外检察工作的意见》(以下简称《意见》)。《意见》指出，涉外检察既包括检察外事工作，也包括具有涉外因素的检察业务工作，是检察机关的重要职责，是检察工作现代化的重要内容，是国家涉外法治工作的重要方面。《意见》共 6 部分 22 条，涵盖涉外检察工作的总体要求和各项工作的具体内容。《意见》要求全国各级检察机关全面贯彻总体国家安全观，坚定维护国家安全，依法打击跨国犯罪，依法开展反腐败国际追逃追赃和跨境腐败治理，健全完善反制裁、反干涉、反"长臂管辖"检察工作机制。自觉服务高质量发展和高水平对外开放，积极参与营造市场化、法治化、国际化一流营商环境，依法维护我国公民、企业等各类主体在海外的合法权

① 应勇：《最高人民检察院工作报告》，2024 年 3 月 8 日在第十四届全国人民代表大会第二次会议上。

益，服务高质量共建“一带一路”。依法履行涉外领域法律监督职责，高质效办好每一个涉外检察案件，加强涉外刑事检察，依法有序开展其他涉外检察，规范高效办理刑事司法协助案件。深化国际交流合作，积极参与国际规则制定和适用，加强双边多边检察国际合作，加强涉外检察培训交流，构建更有效力的检察国际传播体系。夯实涉外检察工作基础，推动健全涉外检察工作制度规范，强化涉外检察工作组织领导，加强涉外检察理论研究，强化涉外检察工作保障，建设高素质涉外检察人才队伍。

（九）地方政府的外事工作体制

中国共产党对外交工作的集中统一领导是我国外交工作的一个基本原则。外交工作属于中央事权范围。早在1958年，中央就成立了中央外事小组，负责对外事工作的统筹管理。改革开放以后，随着中央政府机构改革和领导体制机制改革工作的推进，地方外事工作蓬勃开展，为推动改革开放事业、促进公共外交和地方政府间的跨国合作发挥了重要作用，取得了重大成就。

2013年11月12日，中国共产党第十八届中央委员会第三次全体会议通过的《中共中央关于全面深化改革若干重大问题的决定》明确指出：“建立事权和支出责任相适应的制度。适度加强中央事权和支出责任，国防、外交、国家安全、关系全国统一市场规则和管理等作为中央事权；部分社会保障、跨区域重大项目建设维护等作为中央和地方共同事权，逐步理顺事权关系；区域性公共服务作为地方事权。中央和地方按照事权划分相应承担和分担支出责任。”

2017年2月，中央全面深化改革领导小组第三十二次会议审议通过了《关于加强党对地方外事工作领导体制改革的实施意见》。该意见强调：要把加强党对对外工作的集中统一领导贯彻到对外工作体制机制改革方方面面，加强战略谋划，强化统筹协调。要明确地方党委对本地区外事工作的主体责任，完善省以下地方党委对外事工作的领导和工作体制。

2018年5月15日，习近平总书记主持召开中央外事工作委员会第一次会议并指出：地方外事工作是党和国家对外工作的重要组成部分，对推动对外交往合作、促进地方改革发展具有重要意义。要在中央外事工作委员会集中统一领导下，统筹做好地方外事工作，从全局高度集中调度、合理配置各地资源，有目标、有步骤推进相关工作。①

2019年10月31日，中国共产党第十九届中央委员会第四次全体会议通过的《中共中央关于坚持和完善中国特色社会主义制度 推进国家治理体系和治理能力现代化若干重大问题的决定》规定：“健全党对外事工作领导体制机制。坚持外交大权在党中央，加强中国特色大国外交理论建设，全面贯彻党中央外交大政方针和

① 习近平：《习近平谈治国理政（第三卷）》，外文出版社2020年版，第425页。

战略部署。深入推进涉外体制机制建设，统筹协调党、人大、政府、政协、军队、地方、人民团体等的对外交往，加强党总揽全局、协调各方的对外工作大协同格局。加强涉外法治工作，建立涉外工作法务制度，加强国际法研究和运用，提高涉外工作法治化水平。”

根据2018年中共中央印发的《深化党和国家机构改革方案》，中央外事工作领导小组改为中央外事工作委员会。各省级党委也成立了外事工作委员会，省委书记担任主任，下设办公室，通常设在省政府外事办公室。省政府外事办公室是省政府组成部门，为正厅级，通常加挂省政府港澳事务办公室牌子。省政府外事办公室负责贯彻落实中央关于外事工作的方针政策和省委的决策部署，在履行职责过程中坚持和加强党对外事工作的集中统一领导。省政府外事办公室的职责通常包括以下各项：

（1）贯彻执行党和国家对外方针政策和法律法规，落实省委、省政府有关外事工作的指示和决定，负责政策指导、业务考核、监督检查工作，归口管理、统筹协调全省各领域对外交流与合作，起草外事工作的地方性法规、规章草案，拟定相关政策规划。

（2）研究分析各国发展动态和政策走向，围绕本省经济建设、社会发展和对外开放，为省委、省政府提供外事工作决策的建议。

（3）贯彻执行中央对香港、澳门的政策规定，统筹协调和归口管理各省与香港、澳门特别行政区往来工作。

（4）统筹安排并承办省委、省人大常委会、省政府、省政协领导同志的出访和国内外事活动事项。

（5）接待来本省访问的党宾、国宾和其他重要外宾。承办外国有关人员来访事宜。指导全省重要外事活动的礼宾工作。会同有关部门做好涉外参观单位的建设工作。

（6）承担本省与外国有关领事机构、国际组织的业务联系和交涉工作。审核管理在本省举办的国际会议。

（7）负责全省因公出国（境）工作的归口管理、协调服务和监督工作。在授权范围内，审核或审批相关人员因公临时出国（境）事项，承担本省因公出国（境）人员的证照申办业务。会同有关部门落实外事纪律及保密制度。

（8）承办本省对外交往事务，归口管理本省与外国友好省州（县）、友好城市和其他单位结好与交往事宜。指导本省民间对外交往工作。承担授予外国人荣誉称号、名誉职务和给予重要奖励等有关工作。

（9）指导有关部门管理来本省的外国人工作，依法保障来本省外国人的合法权益。负责海外侨务工作。指导、协调、管理本省社会组织对外交往事宜。会同有关部门协调处理重要涉外事件和案件，协调指导本省境外机构、公民安全与合法权益保护工作。指导全省涉外应急事务处理。

（10）负责本省外事干部和涉外人员的教育培训工作。会同有关部门进行对外宣传和群众性外事教育。

（11）主管来本省采访的外国记者和外国常驻本省的新闻机构事务。

（12）代管省人民对外友好协会等。

地方外事工作主要实行归口管理，即地方外事工作委员会办公室向各相关业务部门通报中央外交政策，定期举办对外事务报告会，通报涉外工作形势。各政府部门及时把部门内外事工作情况和问题通报给外事委员会办公室。涉及国家外交政策、外交礼遇和重大涉外事项时及时向外事部门征求意见和对策并及时向上级部门汇报。①

地方政府的外事工作必须在党中央集中统一领导之下开展，从全局高度集中调度、合理配置资源，确保党中央的总体外交方针政策落实到位。②

地方政府的外事工作实行统一领导、归口管理、分级负责、协调配合原则。地方政府各部门、各单位的一切涉外公务活动，包括约见外方、接待国外和境外团组或个人、涉外业务会谈、出席外国驻华使领馆和机构的活动与宴请、出国培训、组团出访、处理涉外文件等，均需事先和地方外事工作委员会办公室商量，由办公室根据所商事项的重要性报外事工作委员会讨论。任何单位和个人不得擅自与外国政府、组织和个人进行联络，向其提出要求，亦不得对外方的要求作出承诺及签署协议书或意向书。

三、特别行政区的对外事务

中央人民政府负责管理与香港特别行政区和澳门特别行政区有关的外交事务。中华人民共和国外交部在香港和澳门设立机构处理外交事务。中华人民共和国授权香港特别行政区和澳门特别行政区依照《中华人民共和国香港特别行政区基本法》（以下简称《香港特别行政区基本法》）和《中华人民共和国澳门特别行政区基本法》（以下简称《澳门特别行政区基本法》）自行处理有关的对外事务。

《香港特别行政区基本法》第150条规定："香港特别行政区政府的代表，可作为中华人民共和国政府代表团的成员，参加由中央人民政府进行的同香港特别行政区直接有关的外交谈判。"第18条规定："全国人民代表大会常务委员会在征询其所属的香港特别行政区基本法委员会和香港特别行政区政府的意见后，可对列于本法附件三的法律作出增减，任何列入附件三的法律，限于有关国防、外交和其他按本法规定不属于香港特别行政区自治范围的法律。全国人民代表大会常务

① 颜琳：《地方政府外事施政空间与实践——以湖南地方外事为例》，《国际关系研究》2022年第3期。

② 赵可金、李海涛：《大国外交的权威基础——中国共产党的外交领导力研究》，《东北亚论坛》2021年第3期。

委员会决定宣布战争状态或因香港特别行政区内发生香港特别行政区政府不能控制的危及国家统一或安全的动乱而决定香港特别行政区进入紧急状态，中央人民政府可发布命令将有关全国性法律在香港特别行政区实施。”

《香港特别行政区基本法》第 19 条规定：“香港特别行政区享有独立的司法权和终审权。香港特别行政区法院除继续保持香港原有法律制度和原则对法院审判权所作的限制外，对香港特别行政区所有的案件均有审判权。香港特别行政区法院对国防、外交等国家行为无管辖权。香港特别行政区法院在审理案件中遇有涉及国防、外交等国家行为的事实问题，应取得行政长官就该等问题发出的证明文件，上述文件对法院有约束力。行政长官在发出证明文件前，须取得中央人民政府的证明书。”《澳门特别行政区基本法》第 19 条有相似规定。

香港特别行政区和澳门特别行政区可在经济、贸易、金融、航运、通讯、旅游、文化、体育等领域以“中国香港”和“中国澳门”的名义，单独地同世界各国、各地区及有关国际组织保持和发展关系，签订和履行有关协议。对以国家为单位参加的、同香港特别行政区和澳门特别行政区有关的、适当领域的国际组织和国际会议，香港特别行政区和澳门特别行政区政府可派遣代表作为中华人民共和国代表团的成员或以中央人民政府和上述有关国际组织或国际会议允许的身份参加，并以“中国香港”和“中国澳门”的名义发表意见。香港特别行政区和澳门特别行政区可以“中国香港”和“中国澳门”的名义参加不以国家为单位参加的国际组织和国际会议。

对中华人民共和国已参加而香港和澳门也以某种形式参加了的国际组织，中央人民政府将采取必要措施使香港特别行政区和澳门特别行政区以适当形式继续保持在这些组织中的地位。对中华人民共和国尚未参加而香港和澳门已以某种形式参加的国际组织，中央人民政府将根据需要使香港特别行政区和澳门特别行政区以适当形式继续参加这些组织。

中华人民共和国缔结的国际协议，中央人民政府可根据香港特别行政区和澳门特别行政区的情况和需要，在征询香港特别行政区和澳门特别行政区政府的意见后，决定是否适用于香港特别行政区和澳门特别行政区。中华人民共和国尚未参加但已适用于香港和澳门的国际协议仍可继续适用。中央人民政府根据需要授权或协助香港特别行政区和澳门特别行政区政府作出适当安排，使其他有关国际协议适用于香港特别行政区和澳门特别行政区。

中央人民政府授权香港特别行政区和澳门特别行政区政府依照法律给持有香港特别行政区和澳门特别行政区永久性居民身份证的中国公民签发中华人民共和国香港特别行政区和澳门特别行政区护照，给在香港特别行政区和澳门特别行政区的其他合法居留者签发中华人民共和国香港特别行政区和澳门特别行政区的其他旅行证件。上述护照和证件，前往各国和各地区有效，并载明持有人有返回香港特别行政区和澳门特别行政区的权利。对世界各国或各地区的人入境、逗留和离境，香港特别行政区和澳门特别行政区政府可实行出入境管制。中央人民政府协助或授权香港特别行政区和澳门特别行政区政府与各国或各地区缔结互免签证协议。

香港特别行政区和澳门特别行政区可根据需要在外国设立官方或半官方的经济和贸易机构，报中央人民政府备案。外国在香港特别行政区和澳门特别行政区设立领事机构或其他官方、半官方机构，须经中央人民政府批准。已同中华人民共和国建立正式外交关系的国家在香港和澳门设立的领事机构和其他官方机构，可予保留。尚未同中华人民共和国设立正式外交关系的国家在香港和澳门设立的领事机构和其他官方机构，可根据情况允许保留或改为半官方机构。尚未为中华人民共和国承认的国家，只能在香港特别行政区和澳门特别行政区设立民间机构。

第三章 外国人法律地位和管理制度

第一节 外国人法律地位的一般原则

一、属人保护和属地保护原则

《宪法》第二章规定了公民的基本权利和义务。“凡具有中华人民共和国国籍的人都是中华人民共和国公民。中华人民共和国公民在法律面前一律平等。国家尊重和保障人权。任何公民享有宪法和法律规定的权利，同时必须履行宪法和法律规定的义务。”根据上述规定，《宪法》所规定的基本权利和义务原则上仅适用于中国公民，无论其在中国境内还是境外。这一规定符合国际法上的属人管辖原则。

《宪法》第 32 条规定：“中华人民共和国保护在中国境内的外国人的合法权利和利益，在中国境内的外国人必须遵守中华人民共和国的法律。”《宪法》第 18 条又规定：“中华人民共和国允许外国的企业和其他经济组织或者个人依照中华人民共和国法律的规定在中国投资，同中国的企业或者其他经济组织进行各种形式的经济合作。在中国境内的外国企业和其他外国经济组织以及中外合资经营的企业，都必须遵守中华人民共和国的法律。它们的合法的权利和利益受中华人民共和国法律的保护。”这一规定体现了国际法上的属地管辖原则，即我国法律适用于我国境内的任何人，无论其国籍归属。它同时也表明，在我国境内的外国人、外国企业和其他组织享受我国法律的属地保护。外国人在我国境内可以在国民待遇基础上根据相关法律的规定享有相应的权利。

二、国民待遇原则

国民待遇（national treatment）是指外国人在我国境内与我国国民（公民）享有相同的权利，履行相同的义务。《宪法》并未赋予外国人国民待遇，主权国家也没有一般性义务赋予所有外国人国民待遇。国民待遇的授予和取得通常要依据国际条约或者国内法的特别规定。国民待遇不是绝对的，通常都有例外。

《中华人民共和国对外贸易法》第 6 条明确规定：“中华人民共和国在对外贸易

方面根据所缔结或者参加的国际条约、协定，给予其他缔约方、参加方最惠国待遇、国民待遇等待遇，或者根据互惠、对等原则给予对方最惠国待遇、国民待遇等待遇。”

《民事诉讼法》第5条规定：“外国人、无国籍人、外国企业和组织在人民法院起诉、应诉，同中华人民共和国公民、法人和其他组织有同等的诉讼权利义务。”《中华人民共和国行政处罚法》第84条规定：“外国人、无国籍人、外国组织在中华人民共和国领域内有违法行为，应当给予行政处罚的，适用本法，法律另有规定的除外。”《刑法》规定：“凡在中华人民共和国领域内犯罪的，除法律有特别规定的以外，都适用本法。”《公安机关办理刑事案件程序规定》第358条规定：“外国籍犯罪嫌疑人在刑事诉讼中，享有我国法律规定的诉讼权利，并承担相应的义务。”《中华人民共和国未成年人保护法》第131条规定：“对中国境内未满十八周岁的外国人、无国籍人，依照本法有关规定予以保护。”

上述规定表明，无论是民事诉讼、行政处罚还是刑事审判，外国人在我国境内原则上都享有我国法律规定的与中国公民一样的程序权利和实体权利。

在民事权利领域，外国人在我国原则上享有国民待遇。1986年《中华人民共和国民法通则》第8条就规定：“在中华人民共和国领域内的民事活动，适用中华人民共和国法律，法律另有规定的除外。本法关于公民的规定，适用于在中华人民共和国领域内的外国人、无国籍人，法律另有规定的除外。”根据该条第2款，该民法通则赋予我国公民的民事权利同样赋予外国人。这就是国民待遇的体现。《中华人民共和国民法典》（以下简称《民法典》）取消了该民法通则第8条第2款的规定，但这并不意味着取消了外国人的国民待遇，因为《民法典》将该民法通则中的“公民”改为了“自然人”，因此，《民法典》中关于“自然人”的规定可以适用于包括中国人和外国人（及无国籍人）在内的所有自然人。例如，《民法典》第109条规定：“自然人的人身自由、人格尊严受法律保护。”第110条规定：“自然人享有生命权、身体权、健康权、姓名权、肖像权、名誉权、荣誉权、隐私权、婚姻自主权等权利。”外国人在我国境内的这些权利也受到我国民法的同等保护。

在民事领域，甚至存在一定程度上的“超国民待遇”。很多外国人在其他国家进行民事活动时并不一定愿意受所在地国家法律的约束，反而更愿意接受某一外国法律支配其民事关系。为了便利国际民商事交往，吸引外国人旅游和投资，当今世界各国均采用国际私法制度来规范涉外民事关系的法律适用。我国也于2010年颁布了《中华人民共和国涉外民事关系法律适用法》，该法规定：“涉外民事关系适用的法律，依照本法确定。其他法律对涉外民事关系法律适用另有特别规定的，依照其规定。本法和其他法律对涉外民事关系法律适用没有规定的，适用与该涉外民事关系有最密切联系的法律。”按照该法的规定，外国人在我国境内所实施的民事行为，既可以适用中国法律，也可以适用外国法律。同样，中国人在中国境外所实施的民事行为，既可以适用外国法律，也可以适用中国法律。另外，《中华人民共和国涉外民事关系法律适用法》第3条规定："当事人依照法律规定可以明示选择涉外民事关系适用的法律。"非涉外民事关系的当事人则无权选择适用外国法律。这相当于赋予了涉外民事关系的当事人一种"超国民待遇"。

三、准入前国民待遇

我国上述法律中所规定的国民待遇和我国与外国签订的双边投资保护协定都采用了世界贸易组织相关协定中所采用的准入后国民待遇原则，即《关税与贸易总协定》第3条所规定的"国内税与国内规章的国民待遇"条款。[①] 准入后国民待遇，是指外国人进入东道国以后，其法律地位和权利义务与本国人相同。2012年美国修订了与外国订立的双边投资协定，开始采用准入前（pre-establishment）国民待遇制度，即将国民待遇原则延伸到投资发生前的阶段，对其他国家产生了冲击。我国2019年颁布的《外商投资法》第4条明确采用准入前国民待遇："国家对外商投资实行准入前国民待遇加负面清单管理制度。前款所称准入前国民待遇，是指在投资准入阶段给予外国投资者及其投资不低于本国投资者及其投资的待遇；所称负面清单，是指国家规定在特定领域对外商投资实施的准入特别管理措施。国家对负面清单之外的外商投资，给予国民待遇。"2021年《海南自由贸易港法》第19条做了相似规定。

第二节　外国人的基本权利与自由

一、概论

从1840年开始，列强通过对中国的多次侵略战争和其他方法，与中国政府签订了数以百计的不平等条约、章程、专条，强迫中国割地、赔款，攫取种种特权，构建起殖民、掠夺中国的系统性结构。列强入侵及其殖民政策，成为加在中国人民身上的沉重枷锁，中国人民的尊严和生存权利遭到严重践踏。1949年新中国成立，废除了外国列强和外国人在我国的一切特权，标志着人民权利新的时代的到来，标志着近代以来中国人民遭受剥削、压迫和奴役历史的终结。

经过70多年的人权发展实践，中国把人权的普遍性原则与本国具体实际相结合，已经形成了较为系统的以人民为中心的人权理念，中国人民各项基本权利日益得到尊重和保障。同时，我国也根据相关法律、缔结和参加的国际条约的规定

① 2015年《中华人民共和国政府和澳大利亚政府自由贸易协定》第3条有相似规定。

平等保护我国境内外国人的人权。

联合国大会1948年通过的《世界人权宣言》明确规定："人人有资格享有本宣言所载的一切权利和自由，不分种族、肤色、性别、语言、宗教、政治或其他见解、国籍或社会出身、财产、出生或其他身份等任何区别。并且不得因一人所属的国家或领土的政治的、行政的或者国际的地位之不同而有所区别，无论该领土是独立领土、托管领土、非自治领土或者处于其他任何主权受限制的情况之下。"中国政府对《世界人权宣言》给予了高度的评价，认为它"作为第一个人权问题的国际文件，为国际人权领域的实践奠定了基础"①。中国政府于1998年10月5日签署了联合国《公民权利和政治权利国际公约》，先后批准或加入了多项国际人权文书，其中包括《经济、社会及文化权利国际公约》《防止及惩治灭绝种族罪公约》《禁止并惩治种族隔离罪行国际公约》《消除对妇女一切形式歧视公约》《消除一切形式种族歧视国际公约》《关于难民地位的公约》《关于难民地位的议定书》《禁止酷刑和其他残忍、不人道或有辱人格的待遇或处罚公约》等多个基本国际人权公约。中国认真履行上述宣言和公约的义务，对外国人和本国人在基本权利上予以平等保护。

但是，人权状况的发展受到各国历史、社会、经济、文化等因素的制约，是一个历史的发展过程。各国由于历史背景、社会制度、经济发展、文化传统的状况有巨大差异，因而对人权的认识往往并不一致，对人权的实施也各有不同。对于联合国通过的一些公约，各国基于本国的情况，态度也不尽一致。人权问题虽然有其国际性的一面，但主要是一个国家主权范围内的问题。外国人在中国境内的人权保护应受中国法律的管辖。在新的历史时代，中国将秉持文明多样和文明交流互鉴精神，与国际社会一道，推动各国共同发展、共同繁荣，促进世界人权事业发展，共同构建人类命运共同体。②

二、人身、言论、出版、集会、结社、游行、示威的自由

《民法典》第109条规定："自然人的人身自由、人格尊严受法律保护。"第111条规定："自然人的个人信息受法律保护。任何组织或者个人需要获取他人个人信息的，应当依法取得并确保信息安全，不得非法收集、使用、加工、传输他人个人信息，不得非法买卖、提供或者公开他人个人信息。"第990条规定："人格权是民事主体享有的生命权、身体权、健康权、姓名权、名称权、肖像权、名誉权、荣誉权、隐私权等权利。除前款规定的人格权外，自然人享有基于人身自由、人格尊严产生的其他人格权益。"

---

① 中华人民共和国国务院新闻办公室：《中国的人权状况》白皮书，1991年11月发布。

② 中华人民共和国国务院新闻办公室：《为人民谋幸福：新中国人权事业发展70年》白皮书，2019年9月22日发布。

国务院《出版管理条例》第 23 条规定："公民可以依照本条例规定，在出版物上自由表达自己对国家事务、经济和文化事业、社会事务的见解和意愿，自由发表自己从事科学研究、文学艺术创作和其他文化活动的成果。合法出版物受法律保护，任何组织和个人不得非法干扰、阻止、破坏出版物的出版。"上述条例与《宪法》中的言论自由权都只适用于中国公民而不适用于外国人。但从《民法典》第 990 条的规定可以推定，外国人基于人身自由、人格尊严产生的言论自由等人格权益也受我国法律保护。当然，根据《宪法》第 51 条，外国人与我国公民一样，在行使自由和权利的时候，不得损害国家的、社会的、集体的利益和其他公民的合法的自由和权利。例如在"陈某与北京微梦创科网络技术有限公司等名誉权纠纷案"[①] 中，加拿大籍明星吴某的名誉权等人格权益均受我国法院的保护。在"钱某与达某名誉权纠纷上诉案"[②] 中，英国人达某向某商报提供材料的行为被法院认为并不侵犯原告的名誉权。

外国人在我国也享有荣誉权。《中华人民共和国国家勋章和国家荣誉称号法》第 3 条规定，国家设立"友谊勋章"，授予在我国社会主义现代化建设和促进中外交流合作、维护世界和平中作出杰出贡献的外国人。对中国科学技术事业做出重要贡献的外国人或者外国组织，我国专门设立了中华人民共和国国际科学技术合作奖。[③]

改革开放不久，国务院就颁布了《关于管理外国新闻机构常驻记者的暂行规定》(1981 年)，对外国记者的新闻采访自由予以保障。1990 年，国务院颁布《外国记者和外国常驻新闻机构管理条例》，后被 2008 年《中华人民共和国外国常驻新闻机构和外国记者采访条例》取代。该采访条例第 3 条规定："中国实行对外开放的基本国策，依法保障外国常驻新闻机构和外国记者的合法权益，并为其依法从事新闻采访报道业务提供便利。"中华人民共和国外交部主管外国常驻新闻机构和外国记者事务。国务院新闻办公室和其他部门在各自职责范围内负责外国常驻新闻机构和外国记者有关事务。地方人民政府外事部门受外交部委托，办理本行政区域内外国常驻新闻机构和外国记者事务。地方人民政府新闻办公室和其他部门在各自职责范围内负责本行政区域内外国常驻新闻机构和外国记者有关事务。

《中华人民共和国人民法院法庭规则》第 26 条规定："外国人、无国籍人旁听庭审活动，外国媒体记者报道庭审活动，应当遵守本规则。"

外国人在我国享有文学艺术创作和进行其他文化活动的自由，著作权、商标权和专利权等知识产权受我国法律保护。《中华人民共和国著作权法》(以下简称《著作权法》) 第 2 条规定："中国公民、法人或者非法人组织的作品，不论是否发

① (2020) 京 01 民终 4930 号。

② (2012) 琼民三终字第 60 号。

③ 《国家科学技术奖励条例》第 13 条。

表，依照本法享有著作权。外国人、无国籍人的作品根据其作者所属国或者经常居住地国同中国签订的协议或者共同参加的国际条约享有的著作权，受本法保护。外国人、无国籍人的作品首先在中国境内出版的，依照本法享有著作权。未与中国签订协议或者共同参加国际条约的国家的作者以及无国籍人的作品首次在中国参加的国际条约的成员国出版的，或者在成员国和非成员国同时出版的，受本法保护。”①

外国人在我国相关法律范围内在我国享有集会游行示威自由。《中华人民共和国集会游行示威法》第34条规定：“外国人在中国境内举行集会、游行、示威，适用本法规定。外国人在中国境内未经主管机关批准不得参加中国公民举行的集会、游行、示威。”

外国人在我国境内的某些权利自由也受到我国法律的限制。例如《中华人民共和国野生动物保护法》第43条规定：“外国人在我国对国家重点保护野生动物进行野外考察或者在野外拍摄电影、录像，应当经省、自治区、直辖市人民政府野生动物保护主管部门或者其授权的单位批准，并遵守有关法律法规的规定。”《中华人民共和国渔业法》第8条规定：“外国人、外国渔业船舶进入中华人民共和国管辖水域，从事渔业生产或者渔业资源调查活动，必须经国务院有关主管部门批准，并遵守本法和中华人民共和国其他有关法律、法规的规定；同中华人民共和国订有条约、协定的，按照条约、协定办理。”根据国务院1991年批复的《外国人来华登山管理办法》的规定：外国人来华登山，应当向国家体委提出书面申请。外国人在我国境内登山期间，必须有我国联络人员陪同。登山附带科学考察和测绘的，应当在办理登山申请的同时，向国家体委申报科学考察和测绘计划，由国家体委分别转国家科学技术委员会或者国家测绘局审批。科学考察和测绘计划未经批准，外国登山人员不得对所经地区的生物、岩石、矿物、冰雪、水样和土样进行系统观测，不得采集标本、样品、化石，不得进行测绘活动。

外国人在我国境内有获得法律援助的权利。《中华人民共和国法律援助法》第69条规定：“对外国人和无国籍人提供法律援助，我国法律有规定的，适用法律规定；我国法律没有规定的，可以根据我国缔结或者参加的国际条约，或者按照互惠原则，参照适用本法的相关规定。”

三、宗教信仰自由

在宗教信仰自由方面，根据国务院《宗教事务条例》的规定：我国的各宗教坚持独立自主自办的原则，宗教团体、宗教院校、宗教活动场所和宗教事务不受外国势力的支配（第5条）。宗教教职人员经宗教团体认定，报县级以上人民政府

---

① 参见“中国水利水电出版社诉朱利亚·班纳·亚历山大（Julia Banner Alexander）等侵害著作权纠纷案”，（2016）鄂民终102号。

宗教事务部门备案，可以从事宗教教务活动（第 36 条）。

根据《中华人民共和国境内外国人宗教活动管理规定》及其实施细则，我国尊重在中国境内的外国人的宗教信仰自由，外国人在中国境内可以按照各自的宗教信仰习惯举行和参与各种宗教活动，我国保护外国人在宗教方面同中国宗教界进行的友好往来和文化学术交流活动。尊重外国人的宗教信仰自由，是指在中国境内的外国人，无论其信仰何种宗教，也不管中国有无此种宗教，中国政府都予以尊重。外国人可以在中国境内的寺院、宫观、清真寺、教堂等宗教活动场所参加宗教活动。外国人在中国境内，可以邀请中国宗教教职人员为其举行洗礼、婚礼、葬礼和道场法会等宗教仪式。

外国人在中国境内进行宗教活动，应当遵守中国的法律、法规，不得在中国境内成立宗教组织、设立宗教办事机构、设立宗教活动场所或者开办宗教院校，不得在中国公民中发展教徒、委任宗教教职人员和进行其他传教活动。[①]

四、财产权

《宪法》第 13 条规定："公民的合法的私有财产不受侵犯。国家依照法律规定保护公民的私有财产权和继承权。国家为了公共利益的需要，可以依照法律规定对公民的私有财产实行征收或者征用并给予补偿。"外国人的私有财产同样受到我国法律的保护。《宪法》第 32 条规定："中华人民共和国保护在中国境内的外国人的合法权利和利益，在中国境内的外国人必须遵守中华人民共和国的法律。"《宪法》第 18 条又规定："中华人民共和国允许外国的企业和其他经济组织或者个人依照中华人民共和国法律的规定在中国投资，同中国的企业或者其他经济组织进行各种形式的经济合作。在中国境内的外国企业和其他外国经济组织以及中外合资经营的企业，都必须遵守中华人民共和国的法律。它们的合法的权利和利益受中华人民共和国法律的保护。"

《宪法》规定了我国公民享有住宅不受侵犯的权利。外国人在我国同样享有住宅不受侵犯的权利，并受到我国法律的同等保护。

对于外国人在我国的历史遗留房产问题，《关于解决中国旧政府外债和外国在华资产问题的意见》已做了规定，外交部、财政部、城乡建设环境保护部、国家外汇管理局、中国银行联合发布的《关于对外国原在华私人房产企业的补偿问题》[②] 以及司法部、建设部、外交部、国务院侨办《关于办理华侨、港澳同胞、台湾同胞以及外国人房屋产权事宜中如何确认公证文书效力的通知》等文件都做了具体规定，大都已圆满解决。

改革开放后，我国逐步放宽外国人在我国境内购买房产的政策。根据 2006 年

---

① 张某、阚某劳动争议再审审查与审判监督民事裁定书，(2020) 皖民申 4116 号。

② 外领四函〔1987〕126 号。

建设部、商务部、国家发展和改革委员会、中国人民银行、国家工商行政管理总局、国家外汇管理局联合发布的《关于规范房地产市场外资准入和管理的意见》[1]的规定：境外机构在境内设立的分支、代表机构（经批准从事经营房地产业的企业除外）和在境内工作、学习时间超过一年的境外个人可以购买符合实际需要的自用、自住商品房，不得购买非自用、非自住商品房。在境内没有设立分支、代表机构的境外机构和在境内工作、学习时间一年以下的境外个人，不得购买商品房。港澳台地区居民和华侨因生活需要，可在境内限购一定面积的自住商品房。2010年，住房和城乡建设部、国家外汇管理局《关于进一步规范境外机构和个人购房管理的通知》[2] 规定："境外个人在境内只能购买一套用于自住的住房。在境内设立分支、代表机构的境外机构只能在注册城市购买办公所需的非住宅房屋。法律法规另有规定的除外。"2015年，住房城乡建设部、商务部、国家发展改革委、中国人民银行、工商总局、外汇局《关于调整房地产市场外资准入和管理有关政策的通知》[3] 规定，境外机构在境内设立的分支、代表机构（经批准从事经营房地产的企业除外）和在境内工作、学习的境外个人可以购买符合实际需要的自用、自住商品房。对于实施住房限购政策的城市，境外个人购房应当符合当地政策规定。

另外，根据中共中央组织部、人力资源社会保障部、公安部等25部门关于印发《外国人在中国永久居留享有相关待遇的办法》的通知[4]，凡持有中国《外国人永久居留证》的外籍人员可不受《关于规范房地产市场外资准入和管理的意见》中关于境外个人在境内购买自用商品住房需在境内工作、学习超过一年的限制，按照其他有关规定在境内购买自用、自住商品住房。

外国人的知识产权受我国法律保护。《著作权法》第2条规定："外国人、无国籍人的作品根据其作者所属国或者经常居住地国同中国签订的协议或者共同参加的国际条约享有的著作权，受本法保护。外国人、无国籍人的作品首先在中国境内出版的，依照本法享有著作权。"《中华人民共和国专利法》第17条规定："在中国没有经常居所或者营业所的外国人、外国企业或者外国其他组织在中国申请专利的，依照其所属国同中国签订的协议或者共同参加的国际条约，或者依照互惠原则，根据本法办理。"《中华人民共和国商标法》第17条规定："外国人或者外国企业在中国申请商标注册的，应当按其所属国和中华人民共和国签订的协议或者共同参加的国际条约办理，或者按对等原则办理。"

《民法典》第117条规定："为了公共利益的需要，依照法律规定的权限和程序

---

① 建住房〔2006〕171号。
② 建房〔2010〕186号。
③ 建房〔2015〕122号。
④ 人社部发〔2012〕53号。

征收、征用不动产或者动产的，应当给予公平、合理的补偿。”根据我国与世界上100多个国家签订的双边投资保护协定，外国人在我国境内的合法财产一般不被征收或国有化；特殊情况下需要进行征收的，也会在国民待遇基础上给予公平合理补偿。①

外国人在我国境内有获得国家赔偿的权利。《中华人民共和国国家赔偿法》（以下简称《国家赔偿法》）第40条规定：“外国人、外国企业和组织在中华人民共和国领域内要求中华人民共和国国家赔偿的，适用本法。外国人、外国企业和组织的所属国对中华人民共和国公民、法人和其他组织要求该国国家赔偿的权利不予保护或者限制的，中华人民共和国与该外国人、外国企业和组织的所属国实行对等原则。”

五、劳动权

我国法律允许外国人在我国境内就业。比如《中华人民共和国劳动法》第2条规定：在中华人民共和国境内的企业、个体经济组织和与之形成劳动关系的劳动者，适用本法。《中华人民共和国劳动合同法》第2条也同样规定：中华人民共和国境内的企业、个体经济组织、民办非企业单位等组织与劳动者建立劳动关系，订立、履行、变更、解除或者终止劳动合同，适用本法。这表明，上述法律的适用范围以“中华人民共和国境内的企业”为限，而对劳动者的国籍不加限制。近年来，外国人在华就业问题越来越受到关注。②

根据《外国人在中国就业管理规定》，外国人在中国就业必须持有《中华人民共和国外国人就业许可证书》和《外国人就业证》并与用人单位签订劳动合同。该规定第25条规定：“用人单位与被聘用的外国人发生劳动争议，应按照《中华人民共和国劳动法》和《中华人民共和国企业劳动争议调解仲裁法》处理。”对于来内地（大陆）就业的港、澳、台人员也有类似的规定。

根据中共中央组织部、人力资源社会保障部、公安部等25部门联合印发的《外国人在中国永久居留享有相关待遇的办法》③，凡持有中国《外国人永久居留证》的外籍人员在中国就业的，免办《外国人就业证》；符合条件的，可优先办理《外国专家证》《回国（来华）专家证》以及各地人才工作居住证。

六、受教育权、进行科学研究的权利

《中华人民共和国义务教育法》规定：“国家实行九年义务教育制度。义务教育是国家统一实施的所有适龄儿童、少年必须接受的教育，是国家必须予以保障

---

① 例如《中华人民共和国政府、日本国政府及大韩民国政府关于促进、便利及保护投资的协定》第11条。

② 夏艺轩：《在粤外国人就业管理问题研究》，《辽宁警察学院学报》2018年第5期。

③ 人社部发〔2012〕53号。

的公益性事业。实施义务教育，不收学费、杂费。国家建立义务教育经费保障机制，保证义务教育制度实施。”“凡具有中华人民共和国国籍的适龄儿童、少年，不分性别、民族、种族、家庭财产状况、宗教信仰等，依法享有平等接受义务教育的权利，并履行接受义务教育的义务。”根据我国加入的联合国《儿童权利公约》，各缔约国确认儿童有受教育的权利，为在机会均等的基础上逐步实现此项权利，缔约国尤应实现全面的免费义务小学教育。《中华人民共和国未成年人保护法》第131条规定：“对中国境内未满十八周岁的外国人、无国籍人，依照本法有关规定予以保护。”根据该规定，我国保障外籍未成年人的生存权、发展权、受保护权、参与权等权利。外籍未成年人在我国依法平等地享有各项权利，不因本人及其父母或者其他监护人的民族、种族、性别、户籍、职业、宗教信仰、教育程度、家庭状况、身心健康状况等受到歧视。根据上述规定，我国境内的外籍未成年人可以根据居住地的有关政策接受义务教育。

为给外籍人员子女在中国境内接受教育提供方便，完善对外籍人员子女学校的管理，促进我国的对外开放，1995年，国家教育委员会发布了《关于开办外籍人员子女学校的暂行管理办法》[①]，规定：在中国境内合法设立的外国机构、外资企业、国际组织的驻华机构和合法居留的外国人，可以依照本办法申请开办外籍人员子女学校。学校招生对象为在中国境内持有居留证件的外籍人员子女。学校不得招收境内中国公民的子女入学。学校聘用外籍人员，依照《中华人民共和国外国人入境出境管理法》及外国人在华工作有关规定办理。学校聘用驻华领馆人员及其配偶，需经外交部批准。教育部2014年发布了《关于做好外籍人员子女学校有关工作的意见》。

《中华人民共和国教育法》第69条规定：“中国境外个人符合国家规定的条件并办理有关手续后，可以进入中国境内学校及其他教育机构学习、研究、进行学术交流或者任教，其合法权益受国家保护。”2000年，教育部、外交部、公安部联合发布《高等学校接受外国留学生管理规定》，允许我国高等学校为外国留学生提供学历教育和非学历教育。接受学历教育的类别为：专科生、本科生、硕士研究生和博士研究生。接受非学历教育的类别为：进修生和研究学者。2017年，教育部、外交部、公安部联合制定了《学校招收和培养国际学生管理办法》，规范学校招收、培养、管理国际学生的行为，为国际学生在中国境内学校学习提供便利，增进教育对外交流与合作。该办法所称的国际学生，是指根据《中华人民共和国国籍法》不具有中国国籍且在学校接受教育的外国学生。国际学生应当遵守中国法律法规，尊重中国风俗习惯，遵守学校规章制度，完成学校学习任务。国际学生经高等学校同意，可以在校内指定的地点和范围举行庆祝本国重要传统节日的

① 教外综〔1995〕130号。

活动，但不得有反对、攻击其他国家、民族的内容或者违反公共道德的言行。

根据 2024 年颁布的《中华人民共和国学位法》第 44 条，学位授予单位对申请学位的境外个人，依照该法规定的学业要求、学术水平或者专业水平等条件和相关程序授予相应学位。

《中华人民共和国科学技术进步法》规定：国家采取多种方式支持国内外优秀科学技术人才合作研发，应对人类面临的共同挑战，探索科学前沿。国家支持科学技术研究开发机构、高等学校、企业和科学技术人员积极参与和发起组织实施国际大科学计划和大科学工程。国家完善国际科学技术研究合作中的知识产权保护与科技伦理、安全审查机制。

国家扩大科学技术计划对外开放合作，鼓励在华外资企业、外籍科学技术人员等承担和参与科学技术计划项目，完善境外科学技术人员参与国家科学技术计划项目的机制。国家完善相关社会服务和保障措施，鼓励在国外工作的科学技术人员回国，吸引外籍科学技术人员到中国从事科学技术研究开发工作。科学技术研究开发机构及其他科学技术组织可以根据发展需要，聘用境外科学技术人员。利用财政性资金设立的科学技术研究开发机构、高等学校聘用境外科学技术人员从事科学技术研究开发工作的，应当为其工作和生活提供方便。外籍杰出科学技术人员到中国从事科学技术研究开发工作的，按照国家有关规定，可以优先获得在华永久居留权或者取得中国国籍。

七、婚姻家庭权利和男女平等权利

外国人在我国境内有结婚和离婚的自由和权利。《婚姻登记条例》规定：中国公民同外国人在中国内地结婚的，内地居民同香港居民、澳门居民、台湾居民、华侨在中国内地结婚的，男女双方应当共同到内地居民常住户口所在地的婚姻登记机关办理结婚登记。中国公民同外国人在中国内地自愿离婚的，内地居民同香港居民、澳门居民、台湾居民、华侨在中国内地自愿离婚的，男女双方应当共同到内地居民常住户口所在地的婚姻登记机关办理离婚登记。当事人在境外离婚的，中国籍当事人可以根据最高人民法院的相关规定向人民法院申请承认该外国法院的离婚判决。对与我国有司法协助协议的外国法院作出的离婚判决，按照协议的规定申请承认。①

《民法典》第 1109 条规定：外国人依法可以在中华人民共和国收养子女。外国人在中华人民共和国收养子女，应当经其所在国主管机关依照该国法律审查同意。收养人应当提供由其所在国有权机构出具的有关其年龄、婚姻、职业、财产、健康、有无受过刑事处罚等状况的证明材料，并与送养人签订书面协议，亲自向省、

---

① 《最高人民法院关于中国公民申请承认外国法院离婚判决程序问题的规定》，2020 年修正。

自治区、直辖市人民政府民政部门登记。根据《外国人在中华人民共和国收养子女登记办法》，外国人在华收养子女，应当符合中国有关收养法律的规定，并应当符合收养人所在国有关收养法律的规定；因收养人所在国法律的规定与中国法律的规定不一致而产生的问题，由两国政府有关部门协商处理。

根据《中华人民共和国妇女权益保障法》规定：男女平等是国家的基本国策。妇女在政治的、经济的、文化的、社会的和家庭的生活等各方面享有同男子平等的权利。国家采取必要措施，促进男女平等，消除对妇女一切形式的歧视，禁止排斥、限制妇女依法享有和行使各项权益。国家保护妇女依法享有的特殊权益。我国于1980年批准加入了联合国《消除对妇女一切形式歧视公约》。

外国未成年人的权利在我国受到同等保护。《中华人民共和国未成年人保护法》第131条专门规定："对中国境内未满十八周岁的外国人、无国籍人，依照本法有关规定予以保护。"

八、对外国人权利的限制和例外

根据国家主权原则，任何国家赋予外国人的权利与自由都是有限度的。我国公民所享有的政治权利如选举权和被选举权就不能给予外国人。

《宪法》第34条规定："中华人民共和国年满十八周岁的公民，不分民族、种族、性别、职业、家庭出身、宗教信仰、教育程度、财产状况、居住期限，都有选举权和被选举权；但是依照法律被剥夺政治权利的人除外。"《中华人民共和国全国人民代表大会和地方各级人民代表大会选举法》第7条规定："旅居国外的中华人民共和国公民在县级以下人民代表大会代表选举期间在国内的，可以参加原籍地或者出国前居住地的选举。"

外国人不能享有我国法律上的选举权和被选举权。1953年《中央选举委员会关于选民资格若干问题的解答》就指出：凡是居留于我国境内未取得中华人民共和国国籍的外国人，无选举权和被选举权。其业已取得中华人民共和国国籍，并具有公民资格、年满十八周岁者，有选举权和被选举权。外国人也不能担任我国公职人员。《中华人民共和国公务员法》《中华人民共和国法官法》《中华人民共和国检察官法》《中华人民共和国监察官法》等均要求任职人员具有中华人民共和国国籍。我国公职人员在任职期间不得加入外国国籍。2020年颁布的《中华人民共和国公职人员政务处分法》规定，公职人员违反规定取得外国国籍或者获取境外永久居留资格、长期居留许可的，予以撤职或者开除。

我国境内的外国人仍然可以参加其本国的选举。世界上大多数国家都允许本国海外公民在境外参加国内选举。例如日本1998年5月颁布了《修改公职选举法的法律》，规定从2000年5月以后的国政选举（众议院议员选举及参议院议员选举）开始，居住在海外的日本选民可以在海外投票。为了可以在海外进行投票，需要事先登记在外选举人名册。登记申请在日本驻外大使馆、总领事馆进行。

中华人民共和国公民在年老、疾病或者丧失劳动能力的情况下，从国家和社会获得物质帮助的权利以及我国公民所享受的社会保险、社会救济和医疗卫生事业权利，外国人也不能当然享有，除非我国与外国签订有关双边协议。《中华人民共和国法律援助法》第 69 条规定："对外国人和无国籍人提供法律援助，我国法律有规定的，适用法律规定；我国法律没有规定的，可以根据我国缔结或者参加的国际条约，或者按照互惠原则，参照适用本法的相关规定。"

《外商投资法》对外国投资赋予准入前国民待遇，但是附加了负面清单。所称负面清单，是指国家规定在特定领域对外商投资实施的准入特别管理措施。国家对负面清单之外的外商投资，给予国民待遇。凡属于负面清单所列项目，外国投资者不得享有国民待遇。

我国加入的世界贸易组织各项协定虽然规定了国民待遇原则，但都附加了国家安全例外等限制性条款。我国与外国签订的双边或多边投资保护协定或自由贸易协定也都规定了国民待遇例外条款。

无论是本国公民还是外国人，在一国境内行使权利和享受自由都要受法律的限制。在任何国家都不例外。[①] 2018 年，著名奢侈品品牌杜嘉班纳（Dolce & Gabbana）制作的《起筷吃饭》宣传视频引起了大多数中国人的反感，最终在中国官网上下架。

《中华人民共和国档案法》第 22 条规定："非国有企业、社会服务机构等单位和个人形成的档案，对国家和社会具有重要保存价值或者应当保密的，档案所有者应当妥善保管。对保管条件不符合要求或者存在其他原因可能导致档案严重损毁和不安全的，省级以上档案主管部门可以给予帮助，或者经协商采取指定档案馆代为保管等确保档案完整和安全的措施；必要时，可以依法收购或者征购。前款所列档案，档案所有者可以向国家档案馆寄存或者转让。严禁出卖、赠送给外国人或者外国组织。"

《中华人民共和国文物保护法》第 36 条规定："非国有不可移动文物不得转让、抵押给外国人、外国组织或者国际组织。"

《古生物化石保护条例》第 17 条规定："外国人、外国组织因中外合作进行科学研究需要，方可在中华人民共和国领域和中华人民共和国管辖的其他海域发掘古生物化石。发掘古生物化石的，应当经国务院自然资源主管部门批准，采取与符合本条例第十一条第二款规定条件的中方单位合作的方式进行，并遵守本条例有关古生物化石发掘、收藏、进出境的规定。"第 23 条规定："任何单位和个人不得将其收藏的重点保护古生物化石转让、交换、赠与、质押给外国人或者外国组织。"

---

① 章小杉：《仇恨言论的宪法学分析——基于美国最高法院与欧洲人权法院判例的比较分析》，《人权》2022 年第 2 期。

《中华人民共和国自然保护区条例》第31条规定："外国人进入自然保护区，应当事先向自然保护区管理机构提交活动计划，并经自然保护区管理机构批准；其中，进入国家级自然保护区的，应当经省、自治区、直辖市环境保护、海洋、渔业等有关自然保护区行政主管部门按照各自职责批准。进入自然保护区的外国人，应当遵守有关自然保护区的法律、法规和规定，未经批准，不得在自然保护区内从事采集标本等活动。"

《中华人民共和国野生植物保护条例》第21条："外国人不得在中国境内采集或者收购国家重点保护野生植物。外国人在中国境内对农业行政主管部门管理的国家重点保护野生植物进行野外考察的，应当经农业行政主管部门管理的国家重点保护野生植物所在地的省、自治区、直辖市人民政府农业行政主管部门批准。"

《中华人民共和国陆生野生动物保护实施条例》第19条规定："外国人在中国境内对国家重点保护野生动物进行野外考察、标本采集或者在野外拍摄电影、录像的，必须向国家重点保护野生动物所在地的省、自治区、直辖市人民政府林业行政主管部门提出申请，经其审核后，报国务院林业行政主管部门或者其授权的单位批准。"

《博物馆条例》第25条规定："博物馆藏品属于国有文物、非国有文物中的珍贵文物和国家规定禁止出境的其他文物的，不得出境，不得转让、出租、质押给外国人。"

《中华人民共和国植物新品种保护条例》第9条规定："中国的单位或者个人就其在国内培育的植物新品种向外国人转让申请权或者品种权的，应当经审批机关批准。"

《中华人民共和国水生野生动物保护实施条例》第16条规定："外国人在中国境内进行有关水生野生动物科学考察、标本采集、拍摄电影、录像等活动的，必须经国家重点保护的水生野生动物所在地的省、自治区、直辖市人民政府渔业行政主管部门批准。"

《国防专利条例》第8条规定："禁止向国外的单位和个人以及在国内的外国人和外国机构转让国防专利申请权和国防专利权。"

《中华人民共和国统计法》第52条第2款规定："中华人民共和国境外的组织、个人需要在中华人民共和国境内进行统计调查活动的，应当按照国务院的规定报请审批。"

第三节 跨境移民管理法律制度

一、外国人的入境管理

（一）概论

不论人的法律身份、出于自愿或不自愿、迁移的原因为何、停留的时间长短，只要是进行或正在进行跨国际边界移动，或是在一国范围内离开其惯常居住地的人，就都称为移民。联合国大会 2018 年 12 月 19 日第 73/195 号决议通过了《安全、有序和正常移民全球契约》（《移民问题全球契约》），提出了一个以会员国在《关于难民和移民的纽约宣言》中商定的承诺为基础的不具法律约束力的合作框架。

改革开放以来，我国的跨境移民越来越常见。我国近年来加大了对跨境移民制度的改革力度。2018 年 3 月 17 日，十三届全国人大一次会议表决通过了关于国务院机构改革方案的决定，将公安部的出入境管理、边防检查职责整合，建立健全签证管理协调机制，组建国家移民管理局，加挂中华人民共和国出入境管理局牌子，由公安部管理。2018 年 4 月 2 日，国家移民管理局正式成立，主要职责是：负责全国移民管理工作；负责协调拟订移民和出入境管理政策与规划并协调组织实施，起草相关法律法规草案；负责建立健全签证管理协调机制，组织实施外国人来华口岸签证、入境许可签发管理和签证延期换发；负责外国人来华留学管理、工作有关管理、停留居留和永久居留管理、国籍管理、难民管理；负责出入境边防检查、边民往来管理、边境地区边防管理；负责中国公民因私出入境管理、港澳台居民回内地（大陆）定居审批管理；牵头协调非法入境、非法居留、非法就业外国人治理和非法移民遣返，查处妨害国（边）境管理等违法犯罪行为；承担移民领域国际合作等任务。中国在 2016 年加入了国际移民组织，并在 2018 年签署《移民问题全球契约》。

（二）签证

根据《出境入境管理法》可知：外国人入境，应当向驻外签证机关申请办理签证。签证分为外交签证、礼遇签证、公务签证、普通签证。对因外交、公务事由入境的外国人，签发外交、公务签证；对因身份特殊需要给予礼遇的外国人，签发礼遇签证。外交签证、礼遇签证、公务签证的签发范围和签发办法由外交部规定。对因工作、学习、探亲、旅游、商务活动、人才引进等非外交、公务事由入境的外国人，签发相应类别的普通签证。

根据《中华人民共和国外国人入境出境管理条例》可知，普通签证分为以下类别，并在签证上标明相应的汉语拼音字母：（1）C 字签证，发给执行乘务、航空、航运任务的国际列车乘务员、国际航空器机组人员、国际航行船舶的船员及船员随行家属和从事国际道路运输的汽车驾驶员。（2）D 字签证，发给入境永久居留的人员。（3）F 字签证，发给入境从事交流、访问、考察等活动的人员。（4）G 字签证，发给经中国过境的人员。（5）J1 字签证，发给外国常驻中国新闻机构的外国常驻记者；J2 字签证，发给入境进行短期采访报道的外国记者。（6）L 字签证，发给入境旅游的人员；以团体形式入境旅游的，可以签发团体 L 字签证。（7）M 字签证，发给入境进行商业贸易活动的人员。（8）Q1 字签证，发给因家庭团聚申请入境居留的中国公民的家庭成员和具有中国永久居留资格的外国人的家庭成员，以及因寄养等原因申请入境居留的人员；Q2 字签证，发给申请入境短期探亲的居住在中国境内的中国公民的亲属和具有中国永久居留资格的外国人的亲属。(9) R 字签证，发给国家需要的外国高层次人才和急需紧缺专门人才。(10) S1 字签证，发给申请入境长期探亲的因工作、学习等事由在中国境内居留的外国人的配偶、父母、未满 18 周岁的子女、配偶的父母，以及因其他私人事务需要在中国境内居留的人员；S2 字签证，发给申请入境短期探亲的因工作、学习等事由在中国境内停留居留的外国人的家庭成员，以及因其他私人事务需要在中国境内停留的人员。(11) X1 字签证，发给申请在中国境内长期学习的人员；X2 字签证，发给申请在中国境内短期学习的人员。(12) Z 字签证，发给申请在中国境内工作的人员。

外国人申请办理签证，应当向驻外签证机关提交本人的护照或者其他国际旅行证件，以及申请事由的相关材料，按照驻外签证机关的要求办理相关手续、接受面谈。外国人申请办理签证需要提供中国境内的单位或者个人出具的邀请函件的，申请人应当按照驻外签证机关的要求提供。出具邀请函件的单位或者个人应当对邀请内容的真实性负责。

出于人道原因需要紧急入境，应邀入境从事紧急商务、工程抢修或者具有其他紧急入境需要并持有有关主管部门同意在口岸申办签证的证明材料的外国人，可以在国务院批准办理口岸签证业务的口岸，向公安部委托的口岸签证机关（以下简称口岸签证机关）申请办理口岸签证。旅行社按照国家有关规定组织入境旅游的，可以向口岸签证机关申请办理团体旅游签证。

外国人有下列情形之一的，不予签发签证：(1) 被处驱逐出境或者被决定遣送出境，未满不准入境规定年限的；(2) 患有严重精神障碍、传染性肺结核病或者有可能对公共卫生造成重大危害的其他传染病的；(3) 可能危害中国国家安全和利益、破坏社会公共秩序或者从事其他违法犯罪活动的；(4) 在申请签证过程中弄虚作假或者不能保障在中国境内期间所需费用的；(5) 不能提交签证机关要求提交的相关材料的；(6) 签证机关认为不宜签发签证的其他情形。对不予签发签证的，签证机关可以不说明理由。

2017 年，国家外国专家局、外交部、公安部发布《外国人才签证制度实施办法》，明确了外国人申请外国人才签证（即 R 字签证）的标准条件，规范了办理程序，加强了外国人才签证和工作许可、工作居留的有机衔接，为外国人才来华创新创业提供便利。该办法规定：R 字签证发放对象为国家经济社会发展需要的外国高层次人才和急需紧缺人才，符合“高精尖缺”和市场需求导向的科学家、科技领军人才、国际企业家、专门人才和高技能人才等。申请 R 字签证的外国人，应当符合《外国人来华工作分类标准（试行）》中外国高端人才（A 类）标准条件。公安机关依法为来华外国人才提供签证、居留便利。

（三）入境

外国人入境，应当向出入境边防检查机关交验本人的护照或者其他国际旅行证件、签证或者其他入境许可证明，履行规定的手续，经查验准许，方可入境。《出境入境管理法》第25条规定，外国人有下列情形之一的，不准入境：(1) 未持有效出境入境证件或者拒绝、逃避接受边防检查的；(2) 具有本法第21条第1款第1项至第4项规定情形的；(3) 入境后可能从事与签证种类不符的活动的；(4) 法律、行政法规规定不准入境的其他情形。对不准入境的，出入境边防检查机关可以不说明理由。

对未被准许入境的外国人，出入境边防检查机关应当责令其返回；对拒不返回的，强制其返回。

（四）边防检查和国境检疫

1. 边防检查

边防检查是指中华人民共和国在对外开放的港口、航空港、车站和边境通道等口岸设立出境入境边防检查站，为维护国家主权、安全和社会秩序，履行下列职责：(1) 对出境、入境的人员及其行李物品、交通运输工具及其载运的货物实施边防检查；(2) 按照国家有关规定对出境、入境的交通运输工具进行监护；(3) 对口岸的限定区域进行警戒，维护出境、入境秩序；(4) 执行主管机关赋予的和其他法律、行政法规规定的任务。

出境、入境的人员未持有效的出境、入境证件，拒绝接受边防检查或有其他情形的，边防检查站有权阻止其出境、入境。出境、入境的交通运输工具离、抵口岸时，必须接受边防检查。边防检查站根据维护国家安全和社会秩序的需要，可以对出境、入境人员携带的行李物品和交通运输工具载运的货物进行重点检查。出境、入境的人员和交通运输工具不得携带、载运法律、行政法规规定的危害国家安全和社会秩序的违禁物品；携带、载运违禁物品的，边防检查站应当扣留违禁物品，对携带人、载运违禁物品的交通运输工具负责人依照有关法律、行政法规的规定处理。

根据《中华人民共和国出境入境边防检查条例》、我国与邻国签署的边境管理合作条约等相关规定，毗邻国家的边境居民按照协议临时入境的，限于在协议规定范围内活动；需要到协议规定范围以外活动的，应当事先办理入境手续。如缅甸边民持《缅甸联邦共和国临时边界通行证》通过中缅双方规定的口岸或者临时通道进入我国国境后，只限于有效期内在中缅接壤的边境管理区活动。

针对妨害国（边）境管理犯罪的新情况新问题，最高人民检察院与最高人民法院、公安部、国家移民管理局联合于2022年印发了《关于依法惩治妨害国（边）境管理违法犯罪的意见》，进一步统一了法律适用，细化了偷越国（边）境罪、运送他人偷越国（边）境罪、组织他人偷越国（边）境罪等犯罪的司法认定标准。

最高人民检察院也发布了典型案例。[1]

2024年6月，最高人民法院、最高人民检察院、公安部联合发布《关于办理跨境电信网络诈骗等刑事案件适用法律若干问题的意见》，重点打击为跨境电信网络诈骗等犯罪集团招募成员而实施组织、运送他人偷越国（边）境的犯罪行为。2022年以来，最高人民检察院、公安部已联合挂牌督办三批13起特大跨境电信网络诈骗犯罪案件。

《中华人民共和国反恐怖主义法》第39条规定，出入境证件签发机关、出入境边防检查机关对恐怖活动人员和恐怖活动嫌疑人员，有权决定不准其出境入境、不予签发出境入境证件或者宣布其出境入境证件作废。

2. 国境检疫

根据《中华人民共和国国境卫生检疫法》（2024年修订），为了加强国境卫生检疫工作，防止传染病跨境传播，保障公众生命安全和身体健康，防范和化解公共卫生风险，实施国境卫生检疫。在中华人民共和国对外开放的口岸，海关依照该法规定履行检疫查验、传染病监测、卫生监督和应急处置等国境卫生检疫职责。

二、外国人的出境管理

（一）出境

外国人出境，应当向出入境边防检查机关交验本人的护照或者其他国际旅行证件等出境入境证件，履行规定的手续，经查验准许，方可出境。

（二）限制和禁止出境

20世纪80年代，由于对外国人和中国公民出境限制无明确规定，因此某些刑事、民事案件的诉讼当事人借出境之机逃避司法机关追究法律责任，给国家在经济上造成重大损失、政治上带来不利的影响；还有些本可以通过其他方法解决问题的，却采取了限制出境甚至扣留证件的办法，也造成了不良影响。为有效地执行出入境管理法，处理好不准出境的问题，最高人民法院、最高人民检察院、公安部、国家安全部1987年3月10日联合发布了《关于依法限制外国人和中国公民出境问题的若干规定》。[2] 根据该规定，需要限制已入境的外国人出境或者限制中国公民出境的，必须严格依照法律规定执行。在执行中应当注意：凡能尽早处理的，不要等到外国人或中国公民临出境时处理；凡可以通过其他方式处理的，不要采取扣留证件的办法限制出境；凡能在内地处理的，不要到出境口岸处理，要把确需在口岸阻止出境的人员控制在极少数。

外国人有下列情形之一的，不准出境：（1）被判处刑罚尚未执行完毕或者属

---

① 最高人民检察院发布6起依法惩治妨害国（边）境管理犯罪典型案例，2022年7月7日。

② 〔1987〕公发16号。

于刑事案件被告人、犯罪嫌疑人的，但是按照中国与外国签订的有关协议，移管被判刑人的除外；（2）有未了结的民事案件，人民法院决定不准出境的；（3）拖欠劳动者的劳动报酬，经国务院有关部门或者省、自治区、直辖市人民政府决定不准出境的；（4）法律、行政法规规定不准出境的其他情形。

根据《最高人民法院关于适用〈中华人民共和国刑事诉讼法〉的解释》第487条：对涉外刑事案件的被告人，可以决定限制出境；对开庭审理案件时必须到庭的证人，可以要求暂缓出境。限制外国人出境的，应当通报同级人民政府外事主管部门和当事人国籍国驻华使领馆。人民法院决定限制外国人和中国公民出境的，应当书面通知被限制出境的人在案件审理终结前不得离境，并可以采取扣留护照或者其他出入境证件的办法限制其出境；扣留证件的，应当履行必要手续，并发给本人扣留证件的证明。需要对外国人和中国公民在口岸采取边控措施的，受理案件的人民法院应当按照规定制作边控对象通知书，并附有关法律文书，层报高级人民法院办理交控手续。紧急情况下，需要采取临时边控措施的，受理案件的人民法院可以先向有关口岸所在地出入境边防检查机关交控，但应当在七日以内按照规定层报高级人民法院办理手续。

（三）限期出境、驱逐出境

1. 行政法中的规定

《出境入境管理法》第81条规定："外国人从事与停留居留事由不相符的活动，或者有其他违反中国法律、法规规定，不适宜在中国境内继续停留居留情形的，可以处限期出境。外国人违反本法规定，情节严重，尚不构成犯罪的，公安部可以处驱逐出境。公安部的处罚决定为最终决定。被驱逐出境的外国人，自被驱逐出境之日起十年内不准入境。"根据《中华人民共和国治安管理处罚法》的规定，对违反治安管理的外国人，可以附加适用限期出境或者驱逐出境。

外国的组织或者个人在中华人民共和国领域和中华人民共和国管辖的其他海域从事测绘活动或者地震监测活动的，应经主管部门会同军队测绘部门批准，并遵守中华人民共和国有关法律、行政法规的规定，不得涉及国家秘密和危害国家安全。外国的组织或者个人违反上述规定情节严重的，可以限期出境或者驱逐出境。

《中华人民共和国境外非政府组织境内活动管理法》第50条规定："境外人员违反本法规定的，有关机关可以依法限期出境、遣送出境或者驱逐出境。"

《中华人民共和国反外国制裁法》规定，对违反该法第四条、第五条规定的个人、组织，根据实际情况可以采取不予签发签证、不准入境、注销签证或者驱逐出境措施。外国人违反《国家安全法》《中华人民共和国反间谍法》的，可以限期出境或者驱逐出境。

《公安机关办理行政案件程序规定》第250条规定："外国人具有下列情形之一

的，经县级以上公安机关或者出入境边防检查机关决定，可以限期出境：（一）违反治安管理的；（二）从事与停留居留事由不相符的活动的；（三）违反中国法律、法规规定，不适宜在中国境内继续停留居留的。对外国人决定限期出境的，应当规定外国人离境的期限，注销其有效签证或者停留居留证件。限期出境的期限不得超过三十日。”

2020 年 3 月，澳大利亚籍女子梁某故意违反防疫政策，造成恶劣影响。3 月 18 日，北京市公安局出入境管理局依据《出境入境管理法》第 67 条等规定，决定依法注销梁某工作类居留许可、限期离境。

对外国人处以罚款或者行政拘留并处限期出境或者驱逐出境的，应当于罚款或者行政拘留执行完毕后执行限期出境或者驱逐出境。行政法上驱逐出境的适用应当注意保障外国人及其家属的合法权利，遵守比例原则，强化司法审查的作用。[①]

2. 刑法中的规定

《刑法》第 35 条规定：“对于犯罪的外国人，可以独立适用或者附加适用驱逐出境。”外国人在中华人民共和国领域内实施强奸、猥亵未成年人等犯罪的，在依法判处刑罚时，可以附加适用驱逐出境。对于尚不构成犯罪但构成违反治安管理行为的，或者有性侵害未成年人犯罪记录不适宜在境内继续停留居留的，公安机关可以依法适用限期出境或者驱逐出境。[②]《中华人民共和国香港特别行政区维护国家安全法》第 34 条规定：“不具有香港特别行政区永久性居民身份的人实施本法规定的犯罪的，可以独立适用或者附加适用驱逐出境。不具有香港特别行政区永久性居民身份的人违反本法规定，因任何原因不对其追究刑事责任的，也可以驱逐出境。”

将驱逐出境作为刑罚手段存在一些国际争议。[③] 对外国人实行行政拘留、刑事拘留、司法拘留、拘留审查、逮捕、监视居住、取保候审、扣留护照、限期出境、驱逐出境的案件，公安机关、国家安全机关、人民检察院、人民法院，以及其他主管机关应当将有关案情、处理情况，以及对外表态口径于受理案件或采取措施的四十八小时内报上一级主管机关，同时通报同级人民政府外事办公室。[④]

（四）遣送出境

遣送出境是一种限制人身自由的行政强制措施。遣送出境不同于限期出境和驱逐出境。限期出境和驱逐出境是对当事人在我国取得的合法居留权的剥夺，属

① 林艺聪：《论对驱逐出境裁量的控制——基于比例原则的探讨》，《政法学刊》2018 年第 1 期。

② 最高人民法院、最高人民检察院、公安部、司法部关于印发《关于办理性侵害未成年人刑事案件的意见》的通知，高检发〔2023〕4 号。

③ 黄风、杜少尉：《国际法视角下驱逐出境的去刑罚化》，《河南社会科学》2019 年第 5 期。

④ 外交部、最高人民法院、最高人民检察院等《关于处理涉外案件若干问题的规定》，外发〔1995〕17 号。

于刑事或行政处罚。而遣送出境属于行政强制措施，而不属于行政处罚。《出境入境管理法》第62条规定："外国人有下列情形之一的，可以遣送出境：（一）被处限期出境，未在规定期限内离境的；（二）有不准入境情形的；（三）非法居留、非法就业的；（四）违反本法或者其他法律、行政法规需要遣送出境的。其他境外人员有前款所列情形之一的，可以依法遣送出境。被遣送出境的人员，自被遣送出境之日起一至五年内不准入境。"被拘留审查或者被决定遣送出境但不能立即执行的人员，应当羁押在拘留所或者遣返场所。外国人对遣送出境措施不服的，可以依法申请行政复议，该行政复议决定为最终决定。[①]

（五）强制出境的执行

1992年7月31日最高人民法院、最高人民检察院、公安部、外交部、司法部、财政部联合发布的《关于强制外国人出境的执行办法的规定》仍然有效。有下列情形之一需要强制出境的外国人，均按该规定执行：(1) 依据我国刑法的规定，由人民法院对犯罪的外国人判处独立适用或者附加适用驱逐出境刑罚的；(2) 依据《中华人民共和国外国人入境出境管理法》的规定，由公安部对违法的外国人处以限期出境或者驱逐出境的；(3) 依据《中华人民共和国外国人入境出境管理法》以及其他有关法律的规定，由公安机关决定遣送出境或者缩短停留期限、取消居留资格的外国人，未在指定的期限内自动离境，需强制出境的；(4) 我国政府已按照国际条约或《中华人民共和国外交特权与豁免条例》的规定，对享有外交或领事特权和豁免的外国人宣布为不受欢迎的人或者不可接受并拒绝承认其外交或领事人员身份，责令限期出境的人，无正当理由逾期不自动出境的。

2016年7月5日，公安部印发了《公安机关执法细则（第三版）》。根据该执法细则：强制外国人出境的，该外国人应当办妥离境的机票、车票、船票，费用由本人负担。本人负担不了，属于非法就业的，由非法聘用的单位、个人承担；属于其他情形的，由对外国人在中国境内停留居留提供保证措施的单位或者个人承担；不属由我有关单位或者个人提供旅费的，由其本国使馆、领事馆负责解决（同使馆、领事馆联系解决的办法，与前项相同）。对使馆、领事馆拒绝承担费用或者在华无使馆、领事馆的，由我国政府承担。对有可能引起外交交涉或者纷争的案件，主管机关应当及时将有关案情和商定的对外表态口径等通知当地人民政府外事办公室。需对外报道的，须经公安部、外交部批准。

《公安机关办理刑事案件程序规定》第371条规定："对判处独立适用驱逐出境刑罚的外国人，省级公安机关在收到人民法院的刑事判决书、执行通知书的副本后，应当指定该外国人所在地的设区的市一级公安机关执行。被判处徒刑的外国人，主刑执行期满后应当执行驱逐出境附加刑的，省级公安机关在收到执行监狱

---

① 《公安机关办理行政案件程序规定》也有相关规定。

的上级主管部门转交的刑事判决书、执行通知书副本或者复印件后，应当通知该外国人所在地的设区的市一级公安机关或者指定有关公安机关执行。我国政府已按照国际条约或者《中华人民共和国外交特权与豁免条例》的规定，对实施犯罪，但享有外交或者领事特权和豁免权的外国人宣布为不受欢迎的人，或者不可接受并拒绝承认其外交或者领事人员身份，责令限期出境的人，无正当理由逾期不自动出境的，由公安部凭外交部公文指定该外国人所在地的省级公安机关负责执行或者监督执行。”

三、外国人的居留

（一）停留和居留

外国人所持签证注明的停留期限不超过180日的，持证人凭签证并按照签证注明的停留期限在中国境内停留。

外国人所持签证注明入境后需要办理居留证件的，应当自入境之日起30日内，向拟居留地县级以上地方人民政府公安机关出入境管理机构申请办理外国人居留证件。符合国家规定的专门人才、投资者或者出于人道等原因确需由停留变更为居留的外国人，经设区的市级以上地方人民政府公安机关出入境管理机构批准可以办理外国人居留证件。

根据《外国人签证和居留许可工作规范》[①]，出入境管理部门可以为下列人员签发居留许可：(1) 持驻外使馆、领馆和香港、澳门公署签发的Z、X、J－1签证的外国人；(2) 根据互免签证协议免办签证来华，需超过协议规定的免签停留期的外国人，但不包括各国驻华使馆或者领馆、各国际组织驻华代表机构人员的随任子女、父母、岳父母、同居者、经外交部礼宾司同意的非直系亲属以及执行联合国援华项目或者根据两国间协议来华长期工作的联合国官员、政府公务员及其随任眷属以及其他因公来华人员；(3) 持L、F、J－2签证入境，持有相关材料申请居留许可的外国人。

居留证件分为以下种类：(1) 工作类居留证件，发给在中国境内工作的人员；(2) 学习类居留证件，发给在中国境内长期学习的人员；(3) 记者类居留证件，发给外国常驻中国新闻机构的外国常驻记者；(4) 团聚类居留证件，发给因家庭团聚需要在中国境内居留的中国公民的家庭成员和具有中国永久居留资格的外国人的家庭成员，以及因寄养等原因需要在中国境内居留的人员；(5) 私人事务类居留证件，发给入境长期探亲的因工作、学习等事由在中国境内居留的外国人的配偶、父母、未满18周岁的子女、配偶的父母，以及因其他私人事务需要在中国境内居留的人员。

---

① 公境〔2004〕30号。

外国人工作类居留证件的有效期最短为90日，最长为5年；非工作类居留证件的有效期最短为180日，最长为5年。

持学习类居留证件的外国人需要在校外勤工助学或者实习的，应当经所在学校同意后，向公安机关出入境管理机构申请居留证件加注勤工助学或者实习地点、期限等信息。持学习类居留证件的外国人所持居留证件未加注前款规定信息的，不得在校外勤工助学或者实习。

年满16周岁的外国人在中国境内停留居留，应当随身携带本人的护照或者其他国际旅行证件，或者外国人停留居留证件，接受公安机关的查验。在中国境内居留的外国人，应当在规定的时间内到居留地县级以上地方人民政府公安机关交验外国人居留证件。外国人在中国境内停留居留，不得从事与停留居留事由不相符的活动，并应当在规定的停留居留期限届满前离境。

（二）非法居留

外国人在中国境内有下列情形之一的，属于非法居留：（1）超过签证、停留居留证件规定的停留居留期限停留居留的；（2）免办签证入境的外国人超过免签期限停留且未办理停留居留证件的；（3）外国人超出限定的停留居留区域活动的；（4）其他非法居留的情形。①

20世纪90年代，外国人非法入境、在华非法居留和外国留学生滞留不归的情况日趋严重，除越南人、朝鲜人等从边境非法入境继而非法居留外，巴基斯坦、伊朗、阿富汗等国持有效签证入境而滞留不归的人数也在逐年增长。其中大部分人滞留北京，他们以“躲避战争”等为借口，向联合国难民署驻华代表处申请难民地位，在代表处登记后，即靠代表处救济生活。广东、上海等地也发现一些被泰国等退回而滞留我国境内的巴基斯坦人。在新疆境内滞留了一批到该地探亲、旅游、做生意的巴基斯坦人，他们在每年大雪封山前躲避检查，封山后又以路不通无法回国为由而滞留我国境内。此外，外国留学生毕业或退学、被开除后不按时离境而长期非法居留的也有增多之势。他们当中不少人从事倒买倒卖、走私、嫖娼、使用假美钞、报假案、诈骗等非法活动。1992年，公安部发布《关于依法处理非法入境、非法居留外国人的通知》。公安部、国家教委、外交部同年联合发布《关于妥善解决外国留学生在华非法居留问题的通知》，规定：公安机关对非法居留的外国留学生，一经发现，要立即处理。能遣送出境的，立即遣送出境。

（三）永久居留

《出境入境管理法》第47条规定：“对中国经济社会发展作出突出贡献或者符合其他在中国境内永久居留条件的外国人，经本人申请和公安部批准，取得永久居留资格。”公安部、外交部发布的《外国人在中国永久居留审批管理办法》对该

---

① 《中华人民共和国外国人入境出境管理条例》第25条。

制度进行了细化。根据上述管理办法：外国人在中国永久居留是指外国人在中国居留期限不受限制。《外国人永久居留证》（俗称“绿卡”）是获得在中国永久居留资格的外国人在中国境内居留的合法身份证件，可以单独使用。

申请在中国永久居留的外国人应当遵守中国法律，身体健康，无犯罪记录，并符合下列条件之一：（1）在中国直接投资、连续三年投资情况稳定且纳税记录良好的；（2）在中国担任副总经理、副厂长等职务以上或者具有副教授、副研究员等副高级职称以上以及享受同等待遇，已连续任职满四年、四年内在中国居留累计不少于三年且纳税记录良好的；（3）对中国有重大、突出贡献以及国家特别需要的；（4）本款第一项、第二项、第三项所指人员的配偶及其未满 18 周岁的未婚子女；（5）中国公民或者在中国获得永久居留资格的外国人的配偶，婚姻关系存续满五年、已在中国连续居留满五年、每年在中国居留不少于九个月且有稳定生活保障和住所的；（6）未满 18 周岁未婚子女投靠父母的；（7）在境外无直系亲属，投靠境内直系亲属，且年满 60 周岁、已在中国连续居留满五年、每年在中国居留不少于九个月并有稳定生活保障和住所的。

被批准在中国永久居留的外国人，每年在中国累计居留不得少于三个月。确因实际需要每年不能在中国累计居留满三个月的，需经长期居留地省、自治区、直辖市公安厅、局批准，但五年内在中国累计居留不得少于一年。《外国人永久居留证》的有效期为五年或者十年。

《中华人民共和国科学技术进步法》第 84 条规定：“外籍杰出科学技术人员到中国从事科学技术研究开发工作的，按照国家有关规定，可以优先获得在华永久居留权或者取得中国国籍。”

有永久居留资格的人被处驱逐出境的，由公安部决定取消其在中国境内永久居留资格。

我国外国人永久居留制度实施以来，在服务国家人才战略、吸引海外投资、涵养侨务资源等方面发挥了重要作用，但同时仍存在申请条件设置不够合理、签发对象范围偏窄、待遇落实不到位等问题。进一步加强和改进外国人永久居留服务管理工作，对于新形势下落实人才强国战略、促进经济社会发展、增强国家吸引力、构建和谐社会具有十分重要的意义。2016 年 2 月 18 日，中共中央办公厅、国务院办公厅印发《关于加强外国人永久居留服务管理的意见》，实行更加积极有效的外国人永久居留服务管理政策，进一步理顺体制机制，健全政策法规，优化申请条件，简化工作流程，落实资格待遇，加强日常管理，形成更为科学合理、开放务实的外国人永久居留服务管理工作格局；建立以市场为导向的人才认定机制，放宽外国人才申请永久居留的条件，吸引和集聚更多优秀人才。该意见要求加快制定外国人永久居留服务管理条例、外国人在中国工作管理条例等行政法规和配套规范性文件，建立统一规范、重点突出、相互衔接的法律法规制度，为外国人永久居留服务管理提供法治保障。2020 年，司法部出台了《中华人民共和国外国人永久居留管理条例（征求意见稿）》并公开征求意见。

四、外国人就业和社会保险

1. 就业许可

《外国人在中国就业管理规定》第 2 条规定："本规定所称外国人，指依照《中华人民共和国国籍法》规定不具有中国国籍的人员。本规定所称外国人在中国就业，指没有取得定居权的外国人在中国境内依法从事社会劳动并获取劳动报酬的行为。"

《出境入境管理法》第 41 条规定："外国人在中国境内工作，应当按照规定取得工作许可和工作类居留证件。任何单位和个人不得聘用未取得工作许可和工作类居留证件的外国人。外国人在中国境内工作管理办法由国务院规定。"根据《外国人在中国就业管理规定》可知：用人单位聘用外国人须为该外国人申请就业许可，经获准并取得《中华人民共和国外国人就业许可证书》后方可聘用。在中国就业的外国人应持 Z 字签证入境（有互免签证协议的，按协议办理），入境后取得《外国人就业证》和外国人居留证件，方可在中国境内就业。未取得居留证件的外国人（即持 F、L、C、G 字签证者）、在中国留学、实习的外国人及持职业签证外国人的随行家属不得在中国就业。

2017 年 4 月 1 日起，全国统一实施外国人来华工作许可制度，发放《中华人民共和国外国人工作许可通知》（以下简称《外国人工作许可通知》）和《中华人民共和国外国人工作许可证》（以下简称《外国人工作许可证》，由人力资源社会保障部和国家外国专家局联合印制），来华工作外国人凭《外国人工作许可通知》和《外国人工作许可证》办理相关签证和居留手续。现行有效期内的外国专家来华工作许可和外国人入境就业许可及相关证件继续有效。[①]

国家外国专家局 2017 年发布《外国人来华工作许可服务指南（暂行）》，对于外国高端人才（A 类）的来华工作许可无数量限制，对于外国专业人才（B 类）根据市场需求进行限制，其他外国人员（C 类）数量限制按照国家有关规定执行。具体数量限制可通过外国人来华工作管理服务系统查询。

2021 年颁布的《海南自由贸易港法》第 46 条规定："海南自由贸易港实行更加开放的人才和停居留政策，实行更加宽松的人员临时出境入境政策、便利的工作签证政策，对外国人工作许可实行负面清单管理，进一步完善居留制度。"

2. 劳动合同

根据《外国人在中国就业管理规定》，外国人在中国就业必须持有《中华人民

---

① 国家外国专家局、人力资源社会保障部、外交部、公安部《关于全面实施外国人来华工作许可制度的通知》，外专发〔2017〕40 号。

共和国外国人就业许可证书》和《外国人就业证》并与用人单位签订劳动合同。《中华人民共和国劳动合同法》第2条规定：中华人民共和国境内的企业、个体经济组织、民办非企业单位等组织与劳动者建立劳动关系，订立、履行、变更、解除或者终止劳动合同，适用本法。根据上述规定，中华人民共和国境内的企业可以招聘外国籍劳动者。

外国人、无国籍人未依法取得就业证件即与中国境内的用人单位签订劳动合同，以及香港特别行政区、澳门特别行政区和台湾地区居民未依法取得就业证件即与内地用人单位签订劳动合同，当事人请求确认与用人单位存在劳动关系的，人民法院不予支持。[①] 但是法院可以将其作为普通民事纠纷予以受理，并按民法的有关规定提供救济。对于违反我国法律规定在我国非法就业的外国人，应依法予以处罚。[②] 持有《外国专家证》并取得《外国人来华工作许可证》的外国人，与中华人民共和国境内的用人单位建立用工关系的，可以认定为劳动关系。[③]

《中华人民共和国科学技术进步法》第84条规定："国家完善相关社会服务和保障措施，鼓励在国外工作的科学技术人员回国，吸引外籍科学技术人员到中国从事科学技术研究开发工作。科学技术研究开发机构及其他科学技术组织可以根据发展需要，聘用境外科学技术人员。利用财政性资金设立的科学技术研究开发机构、高等学校聘用境外科学技术人员从事科学技术研究开发工作的，应当为其工作和生活提供方便。"

外国人携带外籍女佣来华的，属于一般劳务人员来华就业，应根据《外国人在中国就业管理规定》，报请省级劳动、公安部门审批。批准后，携带女佣的外国人可代其申办就业许可，入境后办理就业证和居留证。该女佣的就业证与居留证的有效期不得超过携带其来华的外国人的居留证有效期。女佣在华就业期间，不得交换雇主，若被解雇，须办理就业与居留终止手续，并立即出境。[④]

我国加入了《本国工人与外国工人关于事故赔偿的同等待遇公约》[⑤]。该公约规定，凡批准本公约的国际劳工组织会员国，承允对于已批准本公约的任何其他会员国的人民在其国境内因工业意外事故而受伤害者，或对于需其赡养的家属，在工人赔偿方面，应给予与本国人民同等的待遇；有关会员国之间得订立特别协

---

① 《最高人民法院关于审理劳动争议案件适用法律若干问题的解释（四）》，法释〔2013〕4号，第14条。

② 石田英雄与北京市公安局等处罚类二审行政判决书，（2019）京行终9249号。

③ 《最高人民法院关于审理劳动争议案件适用法律问题的解释（一）》，法释〔2020〕26号，第33条；参见张某、西迪斯（中山）科技有限公司劳动合同纠纷二审民事判决书，广东省中山市中级人民法院（2019）粤20民终1424号民事判决书。

④ 1996年12月16日《劳动部办公厅关于苏州工业园区外国人携带第三国女佣来华问题的复函》，劳办发〔1996〕267号。

⑤ Convention Concerning Equality of Treatment for National and Foreign Workers as Regards Workmen's Compensation for Accidents.

议，规定工人暂时或间断地在一会员国国境内为设在另一会员国国境内的企业工作时受工业事故者，其赔偿应依照另一会员国的法律与条例办理。

3. 外国人就业的限制

任何国家根据主权原则都可以对外国人在境内的就业施加限制，尤其是在涉及国家主权、安全的领域。例如，《公安机关实施保安服务管理条例办法》第 27 条规定："经设区的市级以上地方人民政府确定的关系国家安全、涉及国家秘密等治安保卫重点单位不得聘请外资保安服务公司提供保安服务。为上述单位提供保安服务的保安服务公司不得招用境外人员。"国务院《直销管理条例》第 19 条规定："境外人员不得从事直销员业务培训。"《科学技术保密规定》第 34 条规定："涉密科学技术项目原则上不得聘用境外人员，确需聘用境外人员的，承担单位应当按规定报批。"

根据《国家统一法律职业资格考试实施办法》第 9 条，只有具有中国国籍的人才可以报名参加国家统一法律职业资格考试。这也意味着只有具有中国国籍的人才有资格担任法官、检察官、公证员、律师等需要法律职业资格证书的职业。《中华人民共和国法官法》《中华人民共和国检察官法》《中华人民共和国公证法》等法律也都有明确规定。但由于《中华人民共和国律师法》没有明文要求律师必须具有中华人民共和国国籍，实践中出现一些争议。

例如在"Cha Yang 与上海市司法局、上海市人民政府司法行政诉讼案"中，原告原系国内赴美留学人员，2001 年 9 月 17 日取得美国护照，同年 9 月 29 日取得北京市公安局海淀分局签发的中华人民共和国居民身份证，同年 12 月 7 日取得司法部授予的中华人民共和国法律职业资格证书。2005 年 11 月，被告上海市司法局准予原告律师执业，并核发了律师执业证。后经人举报，被告上海市司法局经调查后于 2014 年 12 月 25 日作出决定，撤销原告已取得的律师执业许可。原告不服，向被告上海市人民政府申请行政复议，被告上海市人民政府维持了司法局的决定。原告向法院提起行政诉讼，认为自己没有披露是否具有外国国籍的义务，《中华人民共和国律师法》没有要求中国公民披露其外国国籍情况。是否具有外国国籍并不影响原告取得律师执业证。法院认为，被告上海市司法局作为司法行政机关，依照《中华人民共和国律师法》的规定，具有撤销律师执业许可的行政职权。原告于 2001 年 9 月 17 日取得美国护照，2005 年 11 月 8 日提出律师执业申请时，在《行政许可事项申请书》"是否具有外国国籍"一栏中，应当如实填写，因原告应填写而未填写，使得被告上海市司法局不能掌握原告已经取得美国护照的事实。现被告上海市司法局认定原告属于以不正当手段取得行政许可，依据《中华人民共和国行政许可法》（2003 年）第 69 条第 2 款的规定，作出的撤销行政许可决定，符合法律规定。被告上海市人民政府在收到原告的行政复议申请后，依法开展了调查工作，依据《中华人民共和国行政复议法》（2009 年）的规定作出行政复议决定，程序合法，并无不当。原告的诉讼请求缺乏相应的事实依据和法律依据，不予支持。①

2020年，司法部发布《司法部办公厅关于在律师队伍中开展违规兼职等行为专项清理活动的通知》②，决定自2020年6月25日到9月25日，在律师队伍中开展违规兼职等行为专项清理活动，其中就包含丧失中国国籍后仍然执业的律师，包括中国律师取得外国国籍、自动丧失中国国籍，或者经申请批准退出中国国籍后仍然执业的律师。

2021年颁布的《海南自由贸易港法》第47条规定："海南自由贸易港放宽境外人员参加职业资格考试的限制，对符合条件的境外专业资格认定，实行单向认可清单制度。"最高人民法院2021年发布的《关于人民法院为海南自由贸易港建设提供司法服务和保障的意见》也规定，"支持海南法院探索招聘境外人员担任聘用制司法辅助人员。探索高端法治人才跨省域兼职、跨境引进等政策制度创新"③。

此外，《中华人民共和国医师法》没有要求医师必须具有中国国籍，并且也允许境外人员参加医师资格考试、申请注册、执业或者从事临床示教、临床研究、临床学术交流等活动，具体办法由国务院卫生健康主管部门制定。④ 2014年，国家卫生计生委《关于同意获得我国医师资格的境外人员在我国境内进行医师执业注册的批复》中就同意已获得我国执业医师资格的境外人员在我国境内进行医师执业注册。对于依法获得我国执业医师资格的境外人员申请医师执业注册的，可由其本人按照规定办理注册手续，也可由其受聘医疗机构代其办理。注册机关为设区的市级以上地方卫生计生行政部门或中医药管理部门。⑤

《中华人民共和国注册会计师法》第44条规定："外国人申请参加中国注册会计师全国统一考试和注册，按照互惠原则办理。外国会计师事务所需要在中国境内临时办理有关业务的，须经有关的省、自治区、直辖市人民政府财政部门批准。"

《中华人民共和国注册建筑师条例》第36条规定："外国人申请参加中国注册建筑师全国统一考试和注册以及外国建筑师申请在中国境内执行注册建筑师业务，按照对等原则办理。"

2021年，国务院《关于同意在全面深化服务贸易创新发展试点地区暂时调整实施有关行政法规和国务院文件规定的批复》⑥ 规定，在北京、南京、苏州、广州市等全面深化服务贸易创新发展试点地区，允许取得中国政府颁发的外国人永久居留证且具有其他国家专利代理资格的外国人，参加专利代理师资格考试，成绩

① （2015）徐行初字第222号。
② 司办通〔2020〕63号。
③ 法发〔2021〕1号。
④ 《中华人民共和国医师法》第66条。
⑤ 国卫医函〔2014〕68号。
⑥ 国函〔2021〕94号。

合格者由国务院专利行政部门颁发专利代理师资格证。

4. 外国人的社会保险

《中华人民共和国社会保险法》第4条规定：“中华人民共和国境内的用人单位和个人依法缴纳社会保险费，有权查询缴费记录、个人权益记录，要求社会保险经办机构提供社会保险咨询等相关服务。个人依法享受社会保险待遇，有权监督本单位为其缴费情况。”该法第97条规定：“外国人在中国境内就业的，参照本法规定参加社会保险。”根据《在中国境内就业的外国人参加社会保险暂行办法》[①]可知：在中国境内依法注册或者登记的企业、事业单位、社会团体、民办非企业单位、基金会、律师事务所、会计师事务所等组织依法招用的外国人，应当依法参加职工基本养老保险、职工基本医疗保险、工伤保险、失业保险和生育保险，由用人单位和本人按照规定缴纳社会保险费。与境外雇主订立雇用合同后，被派遣到在中国境内注册或者登记的分支机构、代表机构工作的外国人，应当依法参加职工基本养老保险、职工基本医疗保险、工伤保险、失业保险和生育保险，由境内工作单位和本人按照规定缴纳社会保险费。

人力资源社会保障部2011年发布的《关于做好在我国境内就业的外国人参加社会保险工作有关问题的通知》[②] 规定：各地要严格执行社会保险法和《在中国境内就业的外国人参加社会保险暂行办法》，于2011年12月31日前将符合条件的外国人纳入社会保险覆盖范围，督促用人单位和外国人按照现行法律法规参保并按时足额缴纳社会保险费。2011年10月15日之前已经在中国境内就业，且符合参保条件的外国人，统一从2011年10月15日起参保缴费。2011年10月15日至12月31日办理参保缴费手续的，免收其滞纳金。2012年1月1日之后办理参保缴费手续的，从2011年10月15日起收取滞纳金。2011年10月15日以后在中国境内就业的，从在中国境内就业开始之月起参保缴费。具有与我国签订社会保险缴费双边或多边协议（或协定，以下简称协议）国家国籍的就业人员，在其依法获得在我国境内就业证件3个月内提供协议国出具参保证明的，应按协议规定免除其规定险种在规定期限内的缴费义务。对于依法获得在我国境内就业证件3个月后不能提供协议国出具的参保证明的，应按规定征收社会保险费并收取相应的滞纳金。对于协议之外的险种以及协议规定险种超过规定期限的，应要求其按规定缴纳社会保险费。在我国就业的外国人领取养老保险待遇的年龄，原则上按照现行退休年龄政策的相关规定执行。外国人在我国境内发生的生育保险费用，由生育保险基金支付，具体办法由各省、自治区、直辖市确定。

人力资源社会保障部2011年发布的《实施〈中华人民共和国社会保险法〉若

① 人力资源和社会保障部2011年9月6日第16号令公布，自2011年10月15日起施行。

② 人社厅发〔2011〕113号。

干规定》[①] 明确规定："个人在达到法定的领取基本养老金条件前离境定居的，其个人账户予以保留，达到法定领取条件时，按照国家规定享受相应的养老保险待遇。其中，丧失中华人民共和国国籍的，可以在其离境时或者离境后书面申请终止职工基本养老保险关系。"根据上述规定，参保人员出境定居后，国内（内地）的养老保险关系可以保留；回国工作并继续参保缴费的，前后缴费年限累计计算，个人账户储存额予以合并，这项政策更有利于保障今后出国定居的人员在我国的参保缴费权益。

为解决国内外人员出国后在两国重复参保缴费的问题，国际上通行的做法是开展双边或多边谈判，通过签署政府间包括双方互免条款在内的社会保障协定加以解决。[②] 早在 2001 年、2012 年，我国政府就已分别同德国、韩国签署了社会保险双边协定，对双方派遣人员互相免缴特定的社会保险费用做出了规定。《中华人民共和国社会保险法》颁布实施之后，我国加快了商签双边社会保障协定的步伐，先后与经贸关系密切的多个国家启动了双边社会保障协定谈判。截至 2024 年 5 月，我国政府已经与德国、韩国、丹麦、芬兰、加拿大、瑞士、荷兰、法国、西班牙、卢森堡、日本、塞尔维亚等 10 多个国家签署了双边社会保障协定。正在谈判的国家有奥地利、罗马尼亚、捷克、瑞典、比利时、菲律宾等，有谈判意向的国家包括俄罗斯、赞比亚、葡萄牙、哈萨克斯坦等。协定的签署和实施，有效维护了缔约双方派遣人员和企业的利益，避免了双重缴费负担，便利了缔约双方人员和经贸往来。另外，我国也多次通过外交途径争取与美国进行双边社会保障协定的谈判。

在"JAVIERPASCUALFARINA 与上海吉祥航空股份有限公司劳动合同纠纷案"[③] 中，就涉及外国籍飞行员在我国的社会保险金缴纳问题。原告为西班牙人，于 2013 年 1 月 6 日经案外人 VOR 公司推荐进入被告处工作，担任飞行三分部 A320 机长一职。被告与其签署过劳动合同，并为其办理了相关外籍人员就业许可证等证件。原告入职后，接受被告提供的一系列训练、专业检验及考试，由被告承担相关费用。此外，原告接受被告日常工作管理，由被告承担并支付工资。原告认为双方之间符合形成劳动关系的法定特征，但被告多次拒绝为原告缴纳社会保险费，严重侵害了原告的合法权益。故原告于 2021 年3 月 22 日以被告未按法律规定缴纳社会保险费为由提出解除劳动合同。被告认为，原告 2013 年 1 月起由第三方 VOR 公司派遣至被告处担任飞行员，原告与 VOR 公司建立劳动关系，被告是实际用工单位，不存在劳动关系；被告与 VOR 公司签署过《提供外籍飞行员服务的合同》，约定社会保险费用由外籍飞行员自行承担，且原告系西班牙公民，根

① 人力资源和社会保障部令第 13 号。

② 喻术红、郑浩：《中国社会保障双边合作的发展、问题与解决路径》，《武大国际法评论》2019 年第 5 期。

③ （2021）沪 0105 民初 19752 号。

据《中华人民共和国与西班牙王国签署双边社会保障协定》之规定，西班牙企业及人员在我国国内就业享受对等益处，无须中国企业缴纳社会保险费。

法院认为，在中国国内就业的外国人要求在最低工资、工作时间、休息休假、劳动安全卫生等方面适用中国劳动标准，可予支持。当事人之间在上述规定之外约定或履行的其他劳动权利义务，可按当事人之间的书面劳动合同、单项协议或其他协议以及实际履行的内容予以确定。被告系外籍人士，持有外国人就业证在原告处工作，现原告提出的诉求，应按原告与被告间的书面合同约定和实际履行的内容予以裁量，不适用《中华人民共和国劳动法》和《中华人民共和国劳动合同法》予以调整。关于原告要求被告支付原告解除劳动合同经济补偿金 244 290 元的诉讼请求，鉴于原、被告之间并未就社保缴纳问题以及原告可以被告未缴纳社保为由解除劳动合同并要求被告支付补偿金等事宜进行过约定，故原告该项诉讼请求，缺乏事实和法律依据，不予支持。[①]

五、外国人入境旅行

1982 年 10 月 9 日，国务院、中央军委批转公安部、总参谋部、外交部、国家旅游局《关于外国人在我国旅行管理的规定》并指出：我国实行对外开放政策后，来华访问、洽谈贸易、进行科学、技术、文化交流、旅行游览的外国人大量增加，这对促进我国四化建设、增进同各国人民之间的友好往来具有积极的意义。因此，对他们在我国内旅行适当放宽限制是必要的。今后随着形势的发展，还会逐步增加一些开放城市或地区。大量外国人来华，会给我社会治安和保守国家机密带来一些不利影响，也会混进一些敌特分子乘机进行搜集情报等活动。各省、自治区、直辖市人民政府，应加强领导，做好对广大职工、群众的宣传教育工作。凡涉及国家安全的地区、单位，都要切实采取安全保密措施。有重要军事设施的地区，应划为非开放范围。各部门接待人员向外国人介绍情况时，要严格遵守保密规定，凡不准许外国人摄影、录像的地段或部门，要事先向陪同人员和外国人宣布。对外开放城市，要把社会治安进一步整顿好，加强住宿登记和户口管理工作，外事干警和技术设备不足的地区，应充实加强，切实做好对外国人的安全和国家机密的安全保卫工作。

根据《关于外国人在我国旅行管理的规定》，应适应我国对外开放政策的需要，简化外国人去各地旅行的审批手续，既要维护国家安全，保守国家机密，又要有步骤地适当放宽对外国人旅行限制。该规定指出：凡具备开放条件的地区，由省、自治区、直辖市人民政府商有关大军区同意，报国务院批准，作为全国对

---

① 法院的上述判决未能考虑到《中华人民共和国和西班牙王国社会保障协定》第 8 条的规定："二、在航空器上受雇的管理人员或机组成员，就其雇佣关系而言，适用其受雇企业总部所在地领土所属的缔约方法律规定……"

外开放地区；凡因自然灾害或重要军事行动等原因，对某些开放城市或地区需要封闭的，由省、自治区、直辖市人民政府和大军区报国务院、中央军委审批。地区的开放或封闭的审批工作，由公安部承办并汇总公布。

《中华人民共和国外国人入境出境管理条例》第6条规定，对入境旅游的外国人员发给L字签证，以团体形式入境旅游的，可以签发团体L字签证。

为了促进我国与边境国家的经济社会合作与发展，我国与有关边境国家签订边界管理合作协议，允许境外边民持临时边界通行证合法进入我国边境地区，从事探亲访友、旅游、互市贸易等活动。临时边界通行证持证人只限在规定的区域和有效期限内停留，对于违反国境管理规定，非法越过边界通行证准许的活动范围，未获批准进入内地，情节严重的，应当以偷越国境罪定罪处罚。①

2024年12月，国家移民管理局发布《关于进一步放宽优化外国人过境免签政策的公告》，进一步放宽优化外国人过境免签政策，将过境免签外国人在境内停留时间进一步延长到240小时，增加适用口岸，扩大停留活动区域。240小时过境免签政策实施后，适用该政策的54国公民持有效国际旅行证件和确定日期及座位的联程客票，从中国过境前往第三国（地区），可从24个省（区、市）60个开放口岸中任一口岸免签来华，并在规定区域停留活动不超过240小时（符合与我国签署互免签证协定或我单方面免签政策的，可从其规定）。过境免签来华人员停留期间可从事旅游、商务、访问、探亲等活动，工作、学习、新闻采访等需事先批准的活动仍应办妥签证方能来华。

六、外国人入中国籍和中国人退籍

1. 中国国籍的原始取得

《中华人民共和国国籍法》（以下简称《国籍法》）第4条规定，父母双方或一方为中国公民，本人出生在中国，具有中国国籍。第5条规定，父母双方或一方为中国公民，本人出生在外国，具有中国国籍；但父母双方或一方为中国公民并定居在外国，本人出生时即具有外国国籍的，不具有中国国籍。第6条规定，父母无国籍或国籍不明，定居在中国，本人出生在中国，具有中国国籍。

2. 入籍

《国籍法》第7条规定，外国人或无国籍人，愿意遵守中国宪法和法律，并具有下列条件之一的，可以经申请批准加入中国国籍：（1）中国人的近亲属；（2）定居在中国的；（3）有其他正当理由。申请加入中国国籍获得批准的，即取得中国国籍；被批准加入中国国籍的，不得再保留外国国籍。根据《国籍法》第5条的规定，出生时取得外国国籍的华侨子女，可以根据《国籍法》第7条的规定，申请加

① 最高人民检察院发布6起依法惩治妨害国（边）境管理犯罪典型案例，2022年7月7日。

入中国国籍。[①]

近年来，我国开始放宽特殊人才的入籍申请。中国足球协会引进了一批外国籍足球运动员加入中国国籍。[②] 2019 年 3 月 28 日，中国足球协会发布《中国足球协会入籍球员管理暂行规定》，自 2019 年 3 月 28 日起实施。

外国人、无国籍人申请加入中国国籍获准的，本人应当凭批准入籍证明，向拟定居地公安派出所申报户口登记。[③]

3. 丧失国籍和退籍

《国籍法》第 9 条规定："定居外国的中国公民，自愿加入或取得外国国籍的，即自动丧失中国国籍。"自动丧失中国国籍指无须本人申请，无须本人明确作出丧失中国国籍的意思表示，亦无须经过主管机关批准，只要有自愿加入或取得外国国籍的客观事实，无须办理退籍手续，本人的中国国籍即自动丧失。当然，并非所有的中国公民加入或取得外国国籍就当然丧失中国国籍，只有本人在外国定居的，才适用自动丧失的规定。对于临时出国、在外国暂时居住等情形，本人即便获得了外国国籍，因不符合《国籍法》规定的定居外国的条件，不能适用《国籍法》第 9 条的规定。在这种情况下，其中国国籍不会自动丧失。由于我国奉行不承认双重国籍原则，该人仍然具有中国国籍，其所取得的外国国籍依法将不被承认。

《国籍法》第 10 条规定，中国公民具有下列条件之一的，可以经申请批准退出中国国籍：（1）外国人的近亲属；（2）定居在外国的；（3）有其他正当理由。《国籍法》第 12 条规定："国家工作人员和现役军人，不得退出中国国籍。"

对于退籍，只要符合上述三个条件之一即可。同时，须由本人提出申请。申请人在国外的，受理机关为我国驻外国的外交代表机关或领事机关，申请人在国内的，受理机关为原住地的县、市一级的公安机关。上述机关受理后，审查退籍申请是否合乎法定条件，提出拟处意见报送公安部审批，由公安部作出准予退籍或不准退籍的决定。经批准的，由公安部发给证书。

在"赵某挪用公款案"[④] 中，被告人赵某自 1995 年起在国有独资公司河南豫新国际有限公司任贸易部经理，经豫新公司董事会决议，赵某于 1998 年 2 月被豫新公司派往该公司的海外机构豫新国际（澳大利亚）有限公司任总经理。但因其始终兼任豫新公司贸易部经理，其在国有公司豫新公司中从事公务的身份未曾中断，且有关该身份的事实一直持续到 1997 年《刑法》修订之后。其在国有公司任职的事实跨越 1997 年，应当根据 1997 年《刑法》来认定赵某的身份。1997 年

---

① 公安部、外交部关于执行《中华人民共和国国籍法》第五条规定有关问题的通知，公境〔2008〕2204 号。

② 钱思雯：《论我国入籍运动员的权利与义务——以足球领域入籍运动员为切入点》，《武汉体育学院学报》2020 年第 1 期。

③ 公安部关于印发《户口居民身份证管理工作规范（试行）》的通知，公通字〔2021〕12 号。

④ （2011）郑刑一初字第 90 号。

《刑法》第 93 条第 2 款规定："国有公司、企业、事业单位、人民团体中从事公务的人员和国家机关、国有公司、企业、事业单位委派到非国有公司、企业、事业单位、社会团体从事公务的人员，以及其他依照法律从事公务的人员，以国家工作人员论。"因此，被告人赵某依照《刑法》规定属于国家工作人员。赵某之后受委派前往澳大利亚公司任职，但始终兼任豫新公司职务，受委派情况不影响对其国家工作人员身份的认定。赵某取得澳大利亚护照时仍在豫新公司任职，属于在任国家工作人员期间取得外国护照。根据《国籍法》第 12 条关于国家工作人员和现役军人不得退出中国国籍的规定，以及《国籍法》第 9 条关于定居外国的中国公民，自愿加入或取得外国国籍的，即自动丧失中国国籍的规定，不适用于具有国家工作人员身份的被告人赵某。根据《国籍法》第 3 条关于中国不承认双重国籍的规定，被告人赵某系国家工作人员，其虽因出国定居，注销国内户口，并取得澳大利亚护照，但依法不得退出中国国籍，其仍具有中国国籍。河南省郑州市人民检察院指控被告人赵某犯挪用公款罪的事实清楚，证据确实、充分，指控罪名成立，予以支持。

4. 注销户口与退籍

《国籍法》对出籍、入籍及国籍的恢复、否认双重国籍等国籍变动情况做了明确规定，但未就户口与国籍之关系做出规定。

我国的户口管理法律，始于 1958 年 1 月 9 日，系由全国人民代表大会常务委员会第九十一次会议通过的《中华人民共和国户口登记条例》。该条例第 2 条规定："中华人民共和国公民，都应当依照本条例的规定履行户口登记。现役军人的户口登记，由军事机关按照管理现役军人的有关规定办理。居留在中华人民共和国境内的外国人和无国籍的人的户口登记，除法令另有规定外，适用本条例。"同时，该条例对户口的注销与恢复也做出了规定。此后，1986 年 2 月 1 日起施行的《中华人民共和国公民出境入境管理法》、1994 年 3 月 12 日起施行的公安部《关于办理出国留学人员户口登记问题的通知》，先后对出境入境、出国留学领域的户口注销与恢复等内容做出了进一步的规定。

公安部 2021 年印发的《户口居民身份证管理工作规范（试行）》明确规定，定居国（境）外的中国公民，本人应当凭住在国（地区）出具的足资证明其定居该国的有关证件、证明，以及具有资质机构出具的上述外国证件、证明的相应翻译件，向户口所在地公安派出所申报注销户口登记，并交回居民身份证。取得外国国籍并自动丧失中国国籍的，本人应当凭有效外国护照和中国签证，以及具有资质机构出具的上述外国护照的相应翻译件，向户口所在地公安派出所申报注销户口登记，并交回居民身份证。公民经批准退出中国国籍的，本人应当凭批准退籍证明，向户口所在地公安派出所申报注销户口登记，并交回居民身份证。已在国（境）外定居，或者取得外国国籍并自动丧失中国国籍但未申报注销户口登记的，经我国驻外使（领）馆、港澳台事务主管部门或者设区市（含）以上公安机关出入境管理部门核实，户口所在地公安派出所应当履行告知程序后，注销其户口，缴销居民身份证。曾具有中国国籍的外国人被批准恢复中国国籍的，本人应当凭批准复籍证明，向原户口所在地公安派出所申报恢复户口登记。特殊情况下，也可向拟定居地公安派出所申报户口登记。

5. 无国籍人

根据 1954 年《关于无国籍人地位的公约》，所谓“无国籍人”是指任何国家根据它的法律不认为是其国民的人。公约规定，无国籍人应当遵守所在国的法律和规章以及该国为维持公共秩序而采取的措施，同时，缔约各国不得因无国籍人的种族、宗教或原籍而给予歧视。

中国公民在境外生育子女，不愿保留外国国籍或者外国国籍被撤销，又未取得中国国籍的，成为无国籍人。例如，2006 年 3 月，日本驻上海总领事馆照会上海市公安局，通报撤销内山顺正的日本国籍，并注销其日本护照，理由是其母李某在内山顺正出生前未获取日本永住许可。李某与日本丈夫离婚，内山顺正被判给李某抚养。由于内山顺正的日本国籍被撤销，在其未取得中国国籍前，成为无国籍人。

前中国公民的外国国籍被撤销，未恢复中国国籍的，也会成为无国籍人。例如，2004—2006 年，约 400 名中国人通过科尔多瓦法院取得阿根廷国籍。2016 年，科尔多瓦法院以入籍手续违法为由，取消了这些前中国公民的阿根廷国籍。这些前中国公民取得阿根廷国籍时自动丧失了中国国籍，暂时又不符合恢复中国国籍的条件，从而成为无国籍人。

一些外籍新娘的护照、身份证件丢失或过期，被国籍国作为失踪人员注销户口，不能享受国籍保护，又未取得中国国籍的，成为事实无国籍人。一些外籍新娘与在前婚姻中生育的未成年子女一起入境，嫁一带一甚至带二、带三。这些未成年子女的护照、身份证件丢失或过期，被国籍国作为失踪人员注销户口，不能享受国籍保护，又未取得中国国籍的，成为事实无国籍人。[①]

无国籍人在我国享有与外国人同等的法律地位。我国几乎所有法律法规中均将无国籍人与外国人并列加以规范。

6. 外国人非法持有中国身份证件问题

中华人民共和国不承认中国公民具有双重国籍。1957 年 12 月 30 日，全国人民代表大会常务委员会第八十九次会议决定批准《中华人民共和国和印度尼西亚共和国关于双重国籍问题的条约》。

根据《中华人民共和国居民身份证法》第 1 条，居民身份证是为了证明居住在

---

① 刘国福：《论未取得与未恢复中国国籍问题治理——以完善国籍制度为中心》，《浙江工业大学学报（社会科学版）》2021 年第 1 期。

中华人民共和国境内的公民的身份而颁发的证件。该法第 9 条规定：“香港同胞、澳门同胞、台湾同胞迁入内地定居的，华侨回国定居的，以及外国人、无国籍人在中华人民共和国境内定居并被批准加入或者恢复中华人民共和国国籍的，在办理常住户口登记时，应当依照本法规定申请领取居民身份证。”《中华人民共和国护照法》第 2 条规定：“中华人民共和国护照是中华人民共和国公民出入国境和在国外证明国籍和身份的证件。”《中华人民共和国护照法》第 13 条规定，不具有中华人民共和国国籍的不予签发中国护照。因此，外国人无权获取中国居民身份证和中国护照。但是在实践中，一些外籍人士在未放弃外国国籍情况下非法获得中国护照或身份证；也有一些中国人获得外国国籍后没有注销其国内护照或身份证，从而事实上拥有中国和外国双重公民身份。这种行为违反中国法律，应当根据相关法律规定追究法律责任。实践中，应当根据具体情况区分此类行为的不同法律责任。

例如在“周某等与龚某等追偿权纠纷上诉案”[①] 中，当事人周某拥有号码为 41×××73 的中国居民身份证，同时拥有号码为×××的荷兰护照。周某以中国身份签订担保合同，但担保财产的产权登记在荷兰籍人士周某名下。法院需要确认担保合同的签署人周某与产权登记人周某是否为同一人以及该法律关系是否有效。法院认为，周某在非法获取中国身份证问题上是否涉嫌犯罪，与本案的处理无关。原审判决对对方当事人提出的“本案应移送公安机关先行处理”的主张不予支持。

7. 中国公民非法持用外国护照有关问题

改革开放以来，一些因私出国的中国公民，在外国取得外国护照，也有的人在出境前就搞到外国护照，企图以外籍人身份出境。他们中多数是通过其在国外的亲属代为办理所谓“投资移民护照”的，也有的是花高价从私人手中购买的，其中有些是假护照。这类人员所持的护照有玻利维亚、汤加、伯利兹、尼加拉瓜、厄瓜多尔、秘鲁、巴拿马、毛里求斯、阿根廷、哥伦比亚、泰国、菲律宾等国的。有些国家为吸收外汇而大量出卖护照，实际上并不允许持照人前往该国定居，也不承认他们具有该国国籍。国际上也出现了一些贩卖护照的集团从事倒卖护照生意，借以牟取暴利。购买这类护照的中国公民不是为了前往发照国定居，而是作为跳板，假道去第三国，也有以外国人身份出入我国国境并在境内从事商务活动的。其中有一些人在国内利用外国护照搞诈骗活动，有些进行违法犯罪活动的人购买这种护照是为了逃避打击和惩罚。非法持用外国护照会在边防检查、国籍和其他正常管理工作等方面造成混乱，给国家利益和中国公民个人利益造成损失。

1990 年，公安部、外交部发布《关于中国公民非法持用外国护照有关问题的通知》，其中指出：根据《国籍法》规定，我国不承认双重国籍。除退出中国国籍

---

① （2016）浙 03 民终 00963 号。

或定居在外国（必须持有足资证明其真正在外国定居的有关证件、证明，并在事实上定居外国），加入或取得外国国籍的人员外，我一律不承认中国公民所持有的外国护照，各地公安机关和各驻外使、领馆要认真审查，对于我不承认的外国护照可做如下处理：（1）拒发签证。（2）做上不承认该护照的标记。遇有误发签证的，先将其中国签证注销，再在签证内画红色不承认标记"×"（在签证内画对角线）。我驻外使、领馆在受理其签证申请时，如发现属我不承认的护照，可先在其护照上加盖"L"字签证，再将签证注明"作废"，并做上不承认标记。对持有不承认标记护照的人员，我签证机关不受理其签证申请；公安机关不为其办理外国人居留手续；口岸边防检查站可阻止其使用该护照入出国境。（3）持有非法护照的人没有违法活动的，可将其护照作上不承认标记后退还本人；使用该护照在国内进行其他犯罪活动的，在查处的同时，没收该护照。（4）我驻外使领馆（处）在受理签证申请的审查中，如无法确定其出国身份或因情况复杂难以判定，可将审查材料报公安部出入境管理局审批。

对于我国公安机关依照上述通知所实施的上述处分行为，当事人不服的，能否向人民法院提起行政诉讼呢？由于《行政诉讼法》第 13 条规定，人民法院不受理公民、法人或其他组织对"国防、外交等国家行为"提起的诉讼。而何谓国家行为，2017 年以前的法律并未明确规定，理论上也没有一个统一的认识，因而实践中对国家行为的理解便存在一定争议。

2018 年，最高人民法院发布的《关于适用〈中华人民共和国行政诉讼法〉的解释》第 2 条专门进行了司法解释："行政诉讼法第十三条第一项规定的'国家行为'，是指国务院、中央军事委员会、国防部、外交部等根据宪法和法律的授权，以国家的名义实施的有关国防和外交事务的行为，以及经宪法和法律授权的国家机关宣布紧急状态等行为。"根据上述司法解释，受理外国人入境、过境、居留、旅行申请的机关有权拒发签证证件，对已经发出的签证证件，有权吊销或公布作废。公安机关认为中国公民没有取得外国国籍，并在其所持外国护照上做不承认标记，是对入境、过境、居留、旅行的人实施出入境管理的具体行政行为，属于行政诉讼的受案范围。

七、难民问题

根据我国 1982 年加入的《关于难民地位的公约》及《关于难民地位的议定书》的定义，难民是指因有正当理由畏惧由于种族、宗教、国籍、属于某一社会团体或具有某种政治见解的原因留在其本国之外，并且由于此项畏惧而不能或不愿受该国保护的人；或者不具有国籍并由于上述事情留在他以前经常居住国家以外而现在不能或者由于上述畏惧不愿返回该国的人。

如果一个人符合上述难民定义的条件，又不属于上述难民公约和难民议定书排除条款范围的人，则应得到国际保护。上述公约规定，缔约国应当给予难民相应待遇。接纳国给予难民的待遇遵循递增原则，由基本待遇和附加待遇叠加组成。基本待遇是指个人无论基于何种方式入境，一旦获得难民地位一律享有的基本保障，例如，不受歧视、取得动产与不动产、出席法院、接受公共教育等。附加待遇则是指难民在接纳国获得合法停留或居留后的额外优待，包括就业、营业自由，公共救济，劳动与社会安全，等等。公约第 34 条规定：缔约各国应尽可能便利难民的入籍和同化，它们应特别尽力加速办理入籍程序，并尽可能减低此项程序的费用。

《出境入境管理法》第 46 条规定，申请难民地位的外国人，在难民地位甄别期间，可以凭公安机关签发的临时身份证明在中国境内停留；被认定为难民的外国人，可以凭公安机关签发的难民身份证件在中国境内停留居留。根据《中华人民共和国反恐怖主义法》的规定，国家不向任何恐怖活动组织和人员作出妥协，不向任何恐怖活动人员提供庇护或者给予难民地位。

在我国，难民的安置问题主要由民政部负责。根据 2018 年中共中央印发的《深化党和国家机构改革方案》，新组建的国家移民管理局主要负责外国人停留居留和永久居留管理、难民管理、国籍管理，牵头协调非法入境、非法居留、非法就业外国人治理和非法移民遣返，负责中国公民因私出入国（境）服务管理，承担移民领域国际合作等。

联合国难民署 2022 年发布的年度报告指出，因冲突或迫害而逃离本国的难民、难民申请者和流离失所者等总人数突破 1 亿。联合国儿童基金会调查数据显示，截至 2021 年底，因冲突、暴力和其他危机而流离失所的儿童人数达到 3 650 万，创二战以来新高。我国政府支持联合国大会通过的《难民问题全球契约》，积极参加首届全球难民论坛。中国与联合国难民署保持良好合作，并通过自愿捐款、南南合作援助基金、中国-联合国和平与发展基金等渠道向许多国家提供人道主义援助。

我国境内面临的难民问题主要是 20 世纪 70 年代末涌入我国云南省的印支难民。[①] 中国政府发扬国际人道主义精神，不设难民营，接待了近 30 万难民，开创了难民安置的中国模式，得到了联合国难民署的高度称赞。[②] 例如，2009 年，云南省对部分印支难民发放了户口簿和居民身份证。

八、外国人在华死亡后的处理程序

《外交部、最高人民法院、最高人民检察院等关于处理涉外案件若干问题的规

---

① 吴喜、梁晋云：《难民问题是影响中国边境地区社会稳定的诱因——云南河口县难民问题调研报告》，《云南警官学院学报》2010 年第 1 期。

② 张宝砚：《温情的庇护——印支难民在中国》，《中国民政》2015 年第 24 期。

定》[①]附件一专门规定了外国人在华死亡后的处理程序。根据该规定，对于外国人在华死亡事件或案件，公安机关、国家安全机关、人民检察院、人民法院，以及其他主管机关应当将有关案情、处理情况，以及对外表态口径于受理案件或采取措施的48小时内报上一级主管机关，同时通报同级人民政府外事办公室。

死亡分正常死亡和非正常死亡。因健康原因自然死亡的，谓正常死亡；因意外事故或突发事件死亡的，谓非正常死亡。发现外国人在华死亡，发现人（包括个人或单位）应立即报告死者接待或聘用单位或当地公安机关、人民政府外事办公室。如属正常死亡，善后处理工作由接待或聘用单位负责。无接待或聘用单位的（包括零散游客），由公安机关会同有关部门共同处理。如属非正常死亡，应保护好现场，由公安机关进行取证并处理。

外国人在华正常死亡，由接待或者聘用单位通知有关外国驻华使、领馆。如死者在华无接待或者聘用单位，由有关省、自治区、直辖市公安厅（局）通知。外国人在华非正常死亡，由有关省、自治区、直辖市公安厅（局）通知有关外国驻华使、领馆；在羁押期间或者案件审理中死亡，分别由受理案件的省、自治区、直辖市公安厅（局）、国家安全厅（局）、人民检察院或者高级人民法院通知；在监狱服刑期间死亡的，由省、自治区、直辖市司法厅（局）通知。外国人在灾难性事故（包括陆上交通事故，空、海难事故）中死亡的，由当事部门通知有关外国驻华使、领馆。省、自治区、直辖市外事办公室予以协助。

清点死者遗物应有死者家属或其所属国家驻华使、领馆官员和我方人员在场。如家属或者驻华使、领馆官员明确表示不能到场时，可请公证处人员到场，并由公证员将上述人员不能到场的事实和原因注明。遗物清点必须造册，列出清单，清点人均应签字。移交遗物要开出移交书，一式二份，注明移交时间、地点、在场人、物品件数、种类和特征等。签字后办理公证手续。如死者有遗嘱，应将遗嘱拍照或复制，原件交死者家属或其所属国家驻华使、领馆。

第四节　境外法人和其他组织的境内活动

一、外国企业在我国境内投资和生产经营

（一）外国企业在我国境内投资

我国2020年1月1日起施行的《外商投资法》规定，国家坚持对外开放的基本国策，鼓励外国投资者依法在中国境内投资。外国的自然人、企业或者其他组织（以下称外国投资者）直接或者间接在中国境内进行的投资活动，包括下列情

① 外发〔1995〕17号。

形：(1) 外国投资者单独或者与其他投资者共同在中国境内设立外商投资企业；(2) 外国投资者取得中国境内企业的股份、股权、财产份额或者其他类似权益；(3) 外国投资者单独或者与其他投资者共同在中国境内投资新建项目等。《外商投资法》第4条明确规定："国家对外商投资实行准入前国民待遇加负面清单管理制度。前款所称准入前国民待遇，是指在投资准入阶段给予外国投资者及其投资不低于本国投资者及其投资的待遇；所称负面清单，是指国家规定在特定领域对外商投资实施的准入特别管理措施。国家对负面清单之外的外商投资，给予国民待遇。"根据上述规定，凡是在负面清单之外的外商投资，均不再需要特别审批。

（二）外国企业在我国境内从事生产经营

我国2020年10月23日新修订的《外国（地区）企业在中国境内从事生产经营活动登记管理办法》规定：根据国家有关法律、法规的规定，经国务院及国务院授权的主管机关（以下简称审批机关）批准，在中国境内从事生产经营活动的外国企业，应向省级市场监督管理部门（以下简称登记主管机关）申请登记注册。外国企业经登记主管机关核准登记注册，领取营业执照后，方可开展生产经营活动。未经审批机关批准和登记主管机关核准登记注册，外国企业不得在中国境内从事生产经营活动。

根据国家现行法律、法规的规定，外国企业从事下列生产经营活动应办理登记注册：(1) 陆上、海洋的石油及其他矿产资源勘探开发；(2) 房屋、土木工程的建造、装饰或线路、管道、设备的安装等工程承包；(3) 承包或接受委托经营管理外商投资企业；(4) 外国银行在中国设立分行；(5) 国家允许从事的其他生产经营活动。

《外国（地区）企业在中国境内从事生产经营活动登记管理办法》属行政管理范畴，根据该办法第16条，对外国企业违反该办法的行为，由登记主管机关参照《中华人民共和国企业法人登记管理条例》及其施行细则的处罚条款进行查处。外国企业从事的生产经营活动不属于必须办理登记注册的，不得以违反该办法为由而主张其法律行为无效。①

二、境外非政府组织境内活动管理法

根据《中华人民共和国境外非政府组织境内活动管理法》的规定：境外非政府组织，是指在境外合法成立的基金会、社会团体、智库机构等非营利、非政府的社会组织。境外非政府组织在中国境内依法开展活动，受法律保护，但应当遵守中国法律，不得危害中国的国家统一、安全和民族团结，不得损害中国国家利益、社会公共利益和公民、法人以及其他组织的合法权益。境外非政府组织在中

---

① 良辰吉时有限公司、何某等特许经营合同纠纷民事二审民事判决书，(2021) 粤06民终10488号。深圳市福田区鑫源鑫电子经营部、邹某买卖合同纠纷民事二审民事判决书，(2021) 粤03民终17683号。

国境内不得从事或者资助营利性活动、政治活动，不得非法从事或者资助宗教活动。

境外非政府组织在中国境内开展活动，应当依法登记设立代表机构；未登记设立代表机构需要在中国境内开展临时活动的，应当依法备案。境外非政府组织未登记设立代表机构、开展临时活动未经备案的，不得在中国境内开展或者变相开展活动，不得委托、资助或者变相委托、资助中国境内任何单位和个人在中国境内开展活动。

境外非政府组织未在中国境内设立代表机构，在中国境内开展临时活动的，应当与中国的国家机关、人民团体、事业单位、社会组织（以下称中方合作单位）合作进行。中方合作单位应当按照国家规定办理审批手续，并在开展临时活动15日前向其所在地的登记管理机关备案。境外非政府组织代表机构应当以登记的名称，在登记的业务范围和活动地域内开展活动。境外非政府组织不得在中国境内设立分支机构，国务院另有规定的除外。境外非政府组织代表机构、开展临时活动的境外非政府组织不得在中国境内发展会员，国务院另有规定的除外。

国家保障和支持境外非政府组织在中国境内依法开展活动。各级人民政府有关部门应当为境外非政府组织在中国境内依法开展活动提供必要的便利和服务。境外非政府组织在中国境内开展活动，应当接受公安机关、有关部门和业务主管单位的监督管理。国家安全、外交外事、财政、金融监督管理、海关、税务、外国专家等部门按照各自职责对境外非政府组织及其代表机构依法实施监督管理。国务院反洗钱行政主管部门依法对境外非政府组织代表机构、中方合作单位以及接受境外非政府组织资金的中国境内单位和个人开立、使用银行账户过程中遵守反洗钱和反恐怖主义融资法律规定的情况进行监督管理。

三、外国企业常驻代表机构的管理

根据《外国企业常驻代表机构登记管理条例》（2024年修订）的规定，外国企业常驻代表机构（以下简称代表机构），是指外国企业依照本条例规定，在中国境内设立的从事与该外国企业业务有关的非营利性活动的办事机构。代表机构不具有法人资格，不能以外国企业的名义成为诉讼当事人，也不能独立承担法律责任。[①] 外国企业以自己名义签署的合同不能因为违反《中华人民共和国国务院关于管理外国企业常驻代表机构的暂行规定》而被判无效，而应当由该外国企业承担民事责任。

① 泰国汇商控股有限公司南宁办事处、廖某借款合同纠纷一审民事裁定书，（2020）桂01民初3259号。

第四章　条约与外交关系法律制度

第一节　条约缔结程序

一、条约的概念

根据我国加入的《维也纳条约法公约》[①]，称“条约”者，谓国家间所缔结而以国际法为准之国际书面协定，不论其载于一项单独文书或两项以上相互有关之文书内，亦不论其特定名称如何。

1990 年《缔结条约程序法》第 2 条规定：“本法适用于中华人民共和国同外国缔结的双边和多边条约、协定和其他具有条约、协定性质的文件。”《中华人民共和国缔结条约程序法（草案）》所称的条约、协定是广义的概念，并不排除使用其他名称和形式的条约性文件，如宪章、规约、谅解备忘录、联合声明、换文等。[②]一个文件是否具有条约性质，不取决于名称，而取决于内容。条约分为双边条约和多边条约。

条约是对国家有法律拘束力的国际文件，国家有义务保证所缔结的条约得到履行，信守条约是公认的国际法原则。因此，缔结条约是十分严肃的事情。缔约权是国家主权的内容之一。

2023 年 6 月 28 日颁布的《对外关系法》第 30 条首次全面规定了我国对待国际条约的基本原则：“国家依照宪法和法律缔结或者参加条约和协定，善意履行有关条约和协定规定的义务。国家缔结或者参加的条约和协定不得同宪法相抵触。”

二、新中国缔结条约制度的发展

1949 年 9 月 29 日，中国人民政治协商会议第一届全体会议通过了具有临时宪

---

① 该公约于 1969 年签署于维也纳，1980 年 1 月 27 日生效。中华人民共和国政府于 1997 年 9 月 3 日交存加入书，同时声明：1. 中华人民共和国对《维也纳条约法公约》第 66 条予以保留。2. 台湾当局于 1970 年 4 月 27 日以中国名义在《维也纳条约法公约》上的签字、批准是非法的、无效的。本公约于 1997 年 10 月 3 日对我国生效，并适用于香港、澳门。

② 钱其琛：关于《中华人民共和国缔结条约程序法（草案）》的说明，在第七届全国人民代表大会常务委员会第十五次会议上。

法性质的《中国人民政治协商会议共同纲领》，其中第 3 条规定“中华人民共和国必须取消帝国主义国家在中国的一切特权”，第 55 条规定“对于国民党政府与外国政府所订立的各项条约和协定，中华人民共和国中央人民政府应加以审查，按其内容，分别予以承认，或废除，或修改，或重订”。

新中国成立后于 1952 年颁布了《政务院关于与外国订立条约、协定、议定书、合同等的统一办法之决定》[①]，共 10 条。其中规定：中华人民共和国与外国订立条约、协定，概按照本决定经由外交部统一办理。凡订立或加入国际公约及与外国订立政治、经济、文化等条约、协定，均由外交部主办。但如有涉及其他机关主管的事项，由外交部咨商该主管机关办理。订立纯属业务性的或纯属技术性的协定、议定书、合同等，应由主管机关会同外交部办理。关于条约、协定、议定书、合同等的公布、编印、解释等事宜均由外交部主办。

1954 年颁布的首部《宪法》第 31 条首次规定，“全国人民代表大会常务委员会行使下列职权：……（十二）决定同外国缔结的条约的批准和废除”。第 41 条规定：“中华人民共和国主席对外代表中华人民共和国，接受外国使节；根据全国人民代表大会常务委员会的决定，派遣和召回驻外全权代表，批准同外国缔结的条约。”同年，全国人民代表大会常务委员会第一次会议通过了《关于同外国缔结条约的批准手续的决定》[②]，共 2 条。其中规定：“中华人民共和国同外国缔结下列各种条约，应当依照中华人民共和国宪法第三十一条第十二项和第四十一条的规定办理批准手续：和平条约，互不侵犯条约，友好同盟互助条约和其他在条约中明文规定必须经过批准的一切条约，包括协定在内。凡不属于前条规定范围内的协定、议定书等，由国务院核准。”

1954 年 4 月，《关于中国西藏地方和印度之间的通商和交通协定》最早写入和平共处五项原则，成为中国对国际法的重要贡献之一。中国政府不承认双重国籍，依据“一人一籍”和“自愿择籍”原则与印尼于 1955 年 4 月签订了《关于双重国籍问题的条约》及其实施办法。此后，又与尼泊尔、蒙古等国共同解决了“双重国籍”问题。中国在 20 世纪 60 年代与缅甸、尼泊尔、朝鲜、蒙古、阿富汗和巴基斯坦等邻国签订了陆地边界条约，划定了边界，形成了中国解决边界问题的第一个高峰期。从中华人民共和国成立到 1971 年恢复联合国合法席位，因为中国被错误地排除在国际体系之外，外交以双边交往为主，在条约形式上就是以双边条约为主，加入或承认的多边条约极少。1971 年 10 月，第二十六届联合国大会通过第 2758 号决议恢复中华人民共和国在联合国的一切合法权利后，中国陆续加入了联合国和其他国际组织制定的一系列多边国际条约。1971 年至 1981 年，中国共批准

---

① 1951 年 9 月 14 日政务院第一百零二次政务会议通过，1952 年 8 月 7 日中央人民政府委员会第十七次会议批准；1987 年被废止。

② 1954 年 10 月 16 日全国人民代表大会常务委员会第一次会议通过，1987 年被废止。

或加入了超过 100 项“造法性”多边条约。[①]

我国实行对外开放政策后，同世界各国广泛开展国际交流与合作，缔结条约的数量也大大增加。1982 年新《宪法》颁布后，根据 1954 年《宪法》颁布的有关缔结条约的法规均已失效。1982 年《宪法》保留了 1954 年《宪法》有关全国人大常委会、国家主席和国务院在批准和缔结条约方面的职权条款，同时在第 89 条中增加了国务院“管理对外事务，同外国缔结条约和协定”的职权。

1982 年颁布的《民事诉讼法（试行）》第 189 条规定：“中华人民共和国缔结或者参加的国际条约同本法有不同规定的，适用该国际条约的规定。但是，我国声明保留的条款除外。”这一规定在新中国历史上首次以立法形式明确了国际条约在我国法律中的优先地位。

1990 年，第七届全国人民代表大会常务委员会第十七次会议通过了《缔结条约程序法》。该法是在总结我国缔约实践经验和过去有关规定的基础上，根据宪法，参照国际公约和国际实践制定的一部符合我国国情和实际需要的缔约程序法。

2001 年底，中国签署《中华人民共和国加入世界贸易组织议定书》，而后正式加入世界贸易组织。为履行条约义务，中央政府清理法律法规和部门规章 2 300 多件，地方政府清理地方性政策法规 19 万多件，使中国的法律制度与世界贸易组织规定及中国承诺相一致。中国在经贸领域的国际条约实践日益丰富。

党的十八大以来，随着习近平外交思想和习近平法治思想的形成，中国开始积极主动将构建人类命运共同体理念等习近平新时代中国特色社会主义思想融入国际条约的缔结过程，并争取更大的国际话语权。我国所倡导的构建人类命运共同体理念和“一带一路”倡议先后被写入联合国通过的系列决议中。

国务院法制办公室于 2017 年 3 月 15 日在网上发布《中华人民共和国缔结条约程序法实施条例（征求意见稿）》，向社会征求意见。2019 年，外交部开发了“中华人民共和国条约数据库”[②]，收录中华人民共和国缔结或参加的条约或条约类文件近 7 000 项。

2022 年 10 月 16 日，国务院颁布《缔结条约管理办法》，自 2023 年 1 月 1 日起施行。

三、缔约名义

《维也纳条约法公约》第 6 条规定：“每一国家皆有缔结条约之能力。”缔结条约是主权国家的专属权力，传统上只有主权国家才拥有缔约权，非国家实体（国际组织除外）不具有缔约权。主权国家行使缔约权的国内机关由各国国内法规定。

《缔结条约程序法》第 3 条规定：“中华人民共和国国务院，即中央人民政府，

① 史晓斌、赵艳蕊：《中国共产党百年条约实践：回顾、总结与展望》，《国际法研究》2022 年第 1 期。

② http：//treaty. mfa. gov. cn/web/index. jsp.

同外国缔结条约和协定。中华人民共和国全国人民代表大会常务委员会决定同外国缔结的条约和重要协定的批准和废除。中华人民共和国主席根据全国人民代表大会常务委员会的决定，批准和废除同外国缔结的条约和重要协定。中华人民共和国外交部在国务院领导下管理同外国缔结条约和协定的具体事务。”

《缔结条约程序法》第 4 条规定：“中华人民共和国以下列名义同外国缔结条约和协定：（一）中华人民共和国；（二）中华人民共和国政府；（三）中华人民共和国政府部门。”

以中华人民共和国名义缔结的条约通常包括以下几种：（1）友好合作条约、和平条约等政治性条约；（2）有关领土和划定边界的条约，包括划定陆地边界和海域边界的条约；（3）有关司法协助、引渡、被判刑人移管、承认与执行外国法院判决或者仲裁裁决的条约；（4）其他涉及重大国家利益的条约。特殊情况下，经国务院审核决定，上述所列条约可以中华人民共和国政府名义缔结。

以中华人民共和国政府名义缔结的条约包括：（1）涉及国务院职权范围的；（2）涉及两个以上国务院有关部门职权范围的；（3）其他需要以中华人民共和国政府名义缔结条约的事项。特殊情况下，经国务院审核决定，前款所列条约可以中华人民共和国政府部门名义缔结。

《缔结条约管理办法》第 3 条规定：“外交部在国务院领导下管理缔结条约的具体事务，指导、督促国务院有关部门依照法定程序办理缔结条约工作。国务院有关部门在各自职权范围内负责办理缔结条约的相关工作。”国务院各部、委员会、中国人民银行、审计署、具有行政管理职能的直属机构、根据法律规定或者国务院授权承担行政管理职能的国务院其他机构，可以就本部门职权范围内的事项，以中华人民共和国政府部门名义缔结条约。“除中华人民共和国宪法、法律和国务院另有授权外，地方各级政府无权缔结条约。”

条约内容涉及政治、外交、经济、社会、安全等领域重大国家利益的，应当将条约草案及条约草案涉及的重大问题按照有关规定报告党中央。

四、条约的谈判及签署

《缔结条约管理办法》第 9 条规定：“以中华人民共和国名义或者中华人民共和国政府名义谈判条约的，由外交部或者国务院有关部门会同外交部在启动谈判前不少于 20 个工作日报请国务院决定。”第 10 条规定：“以中华人民共和国政府部门名义谈判条约，有下列情形之一的，由国务院有关部门会同外交部在启动谈判前不少于 20 个工作日报请国务院决定：（一）条约内容涉及外交、经济、安全等领域的重大国家利益；（二）条约内容涉及国务院其他部门职权范围；（三）其他应当报请国务院决定的情形。”第 11 条规定：“条约谈判中，对经国务院决定的条约中方草案所作改动有下列情形之一的，应当重新报请国务院决定：（一）对中华人民共和国依据该条约享有的权利或者承担的义务有重大影响；（二）对中华人民共和国在有关重大问题上的立场有影响；（三）与中华人民共和国法律、行政法规或者中华人民共和国依据其他条约承担的国际义务不一致；（四）其他应当报请国务院决定的情形。”

以中华人民共和国名义或者中华人民共和国政府名义签署条约，或者有本办法第 10 条规定情形之一的，应当由外交部或者国务院有关部门会同外交部在签署前不少于 10 个工作日报请国务院决定。确因特殊情况未按前款规定时限报批的，应当向国务院说明理由。

条约签署前，国务院有关部门法制机构应当从法律角度对条约进行审查。以中华人民共和国名义或者中华人民共和国政府名义签署，且根据缔约程序法或者有关规定应当报请国务院审核并建议提请全国人民代表大会常务委员会决定批准或者加入，或者报请国务院核准、决定加入或者接受的条约，内容与中华人民共和国法律、行政法规或者与中华人民共和国依据其他条约承担的国际义务不一致的，国务院有关部门应当在条约签署前不少于 30 个工作日征求司法部的意见。

下列情形，国务院有关部门应当在签署条约的请示中予以说明：（1）拟签署的条约内容与中华人民共和国法律、行政法规或者与中华人民共和国依据其他条约承担的国际义务是否一致；有不一致的，应当提出解决方案；根据本办法第 13 条规定应当征求司法部意见的，还应当附司法部的意见；（2）拟签署的条约是否需要征询香港特别行政区政府、澳门特别行政区政府的意见以及征询意见的情况；（3）拟签署的条约属于多边条约的，是否需要作出声明或者保留以及声明或者保留的内容。

条约的谈判代表或者签署代表需要出具全权证书的，国务院有关部门应当至少提前10 个工作日书面通知外交部办理相关手续，并向外交部提供国务院同意委派该谈判代表或者签署代表的批件。条约的谈判代表或者签署代表需要出具授权证书的，由谈判代表或者签署代表所属的国务院有关部门办理。授权证书的格式由外交部规定。

五、条约的批准与登记

《缔结条约程序法》第 7 条规定：“条约和重要协定的批准由全国人民代表大会常务委员会决定。”这里的条约和重要协定是指：“（一）友好合作条约、和平条约等政治性条约；（二）有关领土和划定边界的条约、协定；（三）有关司法协助、引渡的条约、协定；（四）同中华人民共和国法律有不同规定的条约、协定；（五）缔约各方议定须经批准的条约、协定；（六）其他须经批准的条约、协定。”

在中国缔结的数以千计的条约中，只有 1985 年的《中英联合声明》是由全国人大批准的。1990 年《缔结条约程序法》生效后，所有的条约和重要协定都是由国家主席根据全国人大常委会的决定予以批准的。

《缔结条约程序法》第 7 条第 2 款所列范围以外的国务院规定须经核准或者缔约各方议定须经核准的协定和其他具有条约性质的文件签署后，由外交部或者国务院有关部门会同外交部，报请国务院核准。协定和其他具有条约性质的文件经核准后，属于双边的，由外交部办理与缔约另一方互换核准书或者以外交照会方式相互通知业已核准的手续；属于多边的，由外交部办理向有关保存国或者国际组织交存核准书的手续。核准书由国务院总理签署，也可以由外交部长签署。

无须全国人民代表大会常务委员会决定批准或者国务院核准的协定签署后，除以中华人民共和国政府部门名义缔结的协定由本部门送外交部登记外，其他协定由国务院有关部门报国务院备案。

加入多边条约和协定，分别由全国人民代表大会常务委员会或者国务院决定。接受多边条约和协定，由国务院决定。

以中华人民共和国或者中华人民共和国政府名义缔结的双边条约、协定的签字正本，以及经条约、协定的保存国或者国际组织核证无误的多边条约、协定的副本，由外交部保存；以中华人民共和国政府部门名义缔结的双边协定的签字正本，由本部门保存。国务院办公厅 1985 年 2 月 25 日发布《关于向联合国登记条约问题的通知》，决定将我国与外国缔结的条约、协定有选择地向联合国登记，有关事宜由外交部统一掌握办理。

第二节　条约在我国的适用

一、条约优先于国内法适用

《中华人民共和国票据法》第 95 条、《中华人民共和国海商法》第 268 条、《中华人民共和国民用航空法》第 184 条和《民事诉讼法》第 271 条均规定：中华人民共和国缔结或者参加的国际条约同本法有不同规定的，适用国际条约的规定；但是，中华人民共和国声明保留的条款除外。《最高人民法院关于审理涉外民商事案件适用国际条约和国际惯例若干问题的解释》第 1 条规定："人民法院审理《中华人民共和国海商法》、《中华人民共和国票据法》、《中华人民共和国民用航空法》、《中华人民共和国海上交通安全法》调整的涉外民商事案件，涉及适用国际条约的，分别按照《中华人民共和国海商法》第二百六十八条、《中华人民共和国票据法》第九十五条、《中华人民共和国民用航空法》第一百八十四条、《中华人民共和国海上交通安全法》第一百二十一条的规定予以适用。人民法院审理上述法律调整范围之外的其他涉外民商事案件，涉及适用国际条约的，参照上述法律的规定。国际条约与中华人民共和国法律有不同规定的，适用国际条约的规定，但中华人民共和国声明保留的条款除外。”

除上述民事领域国际条约外，《中华人民共和国海洋环境保护法》第 123 条、《中华人民共和国外国国家豁免法》第 22 条、《中华人民共和国气象法》第 44 条、《中华人民共和国水法》第 78 条、《中华人民共和国国境卫生检疫法》第 52 条等也有相似规定。

2004 年修订的《中华人民共和国固体废物污染环境防治法》第 90 条也规定了优先适用国际条约，但在 2020 年修订过程中废除了该条规定，这主要是考虑到我国加大了环境保护力度，将逐步实现固体废物零进口。《中华人民共和国野生动物保护法》（2009 年修正）第 40 条在 2016 年修订后也被废除。

二、直接适用国际条约

我国可以直接适用某些国际条约。例如我国于 1986 年 12 月 2 日决定加入 1958 年的《承认及执行外国仲裁裁决公约》后，最高人民法院发布了关于执行我国加入的《承认及执行外国仲裁裁决公约》的通知，要求各级人民法院切实依照执行。《中华人民共和国归侨侨眷权益保护法》第 22 条规定：“国家对归侨、侨眷在境外的正当权益，根据中华人民共和国缔结或者参加的国际条约或者国际惯例，给予保护。”《中华人民共和国公证法》第 45 条规定：“中华人民共和国驻外使（领）馆可以依照本法的规定或者中华人民共和国缔结或者参加的国际条约的规定，办理公证。”

三、转化适用国际条约

知识产权领域的国际条约往往通过转化实施的方式在我国适用。国务院颁布的《实施国际著作权条约的规定》第 1 条规定：“为实施国际著作权条约，保护外国作品著作权人的合法权益，制定本规定。”第 3 条规定：“本规定所称国际著作权条约，是指中华人民共和国（以下称中国）参加的《伯尔尼保护文学和艺术作品公约》（以下称伯尔尼公约）和与外国签订的有关著作权的双边协定。”第 2 条规定：“对外国作品的保护，适用《中华人民共和国著作权法》（以下称著作权法）、《中华人民共和国著作权法实施条例》、《计算机软件保护条例》和本规定。”

1993 年 9 月，我国政府向世界知识产权组织递交了《专利合作条约》加入书。该加入书于 1994 年 1 月 1 日起生效。中国专利局于 1993 年 11 月 23 日制定《关于中国实施专利合作条约的规定》，自 1994 年 1 月 1 日起施行。

我国加入世界贸易组织以后，根据 1994 年《关于建立世界贸易组织的协定》相关规定，每个成员应当保证其法律、管理规定和行政程序，与其根据本协定所附的有关协定规定的义务相一致。因此，我国对国内法律法规进行了史无前例的废、改、立，全面履行了入世承诺。[①]

第三节　外交和领事关系法律制度

一、外交关系和领事关系的概念

（一）外交关系

外交关系是指国家与国家之间为了进行官方交流与合作，由外交机关通过访问、谈判、缔结条约、设立常驻代表机构、参加国际会议和国际组织等方式建立起来的一种国际法律关系。外交关系包括以下几种类型：（1）正式外交关系，即以签署建交公报和互派使节为标志的正常外交关系。（2）半外交关系，也称不完全的外交关系，是指双方外交关系尚不成熟或者遭遇危机，双方互派的使节不是大使级别，而只停留在代办级别。英国于 1950 年 1 月 6 日承认新中国，是最早承认新中国的西方大国。中英于 1954 年 6 月 17 日建立代办级外交关系，直到 1972 年 3 月 13 日，我国与英国才建立大使级正式外交关系。（3）非正式外交关系，是指尚未建交的国家之间正在开展外交谈判，互设某种联络机构。（4）国民外交关系，也称民间外交关系。随着非国家行为体在国际关系中的影响日益凸显，外交不再局限于官方往来，民间外交、学术外交、政党外交等纷纷出现。民间外交是中国特色大国外交的重要组成部分，植根于中国外交鲜明的人民性，在总体外交中发挥了不可替代的重要作用。[②]《对外关系法》第 7 条规定："国家鼓励积极开展民间对外友好交流合作。对在对外交流合作中做出突出贡献者，按照国家有关规定给予表彰和奖励。"

1961 年联合国《维也纳外交关系公约》是目前调整国家间外交关系的最重要法律文件之一，1964 年 4 月 24 日生效。1975 年，中国加入《维也纳外交关系公约》。截至 2021 年 5 月，公约有 193 个缔约国。此外，联合国大会还通过了 1969 年《特别使团公约》、1973 年《关于防止和惩处侵害应受国际保护人员包括外交代表的罪行的公约》和 1975 年《关于国家在其对国际组织关系上的代表权公约》等国际法文件。

《维也纳外交关系公约》第 2 条明确规定："国与国间外交关系及常设使馆之建立，以协议为之。"我国通过建交公报的方式与外国建立外交关系。

1978 年 12 月 16 日，中美双方同时发表《中美建交公报》。美国政府在联合公报中接受中国提出的建交三原则：同台湾断交、撤出军队和设施、废除美蒋条约。两国宣布双方自 1979 年1 月 1 日起互相承认并正式建立外交关系，这是两国关系

---

① 张玉卿：《入世与涉外经济贸易法规的调整》，《世界贸易组织动态与研究》2001 年第 7 期。

② 于宏源：《国际法视域下的民间外交初析》，《公共外交季刊》2022 年第 1 期。

中具有历史意义的重大转折，中美关系从此进入了一个新阶段。《中美建交公报》与 1972 年 2 月 28 日发表的《中华人民共和国和美利坚合众国联合公报》（一般简称为“上海公报”）和 1982 年 8 月 17 日发表的《中华人民共和国和美利坚合众国联合公报》（一般简称为“八一七公报”）合称为“中美三个联合公报”。美国在这三个联合公报中均强调坚持一个中国原则，这是中美两国关于两国关系以及我国台湾问题的重要历史文件。坚持一个中国原则和坚持中美三个联合公报的原则是中美关系健康发展的政治基础。

2024 年 1 月 24 日，中国与瑙鲁两国外长在北京签署《中华人民共和国和瑙鲁共和国关于恢复外交关系的联合公报》，两国自即日起恢复大使级外交关系，瑙鲁成为中国第 183 个建交国。2016 年以来已有 11 个国家同中国建立或恢复外交关系，同台湾当局断绝所谓的“外交关系”。

（二）领事关系

领事关系是指两国根据达成的协议，相互在对方一定地区设立领事馆和执行领事职务所形成的国家间关系。领事制度出现较早，始于民间，几经兴衰。双边领事条约或条款较早出现于 17 世纪的通商、航海条约之中，民间性质的领事制度开始被纳入官方，到 18、19 世纪变得越来越普遍。而自 20 世纪特别是第二次世界大战以来，越来越多的国家出于维护国家利益和效率的考虑，逐渐把外交官制与领事官制合并，使领事和外交官更接近甚至等同起来，并更多地任用职业领事而不是名誉领事。各国间的双边领事条约也常常在互惠的基础上给予领馆和领事人员更为全面的特权与豁免。联合国《维也纳领事关系公约》于 1963 年 4 月 24 日签订，1967 年 3 月 19 日开始生效。

两国建立外交关系，同时也意味着建立领事关系；建立领事关系是建立外交关系的初步阶段；两国断绝外交关系并不一定断绝领事关系。在行政系统上，领事和外交官同属于外交人员系统，由外交部门领导；外交部门可以同时执行领事职务，两国无外交关系时，领事可以兼办外交事务。

1980 年 9 月 17 日，中美签订《中华人民共和国和美利坚合众国领事条约》，规定了中美双方领馆的设立以及领事的职务等事项。我国目前已与 40 多个国家签订双边领事条约。①

外交使馆全面代表派遣国，与接受国办理外交事务，进行外交往来；领事机构的职务范围则要狭窄得多，通常只就护侨、通商、航运等事务与所在国进行交涉，其活动范围仅限于本领事辖区内，而外交机构的活动范围涉及所在国全国。领事特权与豁免要低于外交特权与豁免。

---

① 参见中国领事服务网：http：//cs.mfa.gov.cn/zlbg/tyxy_660627/201402/t20140225_961624.shtml，2024 年 1 月 20 日访问。

二、外交关系法

（一）外交关系法的基本原则

《对外关系法》第3条规定："中华人民共和国坚持以马克思列宁主义、毛泽东思想、邓小平理论、'三个代表'重要思想、科学发展观、习近平新时代中国特色社会主义思想为指导，发展对外关系，促进友好交往。"《对外关系法》第4条规定："中华人民共和国坚持独立自主的和平外交政策，坚持互相尊重主权和领土完整、互不侵犯、互不干涉内政、平等互利、和平共处的五项原则。中华人民共和国坚持和平发展道路，坚持对外开放基本国策，奉行互利共赢开放战略。中华人民共和国遵守联合国宪章宗旨和原则，维护世界和平与安全，促进全球共同发展，推动构建新型国际关系；主张以和平方式解决国际争端，反对在国际关系中使用武力或者以武力相威胁，反对霸权主义和强权政治；坚持国家不分大小、强弱、贫富一律平等，尊重各国人民自主选择的发展道路和社会制度。"

《对外关系法》第5条规定："中华人民共和国对外工作坚持中国共产党的集中统一领导。"

（二）国内外交机构

一国与其他国际法主体保持和发展外交关系的各种机构，为国家的外交机构，可以分为国内外交机构和驻外外交机构。

1. 国家元首

国家元首是一国对外关系的最高机关，可以是个人或集体。在对外关系上，国家元首所做出的一切法律行为，都被视为其所代表的国家的行为，即"全权代表权"。国家元首行使其职权，并非代表其本身，而是代表他的国家。国家元首的职权受其国内法的限制。《对外关系法》第11条规定："中华人民共和国主席代表中华人民共和国，进行国事活动，行使宪法和法律规定的对外关系职权。"

根据国际习惯法和各国国内法，一国元首在他国享有全部的外交特权和豁免。联合国《特别使团公约》第21条规定了国家元首及高级人员之地位："派遣国元首率领特别使团时，应在接受国或第三国内享有依国际法对国家元首于正式访问应给予之便利、特权及豁免。政府首长、外交部长及其他高级人员参加派遣国之特别使团时，在接受国或第三国内除享有本公约所订明之便利、特权及豁免外，应享有国际法所给予之便利、特权及豁免。"《中华人民共和国外交特权与豁免条例》第23条规定："来中国访问的外国国家元首、政府首脑、外交部长及其他具有同等身份的官员，享有本条例所规定的特权与豁免。"

20世纪90年代以来，中国元首外交渐显活跃。[①] 进入新时代，中国元首外交

---

① 胡勇：《中国元首外交的兴起——一种国内政治的考察》，《外交评论》2009年第4期。

在习近平外交思想指引下全方位开启新篇章。[①]

元首的外交职权包括派遣本国使节和接受外国使节、批准和废除国际条约、宣布战争状态和媾和等。《宪法》第 81 条规定："中华人民共和国主席代表中华人民共和国，进行国事活动，接受外国使节；根据全国人民代表大会常务委员会的决定，派遣和召回驻外全权代表，批准和废除同外国缔结的条约和重要协定。"

2. 政府

政府是一国的最高行政机关，也是国家的外交领导机关。政府机关的名称在各国各不相同。政府及其首脑在外交上的职权由各国宪法和法律规定。根据国际习惯法，政府首脑在外国享有完全的外交特权和豁免。

3. 外交部门

外交部门包括外交部和其他政府部门。外交部的外交职权包括：领导和监督驻外代表机关及其活动，与驻外代表机构保持经常性联系；与外国代表或国际组织代表进行联络和谈判；保护本国及其公民在国外的合法权益等。

外交部长具体领导外交部的活动，可以直接参加外交谈判、签订条约、参加国际会议等。外交部长在外交活动中无须出示或提交全权证书。外交部长在外国享有完全的外交特权与豁免。其他政府部门也可以行使与外交有关的职权，在行使外交职权时也可以根据双边协议或有关国家的国内法享有相应的外交特权与豁免。例如，我国商务部设有正部长级的国际贸易谈判代表一职，专门负责对外经济贸易领域的重大多、双边谈判工作。

（三）驻外外交机构

1. 概念

《驻外外交人员法》第 2 条第 2 款规定："本法所称驻外外交机构，是指中华人民共和国驻外国的使馆、领馆以及常驻联合国等政府间国际组织的代表团等代表机构。"外交部统一领导驻外外交机构的工作，会同其他派出部门对驻外外交人员实施管理。

驻外外交机构包括以下类型：(1) 常设驻外机构，即一国派驻国外的使馆或常驻使团。(2) 临时驻外代表机构，即特别使团（使节），是指一国派往他国或国际组织执行特别的临时外交任务的外交使团或使节。国际组织也向外派遣特别使节。

2. 使馆

国家之间建立外交关系和互设使馆，必须经过双方的协议。《维也纳外交关系公约》第 2 条重申了这一国际习惯法原则。《维也纳外交关系公约》规定使馆具有五大职务：

---

① 徐步：《中国的元首外交为动荡世界指明路径》，《世界知识》2022 年第 24 期。

（1）在接受国中代表派遣国；

（2）于国际法许可之限度内，在接受国中保护派遣国及其国民之利益；

（3）与接受国政府办理交涉；

（4）以一切合法手段调查接受国之状况及发展情形，向派遣国政府具报；

（5）促进派遣国与接受国间之友好关系，及发展两国间之经济、文化与科学关系。

使馆在不违反国际法和所在国法律的前提下，还可以执行其他职务，如领事职务、保护第三国国民利益等。

驻外国的外交使馆不应干涉驻在国的内政。外交人员不能参与驻在国的政治生活，支持某一政党，或反对某一政党。一个外交官不能从事间谍活动，否则可能会被要求立即离开驻在国。驻外使馆不能在驻在国对本国的反对派分子实施暴力活动（如暗杀、绑架等）。

3. 驻外外交人员

《驻外外交人员法》第 2 条第 1 款规定："本法所称驻外外交人员，是指在中华人民共和国驻外外交机构中从事外交、领事等工作，使用驻外行政编制，具有外交衔级的人员。"

我国驻外外交人员的职务分为外交职务和领事职务。外交职务分为：特命全权大使、代表、副代表、公使、公使衔参赞、参赞、一等秘书、二等秘书、三等秘书、随员。

我国驻外外交人员应当根据职务和工作分工，履行下列职责："（一）维护国家主权、安全、荣誉和利益；（二）贯彻执行国家外交方针政策；（三）代表国家提出外交交涉；（四）发展中国与驻在国之间的关系，参与国际组织活动，促进双边和多边友好交流与合作；（五）维护中国公民和法人在国外的正当权益；（六）报告驻在国情况和有关地区、国际形势；（七）介绍中国情况和内外政策，增进驻在国和世界对中国的了解；（八）履行其他外交或者领事职责。"

我国驻外外交人员应当履行下列义务："（一）忠于祖国和人民，维护国家尊严；（二）忠于中华人民共和国宪法和法律，尊重驻在国的法律和风俗习惯；（三）忠于职守，勤勉尽责，完成各项工作任务；（四）服从派出部门的调遣，遵守驻外外交机构规章制度和工作纪律；（五）严守国家秘密和工作秘密；（六）不得在驻外工作期间辞职；（七）按照规定向驻外外交机构和派出部门报告个人重大事项；（八）法律规定的其他义务。"

我国驻外外交人员享有下列权利："（一）获得履行职责应当具有的工作条件；（二）获得与常驻国外工作、生活相适应的工资福利保险待遇；（三）在驻外工作期间不被辞退；（四）派遣前和驻外工作期间参加培训；（五）法律规定的其他权利。"

4. 使馆馆长

根据《驻外外交人员法》的规定：馆长是驻外外交机构的行政首长。特命全权大使为大使馆的馆长，是中华人民共和国在驻在国的代表。驻外外交机构实行馆长负责制。馆长统一领导驻外外交机构的各项工作。馆长缺位或者因故不能执行职务时，由被指定的人员代理馆长行使职责。馆长应当向派出部门提交到任和离任的书面报告。馆长应当按期回国述职。

5. 使馆人员的派遣和接受

原则上，国家有权自主派遣使馆人员，即积极的使节权。但对于馆长的派遣，派遣国必须事先征求接受国的同意；接受国有权拒绝特定人员到本国担任馆长，而且无须说明理由。对于武官，接受国可以要求派遣国事先征求其意见。其他使馆人员，原则上派遣国可以自主派遣。

《驻外外交人员法》规定，驻外外交人员应当具备下列条件："（一）具有中华人民共和国国籍；（二）年满二十三周岁；（三）拥护中华人民共和国宪法；（四）具有良好的政治素质和品行；（五）具有胜任工作所需的专业知识、工作能力和语言能力；（六）具有常驻国外所要求的身体条件、心理素质和适应能力；（七）法律规定的其他条件。"

有下列情形之一的，不得任用为驻外外交人员："（一）曾因犯罪受过刑事处罚的；（二）曾被开除公职的；（三）曾被国家机关辞退的；（四）持有外国长期或者永久居留许可的；（五）配偶具有外国国籍、持有外国长期或者永久居留许可的；（六）不得任用为驻外外交人员的其他情形。"

根据《驻外外交人员法》的规定：特命全权大使和代表、副代表为特命全权大使的，由中华人民共和国主席根据全国人民代表大会常务委员会的决定派遣和召回。前款以外的代表、副代表，由国务院或者派出部门派遣和调回。其他驻外外交人员，由外交部或者其他派出部门派遣和调回。

任何国家都有接受和拒绝接受外国使节的权利，即消极的使节权。接受国对于任何使馆人员，可以在他到达接受国之前或在其就任以后的任何时间，随时宣告他为不受欢迎或不能接受的人，并且可以不说明理由。一旦被宣告为不受欢迎的人，该使节必须马上离开接受国。

（四）外交特权与豁免

1. 概念

外交特权与豁免是指按照国际法或有关协议，在国家间互惠的基础上，为了使一国的外交代表机关及其工作人员在驻在国能够有效执行职务，由驻在国给予派出国外交机构和人员特别的权利和优惠待遇。1986 年颁布的《中华人民共和国外交特权与豁免条例》规定了外国驻中国使馆和使馆人员的外交特权与豁免。

2. 使馆的特权与豁免

《维也纳外交关系公约》规定了使馆享有的各项特权与豁免：使馆馆舍不得侵犯。接受国官吏非经使馆馆长许可，不得进入使馆馆舍。接受国负有特殊责任，采取一切适当步骤保护使馆馆舍免受侵入或损害，并防止一切扰乱使馆安宁或有损使馆尊严之情事。使馆馆舍及设备，以及馆舍内其他财产与使馆交通工具免受搜查、征用、扣押或强制执行。派遣国及使馆馆长对于使馆所有或租赁之馆舍，概免缴纳国家、区域或地方性捐税，但其为对供给特定服务应纳之费者不在此列。使馆档案及文件无论何时，亦不论位于何处，均属不得侵犯。

接受国应允许使馆为一切公务目的自由通信，并予保护。使馆与派遣国政府及无论何处之该国其他使馆及领事馆通信时，得采用一切适当方法，包括外交信差及明密码电信在内。但使馆非经接受国同意，不得装置并使用无线电发报机。使馆之来往公文不得侵犯。来往公文指有关使馆及其职务之一切来往文件。外交邮袋不得予以开拆或扣留。

3. 外交人员的特权与豁免

除接受国为国家安全设定禁止或限制进入区域另订法律规章外，接受国应确保所有使馆人员在其境内行动及旅行之自由。外交代表人身不得侵犯。外交代表不受任何方式之逮捕或拘禁。接受国对外交代表应特示尊重，并应采取一切适当步骤以防止其人身、自由或尊严受有任何侵犯。外交代表之私人寓所一如使馆馆舍应享有同样之不得侵犯权及保护。外交代表之文书及信件同样享有不得侵犯权。

原则上，外交人员免受接受国的民事和行政管辖，接受国对他们不能提出任何有关债务的民事诉讼。他们不能因债务而被拘捕，他们的家具、车辆等财产也不能因债务而被扣押。不能因为他们未清偿债务而不准他们离境或拒绝发放通行证。

但是，外交人员的民事和行政豁免有例外情形：（1）关于在接受国境内私有的不动产的物权诉讼，并且该不动产不是由外交人员代表派遣国为使馆用途而置有的；（2）关于外交人员以私人身份并不代表派遣国而作为遗嘱执行人、遗产管理人、继承人或受遗赠人的继承案件的诉讼；（3）关于外交人员于接受国内在公务范围以外所从事的专业或商务活动的诉讼。

原则上，外交代表对接受国的刑事管辖享有豁免，即接受国无论在什么情况下，都不能追诉和惩罚外交代表。但外交代表并不能为所欲为，他应该遵守所在国的法律，否则可能会被宣布为不受欢迎的人而被要求其派遣国召回，或被驱逐出境。

外交代表免纳一切对人或对物课征之国家、区域或地方性捐税，但商品或劳务税、不动产税、遗产税、继承税、所得税和资本税等除外。接受国对外交代表应免除一切个人劳务及所有各种公共服务，并应免除关于征用、军事捐献及屯宿等之军事义务。对于使馆公务用品以及外交代表或与其构成同一户口之家属之私人用品，包括供其定居之用之物品在内，接受国应依本国制定之法律规章准许入境并免除一切关税及贮存、运送及类似服务费用以外之一切其他税收。

4. 其他人员的特权与豁免

外交人员家属是指与外交人员构成同一户口的家属，主要是外交人员的配偶和未成年子女。如果不是接受国国民，则应享有各项外交特权与豁免。行政人员和技术人员及其家属如果不是接受国国民，而且不在该国永久居住，则也享有特权与豁免。但是，他们在执行职务范围以外的行为，不能享受管辖豁免；就任后的自用物品不能免纳关税，行李不能免除海关检查。服务人员如果不是接受国国民并不在该国永久居住，则在执行公务的行为方面享有豁免，其酬金免纳捐税，免除接受国的社会保险方法。私人仆役如果不是接受国国民并不在该国永久居住，则其所得报酬免纳捐税。其他方面只能在接受国许可范围内享有特权和豁免。

《驻外外交人员法》第10条规定：驻外外交人员依照中华人民共和国缔结或者参加的国际条约，在驻外工作期间享有相应的特权和豁免。驻外外交人员不得滥用特权和豁免，未经批准不得放弃特权和豁免。

5. 外国驻华使馆进出境物品

根据《中华人民共和国海关总署关于外国驻中国使馆和使馆人员进出境物品的规定》：使馆运进运出公务用品，外交代表以托运或者邮寄方式运进运出自用物品，应当书面向海关申报。外交代表进出境时有随身携带的或者附载于同一运输工具上的私人行李物品，应当口头向海关申报，海关予以免验放行。但具有重大理由推定其中装有非公务用品、非自用物品，或者装有中国法律和规章禁止进出口的物品时，海关有权查验。查验时，必须有外交代表或者其授权人员在场。

使馆申报运进的公务用品和外交代表申报运进的自用物品，经海关审核在直接需用数量范围内的，予以免税。申报运出公务用品和自用物品，由海关审核后予以放行。

使馆和使馆人员不得携运中华人民共和国法律和规章禁止进出口的物品进出境。

三、领事关系法

（一）领事制度

16世纪以前，国家通常从在外国的本国侨民中选出一位代表，其职责是代表本国侨商同地方当局打交道和解决商务纠纷，这种代表也被称为“商人领事”或“仲裁领事”。16世纪以后，领事逐步转为由国家政府委派，而不再由当地商人选任，他们被称为委任领事。

为了保障各国之间领事关系的正常发展，联合国于1963年4月24日在维也纳签订《维也纳领事关系公约》，于1967年3月19日生效。我国于1979年7月3日加入并于同年 8 月 1 日对我国生效。

国与国间领事关系之建立，以协议为之。除另有声明外，两国同意建立外交关系亦即谓同意建立领事关系，断绝外交关系并不当然断绝领事关系。中美两国于 1980 年 9 月 17 日在华盛顿签署《中华人民共和国和美利坚合众国领事条约》。

（二）领事机关

领事机关是指一国根据协议派遣到他国一定地区执行护侨、通商、航运等领事事务的机构，包括使馆内的领事机关和专设的领事机关。大多数国家都在外国设立专门的领事馆办理领事事务。领事机关分为总领事馆、领事馆、副领事馆、领事代理处。

（三）领事

1. 领事的类型

领事是指依据协议派遣到他国一定地区从事领事职务的政府代表。领事包括以下类型。（1）职业领事：国家任命的专职领事官员，一般为本国公民，由本国政府支付薪金，享受领事的全部特权与豁免。（2）名誉领事：是从接受国当地人中挑选的兼职领事官员，不一定是派遣国公民，不属于国家工作人员编制，一般不领取派遣国薪金，而是从办理领事业务所收取的费用中提取报酬。《维也纳领事关系公约》第三章规定了对于名誉领事官员及此等官员为馆长之领馆所适用之办法。名誉领事不享受全部的领事特权与豁免。我国不派遣也不接受名誉领事。

2. 领事的级别

《维也纳领事关系公约》规定，领馆馆长分为四级，即：总领事、领事、副领事、领事代理人。我国驻外领事职务分为：总领事、副总领事、领事、副领事、领事随员。[①] 总领事为总领事馆的馆长。领事为领事馆的馆长。“领事官员”是指总领事、副总领事、领事、副领事、领事随员或者领事代理人。

总领事通常是管辖几个领事辖区的长官或派往一个很大的领事辖区的长官。派往较小地区、城镇或海港的则是领事。副领事是总领事和领事的助手，可以代替领事行使一切职责，可以由领事任命，但须经本国政府批准。领事代理人是具有领事身份的代理人，由总领事或领事任命，在领事辖区内某些地方行使部分领事职务，不具有独立地位，必须依附于任命他的领事。

许多国家在较大的国家内设立多个领事，每一领事的职责限于派驻国的某些区域或某个地区。领事辖区一般与所在国行政区划一致。

3. 领事的派遣、接受与召回

（1）派遣。

各国都有派遣领事的权利，领事由派遣国依照国内法委派，或者由国家元首

① 《驻外外交人员法》第 11 条。

任命，或者由政府任命。我国总领事由外交部任命，副总领事由外交部或者其他派出部门决定；其中，三等秘书、副领事以下职务，在驻外工作期间由驻外外交机构决定。

（2）接受。

按照国际法，一个国家没有接受他国领事的义务。但出于商业利益的需要，几乎各国都接受外国的领事。国际法不要求领事的任命需要征求接受国的同意，但双方可以达成此类协议。领事馆馆长必须经过接受国发给的“领事证书”予以批准，才能执行职务。拒绝发给“领事证书”无须说明理由。

（3）召回。

《维也纳领事关系公约》第23条规定：接受国得随时通知派遣国，宣告某一领事官员为不受欢迎人员或任何其他领馆馆员为不能接受。此时派遣国应视有关情况召回有关人员或终止其职务，否则接受国可以撤销其领事证书或不承认其领馆馆员的身份。接受国采取上述措施无须说明理由。

4. 领事的职务

根据《维也纳领事关系公约》的规定，领事职务包括：

（1）于国际法许可之限度内，在接受国内保护派遣国及其国民之利益；

（2）依本公约之规定，增进派遣国与接受国间之商业、经济、文化及科学关系之发展，并在其他方面促进两国间之友好关系；

（3）以一切合法手段调查接受国内商业、经济、文化及科学活动之状况及发展情形，向派遣国政府具报，并向关心人士提供资料；

（4）向派遣国国民发给护照及旅行证件，并向拟赴派遣国旅行人士发给签证或其他适当文件；

（5）帮助及协助派遣国国民；

（6）担任公证人，民事登记员及类似之职司，并办理若干行政性质之事务，但以接受国法律规章无禁止之规定为限；

（7）依接受国法律规章在接受国境内之死亡继承事件中，保护派遣国国民之利益；

（8）在接受国法律规章所规定之限度内，保护为派遣国国民之未成年人及其他无充分行为能力人之利益，尤以须对彼等施以监护或托管之情形为然；

（9）以不抵触接受国内施行之办法与程序为限，遇派遣国国民因不在当地或由于其他原因不能于适当期间自行辩护其权利与利益时，在接受国法院及其他机关之前担任其代表或为其安排适当之代表，俾依照接受国法律规章取得保全此等国民之权利与利益之临时措施；

（10）依现行国际协定之规定或于无此种国际协定时，以符合接受国法律规章之任何其他方式，转送司法书状与司法以外文件或执行嘱托调查书或代派遣国法院调查证据之委托书；

（11）对具有派遣国国籍之船舶，在该国登记之航空机以及其航行人员，行使派遣国法律规章所规定之监督及检查权；

（12）对本条第（11）款所称之船舶与航空机及其航行人员给予协助，听取关于船舶航程之陈述，查验船舶文书并加盖印章，于不妨害接受国当局权力之情形下调查航行期间发生之任何事故及在派遣国法律规章许可范围内调解船长船员与水手间之任何争端；

（13）执行派遣国责成领馆办理而不为接受国法律规章所禁止、或不为接受国所反对、或派遣国与接受国间现行国际协定所订明之其他职务。

5. 领事职务的终止

除其他情形外，领馆人员之职务遇有下列情事之一即告终了：

（1）派遣国通知接受国谓该员职务业已终了；

（2）撤销领事证书；

（3）接受国通知派遣国谓接受国不复承认该员为领馆馆员。

遇两国断绝领事关系时，接受国应尊重并保护领馆馆舍以及领馆财产与领馆档案，纵有武装冲突情事，亦应如此办理；派遣国得将领馆馆舍以及其中财产与领馆档案委托接受国可以接受之第三国保管；派遣国得委托接受国可以接受之第三国代为保护派遣国及其国民之利益。

（四）领事特权与豁免

1. 概论

《维也纳领事关系公约》第二章专门规定了关于领馆职业领事官员及其他领馆人员之便利、特权与豁免。为实施该公约以确定外国驻中国领馆和领馆成员的领事特权与豁免，便于外国驻中国领馆在领区内代表其国家有效地执行职务，全国人大常委会于1990年制定了《中华人民共和国领事特权与豁免条例》。如果外国给予中国驻该国领馆、领馆成员以及途经或者临时去该国的中国驻第三国领事官员的领事特权与豁免，不同于中国给予该国驻中国领馆、领馆成员以及途经或者临时来中国的该国驻第三国领事官员的领事特权与豁免，中国政府根据对等原则，可以给予该国驻中国领馆、领馆成员以及途经或者临时来中国的该国驻第三国领事官员以相应的领事特权与豁免。

2. 领事馆的特权与豁免

（1）馆舍在一定限度内不受侵犯。非经允许，接受国官员不得进入领馆馆舍专供工作之用的地方；接受国应采取一切措施保护领馆安全。

（2）档案及文件不受侵犯。

（3）通信自由，邮差、邮袋、密码电信等不受侵犯。如果接受国主管当局有重大理由认为邮袋装有公文文件和用品之外的物品时，可以请派遣国授权代表一人在该当局前将邮袋拆开。

（4）与派遣国国民通信联络自由。

（5）行动自由。

（6）免纳关税、捐税。

（7）使用国旗、国徽的权利。

3. 领事官员和其他领馆人员的特权与豁免

（1）人身自由。但当领事官员犯有严重罪行时，依照当地司法机构裁定，接受国可以对其逮捕或拘禁或对其人身自由进行限制。如果对该领事官员提起刑事诉讼，则该官员应当到管辖机构出庭。

（2）一定限度内的管辖豁免。领事官员和领馆雇员执行公务的行为，不受接受国司法和行政机关的管辖。但下列民事诉讼例外：A. 因领事官员或领馆雇员未明示或默示其领事身份而订立契约发生的诉讼；B. 第三者因车辆、船舶或航空器在接受国内所造成的意外事故而要求赔偿的诉讼。

（3）一定限度内的作证义务的免除。领事人员就其执行职务所涉及的事项，无作证义务；领事人员可以拒绝以鉴定人身份就派遣国法律提出证言；除上述情况外，领事人员不得拒绝作证。派遣国可以就某一领事人员抛弃上述任何一项特权与豁免。

（4）免纳关税和捐税、免受检查。领事官员及领馆雇员和同住家属免纳一切捐税，但间接税和遗产税例外。领馆服务人员对于其服务所得薪金免纳捐税。

（5）其他特权与豁免。免除接受国关于外侨登记和居留证所规定的义务、免除工作证义务、免除社会保险义务、免除个人劳动和公共服务义务等。

在我国境内享有领事特权与豁免的人员应当尊重中国的法律、法规，不得干涉中国的内政，不得将领馆馆舍和领馆成员的寓所充作与执行领事职务不相符合的用途。外国领事官员不得在中国境内为私人利益从事任何职务范围以外的职业或者商业活动。

（五）领事认证

所称领事认证，是指领事认证机构根据自然人、法人或者其他组织的申请，对国内涉外公证书、其他证明文书或者国外有关文书上的最后一个印鉴、签名的真实性予以确认的活动。领事认证机构，是指依照本办法办理领事认证的机构，包括外交部、外交部委托的地方人民政府外事部门（以下称地方外办）和驻外使馆、领馆以及外交部委托的其他驻外机构。领事认证机构委托代办接件、录入、咨询等服务性事务的单位，应当在委托范围内从事相关活动。[①] 国内出具的需送往国外使用的文书，文书使用国要求领事认证的，经国内公证机构公证或者证明机

---

① 《领事认证办法》第 3 条，2015 年 11 月 6 日经国务院批准，自 2016 年 3 月 1 日起施行。

构证明后，应当送外交部或者地方外办办理领事认证，方可送文书使用国驻华使馆或者领事机构办理认证。国外出具的需送至国内使用的文书，中国法律法规规定或者文书使用机构要求认证的，经文书出具国有关机构公证、认证后，应当由中国驻该国使馆、领馆或者外交部委托的其他驻外机构办理领事认证。

2023 年 3 月 8 日，中国加入《取消外国公文书认证要求的公约》（以下简称《公约》）。《公约》于 2023 年 11 月 7 日在中国生效实施。《公约》是海牙国际私法会议框架下适用范围最广、缔约成员最多的国际条约，旨在简化公文书跨国流转程序。2023 年 11 月 7 日起，中国送往其他缔约国使用的公文书，仅需办理《公约》规定的附加证明书（apostille），即可送往其他缔约国使用，无须办理中国和缔约国驻华使领馆的领事认证。其他缔约国公文书送中国内地使用，只需办理该国附加证明书，无须办理该国和中国驻当地使领馆的领事认证。中国外交部是《公约》规定的附加证明书主管机关，并为本国境内出具的公文书签发附加证明书。受外交部委托，中国相关省、自治区、直辖市人民政府外事办公室以及部分市人民政府外事办公室可为本行政区域内出具的公文书签发附加证明书。办理附加证明书的具体程序和要求请登录中国领事服务网（http：//cs. mfa. gov. cn）或各相关地方外办网站查询。

四、领事保护和外交保护制度

（一）领事保护的概念

《维也纳领事关系公约》第 5 条第 1 项赋予各国领事“于国际法许可之限度内，在接受国内保护派遣国及其国民——个人与法人——之利益”之权力。近年来，党中央、国务院高度重视维护我国海外利益，保障在国外的中国公民、法人、非法人组织正当权益。领事保护与协助是在国外的中国公民、法人、非法人组织正当权益被侵犯或者需要帮助时，我国驻外外交机构代表国家依法维护其正当权益及提供协助的行为，是政府提供的一项重要公共服务，是贯彻总体国家安全观、维护人民安全的重要举措，在构建我国海外安全保护体系中发挥了重要作用。当前，我国对外交往日益扩大，“一带一路”建设不断推进，越来越多的中国公民、法人、非法人组织“走出去”，人民群众对政府提供优质公共服务的需求快速增长。同时，国际安全环境发生复杂深刻变化，各种传统安全和非传统安全问题叠加，加强领事保护与协助工作变得更加重要和迫切。

为适应新形势新变化，进一步提高领事保护与协助工作的法治化、制度化、规范化水平，维护在国外的中国公民、法人、非法人组织正当权益，规范和加强领事保护与协助工作，早在 2009 年 11 月 19 日，中国国务院法制办公室就发布了《中华人民共和国领事工作条例（征求意见稿）》公开征求意见。但该条例一直未落实。为切实维护海外中国公民和机构的安全与正当权益，落实党的十九大提出的关于全面依法治国、完善以宪法为核心的中国特色社会主义法律体系的总体部署，外交部结合新形势下领事保护与协助工作需要，经过认真调研，广泛征求意见，起草了《中华人民共和国领事保护与协助工作条例（草案）》（征求意见稿），于2018年公开征求意见。该征求意见稿以《维也纳领事关系公约》及我国与有关国家签订的双边领事条约为重要参考，以我国领事保护与协助工作实践为基础，总结相关机制和制度建设经验，将实践证明行之有效、确有必要、有操作性的做法固化为法律条文。2023年6月29日，国务院第九次常务会议最终通过了《中华人民共和国领事保护与协助条例》（以下简称《领事保护条例》），并于2023年9月1日起施行。

（二）领事保护的组织领导

领事保护与协助工作坚持中国共产党的领导，坚持以人民为中心，贯彻总体国家安全观，加强统筹协调，提高领事保护与协助能力。《领事保护条例》明确了外交部、驻外外交机构、国务院有关部门、地方人民政府、有外派人员的国内单位在领事保护与协助中的职责。一是外交部统筹开展领事保护与协助工作，进行国外安全的宣传及提醒，指导驻外外交机构开展领事保护与协助，协调有关部门和地方人民政府参与领事保护与协助相关工作，开展有关国际交流与合作。二是驻外外交机构依法履行领事保护与协助职责，开展相关安全宣传、预防活动，与国内有关部门和地方人民政府加强沟通协调。三是国务院有关部门和地方人民政府建立相关工作机制，根据各自职责参与领事保护与协助相关工作，为在国外的中国公民、法人、非法人组织提供必要协助。四是有外派人员的国内单位应当做好国外安全的宣传、教育培训和有关处置工作。同时，《领事保护条例》规定在国外的中国公民、法人、非法人组织应当遵守中国及所在国法律，尊重所在国宗教信仰和风俗习惯，做好自我安全防范。

（三）领事保护的实施

《领事保护条例》规定，在国外的中国公民、法人、非法人组织正当权益被侵犯或者需要帮助时，可以通过外交部建立的热线电话和网络平台或者驻外外交机构公布的联系方式等寻求咨询和帮助。《领事保护条例》明确在国外的中国公民、法人、非法人组织正当权益被侵犯、涉嫌违法犯罪、无人监护、基本生活保障出现困难、下落不明、意外受伤死亡、因重大突发事件人身财产受到威胁等时，驻外外交机构应当提供领事保护与协助；根据不同情形，驻外外交机构可以分别向驻在国有关部门核实情况，敦促依法公正妥善处理，协调国内外有关方面提供协助、提供相关信息和建议等。

（四）海外风险防范机制

《领事保护条例》强调建立海外风险防范机制，对信息登记、安全预警、风险评估、安全宣传和指导培训等预防性领事保护与协助及相关工作作了具体规定。

一是在国外的中国公民、法人、非法人组织可以在外交部或者驻外外交机构建立的信息登记平台上预先登记基本信息，以便获取帮助。二是驻外外交机构建立领事保护与协助工作安全预警和应急处置机制，开展安全风险评估，对履责区域内的中国公民、法人、非法人组织进行安全宣传，指导其开展突发事件应对、日常安全保护等工作。三是外交部和驻外外交机构应根据情况公开发布国外安全提醒；文旅部门应会同外交部建立国外旅游目的地安全风险提示机制，根据国外安全提醒，公开发布旅游目的地安全风险提示；国务院有关部门和地方人民政府应结合国外安全提醒，根据各自职责做好相关提醒。四是国务院有关部门根据各自职责开展国外安全的宣传、教育培训工作，提高相关行业和人员国外安全风险防范水平，着重提高在国外留学、旅游、经商、务工等人员的安全意识和风险防范能力。地方人民政府结合本地区在国外的中国公民、法人、非法人组织状况，加强对重点地区和群体的安全宣传及对有关人员的培训。五是在国外的中国法人、非法人组织应当建立安全防范和应急处置机制，保障有关经费，加强安全防范教育和应急知识培训，根据需要设立专门安全管理机构、配备人员；有关中国公民、法人、非法人组织应当积极关注安全提醒，做好安全防范、避免前往及驻留高风险国家或者地区；经营出国旅游业务的旅行社应当就目的地国家或者地区存在的安全风险，向旅游者作出真实说明和明确提示。

（五）外交保护制度

1. 概念

《驻外外交人员法》第 5 条规定了驻外外交人员应当履行的职责，其中包括“维护中国公民和法人在国外的正当权益”。1995 年，联合国大会将外交保护列为当代国际法的重大问题之一，并授权联合国国际法委员会就该问题进行长期研究，并编纂条款草案。经过 10 余年不懈的努力，国际法委员会最终在 2006 年完成了《外交保护条款草案》（以下简称《草案》），建议联合国会员国在《草案》的基础上尽快制定一项国际公约。

根据《草案》的规定，外交保护系指一国针对其国民因另一国国际不法行为而受的损害，以国家的名义为该国民采取外交行动或其他和平解决手段。我国政府认为，要构成上述国际不法行为，仅有违反国际义务的行为是不够的，还应有该违反国际义务的行为产生的实际损害后果。

我国政府对《草案》的内容基本赞同，同时认为，行使外交保护权应遵循以下原则：第一，外交保护是国籍国的权利而不是其义务。第二，国籍国在行使外交保护时，不能侵害损害发生地国的领土管辖权，也应尊重该国的法律。第三，对境外本国公民和法人保护，应立足于由损害发生地国法律保护，由该国法律保护是根本，由国籍国保护是补充，国籍国在任何情况下都不能取代受害者所在地国的法律保护。第四，国籍国应确保受其所采取的外交保护措施与所受损害相称，不得采取过度措施。第五，外交保护不妨碍国际法其他规则的适用，包括领事保护、人权保护、投资保护和海洋法规则等。①

2. 外交保护与领事保护的关系

领事保护不需要“损害实际发生”，也不以“用尽当地救济”为条件。这种保护属于“当地救济”中的一种方式。它是外交保护的前置常态性、职权性预警和应急保护机制。相对于领事保护，外交保护通过将国民“私权利”上的纠纷上升为国家与国家之间的争端，为海外国民提供“用尽当地救济”后的保护，是保护我国国民海外利益的一项重要制度。

3. 中国的外交保护行动

2011 年利比亚撤侨行动中，中国首次动用军事力量，仅 12 天就撤离了 3 万多名我国在利比亚的侨民，是一次举世瞩目的国家力量展示。2015 年 3 月，也门安全局势严重恶化，中国在也门的 600 多名侨民受困，面对难以进行的撤侨行动，中国利用在亚丁湾执行任务的军舰安全完成撤侨行动。孟晚舟案中，中国多次表明严正立场，敦促美方立即撤销对孟晚舟的逮捕令，不要发出正式引渡请求，并敦促加方立即释放孟晚舟，切实保障她的合法、正当权益。最终，在中国政府的努力之下，2021 年 9 月 25 日晚，孟晚舟结束了加拿大方面近 3 年的非法拘押，乘坐中国政府包机回到祖国。孟晚舟案是中国外交保护能力建设进程中的里程碑事件。

① 中国代表段洁龙在第 61 届联大六委关于“国际法委员会第 58 届会议工作报告”议题中“外交保护”和“国际法不加禁止的行为所产生的损害性后果的国际责任”两项专题的发言，2006 年 10 月 23 日。

第五章　域外管辖权制度

第一节　域外管辖权概论

一、管辖权的概念

根据国际法，任何国家无论大小强弱均享有国家主权。主权是国家的基本属性，是国家对内的最高权和对外的独立权。国家主权的一个最基本权能是它的管辖权（jurisdiction），这是因为管辖权与国家主权是同位一体的。“管辖权是指通常被称为‘主权’的国家的一般法律权限的特定方面”[①]，是“国家对其领土及其国民行使主权的具体体现”[②]。

管辖权是国家主权的体现，因此，任何主权国家都非常重视对本国管辖权的规范。关于管辖权的法律大部分是通过国内法院适用本国法律作出的判决发展起来的。由于许多国家的法院只适用它们的本国法律而不问是否符合国际法，而且由于法院自然倾向于从符合本国利益的角度来看待发生的问题，因而，国内司法判例的影响使许多管辖权问题含糊而不明确，而且使管辖权各项原则难以结合在一起，发展成为一个整体。[③]

到目前为止，国际法上对国家管辖权的规范仍然是不明晰的，还没有一项国际法文件来规范各国管辖权的范围及其行使条件。目前国际法对管辖权的规范主要通过习惯法，其中一条逐渐被广泛接受的原则是所谓的“实际联系原则”[④]，即管辖权的行使取决于有关问题与行使管辖权的国家之间存在相当密切的联系，从而使该国有理由对该问题加以管辖。[⑤]

---

① 布朗利：《国际公法原理》，曾令良、余敏友等译，法律出版社 2003 年版，第 330 页。

② 王铁崖：《国际法》，法律出版社 1995 年版，第 125 页。

③ 瓦茨：《奥本海国际法》（第一卷第一分册），王铁崖等译，中国大百科全书出版社 1995 年版，第 327 页。

④ Nottebohm case（Liechtenstein v. Guatemala），I. C. J. Report 1955，p. 4.

⑤ 瓦茨：《奥本海国际法》（第一卷第一分册），王铁崖等译，中国大百科全书出版社 1995 年版，第 328 页；布朗利：《国际公法原理》，曾令良、余敏友等译，法律出版社 2003 年版，第 330 页。

二、管辖权的类型

按照国际法学界通行观点，管辖权分为立法管辖权（prescriptive jurisdiction）、司法管辖权（judicial jurisdiction）和执行管辖权（enforcement jurisdiction）。[①] 立法管辖权是指国家针对特定的人或行为制定法律的权力，司法管辖权是指一国法院受理针对某人或某一事件的诉讼的权力，执行管辖权则是指为执行某一法律或决定而采取管理行为的权力。[②]

任何国家行使管辖权都要遵守国际法上的基本原则，包括属地管辖（the territorial jurisdiction）、属人管辖（the personal jurisdiction）、保护性管辖（the protective jurisdiction）和普遍管辖（the universal jurisdiction）等基本原则。

其中，国家的属地管辖权始终居于优先地位，所有其他管辖依据都不能对抗国家的属地管辖权。即使另一个国家同时有行使管辖权的根据，但如果它行使管辖权与具有属地管辖权的国家的权利相冲突，那么该国家行使管辖权的权利也要受到属地管辖权的限制。这就是所谓的属地优越性原则。[③]

超出属地管辖权之外而行使管辖权的，通常被称为“域外管辖权”（extraterritorial jurisdiction）。域外管辖权的行使如果超出必要限度，就会引发国际管辖冲突。

属人管辖是指国家对所有本国国民均具有管辖权。对于身居本国领土之外的本国国民，本国可以基于属人管辖原则行使外交保护和领事保护权。保护原则也称为安全原则（security principle），是指国家对影响本国安全的行为拥有管辖权，即使该行为由外国人在境外实施亦然。保护原则作为国家行使管辖权的依据，目前主要运用于刑事领域。[④] 普遍管辖原则（universality principle）针对的是国际法上公认的违法犯罪行为，任何国家可以对此类行为行使管辖权。[⑤] 美国《对外关系法重述（第四次）》第 402 条已经将普遍管辖权扩大到刑事领域之外。该条规定：普遍管辖权不限于刑法——一般而言，在普遍利益基础上的管辖权是以刑法的形式行使的，但是国际法并不排斥非刑法的适用，例如向海盗的受害者提供侵权或者恢复原状的救济。我国现行法律并未将普遍管辖权扩张到民事领域。

每一种管辖原则又可以包括很多具体的管辖依据。比如，属人管辖原则又可以分为积极属人原则（active personality principle）和消极属人原则（passive per-

---

① 布朗利：《国际公法原理》，曾令良、余敏友等译，法律出版社 2003 年版，第 330 页；美国法学会：《对外关系法重述（第四次）》（2018 年），第 401 条。

② 美国法学会：《对外关系法重述（第四次）》，第 401 条。

③ 布朗利：《国际公法原理》，曾令良、余敏友等译，法律出版社 2003 年版，第 330 页。

④ 参见《刑法》第 8 条。

⑤ Curtis A. Bradley，Universal Jurisdiction and U. S. Law，2001 U. Chi. Legal F.，323；《刑法》第9条也规定了普遍管辖权。

sonality principle)。而引发众多争议的“效果原则”(effect principle) 到底属于客观属地原则还是保护原则，尚未有定论。[①] 在一些特殊法律领域，比如航空法、海事法、公司法等领域，根据国际条约的规定，也产生了一些新的管辖权因素，比如船旗国、航空器登记国、公司成立地、自然人惯常居所地等，这些管辖因素属于哪一类型的管辖原则，也会引发争议。

在国际交往日益频繁的社会，各国的管辖权不是相互排斥的，而经常是并行的。如果多个国家都对同一纠纷主张管辖权，就会发生管辖权冲突。

第二节　民事诉讼域外管辖权

一、民事诉讼域外管辖权的概念

诉讼管辖权也称司法管辖权 (gerichtliche Zuständigkeit，judicial jurisdiction，la compétence judiciaire)[②]，是管辖权的权能之一。它是相对于立法管辖权和执法管辖权而言的，是指国家司法机关（主要是法院）对各种法律纠纷进行审判的权限。它包括民事诉讼管辖权、刑事诉讼管辖权和行政诉讼管辖权。

《民事诉讼法》第二十四章专门规定了我国法院审理涉外民事案件的管辖权。《刑法》第一章和《刑事诉讼法》第一章也规定了在哪些情况下应当依照《刑法》和《刑事诉讼法》对跨国犯罪行为进行追诉。对于刑事诉讼案件和行政诉讼案件来说，由于体现了更多的国家利益和主权因素，各国对管辖权的争夺更为激烈，管辖权的冲突通常会引起严重的国际纠纷。比如，2018 年 12 月 1 日，华为公司首席财务官孟晚舟在加拿大温哥华被捕，美国向加拿大申请将其引渡到美国接受刑事审判，由此引发了中国和美国以及加拿大之间的外交纠纷。

---

① 布朗利：《国际公法原理》，曾令良、余敏友等译，法律出版社 2003 年版，第 333 页。《中华人民共和国反垄断法》第 2 条和《中华人民共和国证券法》第 2 条已采纳了效果原则。

② 中文“管辖权”在西方国家法律中有两组不同的对应术语：英美法中的 jurisdiction 和 competence，法国法中的 juridiction 和 compétence、意大利法中的 giurisdizione 和 competenza 以及德国法中的 Gerichtsbarkeit 和 Zuständigkeit。在大陆法国家，比较严格地区分二者：前者是一个较为广义的概念，较多用于国际法中的管辖权，包括立法管辖权、司法管辖权和执行管辖权；后者专指法院的司法裁判权。法国、德国、意大利等国家的民事诉讼法典中所规定的法院的管辖权都用后一概念。参见 Schack，Internationales Zivilverfahrensrecht 4. Aufl. (Beck 2010)，Rn. 132. 在英美法系国家，jurisdiction 被广泛运用于国际法和国内法中。在美国，无论国际法还是民事诉讼法中都用 jurisdiction 来表示管辖权。民事诉讼中，管辖权分为对人管辖权 (personal jurisdiction)、事务管辖权 (subject matter jurisdiction) 和适当审判地 (proper venue)，而 competence 的含义等同于 subject matter jurisdiction，参见 Born & Rutledge，*International Civil Litigation in United States Courts*，5th Edition，Wolters Kluwer，2011，p. 5. 美国法中的 venue 一词相当于大陆法系中的地域管辖。由于中国法律中不存在西方大陆法系国家中对管辖权的二元划分，因此本书中的“管辖权”类似于英语中的 jurisdiction，涵盖了两种意义上的管辖权。但本书所讨论的涉外民事诉讼管辖权，主要是指第二种意义上的法院裁判权 (Zuständigkeit，compétence judiciaire)。

在民事诉讼领域，由于较少涉及国家的公共利益，各国接受了私法的平等性和互换性原则，因此虽然主权原则仍然是确定管辖权的基础，但各国对管辖权的争夺相对不是那么激烈。对于多个国家同时具有管辖权的案件，各国司法机关也表现得比较宽容，特殊情况下甚至会主动放弃自己的管辖权。对于外国法院依法管辖并做出的裁决，通常也会予以承认和执行。各国司法机关也并不总是严格遵守国际法上的管辖原则。私法上的意思自治原则在民事诉讼领域也得到贯彻，其中最主要的表现是大多数国家都允许当事人协议选择案件的管辖权。当事人还可以约定进行仲裁而排斥任何国家法院的管辖权。在国际民事诉讼管辖权方面，各国的立法和司法实践非常丰富，相关的理论学说也非常发达。各国之间也通过国际条约达成了很多双边和多边条约。

二、属地管辖权与域外管辖权

属地管辖权（territorial jurisdiction）是指一国法院对发生在本国境内的案件所行使的管辖权，它确定的是一个案件由国内哪个法院审理。《民事诉讼法》第一编第二章规定的管辖就是属地管辖权，包括级别管辖和地域管辖。

域外管辖权是指本国法院对当事人住所地不在本国境内或案件标的或行为发生地不在本国境内的案件所行使的管辖权。在美国民事诉讼法中，域外管辖权也被称为“长臂管辖权”（long arm jurisdiction）。[①] 美国法院“长臂管辖权”的发展起源于1945年的“国际鞋业公司诉华盛顿州上诉案”。该案中，联邦最高法院放弃了传统的绝对领土主权原则，确立了“最低联系标准”（test of minimum contacts）。

《民事诉讼法》第四编第二十四章所规定的管辖主要是我国法院的域外管辖权。2023年新修正的《民事诉讼法》第276条第1款规定：“因涉外民事纠纷，对在中华人民共和国领域内没有住所的被告提起除身份关系以外的诉讼，如果合同签订地、合同履行地、诉讼标的物所在地、可供扣押财产所在地、侵权行为地、代表机构住所地位于中华人民共和国领域内的，可以由合同签订地、合同履行地、诉讼标的物所在地、可供扣押财产所在地、侵权行为地、代表机构住所地人民法院管辖。”该条第2款还规定：“除前款规定外，涉外民事纠纷与中华人民共和国存在其他适当联系的，可以由人民法院管辖。”

域外管辖权还可以因当事人的选择而成立。《民事诉讼法》第277条规定：“涉外民事纠纷的当事人书面协议选择人民法院管辖的，可以由人民法院管辖。”我国法院行使域外管辖权后，当事人未提出管辖异议，并应诉答辩或者提出反诉的，视为人民法院有管辖权。（《民事诉讼法》第278条）

我国法院还可以依据“效果原则”行使域外管辖权。在“华为公司诉IDC滥

---

① 郭玉军、甘勇：《美国法院的“长臂管辖权”——兼论确立国际民事案件管辖权的合理性原则》，《比较法研究》2000年第3期。

用市场地位垄断案”中，被告住所地在美国，原告所指控的被告行为均发生在中国境外，深圳市中级人民法院和广东省高级人民法院认定，由于华为的产品会出口到美国，故IDC对华为的标准必要专利授权许可行为可能会直接影响到华为公司在中国境内的生产、出口，且影响达到了重大、实质性以及可以合理预见的程度，且原告华为公司的住所地在中国广东深圳，故法院对本案具有管辖权。在此基础上，法院认定美国IDC公司设定过高价格和不合理搭售的行为损害了华为公司的合法利益，并适用《中华人民共和国反垄断法》（以下简称《反垄断法》）第2条、第11条、第17条等条款，判令美国IDC公司败诉。[①]

三、管辖权冲突

1. 先受理优先原则

我国法院行使域外管辖权与外国法院行使管辖权发生竞合（平行诉讼）时，可以由先受理的法院优先行使管辖权。当事人已经协议选择人民法院管辖，或者纠纷属于人民法院专属管辖，或者由人民法院审理明显更为方便的，我国法院应当行使管辖权（《民事诉讼法》第281条）。但是，当事人订立排他性管辖协议选择外国法院管辖且不违反《民事诉讼法》对专属管辖的规定，不涉及中华人民共和国主权、安全或者社会公共利益的，人民法院可以裁定不予受理，由外国法院先予受理（《民事诉讼法》第280条）。

2. 不方便法院原则

人民法院受理的涉外民事案件，被告提出管辖异议，且同时有下列情形的，可以裁定驳回起诉，告知原告向更为方便的外国法院提起诉讼：（1）案件争议的基本事实不是发生在中华人民共和国领域内，人民法院审理案件和当事人参加诉讼均明显不方便；（2）当事人之间不存在选择人民法院管辖的协议；（3）案件不属于人民法院专属管辖；（4）案件不涉及中华人民共和国主权、安全或者社会公共利益；（5）外国法院审理案件更为方便。裁定驳回起诉后，外国法院对纠纷拒绝行使管辖权，或者未采取必要措施审理案件，或者未在合理期限内审结，当事人又向人民法院起诉的，人民法院应当受理。

3. 禁诉令

狭义的禁诉令是指在发生管辖权冲突的情况下，由一国法院发布的禁止当事人在他国法院提起或者继续诉讼的命令。广义的禁诉令包括三种限制性命令：禁诉令、反禁诉令、禁执令。

禁诉令制度起源于英国，起初主要用于禁止其国内当事人向普通法院起诉，以显示衡平法优于普通法的司法理念。19世纪20年代，英国法院突破了内国法适

① 广东省高级人民法院（2013）粤高法民三终字第305号民事判决书。

用，首次向外国法院诉讼当事人签发禁诉令，后逐渐将该制度扩张适用于域外。受英国禁诉令制度的影响，美国、加拿大、澳大利亚等国家也纷纷建立了各自的禁诉令制度。当前，禁诉令制度已呈现出适用范围不断扩大和国际化的趋势，在知识产权诉讼特别是标准必要专利诉讼中的适用日渐增多。

中国法院最早颁发的禁诉令出现在海事诉讼中：2012 年，青岛海事法院作出海事强制令裁定，责令被申请人立即解除在澳大利亚对申请人船舶的扣押，并在今后不得对申请人的任何财产采取扣押或其他妨碍措施；2017 年，武汉海事法院作出民事裁定，责令被请求人立即向香港特别行政区高等法院申请撤回禁诉令。

近年来，中国知识产权诉讼频繁遭遇他国法院签发的禁诉令：如华为公司与UP公司侵犯标准和非标准必要专利案、康文森公司与中兴公司标准必要专利案、华为公司与三星公司标准必要专利案等案件。在上述案件中，基于他国法院签发禁诉令的威慑，当事人均撤回或部分撤回了在中国的诉讼。

禁诉令是当前我国知识产权司法不可避免的问题。中国多起诉讼已经遭遇了他国法院签发的禁诉令。禁诉令制度的国际化趋势深刻反映出大国之间对于国际纠纷管辖权和规则制定主导权的竞争态势。禁诉令是防止和减少滥用平行诉讼、维护国家司法主权的重要工具。

禁诉令与传统意义上的行为保全裁定最本质的区别在于是否涉及国际平行诉讼，因此在具体的考量因素上，二者存在一定差异。[①]

禁诉令在我国民事诉讼法上属于行为保全制度。2024 年 12 月，最高人民法院作出（2024）最高法知民终 914、915 号民事裁定书，根据《最高人民法院关于审查知识产权纠纷行为保全案件适用法律若干问题的规定》第 7 条的规定，支持了华为公司的行为保全申请，发布了我国第一份“反禁诉令”。

四、相关国际公约

2017 年 9 月 12 日，中国驻荷兰大使吴恳代表中国政府签署了《选择法院协议公约》。该公约于 2005 年 6 月 30 日由海牙国际私法会议第二十次外交大会通过，2015 年 10 月 1 日生效。公约保障国际民商事案件当事人排他性选择法院协议的有效性，被选择法院所作出的判决应当在缔约国得到承认和执行，这对加强国际司法合作、促进国际贸易与投资具有积极作用。目前该公约尚待全国人大常委会批准。

我国加入的一些专门性国际公约中也有关于国际管辖权的特别规定。

1.《统一国际航空运输某些规则的公约》

我国于 1958 年加入了《统一国际航空运输某些规则的公约》，即《华沙公约》，

---

① （2024）最高法知民终 914、915 号民事裁定书。

2005年加入了修订该公约的《1999年蒙特利尔公约》。《华沙公约》规定，承运人对旅客因死亡、受伤或身体上的任何其他损害而产生的损失，对任何已登记的行李或货物因毁灭、遗失或损坏而产生的损失，以及对旅客、行李或货物在航空运输过程中因延误而造成的损失承担责任。该公约第28条对这种损害赔偿提起的诉讼的管辖权作了规定："（1）有关赔偿的诉讼，应该按原告的意愿，在一个缔约国的领土内，向承运人住所地或其总管理处所在地或签订契约的机构所在地法院提出，或向目的地法院提出。（2）诉讼程序应根据受理法院的法律规定办理。"

《1999年蒙特利尔公约》引入所谓的"第五管辖权"。该公约第33条第1款沿用了《华沙公约》第28条规定的四种管辖法院，第2款则增加了一个管辖法院："对于因旅客死亡或者伤害而产生的损失，诉讼可以向本条第一款所述的法院之一提起，或者在这样一个当事国领土内提起，即在发生事故时旅客的主要且永久居所在该国领土内，并且承运人使用自己的航空器或者根据商务协议使用另一承运人的航空器经营到达该国领土或者从该国领土始发的旅客航空运输业务，并且在该国领土内该承运人通过其本人或者与其有商务协议的另一承运人租赁或者所有的处所从事其旅客航空运输经营。"这种基于旅客的居所而享有的管辖权被称为第五管辖权，它只适用于人身伤害和死亡的索赔案件。

2. 国际铁路运输公约和协定

目前致力于制定国际铁路运输统一法的国际组织主要包括国际铁路运输政府间组织（OTIF）和铁路合作组织（OSJD）。OTIF制定了《国际铁路货物运输公约》（简称《国际货约》），该公约由基本条约和7个附件组成，现行有效的基本条约是1999年版的《国际货约》。我国不是该公约缔约国，但如果准据法是公约缔约国法律，则可以适用该公约。[①]

铁路合作组织于1951年制定的《国际铁路货物联运协定》（CMIC，简称《国际货协》）。根据该协定第1条的规定，经成员国铁路的国际铁路直通货物联运，由本协定规定。根据该协定规定，铁路如果违反公约规定的义务造成损害的，应当承担赔偿责任。

我国还加入了铁路合作组织1957年制定于莫斯科的《国际铁路旅客联运协定》（简称《国际客协》）。

3.《国际油污损害民事责任公约》

我国于1980年加入了1969年在布鲁塞尔签订的《国际油污损害民事责任公约》，该公约第9条规定：（1）如已在一个或若干个缔约国领土（包括领海）内发生油污损害事件，或已在上述领土（包括领海）内采取防止或减轻油污损害的预防措施，赔偿诉讼便只能向上述一个或若干个缔约国法院提出。并于任何上述诉

① 三井住友海上火灾保险株式会社与中远海运集装箱运输有限公司海上货物运输合同纠纷案，上海海事法院（2016）沪72民初2017号民事判决书。

讼的适当通知，应均送交被告人。（2）每一缔约国都应保证它的法院具有处理上述赔偿诉讼的必要管辖权。（3）在按照第五条规定设立基金之后，基金所在国的法院可以独自决定有关基金分摊和分配的一切事项。在“大连市海洋与渔业局与昂迪玛海运有限公司等海域污染损害赔偿纠纷再审案”[①] 中，我国法院适用了该公约。

第三节 涉外行政管辖权

一、涉外行政法律关系

涉外行政行为是指我国行政机关处理具有涉外因素的行政事务的行为。涉外行政法律关系是指我国行政机关与行政相对人之间具有涉外因素的行政法律关系。

涉外行政法律关系中的涉外因素包括：（1）主体涉外。涉外行政法律关系的双方当事人中，其中一方只能是我国行政机关，另一方则是外方当事人。外方当事人进入我国主权管辖范围内，就必然会与我国行政机关发生行政管理关系。例如《中华人民共和国外国人入境出境管理条例》对外国人出入境和居住的管理等。（2）客体涉外。涉外行政法律关系的客体主要包括位于我国境外的财产。例如《境外国有资产管理暂行办法》所规定的我国行政机关对我国境外国有资产的管理、《中华人民共和国证券法》所规定的对我国企业境外上市和发行证券的管理等。（3）法律事实涉外。它是指导致涉外行政法律关系产生、变更和消灭的法律事实和法律行为位于我国境外。例如《中华人民共和国个人所得税法》（以下简称《个人所得税法》）第 1 条规定：“在中国境内有住所，或者无住所而一个纳税年度内在中国境内居住累计满一百八十三天的个人，为居民个人。居民个人从中国境内和境外取得的所得，依照本法规定缴纳个人所得税。”

二、涉外行政管辖依据

我国行政机关行使涉外行政管辖权的法律依据主要包括：

1. 属地管辖

行政行为本身具有国家主权属性，是一种公法行为，原则上仅具有属地效力，因此只能依据属地管辖原则作出。[②] 我国现行行政法律法规大多以属地管辖原则为其适用范围之依据。例如《中华人民共和国安全生产法》第 2 条规定：“在中华人民共和国领域内从事生产经营活动的单位（以下统称生产经营单位）的安全生产，适用本法”。《中华人民共和国行政处罚法》第 84 条也规定：“外国人、无国籍人、

---

① 最高人民法院民事裁定书，（2015）民申字第 1637 号。

② 廖诗评：《中国法中的域外效力条款及其完善：基本理念与思路》，《中国法律评论》2022 年第 1 期。

外国组织在中华人民共和国领域内有违法行为，应当给予行政处罚的，适用本法，法律另有规定的除外。”《中华人民共和国草原法》第 2 条规定：“在中华人民共和国领域内从事草原规划、保护、建设、利用和管理活动，适用本法。”《中华人民共和国森林法》第 2 条、《中华人民共和国水法》第 2 条、《中华人民共和国动物防疫法》第 2 条等也有相似规定。

2. 属人管辖

属人管辖原则也称国籍原则，是指国家对具有本国国籍的人所享有的管辖权，无论该人位于何处或者该人的行为发生于何处。[①]《奥本海国际法》认为，虽然外国人在进入一国的领土时立即从属于该国的属地最高权，但是，他们仍然受他们本国的保护。根据这一被普遍承认的国际法的习惯规则，每一个国家对于在国外的本国国民享有保护的权利，即国际法不禁止国家对其在国外旅行或居住的国民行使管辖权，因为他们仍受国家的属人管辖权的支配。属人管辖有时候也不是依据国籍，而是依据住所（domicile）或经常居所（habitual residence）。例如《个人所得税法》第 1 条的规定。

《宪法》第 50 条规定：“中华人民共和国保护华侨的正当的权利和利益”。《对外关系法》第 37 条规定：“国家依法采取必要措施，保护中国公民和组织在海外的安全和正当权益，保护国家的海外利益不受威胁和侵害。国家加强海外利益保护体系、工作机制和能力建设。”华侨是定居在国外的中国公民。华侨是中国公民，既享有宪法和法律上的权利，又应承担宪法和法律上的义务，这是法律面前人人平等原则的体现。目前我国对海外华侨的保护主要通过多边和双边领事条约进行。

2005 年，国务院办公厅转发商务部等部门《关于加强境外中资企业机构与人员安全保护工作意见的通知》（国办发〔2005〕48 号），规定各地区、各有关部门和单位要切实做好境外中资企业、机构与人员出境前后的安全教育和管理工作。按照“谁派出，谁负责”的原则，要求派出企业、机构负责对外派人员进行安全教育和应急培训，增强其安全防范意识和自我保护能力。2023 年，国务院颁布《领事保护与协助条例》，进一步加强了对国外中国公民、法人、非法人组织正当权益的保护。

3. 效果原则

效果原则起源于 1945 年美国最高法院著名的“铝公司案”。该案中，汉德大法官认为：对于发生在一国境外的，并且对该国产生了不良效果且为法律所禁止的行为，该国法律应该施以约束，并苛以重责，同时负担责任者并不仅限于该国境内人。[②] 2008 年施行的《反垄断法》第 2 条首次将“效果原则”引入了我国立法。《反垄断法》第 26 条规定，经营者集中达到国务院规定的申报标准的，经营者应当

---

① Michael Akehurst, Jurisdiction in International Law, 46 Brit. Y. B. Int'l L., 156 (1972—1973).

② See United States v. Alunminum Company of American et al., 148F. 2d416, 443 (2nd Cir, 1945).

事先向国务院反垄断执法机构申报，未申报的不得实施集中。根据最新修订的《国务院关于经营者集中申报标准的规定》，经营者集中达到下列标准之一的，经营者应当事先向国务院反垄断执法机构申报，未申报的不得实施集中：参与集中的所有经营者上一会计年度在全球范围内的营业额合计超过120亿元人民币，并且其中至少两个经营者上一会计年度在中国境内的营业额均超过8亿元人民币。国家市场监督管理总局调查的“三菱商事株式会社与戴姆勒卡车股份有限公司等经营者新设合营企业案”等，是我国行政机关行使反垄断域外管辖权的典型案例。[①]

2019年修订的《证券法》第2条增加了效果原则：“在中华人民共和国境外的证券发行和交易活动，扰乱中华人民共和国境内市场秩序，损害境内投资者合法权益的，依照本法有关规定处理并追究法律责任。”

2022年的《中华人民共和国期货和衍生品法》亦设置了相应条款：“在中华人民共和国境外的期货交易和衍生品交易及相关活动，扰乱中华人民共和国境内市场秩序，损害境内交易者合法权益的，依照本法有关规定处理并追究法律责任。”

2021年颁布的《中华人民共和国个人信息保护法》第3条规定：“在中华人民共和国境外处理中华人民共和国境内自然人个人信息的活动，有下列情形之一的，也适用本法：（一）以向境内自然人提供产品或者服务为目的；（二）分析、评估境内自然人的行为；（三）法律、行政法规规定的其他情形。”

2020年，中国人民银行发布的《中华人民共和国商业银行法（修改建议稿）》也在域外适用方面进行了探索：“中华人民共和国境外设立的机构向境内个人或者机构提供商业银行服务，损害境内个人或者机构合法权益的，依照本法有关规定处理。”

2022年11月11日，中国银行保险监督管理委员会发布的《中华人民共和国银行业监督管理法（修订草案征求意见稿）》第47条也设置了域外管辖条款：“中华人民共和国境外的银行业金融活动，危害中华人民共和国国家主权、安全、发展利益，扰乱境内市场秩序，损害我国公民、组织合法权益的，依法追究法律责任。”

三、对深海海底区域的管辖

深海海底区域，是指中华人民共和国和其他国家管辖范围以外的海床、洋底及其底土。中华人民共和国已加入《联合国海洋法公约》和《关于执行1982年12月10日〈联合国海洋法公约〉第十一部分的协定》。《联合国海洋法公约》确定了国际海底区域及其资源是人类的共同继承遗产，国际海底区域具有极大的经济价值、科研价值和军事价值，是维护我国在国际海底区域的利益、为经济社会发展

① 参见国家市场监督管理总局反垄断执法网站公示：https://www.samr.gov.cn/zt/qhfldzf/art/2024/art_fad719e005e24949baf1e9c0da0367a0.html，2024年2月1日访问。

拓宽空间的必然选择。[①] 享有国际海底区域资源权益，有赖于国家对其资源的权属、勘探、开发和管理等问题的立法。为了履行公约义务，维护我国权益，第十二届全国人民代表大会常务委员会第十九次会议于2016年2月26日通过了《中华人民共和国深海海底区域资源勘探开发法》，自2016年5月1日起施行。中华人民共和国的公民、法人或者其他组织从事深海海底区域资源勘探、开发和相关环境保护、科学技术研究、资源调查活动，适用该法。国务院海洋主管部门负责对深海海底区域资源勘探、开发和资源调查活动的监督管理。国务院其他有关部门按照国务院规定的职责负责相关管理工作。

深海海底区域资源勘探、开发活动应当坚持和平利用、合作共享、保护环境、维护人类共同利益的原则。国家保护从事深海海底区域资源勘探、开发和资源调查活动的中华人民共和国公民、法人或者其他组织的正当权益。国家鼓励和支持在深海海底区域资源勘探、开发和相关环境保护、资源调查、科学技术研究和教育培训等方面，开展国际合作。

国家实行深海海底区域资源勘探、开发许可制度。[②] 中华人民共和国公民、法人或者其他组织从事深海海底区域资源勘探、开发活动，应当依法取得许可。国家海洋局负责对深海海底区域资源勘探、开发活动的审批和监督管理。依法获得的深海海底区域资源勘探、开发许可受法律保护。依法获得深海海底区域资源勘探、开发许可的公民、法人或者其他组织（统称被许可人）应当依法开展深海海底区域资源勘探、开发许可证上规定的业务，接受国家海洋局的监督管理。深海海底区域资源勘探、开发活动的审批，应当符合国家利益以及国家有关深海海底区域资源勘探、开发规划。

获得许可的申请者在与国际海底管理局签订勘探、开发合同成为承包者后，方可从事勘探、开发活动。承包者对勘探、开发合同区域内特定资源享有相应的专属勘探、开发权。承包者应当履行勘探、开发合同义务，保障从事勘探、开发作业人员的人身安全，保护海洋环境。承包者从事勘探、开发作业应当保护作业区域内的文物、铺设物等。承包者从事勘探、开发作业还应当遵守中华人民共和国有关安全生产、劳动保护方面的法律、行政法规。国务院海洋主管部门应当将承包者及其勘探、开发的区域位置、面积等信息通报有关机关。

从事深海海底区域资源勘探、开发和相关环境保护、科学技术研究、资源调查活动获取的各类深海样品的汇交、整理、登记、保管、利用和国际交换等，依照国家海洋局2017年《深海海底区域资源勘探开发样品管理暂行办法》[③] 进行管理。

---

① 杨泽伟：《中国与〈联合国海洋法公约〉40年：历程、影响与未来展望》，《当代法学》2022年第4期。

② 国家海洋局《深海海底区域资源勘探开发许可管理办法》，国海规范〔2017〕6号。

③ 国家海洋局，国海规范〔2017〕14号。

四、对外层空间的管辖

1957年，苏联把世界第一颗人造地球卫星发射入轨之后，外层空间进入人类的活动领域，有关国家即认识到要通过法律来管理人类在外层空间的活动。1959年，联合国和平利用外层空间委员会（COPUOS）成立，先后制定了外层空间法“五大公约”：1967年生效的《关于各国探索和利用包括月球和其他天体在内外层空间活动的原则条约》（简称《外空条约》），1968年生效的《关于援救航天员，送回航天员及送回射入外空之物体之协定》（简称《营救协定》），1972年生效的《空间物体所造成损害的国际责任公约》（简称《责任公约》），1976年生效的《关于登记射入外层空间物体的公约》（简称《登记公约》），1984年生效的《关于各国在月球和其他天体上活动的协定》（简称《月球协定》）。这些文件确立了人类外空活动的基本的空间法律制度，即空间营救制度、损害赔偿制度、空间物体登记制度以及探测和利用月球的制度。除上述外空文件外，联合国大会还通过了一系列以探索和利用外层空间为主题的原则和宣言，其中最重要的有：《各国探索和利用外层空间活动的法律原则宣言》（1963年），《各国利用人造地球卫星进行国际直接电视广播所应遵守的原则》（1982年），《关于从外层空间遥感地球的原则》（1986年），《关于在外层空间使用核动力源的原则》（1993年），《关于开展探索和利用外层空间的国际合作，促进所有国家的福利和利益，并特别要考虑到发展中国家的需要的宣言》（1996年），《空间千年：关于空间和人的发展的维也纳宣言》（1999年）。这些原则和宣言，虽然在严格意义上尚不具有法律的拘束力，但作为联合国大会通过的文件，在一定程度上代表了空间法的发展趋势，对各国在相关领域的活动具有指导作用，是最终形成法律规范的重要基础。上述公约、原则和宣言确立了国家从事外层空间活动所应遵循的九项基本原则，其中包括“自由探索使用原则”“不得据为己有原则”“适用国际法原则”“和平利用原则”“合作与互助原则”“国家责任原则（对外层空间活动承担持续监管责任）”“环境保护原则”等。

中国航天事业自1956年创建以来，已走过近70年光辉历程，创造了以“两弹一星”、载人航天、月球探测、火星探测等为代表的辉煌成就。[①]

在法律上，中国加入了上述《外空条约》《营救协定》《责任公约》《登记公约》。我国加快推进航天法立法，构建完善以航天法为核心的航天法制体系，促进法治航天建设。《中华人民共和国卫星导航条例》研究起草工作取得积极进展，已完成草案初稿拟制，并已完成征求意见工作。

为加强国家对空间活动的管理，建立我国的空间物体登记制度，维护我国作为空间物体发射国的合法权益，有效履行《登记公约》中缔约国的义务，我国于

① 参见中华人民共和国国务院新闻办公室：《2021中国的航天》白皮书，2022年1月。

2001 年制定了《空间物体登记管理办法》。在我国境内发射进入外层空间的人造地球卫星、载人航天器、空间探测器、空间站、运载工具及其部件以及其他人造物体，适用该办法。我国作为共同发射国在境外发射的空间物体也适用该办法。根据该办法，我国实行空间物体登记制度，所有从事发射或促成发射空间物体的政府部门、法人、其他组织和自然人均应依照本办法的规定履行登记义务。在我国境内发射的空间物体的所有者为其他国家政府、法人、其他组织或自然人时，应由承担国际商业发射服务的公司进行国内登记。

为了规范民用航天发射项目管理，促进民用航天产业健康发展，我国还于 2002 年发布了《民用航天发射项目许可证管理暂行办法》。该办法所称的民用航天发射项目是指非军事用途，在中国境内的卫星等航天器进入外层空间的行为，以及中华人民共和国自然人、法人或其他组织已拥有产权的或者通过在轨交付方式拥有产权的卫星等航天器在中国境外进入外层空间的行为。民用航天发射项目实行许可证管理制度。凡从事民用航天发射项目的自然人、法人或其他组织，应当依照该办法的规定申请审查批准，经审查合格取得民用航天发射项目许可证后，方可从事民用航天发射项目。

目前国际上对低轨小卫星星座的频率和轨道的申请以协调法为主，总体上遵循“先占先得”的原则，使得各航天大国在这一问题上的竞争和博弈较为激烈。2015 年 1 月，美国马斯克宣布 SpaceX 计划将约 1.2 万颗通信卫星发射到轨道，其中 1 584 颗将部署在地球上空 550 千米处的近地轨道，并从 2020 年开始工作。这一项目被命名为“星链”(Starlink)。截至 2024 年 12 月，SpaceX 已累计发射 7 000多颗“星链”卫星，为各国用户提供互联网接入服务。我国正在研究制定卫星频率轨道资源管理条例，加强卫星频率轨道资源申报、协调和登记，维护我国卫星频率轨道资源合法权益。

《中华人民共和国无线电管理条例》规定，国际电信联盟依照国际规则规划给我国使用的卫星无线电频率，由国家无线电管理机构统一分配给使用单位。申请使用国际电信联盟非规划的卫星无线电频率，应当通过国家无线电管理机构统一提出申请。国家无线电管理机构应当及时组织有关单位进行必要的国内协调，并依照国际规则开展国际申报、协调、登记工作。组建卫星通信网需要使用卫星无线电频率的，除应当符合本条例第 15 条规定的条件外，还应当提供拟使用的空间无线电台、卫星轨道位置和卫星覆盖范围等信息，以及完成国内协调并开展必要国际协调的证明材料等。使用其他国家、地区的卫星无线电频率开展业务，应当遵守我国卫星无线电频率管理的规定，并完成与我国申报的卫星无线电频率的协调。

在外层空间国家安全方面，《国家安全法》第 32 条规定：“国家坚持和平探索和利用外层空间、国际海底区域和极地，增强安全进出、科学考察、开发利用的能力，加强国际合作，维护我国在外层空间、国际海底区域和极地的活动、资产和其他利益的安全。"《中华人民共和国无线电管理条例》规定，无线电频率协调的涉外事宜，以及我国境内电台与境外电台的相互有害干扰，由国家无线电管理机构会同有关单位与有关的国际组织或者国家、地区协调处理。需要向国际电信联盟或者其他国家、地区提供无线电管理相关资料的，由国家无线电管理机构统一办理。境外组织或者个人不得在我国境内进行电波参数测试或者电波监测。任何单位或者个人不得向境外组织或者个人提供涉及国家安全的境内电波参数资料。

航天法被列入十三届全国人大常委会立法规划，国家国防科工局会同有关部门，组建了相应的工作机构，积极推进航天法起草，已形成航天法草案初稿。

五、对极地的管辖

（一）南极地区

南极，是指南纬 60 度以南的地区，包括该地区的所有冰架及其上空。南极洲（Antarctica）是围绕南极的大陆，地球七大洲之一，由大陆、陆缘冰、岛屿组成，总面积 1 405.1 万平方千米，其中大陆面积达 1 239.3 万平方千米，陆缘冰面积达 158.2 万平方千米，岛屿面积达 7.6 万平方千米。南极洲没有定居居民。自人类发现南极洲以来，英国、法国、挪威、澳大利亚、智利、阿根廷、新西兰等多国对南极大陆部分地区提出了领土要求。各方坚持各自的主权要求，互不承认他方的主权要求；美、苏不承认其他任何国家对南极的领土要求，同时保留它们自己对南极提出领土要求的权利。对领土要求的纷争致使南极大陆成了多种矛盾的焦点，在客观上需要制定一个多边条约以缓解各种矛盾与纷争。1959 年 12 月 1 日，阿根廷、澳大利亚、比利时、智利、法国、日本、新西兰、挪威、南非、英国、美国、苏联 12 国的代表在华盛顿签署了《南极条约》，于 1961 年 6 月 23 日生效。1983 年 6 月 8 日，中华人民共和国加入《南极条约》，同日条约对中国生效。1985 年 10 月 7 日，中国被接纳为协商国。继《南极条约》之后，协商国又于 1964、1972、1980 年先后签订了《保护南极动植物议定措施》、《南极海豹保护公约》和《南极生物资源保护公约》，1988 年签订了《南极矿物资源活动管理公约》，1991 年在马德里签订了《关于环境保护的南极条约议定书》。《南极条约》和上述公约以及历次协商国会议通过的建议措施，统称为南极条约体系。[①] 1991 年的《关于环境保护的南极条约议定书》第 25 条规定，自议定书生效之日起 50 年内禁止在南极进行有关矿产资源的活动，从而确保了南极大陆 50 年的和平与安宁，为全面保护南极、科学认识南极奠定了基石。

为规范我国南极考察活动的行政许可行为，履行南极条约体系规定的义务，保障南极考察活动有序开展，2014 年，国家海洋局制定了《南极考察活动行政许

---

① 参见南极条约组织官方网站：https://www.ats.aq.

可管理规定》。根据该规定，公民、法人或者其他组织开展相关事项的南极考察活动时，应当向国家海洋行政主管部门提出申请。规定所称南极考察活动是指以科学研究为目的，在南纬 60 度以南的地区，包括该地区的所有冰架开展的相关活动。

为履行我国加入的《南极条约》、《关于环境保护的南极条约议定书》及《南极海洋生物资源养护公约》，保护南极环境和生态系统，保障和促进我国南极活动安全有序开展，国家海洋局于 2018 年制定了《南极活动环境保护管理规定》。根据该规定，南极活动组织者及南极活动者应当采取必要措施，保护南极环境和生态系统，最大限度减少活动对南极环境和生态系统的影响和损害。南极活动组织者、南极活动者应当自行承担可能发生的保障、搜救、医疗和撤离等相关事务的一切费用。如果活动对南极生态环境或相关历史纪念物造成污染损害的，南极活动组织者、南极活动者应承担清除污染和修复损害的一切费用。

为使南极活动组织者和南极活动者知晓南极特别保护区、南极特别管理区、南极海洋保护区的情况，并遵守相关区域管理计划或养护措施的规定，根据《南极活动环境保护管理规定》和南极条约体系的有关规定，国家海洋局办公室于 2018 年发布了《关于印发南极特别保护区、南极特别管理区、南极海洋保护区基本信息的通知》[①]，规定相关单位在开展相关南极活动前充分熟悉相关区域的管理计划和养护措施，并在申请开展和现场实施南极活动时遵守相关区域的管理规定。

（二）北极地区

北极是指北纬 66°34′（北极圈）以北的广大区域，也叫作北极地区。北极地区包括北冰洋绝大部分水域，亚、欧、北美三洲大陆北部沿岸和洋中岛屿。北极地区的总面积约 2 100 万平方千米，其中陆地面积约 800 万平方千米。

北极地区的陆地和岛屿基本上都已有归属，比较特殊的是斯瓦尔巴群岛。1920 年 2 月 9 日，英国、美国、丹麦、挪威、瑞典、法国、意大利、荷兰及日本等 18 个国家在巴黎签订了《斯瓦尔巴条约》。1925 年，中国、苏联、德国、芬兰、西班牙等 33 个国家也参加了该条约，成为《斯瓦尔巴条约》的协约国。该条约使斯瓦尔巴群岛成为北极地区第一个，也是唯一一个非军事区。条约承认挪威“具有充分和完全的主权”，该地区“永远不得为战争的目的所利用”。但各缔约国的公民可以自主进入，在挪威法律的范围内从事正当的生产和商业活动。中国于 2004 年依据该条约建立北极黄河站，进行北极区域的科考工作，是全球第八个在此的北极科考站。

环北极国家（加拿大、丹麦、芬兰、冰岛、挪威、瑞典和美国等）于 1990 年 8 月 28 日在加拿大成立国际北极科学委员会，该委员会是一个非官方性的北极科学协调组织，其宗旨是制定北极科学考察研究、环境保护的规划和计划，协调、组织和促进北极地区国家间的科学研究、环境保护及学术交流与合作。从 1991 年

① 海办发〔2018〕9 号。

以来，已接纳非环北极国家法国、德国、意大利、日本、荷兰、波兰、瑞士、英国、中国等国家加入，现有17个成员国，委员会的常设办事机构在挪威的首都奥斯陆。

北极理事会（Arctic Council）是由美国、加拿大、俄罗斯和北欧五国（挪威、瑞典、丹麦、芬兰、冰岛）八个领土处于北极圈的国家组成的政府间合作组织，于1996年9月在加拿大渥太华成立，关注邻近北极的政府和本地人所面对的问题。其宗旨是保护北极地区的环境，促进该地区在经济、社会和福利方面的持续发展。理事会主席一职由八个成员国家每两年轮流担任。2013年5月15日，意大利、中国、印度、日本、韩国和新加坡成为理事会正式观察员国。

2017年，我国国家海洋局制定《北极考察活动行政许可管理规定》[①]。该规定所称北极考察活动，指在北极地区开展的以探索和认知自然和人文要素为目的的探险、调查、勘察、观测、监测、研究及其保障等形式的活动。该规定所称北极地区是指北极理事会通过的《加强北极国际科学合作协定》中所认定的地理区域。公民、法人或者其他组织组织开展相关事项的北极考察活动时，应当向国务院海洋主管部门提出申请。

六、涉外行政诉讼

（一）概念

《行政诉讼法》（2017年修正）规定，公民、法人或者其他组织认为行政机关和行政机关工作人员的行政行为侵犯其合法权益，有权依照本法向人民法院提起诉讼。人民法院应当保障公民、法人和其他组织的起诉权利，对应当受理的行政案件依法受理。这里的公民、法人和其他组织均是具有中华人民共和国国籍的自然人以及中国法人或组织。

同时，《行政诉讼法》第九章专门规定了“涉外行政诉讼”程序。其中第98条规定：“外国人、无国籍人、外国组织在中华人民共和国进行行政诉讼，适用本法。法律另有规定的除外。”第99条规定：“外国人、无国籍人、外国组织在中华人民共和国进行行政诉讼，同中华人民共和国公民、组织有同等的诉讼权利和义务。外国法院对中华人民共和国公民、组织的行政诉讼权利加以限制的，人民法院对该国公民、组织的行政诉讼权利，实行对等原则。”该条规定一方面赋予了外国人在行政诉讼领域的国民待遇，另一方面也采用“对等原则”加以限制。

外国人、无国籍人、外国组织在中华人民共和国进行行政诉讼，委托律师代理诉讼的，应当委托中华人民共和国律师机构的律师。

《行政诉讼法》第101条规定：“人民法院审理行政案件，关于期间、送达、财

① 国海规范〔2017〕12号。

产保全、开庭审理、调解、中止诉讼、终结诉讼、简易程序、执行等，以及人民检察院对行政案件受理、审理、裁判、执行的监督，本法没有规定的，适用《中华人民共和国民事诉讼法》的相关规定。”根据该规定，《民事诉讼法》第四编“涉外民事诉讼程序的特别规定”也可以适用于涉外行政诉讼程序，尤其是在期间、域外送达、域外取证等方面。

（二）国家赔偿诉讼

《国家赔偿法》第40条规定：“外国人、外国企业和组织在中华人民共和国领域内要求中华人民共和国国家赔偿的，适用本法。外国人、外国企业和组织的所属国对中华人民共和国公民、法人和其他组织要求该国国家赔偿的权利不予保护或者限制的，中华人民共和国与该外国人、外国企业和组织的所属国实行对等原则。”

在“罗某二审无罪国家赔偿案”[①] 中，赔偿请求人罗某系荷兰籍华人，因涉嫌诈骗犯罪，被我国法院判处有期徒刑三年。二审法院改判其无罪。罗某要求按照荷兰国籍公民标准赔偿其人身自由赔偿金，法院不予支持，最终根据《国家赔偿法》第33条的规定，侵犯公民人身自由的，每日赔偿金按照国家上年度职工日平均工资计算，予以赔偿。

（三）国家行为不起诉原则

《行政诉讼法》第13条规定，人民法院不受理公民、法人或其他组织对“国防、外交等国家行为”提起的诉讼。而何谓国家行为，2017年以前的法律并未明确规定，理论上也没有一个统一的认识，因而实践中对国家行为的理解便存在一定争议。[②]

2018年最高人民法院发布的《关于适用〈中华人民共和国行政诉讼法〉的解释》第2条专门对此作出了司法解释：“行政诉讼法第十三条第一项规定的‘国家行为’，是指国务院、中央军事委员会、国防部、外交部等根据宪法和法律的授权，以国家的名义实施的有关国防和外交事务的行为，以及经宪法和法律授权的国家机关宣布紧急状态等行为。”

例如在“唐某与中华人民共和国外交部信息公开一审行政诉讼案”中，起诉人唐某以中华人民共和国外交部为被告向法院提起行政诉讼。唐某诉称，其于2018年11月7日以特快专递的形式向外交部寄送《外交部政府信息公开申请表》，要求外交部公开中日两国政府就中国放弃对日本的战争赔偿要求问题进行谈判的详细经过。11月23日，外交部作出的《关于政府信息公开申请的复函》认为：中日就战争赔偿问题进行谈判的详细经过属于国家秘密，依法不予公开。唐某认为外交部不公开上述信息不符合《中华人民共和国政府信息公开条例》，请求判令外

---

① （2017）辽10法赔2号。

② 高鸿：《对一起在护照上做不承认标记行政案件的法律剖析》，《人民司法》1999年第11期。

交部公开中国和日本两国政府就中国放弃对日本的战争赔偿要求问题进行谈判的详细经过。法院审理后认为，根据最高人民法院《关于适用〈中华人民共和国行政诉讼法〉的解释》第2条第1款的规定，中国和日本两国政府就中国放弃对日本的战争赔偿要求问题进行谈判的详细经过，是以国家名义实施的外交事务行为，属于外交国家行为，不属于行政诉讼受案范围。故唐某的起诉不符合法律规定的起诉条件，对起诉人唐某的起诉不予立案。①

而在“马某诉南通市公安局出入境管理行政登记纠纷案”② 中，法院认为，根据《中华人民共和国外国人入境出境管理法》的规定，中国政府在国内受理外国人入境、过境、居留、旅行申请的机关，是公安部、公安部授权的地方公安机关和外交部、外交部授权的地方外事部门。受理外国人入境、过境、居留、旅行申请的机关有权拒发签证、证件，对已经发出的签证、证件，有权吊销或者宣布作废。公安机关认为马某没有取得多米尼加国籍，并在马某所持的多米尼加护照上做不承认标记，是对入境、过境、居留、旅行的人实施出入境管理的具体行政行为。因此，本案属于行政诉讼的受案范围。

在“白某诉被告黑龙江省公安厅行政确认纠纷一案”中，原告请求人民法院依法判令被告撤销1996年对原告不是日本遗孤的调查结论，确认原告是日本遗孤身份，并照会日本驻华大使馆。法院认为，根据中日两国外交部双方照会及双方就有关赴日寻亲事项共同达成的《就遗华日本孤儿进行调查及组织赴日寻亲的实施办法》，遗华日本孤儿需经中日两国政府通过外交途径进行调查、核实、确认，才能得出最终结论，系外交部根据宪法和法律的授权以国家的名义实施的外交事务行为，被告并不具有单方直接作出确认遗华日本孤儿结论的职权，故原告的起诉不符合法定起诉条件，应予以驳回。③

第四节　涉外刑事管辖权

一、概念

涉外刑事管辖权是指我国人民法院、人民检察院和公安机关在涉外刑事诉讼中的管辖权。涉外刑事诉讼是指涉外犯罪引起的刑事诉讼，包括犯罪人是外国人以及犯罪行为发生在我国领域外的刑事诉讼。根据《刑事诉讼法》的规定，对刑事案件的侦查、拘留、执行逮捕、预审，由公安机关负责。检察、批准逮捕、检察机关直接受理的案件的侦查、提起公诉，由人民检察院负责。审判由人民法院

① (2018) 京03行初94号。

② 高鸿：《对一起在护照上做不承认标记行政案件的法律剖析》，《人民司法》1999年第11期。

③ (2017) 黑0103行初342号。

负责。除法律特别规定的以外，其他任何机关、团体和个人都无权行使这些权力。因此，涉外刑事诉讼的管辖权也分别由公安机关、人民检察院和人民法院依法行使。

管辖权包括立法管辖权、司法管辖权和执法管辖权。在刑事领域，立法管辖权、司法管辖权和执法管辖权是合而为一的，即公安机关、人民检察院和人民法院行使管辖权的前提是犯罪人的行为违反了《刑法》的规定并且应当追究其刑事责任。从这个意义上讲，涉外刑事管辖的依据实际上就是本国刑法的地域管辖或地域适用范围（territorial scope of criminal law）。[①] 因此，对于涉外犯罪的刑事管辖权，我国统一在《刑法》中加以规范，在《刑事诉讼法》中并没有关于涉外管辖权的规定。《刑事诉讼法》第 17 条仅仅规定："对于外国人犯罪应当追究刑事责任的，适用本法的规定。对于享有外交特权和豁免权的外国人犯罪应当追究刑事责任的，通过外交途径解决。"

二、管辖原则

《刑法》规定了涉外刑事管辖权的几项基本原则，具体包括：

1. 属地管辖原则

属地原则是现代国际管辖权的基本原则。《刑法》第 6 条规定："凡在中华人民共和国领域内犯罪的，除法律有特别规定的以外，都适用本法。凡在中华人民共和国船舶或者航空器内犯罪的，也适用本法。犯罪的行为或者结果有一项发生在中华人民共和国领域内的，就认为是在中华人民共和国领域内犯罪。"

对于不作为犯罪，其犯罪地是指应当作为之地或者不作为所导致的结果发生地。对于未遂犯罪，行为人希望的结果发生地可以被认定为犯罪地。对于跨国共同犯罪中犯罪地的认定，存在理论分歧。国际上的通说认为，正犯行为和共犯行为具有不可分性，是一个犯罪整体，因此，正犯行为的犯罪地也是所有共犯的犯罪地，任何一位共犯者的犯罪地也都是其他共犯者的犯罪地。[②]

由于大多数国际船舶都注册在方便旗国家和地区，在方便旗船舶内部发生的犯罪行为无法得到有效打击。我国应当适当扩大我国刑法对方便旗船舶的管辖范围。对于停泊在我国境内的外国船舶上的犯罪行为，我国也可以根据相关国际条约或者根据双边协议行使管辖权。我国加入的《联合国海洋法公约》第 27 条明确规定："1. 沿海国不应在通过领海的外国船舶上行使刑事管辖权，以逮捕与在该船舶通过期间船上所犯任何罪行有关的任何人或进行与该罪行有关的任何调查，但下列情形除外：（a）罪行的后果及于沿海国；（b）罪行属于扰乱当地安宁或领海的良好秩序的性质；（c）经船长或船旗国外交代表或领事官员请求地方当局予以协

---

① 森下 忠：《国际刑法入门》，阮齐林译，中国人民公安大学出版社 2004 年版，第 3 页。

② 森下 忠：《国际刑法入门》，阮齐林译，中国人民公安大学出版社 2004 年版，第 43 页。

助；或（d）这些措施是取缔违法贩运麻醉药品或精神调理物质所必要的。2. 上述规定不影响沿海国为在驶离内水后通过领海的外国船舶上进行逮捕或调查的目的而采取其法律所授权的任何步骤的权利。”

《中华人民共和国和意大利共和国领事条约》也专设了第 18 条“船舶上的管辖”，其中规定：“四、除非应船长或领事官员的请求或征得其同意，接受国主管当局在接受国的和平、安全及公共秩序未受破坏的情况下，不得干涉派遣国船舶上的内部事务。五、除非应船长或领事官员的请求或征得其同意，接受国主管当局不得对在船上所发生的行为或犯罪进行管辖，但下列情况除外：（一）接受国国民犯罪或使该国国民受到损害的犯罪；（二）破坏接受国安宁和安全的犯罪；（三）违反接受国有关检疫、入、出境、海上安全、海关事务、水域污染或禁止贩毒的法律的行为或犯罪；（四）其他根据接受国法律应判不少于三年徒刑的严重犯罪。”

2. 属人管辖原则

《刑法》第 7 条规定：“中华人民共和国公民在中华人民共和国领域外犯本法规定之罪的，适用本法，但是按本法规定的最高刑为三年以下有期徒刑的，可以不予追究。中华人民共和国国家工作人员和军人在中华人民共和国领域外犯本法规定之罪的，适用本法。”该条以国籍原则为基础，规定了我国刑法的域外管辖权。

例如在江苏省高院二审审理的“黄某、徐某等绑架案”中，被告人黄某、徐某等人相互结伙或伙同他人在安哥拉以勒索财物为目的，绑架在安哥拉经商、务工的中国公民，索取巨额赎金，其行为均已构成绑架罪，且系共同犯罪。犯罪嫌疑人均系中国公民，所实施绑架犯罪索取的赎金数额巨大，严重损害了中国公民在安哥拉的国际形象，社会影响恶劣，依法应处十年以上有期徒刑或者无期徒刑，并处罚金或者没收财产。因此，中国对本案绑架犯罪具有刑事司法管辖权。2012 年公布的《最高人民法院关于适用〈中华人民共和国刑事诉讼法〉的解释》第 8 条规定：“中国公民在中华人民共和国领域外的犯罪，由其入境地或者离境前居住地的人民法院管辖；被害人是中国公民的，也可由被害人离境前居住地的人民法院管辖。”本案中，黄某、陈某、曹某三人离境前及入境后被抓获地均在江苏省南通市，因系共同犯罪，故法院对全案具有管辖权。①

虽然中国公民在境外实施的犯罪行为法定刑在三年以下，即便可以不予追究，但我国司法机关对该案件也仍具有管辖权。如果境外实施的行为按照行为地法律构成犯罪，但按照中国法律不构成犯罪，则不能定罪。例如在北京三中院审理的“康某诬告陷害案”中，自诉人（上诉人）郭某诉称：2019 年 10 月 14 日，郭某前往新西兰看望康某时，康某明知自诉人不会伤害她，为了让郭某获刑被遣返回国，

① （2014）苏刑三终字第 17 号。

故意向新西兰奥克兰北岸警察谎称自诉人来新西兰追杀她，后郭某被警察逮捕，随即被奥克兰北岸警察以威胁杀人罪起诉，后因案件证据不足而作撤诉处理。郭某认为，被告人康某故意捏造自诉人犯罪事实，向司法机关虚假报告，并意图使自诉人受到刑事处罚，既侵犯了其人身权利，又扰乱了司法机关的司法秩序，被告人康某已构成诬告陷害罪。自诉人于2020年10月31日向北京市公安局海淀分局报案，海淀分局出具了不予立案通知书。故自诉人根据《刑事诉讼法》第210条之规定，诉至法院，提请法院依法判处。被告人（被上诉人）康某辩称自己没有伪造事实、实施诬告陷害的行为，故请法院驳回郭某的诉讼请求。法院经审理查明：自诉人郭某通过所使用的电话号码多次向康某发送威胁杀害康某家人、拐走其侄子等内容的短信，且威胁短信的事件不是偶然出现而是持续发生。康某感受到安全遭受威胁并向警方报警并非夸大其词，新西兰警方撤诉与康某是诬告陷害不存在对等关系。综上，合议庭经审查后认为郭某起诉康某构成诬告陷害罪证据不足，依法裁定驳回起诉。[①]

在“罗某传播淫秽物品牟利、黄某等传播淫秽物品案”中，上诉人罗某作为中华人民共和国公民，在留学加拿大期间，创建、管理某中文淫秽色情网站达一年多的时间，伙同他人利用互联网传播淫秽电子信息牟利，其犯罪的行为和犯罪后果均有发生在中华人民共和国领域内，故其行为已触犯我国刑律，且社会影响极其恶劣。根据最高人民法院、最高人民检察院《关于办理利用互联网、移动通讯终端、声讯台制作、复制、出版、贩卖、传播淫秽电子信息刑事案件具体应用法律若干问题的解释（一）》第1条第1款第3、4项，第2条的规定，上诉人罗某犯罪行为属情节特别严重，应当追究其刑事责任，依法应处十年以上有期徒刑或者无期徒刑，并处罚金或者没收财产。[②]

3. 保护性管辖原则

《刑法》第8条规定：“外国人在中华人民共和国领域外对中华人民共和国国家或者公民犯罪，而按本法规定的最低刑为三年以上有期徒刑的，可以适用本法，但是按照犯罪地的法律不受处罚的除外。”本条规定是为了保护中国国家和公民的利益而赋予我国刑法域外管辖权。

2024年1月30日，缅甸警方依法向我国公安机关移交了白某成、白某苍、魏某仁、刘某祥、刘某茂、徐某发等6名缅北果敢电诈犯罪集团重要头目和另外4名重大犯罪嫌疑人。缅甸电诈犯罪集团在我国境外对我国公民实施诈骗犯罪行为，严重侵害了我国国家和公民利益，依照我国法律给予严厉惩罚理所应当。

4. 普遍性管辖原则

普遍性管辖以保护各国的共同利益为标准，凡发生国际条约所规定的侵害各

---

① （2022）京03刑终69号。

② （2008）通中刑一终字第15号。

国共同利益的犯罪，不论犯罪人是本国人还是外国人，也不论犯罪地在本国领域内还是在本国领域外，都适用本国刑法。《刑法》第 9 条规定："对于中华人民共和国缔结或者参加的国际条约所规定的罪行，中华人民共和国在所承担条约义务的范围内行使刑事管辖权的，适用本法。"

20 世纪 60 年代以来，国际恐怖主义活动不断加剧，受到国际社会的严重关注。在有关国际组织的主持下，国际上先后制定了一系列旨在加强国际合作、有效地防止和惩处恐怖主义行为的国际条约。这些条约有：1970 年的《关于制止非法劫持航空器的公约》（简称《海牙公约》）、1971 年的《关于制止危害民用航空安全的非法行为的公约》（简称《蒙特利尔公约》）、1973 年的《关于防止和惩处侵害应受国际保护人员包括外交代表的罪行的公约》和 1979 年的《反对劫持人质国际公约》等。

我国已于 20 世纪 80 年代加入了《海牙公约》《蒙特利尔公约》《关于防止和惩处侵害应受国际保护人员包括外交代表的罪行的公约》等公约。这些公约规定，各缔约国应将非法劫持航空器、危害民用航空安全、侵害应受国际保护人员等行为定为国内法上的罪行，予以惩处；有关缔约国应采取必要措施，对任何这类罪行行使管辖权，而不论罪犯是否为其本国人、罪行是否发生于其国内。这一旨在对危害人类生命财产安全、损害国际关系的罪行确立普遍管辖权的条款，已成为各类反恐怖主义国际条约的基本内容。我国批准或加入这类条约后，便承担了对犯有条约规定的罪行的罪犯实施管辖的义务。特别是，对于在我境外针对其他国家应受条约保护的对象，犯有条约所规定的罪行之后，进入我境内的外国人，我国有义务行使刑事管辖权。

1987 年 6 月 23 日通过的《全国人民代表大会常务委员会关于对中华人民共和国缔结或者参加的国际条约所规定的罪行行使刑事管辖权的决定》规定，对于中华人民共和国缔结或者参加的国际条约所规定的罪行，中华人民共和国在所承担条约义务的范围内，行使刑事管辖权。所涉及的几个公约的有关条款包括：

（1）《关于防止和惩处侵害应受国际保护人员包括外交代表的罪行的公约》第 3 条第 2 款：每一缔约国应同样采取必要措施，于嫌疑犯在本国领土内而本国不依第 8 条规定将该犯引渡至本条第 1 款所指明的国家时，对这些罪行确定其管辖权。第 7 条："缔约国于嫌疑犯在其领土内时，如不予以引渡，则应毫无例外，并不得不当稽延，将案件交付主管当局，以便依照本国法律规定的程序提起刑事诉讼。"

（2）《海牙公约》第 4 条第 2 款："当被指称的罪犯在缔约国领土内，而该国未按第八条的规定将此人引渡给本条第一款所指的任一国家时，该缔约国应同样采取必要措施，对这种罪行实施管辖权。"第 7 条：在其境内发现被指称的罪犯的缔约国，如不将此人引渡，则不论罪行是否在其境内发生，应无例外地将此案件提交其主管当局以便起诉。该当局应按照本国法律以对待任何严重性质的普通罪行案件的同样方式作出决定。

(3)《蒙特利尔公约》第 5 条第 2 款："当被指称的罪犯在缔约国领土内，而该国未按第八条的规定将此人引渡给本条第一款所指的任一国家时，该缔约国应同样采取必要措施，对第一条第一款（甲）、（乙）和（丙）项所指的罪行，以及对第一条第二款所列与这些款项有关的罪行实施管辖权。"第 7 条与《海牙公约》第 7 条相同。

(4)《核材料实物保护公约》第 8 条第 2 款：每一缔约国应同样采取必要措施，以便在被控犯人在该国领土内而该国未按第 11 条规定将其引渡给第 1 款所述任何国家时，对这些罪行确立其管辖权。

(5)《反对劫持人质国际公约》第 5 条第 2 款：每一缔约国于嫌疑犯在本国领土内，而不将该嫌疑犯引渡至本条第 1 款所指国家时，也应采取必要措施，对第 1 条所称的罪行确立其管辖权。第 8 条第 1 款："领土内发现嫌疑犯的缔约国，如不将该人引渡，应毫无例外地而且不论罪行是否在其领土内发生，通过该国法律规定的程序，将案件送交该国主管机关，以便提起公诉。此等机关应按该国法律处理任何普通严重罪行案件的方式作出判决。"

1991 年，第七届全国人民代表大会常务委员会第二十次会议通过了关于批准《制止危及海上航行安全非法行为公约》及《制止危及大陆架固定平台安全非法行为议定书》的决定。这两个文件也有关于普遍管辖权的规定。

三、外国人犯罪案件的办理

2016 年 7 月，公安部印发了《公安机关执法细则（第三版）》。其中第 43 章规定了外国人犯罪案件的办理。涉外犯罪案件包括外国人犯罪的案件和其他涉及外国人或者需要与外国交涉的刑事案件。公安部 2020 年修正发布的《公安机关办理刑事案件程序规定》第 12 章规定了外国人犯罪案件的办理程序。

1. 外国人犯罪案件的法律适用

办理外国人犯罪案件，应当严格依照我国法律、法规、规章，维护国家主权和利益，并在对等互惠原则的基础上，履行我国所承担的国际条约义务。

犯罪嫌疑人为享有外交或者领事特权和豁免权的外国人的，应当层报公安部，同时通报同级人民政府外事办公室，由公安部商请外交部通过外交途径办理。

外国籍犯罪嫌疑人在刑事诉讼中，享有我国法律规定的诉讼权利，并承担相应的义务。公安机关办理外国人犯罪案件，使用中华人民共和国通用的语言文字。犯罪嫌疑人不通晓中国语言文字的，公安机关应当为其翻译。外国籍犯罪嫌疑人委托辩护人的，应当委托在中华人民共和国的律师事务所执业的律师。

公安机关侦查终结前，外国驻华外交、领事官员要求探视被监视居住、拘留、逮捕或者正在看守所服刑的本国公民的，应当及时安排有关探视事宜。犯罪嫌疑人拒绝其国籍国驻华外交、领事官员探视的，公安机关可以不予安排，但应当由其本人提出书面声明。在公安机关侦查羁押期间，经公安机关批准，外国籍犯罪嫌疑人可以与其近亲属、监护人会见，与外界通信。公安机关批准探视、会见、通信，依照《公安机关执法细则（第三版）》35－05条第3款规定执行。外国籍犯罪嫌疑人不准出境，但是中国与外国签订的有关协议另有规定的除外。

2. 外国人犯罪案件的管辖

外国人在中华人民共和国领域内犯罪的，由犯罪地的县级以上公安机关立案侦查。外国人犯中华人民共和国缔结或者参加的国际条约规定的罪行后进入我国领域内的，由该外国人被抓获地的设区的市一级以上公安机关立案侦查。外国人在中华人民共和国领域外的中国船舶或者航空器内犯罪的，由犯罪发生后该船舶或者航空器最初停泊或者降落地、目的地的中国港口的县级以上交通或者民航公安机关或者该外国人居住地的县级以上公安机关立案侦查；未设交通或者民航公安机关的，由地方公安机关管辖。外国人在国际列车上犯罪的，由犯罪发生后列车最初停靠的中国车站所在地、目的地的县级以上铁路公安机关或者该外国人居住地的县级以上公安机关立案侦查。外国人在中华人民共和国领域外对中华人民共和国国家或者公民犯罪，应当受刑罚处罚的，由该外国人入境地或者入境后居住地的县级以上公安机关立案侦查；该外国人未入境的，由被害人居住地的县级以上公安机关立案侦查；没有被害人或者是对中华人民共和国国家犯罪的，由公安部指定管辖。

在中华人民共和国领域外的中国航空器内发生的刑事案件，由该航空器在中国最初降落地的公安机关管辖。中国公民在中国驻外使、领馆内的犯罪，由其主管单位所在地或者原户籍地的公安机关管辖。中国公民在中华人民共和国领域外的犯罪，由其入境地、离境前居住地或者现居住地的公安机关管辖；被害人是中国公民的，也可由被害人离境前居住地或者现居住地的公安机关管辖。

在国际列车上发生的刑事案件，根据我国与相关国家签订的协定确定管辖；没有协定的，由该列车始发或者前方停靠的中国车站所在地的铁路公安机关管辖。

海关走私犯罪侦查机构管辖中华人民共和国海关关境内发生的涉税走私犯罪和发生在海关监管区内的非涉税走私犯罪等刑事案件。

3. 外国籍犯罪嫌疑人身份的确认

外国籍犯罪嫌疑人的国籍，以其在入境时持用的有效证件予以确认；国籍不明的，由出入境管理部门协助予以查明。国籍确实无法查明的，以无国籍人对待。与我国签订的双边领事条约（协定）中，对国籍的认定作出约定的，按照约定确定外国籍犯罪嫌疑人的国籍。确认外国籍犯罪嫌疑人身份，可以依照有关国际条约或者通过国际刑事警察组织、警务合作渠道办理。确实无法查明的，可以按其自报的姓名移送人民检察院审查起诉。

4. 对外国籍犯罪嫌疑人采取强制措施

对外国籍犯罪嫌疑人依法作出取保候审、监视居住决定或者执行拘留、逮捕后，应当在48小时以内层报省级公安机关，同时通报同级人民政府外事办公室。重大涉外案件应当在48小时以内层报公安部，同时通报同级人民政府外事办公室。

对外国籍犯罪嫌疑人依法作出取保候审、监视居住决定或者执行拘留、逮捕后，由省级公安机关根据有关规定，将其姓名、性别、入境时间、护照或者证件号码、案件发生的时间、地点，涉嫌犯罪的主要事实，已采取的强制措施及其法律依据等，通知该外国人所属国家的驻华使馆、领事馆，同时报告公安部。经省级公安机关批准，领事通报任务较重的副省级城市公安局可以直接行使领事通报职能。

未在华设立使馆、领事馆的国家，可以通知其代管国家的驻华使馆、领事馆；无代管国家或者代管国家不明的，可以不予通知。发生重大或者可能引起外交交涉的外国人犯罪案件的，有关省级公安机关应当及时将案件办理情况报告公安部，同时通报同级人民政府外事办公室。必要时，由公安部商外交部将案件情况通知我国驻外使馆、领事馆。外国人在公安机关侦查或者执行刑罚期间死亡的，有关省级公安机关应当通知该外国人国籍国的驻华使馆、领事馆，同时报告公安部。

5. 强制外国人出境

对判处独立适用驱逐出境刑罚的外国人，省级公安机关在收到人民法院的刑事判决书、执行通知书的副本后，应当指定该外国人所在地的设区的市一级公安机关执行。

被判处徒刑的外国人，主刑执行期满后应当执行驱逐出境附加刑的，省级公安机关在收到执行监狱的上级主管部门转交的刑事判决书、执行通知书副本或者复印件后，应当通知该外国人所在地的设区的市一级公安机关或者指定有关公安机关执行。

我国政府已按照国际条约或者《中华人民共和国外交特权与豁免条例》的规定，对实施犯罪，但享有外交或者领事特权和豁免权的外国人宣布为不受欢迎的人，或者不可接受并拒绝承认其外交或者领事人员身份，责令限期出境的人，无正当理由逾期不自动出境的，由公安部凭外交部公文指定该外国人所在地的省级公安机关负责执行或者监督执行。

对有可能引起外交交涉或者纷争的案件，主管机关应当及时将有关案情和商定的对外表态口径等通知当地人民政府外事办公室。需对外报道的，须经公安部、外交部批准。

6. 刑事司法协助和警务合作

公安机关进行刑事司法协助和警务合作的范围，主要包括：

（1）犯罪情报信息的交流与合作；

（2）调查取证；

（3）送达刑事诉讼文书；

（4）移交物证、书证、视听资料或者电子数据等证据材料；

（5）引渡、缉捕和递解犯罪嫌疑人、被告人或者罪犯；

（6）国际条约、协议规定的其他刑事司法协助和警务合作事宜。

公安部是公安机关进行刑事司法协助和警务合作的中央主管机关，通过有关法律、国际条约、协议规定的联系途径、外交途径或者国际刑事警察组织渠道，接收或者向外国提出刑事司法协助或者警务合作请求。地方各级公安机关依照职责权限办理刑事司法协助事务和警务合作事务。其他司法机关在办理刑事案件中，需要外国警方协助的，由其中央主管机关与公安部联系办理。在不违背我国法律和有关国际条约、协议的前提下，我国边境地区设区的市一级公安机关和县级公安机关与相邻国家的警察机关，可以按照惯例相互开展执法会晤、人员往来、边境管控、情报信息交流等警务合作，但应当报省级公安机关批准，并报公安部备案。

公安部收到外国的刑事司法协助或者警务合作请求后，应当依据我国法律和国际条约、协议的规定进行审查。对于符合规定的，交有关省级公安机关办理，或者移交其他有关中央主管机关；对于不符合条约或者协议规定的，通过接收请求的途径退回请求方。

负责执行刑事司法协助或者警务合作的公安机关收到请求书和所附材料后，应当按照我国法律和有关国际条约、协议的规定安排执行，并将执行结果及其有关材料报经省级公安机关审核后报送公安部。

在执行过程中，需要采取查询、查封、扣押、冻结等措施或者返还涉案财物，且符合法律规定的条件的，可以根据我国有关法律和公安部的执行通知办理有关法律手续。

需要请求外国警方提供刑事司法协助或者警务合作的，应当按照我国有关法律、国际条约、协议的规定提出刑事司法协助或者警务合作请求书，所附文件及相应译文，经省级公安机关审核后报送公安部。

需要通过国际刑事警察组织查找或者缉捕犯罪嫌疑人、被告人或者罪犯，查询资料、调查取证的，应当提出申请层报国际刑事警察组织中国国家中心局。

公安机关提供或者请求外国提供刑事司法协助或者警务合作，应当收取或者支付费用的，根据有关国际条约、协议的规定，或者按照对等互惠的原则协商办理。

四、反腐败追逃追赃

（一）概论

加强反腐败国际追逃追赃工作，是以习近平同志为核心的党中央统筹中华民族伟大复兴战略全局和世界百年未有之大变局，立足新时代全面从严治党、党风廉政建设和反腐败斗争新形势新任务作出的重大决策部署。习近平总书记高度重视、积极推动，对反腐败国际合作谋篇布局，为追逃追赃工作提供坚强政治引领。党中央将国际追逃追赃工作提升到国家政治和外交层面，纳入反腐败工作总体部署，为追逃追赃工作奠定了坚实政治基础；加强集中统一领导，建立中央反腐败协调小组、国际追逃追赃工作协调机制，统筹抓好反腐败国际追逃追赃工作。十三届全国人大一次会议通过《宪法修正案》和《监察法》，产生国家监察委员会，依法赋予其反腐败国际合作、加强对反腐败国际追逃追赃和防逃工作的组织协调等重要职责；全国人大及其常委会制定完善相关法律，组织开展调研，实施有力监督，为反腐败国际追逃追赃提供重要法治和工作保障。

（二）国家监察委员会的职责

2018年通过的《监察法》专设了“反腐败国际合作”一章，2024年该法进行了修正，特别授权国家监察委员会统筹协调与其他国家、地区、国际组织开展的反腐败国际交流、合作，组织反腐败国际条约实施工作。国家监察委员会会同有关单位加强与有关国家、地区、国际组织在反腐败方面开展引渡、移管被判刑人、遣返、联合调查、调查取证、资产追缴和信息交流等执法司法合作和司法协助。

国家监察委员会加强对反腐败国际追逃追赃和防逃工作的组织协调，督促有关单位做好相关工作：（1）对于重大贪污贿赂、失职渎职等职务犯罪案件，被调查人逃匿到国（境）外，掌握证据比较确凿的，通过开展境外追逃合作，追捕归案；（2）向赃款赃物所在国请求查询、冻结、扣押、没收、追缴、返还涉案资产；（3）查询、监控涉嫌职务犯罪的公职人员及其相关人员进出国（境）和跨境资金流动情况，在调查案件过程中设置防逃程序。

2021年颁布的《中华人民共和国监察法实施条例》进一步规定：国家监察委员会统筹协调与其他国家、地区、国际组织开展反腐败国际交流、合作。国家监察委员会组织《联合国反腐败公约》等反腐败国际条约的实施以及履约审议等工作，承担《联合国反腐败公约》司法协助中央机关有关工作。国家监察委员会组织协调有关单位建立集中统一、高效顺畅的反腐败国际追逃追赃和防逃协调机制，统筹协调、督促指导各级监察机关反腐败国际追逃追赃等涉外案件办理工作，具体履行下列职责：“（一）制定反腐败国际追逃追赃和防逃工作计划，研究工作中的重要问题；（二）组织协调反腐败国际追逃追赃等重大涉外案件办理工作；（三）办理由国家监察委员会管辖的涉外案件；（四）指导地方各级监察机关依法开展涉外案件办理工作；（五）汇总和通报全国职务犯罪外逃案件信息和追逃追赃工作信息；（六）建立健全反腐败国际追逃追赃和防逃合作网络；（七）承担监察机关开展国际刑事司法协助的主管机关职责；（八）承担其他与反腐败国际追逃追赃等涉外案件办理工作相关的职责。”

（三）地方各级监察机关的职责

地方各级监察机关在国家监察委员会领导下，统筹协调、督促指导本地区反腐败国际追逃追赃等涉外案件办理工作，具体履行下列职责：“（一）落实上级监察机关关于反腐败国际追逃追赃和防逃工作部署，制定工作计划；（二）按照管辖权限或者上级监察机关指定管辖，办理涉外案件；（三）按照上级监察机关要求，协助配合其他监察机关开展涉外案件办理工作；（四）汇总和通报本地区职务犯罪外逃案件信息和追逃追赃工作信息；（五）承担本地区其他与反腐败国际追逃追赃等涉外案件办理工作相关的职责。省级监察委员会应当会同有关单位，建立健全本地区反腐败国际追逃追赃和防逃协调机制。国家监察委员会派驻或者派出的监察机构、监察专员统筹协调、督促指导本部门反腐败国际追逃追赃等涉外案件办理工作，参照第一款规定执行。”

（四）反腐败国际合作

国家监察委员会国际合作局归口管理监察机关反腐败国际追逃追赃等涉外案件办理工作。地方各级监察委员会应当明确专责部门，归口管理本地区涉外案件办理工作。国家监察委员会派驻或者派出的监察机构、监察专员和地方各级监察机关办理涉外案件中有关执法司法国际合作事项，应当逐级报送国家监察委员会审批。由国家监察委员会依法直接或者协调有关单位与有关国家（地区）相关机构沟通，以双方认可的方式实施。监察机关应当建立追逃追赃和防逃工作内部联络机制。承办部门在调查过程中，发现被调查人或者重要涉案人员外逃、违法所得及其他涉案财产被转移到境外的，可以请追逃追赃部门提供工作协助。监察机关将案件移送人民检察院审查起诉后，仍有重要涉案人员外逃或者未追缴的违法所得及其他涉案财产的，应当由追逃追赃部门继续办理，或者由追逃追赃部门指定协调有关单位办理。

监察机关对依法应当留置或者已经决定留置的外逃人员，需要申请发布国际刑警组织红色通报的，应当逐级报送国家监察委员会审核。国家监察委员会审核后，依法通过公安部向国际刑警组织提出申请。

需要延期、暂停、撤销红色通报的，申请发布红色通报的监察机关应当逐级报送国家监察委员会审核，由国家监察委员会依法通过公安部联系国际刑警组织办理。

地方各级监察机关通过引渡方式办理相关涉外案件的，应当按照引渡法、相关双边及多边国际条约等规定准备引渡请求书及相关材料，逐级报送国家监察委员会审核。由国家监察委员会依法通过外交等渠道向外国提出引渡请求。

地方各级监察机关通过刑事司法协助方式办理相关涉外案件的，应当按照国际刑事司法协助法、相关双边及多边国际条约等规定准备刑事司法协助请求书及相关材料，逐级报送国家监察委员会审核。由国家监察委员会依法直接或者通过对外联系机关等渠道，向外国提出刑事司法协助请求。

国家监察委员会收到外国提出的刑事司法协助请求书及所附材料，经审查认为符合有关规定的，作出决定并交由省级监察机关执行，或者转交其他有关主管机关。省级监察机关应当立即执行，或者交由下级监察机关执行，并将执行结果或者妨碍执行的情形及时报送国家监察委员会。在执行过程中，需要依法采取查询、调取、查封、扣押、冻结等措施或者需要返还涉案财物的，根据我国法律规定和国家监察委员会的执行决定办理有关法律手续。

地方各级监察机关通过执法合作方式办理相关涉外案件的，应当将合作事项及相关材料逐级报送国家监察委员会审核。由国家监察委员会依法直接或者协调有关单位，向有关国家（地区）相关机构提交并开展合作。

地方各级监察机关通过境外追诉方式办理相关涉外案件的，应当提供外逃人员相关违法线索和证据，逐级报送国家监察委员会审核。由国家监察委员会依法直接或者协调有关单位向有关国家（地区）相关机构提交，请其依法对外逃人员调查、起诉和审判，并商有关国家（地区）遣返外逃人员。

监察机关对依法应当追缴的境外违法所得及其他涉案财产，应当责令涉案人员以合法方式退赔。涉案人员拒不退赔的，可以依法通过下列方式追缴：(1) 在开展引渡等追逃合作时，随附请求有关国家（地区）移交相关违法所得及其他涉案财产；(2) 依法启动违法所得没收程序，由人民法院对相关违法所得及其他涉案财产作出冻结、没收裁定，请有关国家（地区）承认和执行，并予以返还；(3) 请有关国家（地区）依法追缴相关违法所得及其他涉案财产，并予以返还；(4) 通过其他合法方式追缴。

第五节　管辖豁免

一、外交和领事管辖豁免

《民事诉讼法》第 272 条规定："对享有外交特权与豁免的外国人、外国组织或者国际组织提起的民事诉讼，应当依照中华人民共和国有关法律和中华人民共和国缔结或者参加的国际条约的规定办理。"

《中华人民共和国外交特权与豁免条例》第 14 条第 2 款规定："外交代表享有

民事管辖豁免和行政管辖豁免，但下列各项除外：（一）外交代表以私人身份进行的遗产继承的诉讼；（二）外交代表违反第二十五条第三项规定在中国境内从事公务范围以外的职业或者商业活动的诉讼。外交代表免受强制执行，但对前款所列情况，强制执行对其人身和寓所不构成侵犯的，不在此限。外交代表没有以证人身份作证的义务。”该法第 15 条规定：“外交代表和第二十条规定享有豁免的人员的管辖豁免可以由派遣国政府明确表示放弃。外交代表和第二十条规定享有豁免的人员如果主动提起诉讼，对与本诉直接有关的反诉，不得援用管辖豁免。放弃民事管辖豁免或者行政管辖豁免，不包括对判决的执行也放弃豁免。放弃对判决执行的豁免须另作明确表示。”《中华人民共和国领事特权与豁免条例》第 14 条有类似规定。

最高人民法院 2007 年发布的《关于人民法院受理涉及特权与豁免的民事案件有关问题的通知》指出，凡以在中国享有特权与豁免的主体为被告、第三人向人民法院起诉的民事案件，人民法院应在决定受理之前，报请本辖区高级人民法院审查；高级人民法院同意受理的，应当将其审查意见报最高人民法院。在最高人民法院答复前，一律暂不受理。这些主体包括：（1）外国国家；（2）外国驻中国使馆和使馆人员；（3）外国驻中国领馆和领馆成员；（4）途经中国的外国驻第三国的外交代表和与其共同生活的配偶及未成年子女；（5）途经中国的外国驻第三国的领事官员和与其共同生活的配偶及未成年子女；（6）持有中国外交签证或者持有外交护照（仅限互免签证的国家）来中国的外国官员；（7）持有中国外交签证或者持有与中国互免签证国家外交护照的领事官员；（8）来中国访问的外国国家元首、政府首脑、外交部长及其他具有同等身份的官员；（9）来中国参加联合国及其专门机构召开的国际会议的外国代表；（10）临时来中国的联合国及其专门机构的官员和专家；（11）联合国系统组织驻中国的代表机构和人员；（12）其他在中国享有特权与豁免的主体。

广东省高级人民法院曾就“蓝某诉被告马某和荷兰驻广州总领事馆等机动车交通事故责任纠纷案”向最高人民法院请示是否受理。最高人民法院指出，虽然该案被告马某是荷兰驻广州总领事馆领事，但根据《维也纳领事关系公约》和《中华人民共和国领事特权与豁免条例》的规定，对于因车辆在我国境内造成的事故涉及损害赔偿的诉讼，领事官员并不享有司法豁免权，人民法院应予受理。荷兰驻广州总领事馆系荷兰派驻我国的外交代表机构，不具备民事诉讼主体资格，不应作为被告参加诉讼。另外，根据我国一贯坚持的国家绝对豁免原则，也不能将荷兰作为本案的被告。[①]

在“马某某劳务合同纠纷案”中，马某某以沙特阿拉伯王国驻华使馆为被告，

① 最高人民法院关于原告蓝某诉被告马某和荷兰驻广州总领事馆等机动车交通事故责任纠纷一案受理问题的请示的复函。

要求其支付劳务合同工资。法院认为，沙特阿拉伯王国驻华使馆作为外国驻华外交代表机构，享有外交豁免权，本案不属于我国司法管辖范围，驳回起诉。[①]

二、外国国家豁免

（一）绝对豁免与限制豁免

外国国家豁免制度是指对涉及外国国家及其财产的民事案件，基于一定原则所确定的法院不予管辖或者在特定情形下予以管辖的专门制度安排。

在20世纪50年代以前，对涉及外国国家及其财产的民事案件，各国基于国家主权平等、“平等者之间无管辖权”的理念，普遍采取绝对豁免原则，即不论外国国家从事活动或者行为的性质如何，一国法院都不予管辖。20世纪50年代以后，由于国家越来越多地以民商事主体身份参与国际经济活动，为了保护本国公民和法人的利益，一些国家逐渐转向实行限制豁免原则。所谓限制豁免原则，就是根据国家行为的性质，将外国国家行为区分为“主权行为”和“非主权行为”，相应地将外国国家财产区分为“主权财产”和“商业财产”，据此明确对外国国家的主权行为和主权财产给予管辖豁免，对非主权行为和国家商业财产不再给予管辖豁免。目前，世界上许多国家通过缔结国际条约、制定国内法律等方式实行限制豁免原则和制度，还有些国家通过司法实践确立了限制豁免原则。1972年《国家豁免欧洲公约》和2004年通过的《联合国国家及其财产管辖豁免公约》，均明确规定了限制豁免制度。

新中国成立以来，我国对外国国家及其财产长期采取绝对豁免立场。最高人民法院2007年发布的《关于人民法院受理涉及特权与豁免的民事案件有关问题的通知》[②] 指出，凡以在中国享有特权与豁免的主体为被告、第三人向人民法院起诉的民事案件，人民法院应在决定受理之前，报请本辖区高级人民法院审查；高级人民法院同意受理的，应当将其审查意见报最高人民法院。在最高人民法院答复前，一律暂不受理。这些主体包括：（1）外国国家；（2）外国驻中国使馆和使馆人员；（3）外国驻中国领馆和领馆成员；（4）途经中国的外国驻第三国的外交代表和与其共同生活的配偶及未成年子女；（5）途经中国的外国驻第三国的领事官员和与其共同生活的配偶及未成年子女；（6）持有中国外交签证或者持有外交护照（仅限互免签证的国家）来中国的外国官员；（7）持有中国外交签证或者持有与中国互免签证国家外交护照的领事官员；（8）来中国访问的外国国家元首、政府首脑、外交部长及其他具有同等身份的官员；（9）来中国参加联合国及其专门机构召开的国际会议的外国代表；（10）临时来中国的联合国及其专门机构的官员和专家；（11）联合国系统组织驻中国的代表机构和人员；（12）其他在中国享有

---

① 北京市第三中级人民法院民事裁定书，（2020）京03民终3819号。

② 法〔2007〕69号。

特权与豁免的主体。

在2008年香港法院审理的“刚果（金）案”中，中国外交部驻香港特派员公署致信香港特区政府，阐述了中国政府关于主权豁免的立场，指出：我国的一贯原则立场是，一国国家及其财产在外国法院享有绝对豁免，包括绝对的管辖豁免和执行豁免，从未适用所谓的“限制豁免”原则或理论。香港特区终审法院5名法官以3∶2的比例做出判决，指出在本案中，香港法院是否采取中央人民政府的国家豁免规则或政策，涉及中央管理的事务或中央和香港特区的关系，依据《基本法》第158条第3款的规定，提请全国人大常委会解释《基本法》第13条第1款和第19条。这是终审法院成立以来首次提请全国人大常委会释法。全国人大常委会对《基本法》上述条款做出如下解释：管理与香港特区有关的外交事务属于中央人民政府的权力，中央人民政府有权决定在香港适用的国家豁免规则或政策；香港特区，包括香港法院，有责任适用或实施中央人民政府决定采取的国家豁免规则或政策，不得偏离上述规则或政策，也不得采取与上述规则或政策不同的规则；《基本法》第19条第3款规定的“国防、外交等国家行为”包括中央人民政府决定国家豁免规则或政策的行为；采用为香港特区法律的香港原有法律中有关国家豁免的规则，从1997年7月1日起，在适用时，须做出必要的变更、适应、限制或例外，以符合中央人民政府决定采取的国家豁免规则或政策。2011年9月8日，香港终审法院根据全国人大常委会第四次释法做出终局判决，宣布香港法院对于第一被告刚果（金）没有司法管辖权。

（二）《中华人民共和国外国国家豁免法》

党的十八大以来，以习近平同志为核心的党中央坚持全面依法治国，对统筹推进国内法治和涉外法治、加强涉外领域立法、完善涉外法律体系作出了一系列重大决策部署，推进了一系列重大工作。近年来，全国人大及其常委会深入贯彻落实习近平总书记重要指示精神和党中央决策部署，加快涉外领域立法步伐，相继制定、修改了一批重要的涉外法律和法律中的涉外规定。2023年6月28日，十四届全国人大常委会第三次会议表决通过了《对外关系法》，其中规定：“中华人民共和国依据有关法律和缔结或者参加的条约和协定，给予外国国家及其财产豁免。”2023年9月1日，十四届全国人大常委会第五次会议表决通过了《中华人民共和国外国国家豁免法》（以下简称《外国国家豁免法》），是我国加强涉外领域立法的一个重要成果。

制定《外国国家豁免法》，坚持以习近平新时代中国特色社会主义思想为指导，深入贯彻习近平外交思想、习近平法治思想，适应我国对外交往不断扩大的新形势新变化，确立我国的外国国家豁免制度，对我国的国家豁免政策进行必要调整，明确我国的外国国家豁免政策由绝对豁免转向限制豁免，这对于统筹推进国内法治和涉外法治、促进对外开放、依法维护权益、稳定行为预期等具有重要意义。一是有利于维护我国公民和法人的合法权益，助力高水平对外开放；二是有利于贯彻国家主权平等原则，维护我国的主权、安全、发展利益；三是有利于填补法律制度空白，加快完善我国涉外法律体系；四是有利于发挥司法审判在涉外领域的职能作用，提升涉外司法效能。

《外国国家豁免法》第 3 条规定，外国国家及其财产在中华人民共和国的法院享有管辖豁免，本法另有规定的除外。也就是说，我国法院原则上不对外国国家及其财产行使管辖权，但符合本法规定情形的，我国法院可以行使管辖权。这表明我国立法正式从绝对豁免原则转向限制豁免原则。

三、外国国家豁免的一般原则

（一）条约优先与对等原则

《民事诉讼法》第 272 条规定："对享有外交特权与豁免的外国人、外国组织或者国际组织提起的民事诉讼，应当依照中华人民共和国有关法律和中华人民共和国缔结或者参加的国际条约的规定办理。"《外国国家豁免法》第 22 条也规定："中华人民共和国缔结或者参加的国际条约同本法有不同规定的，适用该国际条约的规定，但中华人民共和国声明保留的条款除外。"

外国给予中华人民共和国国家及其财产的豁免待遇低于本法规定的，中华人民共和国实行对等原则。

（二）受豁免的主体

外国国家在我国法院可以享受管辖豁免。所指的外国国家包括：（1）外国主权国家；（2）外国主权国家的国家机关或者组成部分；（3）外国主权国家授权行使主权权力且基于该项授权从事活动的组织或者个人。

《外国国家豁免法》的规定不影响外国的外交代表机构、领事机构、特别使团、驻国际组织代表团、派往国际会议的代表团及上述机构的相关人员根据中华人民共和国的法律、中华人民共和国缔结或者参加的国际条约享有的特权与豁免。该法规定也不影响外国国家元首、政府首脑、外交部长及其他具有同等身份的官员根据中华人民共和国的法律、中华人民共和国缔结或者参加的国际条约以及国际习惯享有的特权与豁免。

《中华人民共和国外交特权与豁免条例》[①] 第 14 条第 2 款规定："外交代表享有民事管辖豁免和行政管辖豁免，但下列各项除外：（一）外交代表以私人身份进行的遗产继承的诉讼；（二）外交代表违反第二十五条第三项规定在中国境内从事公务范围以外的职业或者商业活动的诉讼。外交代表免受强制执行，但对前款所列情况，强制执行对其人身和寓所不构成侵犯的，不在此限。外交代表没有以证

---

① 第六届全国人民代表大会常务委员会第十七次会议于 1986 年 9 月 5 日通过并自该日起实施。

人身份作证的义务。”该法第15条规定：“外交代表和第二十条规定享有豁免的人员的管辖豁免可以由派遣国政府明确表示放弃。外交代表和第二十条规定享有豁免的人员如果主动提起诉讼，对与本诉直接有关的反诉，不得援用管辖豁免。放弃民事管辖豁免或者行政管辖豁免，不包括对判决的执行也放弃豁免。放弃对判决执行的豁免须另作明确表示。”《中华人民共和国领事特权与豁免条例》① 第14条有类似规定。

四、管辖豁免的例外情形

（一）接受管辖例外

《外国国家豁免法》规定，外国国家通过下列方式之一明示就特定事项或者案件接受中华人民共和国的法院管辖的，对于就该事项或者案件提起的诉讼，该外国国家在中华人民共和国的法院不享有管辖豁免：（1）国际条约；（2）书面协议；（3）向处理案件的中华人民共和国的法院提交书面文件；（4）通过外交渠道等方式向中华人民共和国提交书面文件；（5）其他明示接受中华人民共和国的法院管辖的方式。

外国国家有下列情形之一的，视为就特定事项或者案件接受中华人民共和国的法院管辖：（1）作为原告向中华人民共和国的法院提起诉讼；（2）作为被告参加中华人民共和国的法院受理的诉讼，并就案件实体问题答辩或者提出反诉；（3）作为第三人参加中华人民共和国的法院受理的诉讼；（4）在中华人民共和国的法院作为原告提起诉讼或者作为第三人提出诉讼请求时，由于与该起诉或者该诉讼请求相同的法律关系或者事实被提起反诉。外国国家有前款第二项规定的情形，但能够证明其作出上述答辩之前不可能知道有可主张豁免的事实的，可以在知道或者应当知道该事实后的合理时间内主张管辖豁免。

外国国家有下列情形之一的，不视为接受中华人民共和国的法院管辖：（1）仅为主张豁免而应诉答辩；（2）外国国家的代表在中华人民共和国的法院出庭作证；（3）同意在特定事项或者案件中适用中华人民共和国的法律。

（二）商业活动例外

外国国家与包括中华人民共和国在内的其他国家的组织或者个人进行的商业活动，在中华人民共和国领域内发生，或者虽然发生在中华人民共和国领域外但在中华人民共和国领域内产生直接影响的，对于该商业活动引起的诉讼，该外国国家在中华人民共和国的法院不享有管辖豁免。所谓商业活动是指非行使主权权力的关于货物或者服务的交易、投资、借贷以及其他商业性质的行为。中华人民共和国的法院在认定一项行为是否属于商业活动时，应当综合考虑该行为的性质

---

① 中华人民共和国第七届全国人民代表大会常务委员会第十六次会议于1990年10月30日通过。

和目的。

（三）劳动合同例外

外国国家为获得个人提供的劳动或者劳务而签订的合同全部或者部分在中华人民共和国领域内履行的，对于因该合同引起的诉讼，该外国国家在中华人民共和国的法院不享有管辖豁免，但有下列情形之一的除外：（1）获得个人提供的劳动或者劳务是为了履行该外国国家行使主权权力的特定职能；（2）提供劳动或者劳务的个人是外交代表、领事官员、享有豁免的国际组织驻华代表机构工作人员或者其他享有相关豁免的人员；（3）提供劳动或者劳务的个人在提起诉讼时具有该外国国家的国籍，并且在中华人民共和国领域内没有经常居所；（4）该外国国家与中华人民共和国另有协议。

（四）侵权行为例外

对于外国国家在中华人民共和国领域内的相关行为造成人身伤害、死亡或者造成动产、不动产损失引起的赔偿诉讼，该外国国家在中华人民共和国的法院不享有管辖豁免。

（五）财产事项例外

对于下列财产事项的诉讼，外国国家在中华人民共和国的法院不享有管辖豁免：（1）该外国国家对位于中华人民共和国领域内的不动产的任何权益或者义务；（2）该外国国家对动产、不动产的赠与、遗赠、继承或者因无人继承而产生的任何权益或者义务；（3）在管理信托财产、破产财产或者进行法人、非法人组织清算时涉及该外国国家的权益或者义务。

（六）知识产权例外

对于下列知识产权事项的诉讼，外国国家在中华人民共和国的法院不享有管辖豁免：（1）确定该外国国家受中华人民共和国法律保护的知识产权归属及相关权益；（2）该外国国家在中华人民共和国领域内侵害受中华人民共和国法律保护的知识产权及相关权益。

（七）仲裁事项例外

外国国家与包括中华人民共和国在内的其他国家的组织或者个人之间的商业活动产生的争议，根据书面协议被提交仲裁的，或者外国国家通过国际投资条约等书面形式同意将其与包括中华人民共和国在内的其他国家的组织或者个人产生的投资争端提交仲裁的，对于需要法院审查的下列事项，该外国国家在中华人民共和国的法院不享有管辖豁免：（1）仲裁协议的效力；（2）仲裁裁决的承认和执行；（3）仲裁裁决的撤销；（4）法律规定的其他由中华人民共和国的法院对仲裁进行审查的事项。

五、司法强制措施豁免

《外国国家豁免法》规定，外国国家的财产在中华人民共和国的法院享有司法强制措施豁免。外国国家接受中华人民共和国的法院管辖，不视为放弃司法强制措施豁免。该法第 14 条规定，有下列情形之一的，外国国家的财产在中华人民共和国的法院不享有司法强制措施豁免：（1）外国国家以国际条约、书面协议或者向中华人民共和国的法院提交书面文件等方式明示放弃司法强制措施豁免；（2）外国国家已经拨出或者专门指定财产用于司法强制措施执行；（3）为执行中华人民共和国的法院的生效判决、裁定，对外国国家位于中华人民共和国领域内、用于商业活动且与诉讼有联系的财产采取司法强制措施。

下列外国国家的财产不视为上述第 3 项条款所规定的用于商业活动的财产：（1）外交代表机构、领事机构、特别使团、驻国际组织代表团或者派往国际会议的代表团用于、意图用于公务的财产，包括银行账户款项；（2）属于军事性质的财产，或者用于、意图用于军事的财产；（3）外国和区域经济一体化组织的中央银行或者履行中央银行职能的金融管理机构的财产，包括现金、票据、银行存款、有价证券、外汇储备、黄金储备以及该中央银行或者该履行中央银行职能的金融管理机构的不动产和其他财产；（4）构成该国文化遗产或者档案的一部分，且非供出售或者意图出售的财产；（5）用于展览的具有科学、文化、历史价值的物品，且非供出售或者意图出售的财产；（6）中华人民共和国的法院认为不视为用于商业活动的其他财产。

2005 年《中华人民共和国外国中央银行财产司法强制措施豁免法》进一步规定：中华人民共和国对外国中央银行财产给予财产保全和执行的司法强制措施的豁免；但是，外国中央银行或者其所属国政府书面放弃豁免的或者指定用于财产保全和执行的财产除外。外国不给予中华人民共和国中央银行或者中华人民共和国特别行政区金融管理机构的财产以豁免，或者所给予的豁免低于本法的规定的，中华人民共和国根据对等原则办理。

六、外国国家豁免案件中的程序事项

对于外国国家及其财产民事案件的审判和执行程序，《外国国家豁免法》没有规定的，适用中华人民共和国的民事诉讼法律以及其他相关法律的规定。

2025 年 3 月 26 日，最高人民法院发布《关于涉外国国家豁免民事案件相关程序事项的通知》（以下简称《通知》）。《通知》共 8 条，规定了涉外国国家豁免民事案件的受理、集中管辖、送达以及对管辖豁免的审查、外交部证明文件的取得等程序性内容。

《通知》第 2 条规定，以外国国家为被告或者第三人的第一审民事案件，由省、自治区、直辖市人民政府所在地具有涉外民商事案件管辖权的中级人民法院管辖，鉴于北京、上海等直辖市有多个中级人民法院，《通知》附件对具有集中管辖权的中级人民法院进行了明确列举；同时，对于法律规定应当由海事、金融、知识产权专门法院管辖的案件，由于涉及相关领域的专业知识，即使涉及外国国家，也仍然由专门法院管辖。除上述法院外，其他法院若已受理此类案件，应当按《通知》规定裁定将案件移送至有集中管辖权的法院。

当外国国家提出管辖异议、主张其享有管辖豁免时，人民法院除了要审查外国国家提出的理由是否成立，还应当依职权主动审查该外国国家是否享有管辖豁免。《通知》还强调指出，外国国家参与管辖异议审查程序并陈述意见的，不视为接受管辖。

中华人民共和国的法院向外国国家送达传票或者其他诉讼文书，应当按照下列方式进行：

（1）该外国国家与中华人民共和国缔结或者共同参加的国际条约规定的方式；

（2）该外国国家接受且中华人民共和国法律不禁止的其他方式。

通过前款方式无法完成送达的，可以通过外交照会方式送交该外国国家外交部门，外交照会发出之日视为完成送达。按照上述规定的方式进行送达的诉讼文书，应当依照该外国国家与中华人民共和国缔结或者共同参加的国际条约的规定附上有关语言的译本，没有相关国际条约的，附上该外国国家官方语言的译本。向外国国家送达起诉状副本时，应当一并通知该外国国家在收到起诉状副本后三个月内提出答辩状。外国国家在对其提起的诉讼中就实体问题答辩后，不得再就诉讼文书的送达方式提出异议。

经送达完成，外国国家未在中华人民共和国的法院指定期限内出庭的，法院应当主动查明该外国国家是否享有管辖豁免。对于外国国家在中华人民共和国的法院不享有管辖豁免的案件，法院可以缺席判决，但应当在诉讼文书送达之日的六个月以后。

中华人民共和国的法院对外国国家作出的缺席判决，应当按照《外国国家豁免法》第17条的规定送达。外国国家对中华人民共和国的法院缺席判决提起上诉的期限为六个月，从判决书送达之日起计算。

中华人民共和国外交部就以下有关国家行为的事实问题出具的证明文件，中华人民共和国的法院应当采信：（1）案件中的相关国家是否构成《外国国家豁免法》第2条第1项中的外国主权国家；（2）《外国国家豁免法》第17条规定的外交照会是否送达以及何时送达；（3）其他有关国家行为的事实问题。对于前款以外其他涉及外交事务等重大国家利益的问题，中华人民共和国外交部可以向中华人民共和国的法院出具意见。

七、国际组织的豁免

我国于1979年9月11日加入了《联合国特权和豁免公约》和《专门机构特权与豁免公约》。我国和欧洲共同体委员会于1987年签署了《关于在中华人民共和国设立欧洲共同体委员会代表团及其特权与豁免协定》。1987年，国务院决定核准《国际海事卫星组织特权和豁免议定书》。2005年2月28日，第十届全国人民代表大会常务委员会第十四次会议批准了2004年6月17日在塔什干签署的《上海合作组织特权与豁免公约》。2007年8月30日，第十届全国人民代表大会常务委员会第二十九次会议批准了《联合实施国际热核聚变实验堆计划建立国际聚变能组织的协定》和《联合实施国际热核聚变实验堆计划国际聚变能组织特权和豁免协定》。2023年10月24日，第十四届全国人民代表大会常务委员会第六次会议批准了《亚洲相互协作与信任措施会议秘书处及其人员、成员国代表特权与豁免公约》。根据上述规定，上述国际组织在我国境内均享有特定的管辖豁免。另外，我国加入的很多国际组织的章程中也都有关于该组织的管辖豁免权的规定。

第六章　涉外经济管理法律制度

第一节　外商投资管理制度

一、概论

外商投资，是指外国的自然人、企业或者其他组织（以下称外国投资者）直接或者间接在中国境内进行的投资活动，包括下列情形：（1）外国投资者单独或者与其他投资者共同在中国境内设立外商投资企业；（2）外国投资者取得中国境内企业的股份、股权、财产份额或者其他类似权益；（3）外国投资者单独或者与其他投资者共同在中国境内投资新建项目；（4）法律、行政法规或者国务院规定的其他方式的投资。

外商投资企业，是指全部或者部分由外国投资者投资，依照中国法律在中国境内经登记注册设立的企业。我国自改革开放起就优先重视吸引外商投资。改革开放第一批出台的七部法律中，就包括《中华人民共和国中外合资经营企业法》，该法的出台标志着中国打开大门引进外资，具有重大政治和法律意义。1980 年 8 月，全国人大常委会批准《广东省经济特区条例》，加大吸引外商投资力度。1986 年和 1988 年，全国人民代表大会又先后制定了《中华人民共和国外资企业法》和《中华人民共和国中外合作经营企业法》，形成了"外资三法"。国务院、有关部门和地方陆续制定了一大批有关外商投资的实施性、配套性法规和规章。上述"外资三法"为外商投资企业在我国发展创造了良好法治环境，对推动改革开放伟大历史进程发挥了重要作用。

进入新世纪后，全国人大及其常委会对"外资三法"作出部分修改，删除了其中要求外商投资企业在境内优先采购、实现外汇收支平衡、出口实绩等规定。2007 年，全国人民代表大会通过《中华人民共和国企业所得税法》，实现了内外资企业所得税制的统一。党的十八大以后，根据全面深化改革、扩大对外开放的需要，全国人大常委会于 2013 年、2014 年两次作出决定，授权在有关自由贸易试验区内暂时调整"外资三法"关于外商投资企业审批等规定，试行准入前国民待遇加负面清单管理方式。2016 年，根据自由贸易试验区取得的可复制推广的经验，全国人大常委会对“外资三法”作出修改，在法律中确立外商投资企业实行准入前国民待遇加负面清单管理制度，将自由贸易试验区的改革试点经验推广到全国。

随着社会主义市场经济体制和中国特色社会主义法律体系的建立和不断完善，“外资三法”的相关规范已逐步为公司法、合伙企业法、物权法、合同法等市场主体和市场交易方面的法律所涵盖；同时，新形势下全面加强对外商投资的促进和保护、进一步规范外商投资管理的要求，也大大超出了“外资三法”的调整范围。为了适应新时代改革开放的需要，推动外商投资法律制度与时俱进、完善发展，中华人民共和国第十三届全国人民代表大会第二次会议于 2019 年 3 月 15 日通过《外商投资法》，自 2020 年 1 月 1 日起施行。《中华人民共和国中外合资经营企业法》《中华人民共和国外资企业法》《中华人民共和国中外合作经营企业法》同时废止。《外商投资法》施行前依照《中华人民共和国中外合资经营企业法》《中华人民共和国外资企业法》《中华人民共和国中外合作经营企业法》设立的外商投资企业，在该法施行后五年内可以继续保留原企业组织形式等。具体实施办法由国务院规定。对外国投资者在中国境内投资银行业、证券业、保险业等金融行业，或者在证券市场、外汇市场等金融市场进行投资的管理，国家另有规定的，依照其规定。

二、准入前国民待遇和负面清单

《外商投资法》规定：国家对外商投资实行准入前国民待遇加负面清单管理制度。前款所称准入前国民待遇，是指在投资准入阶段给予外国投资者及其投资不低于本国投资者及其投资的待遇；所称负面清单，是指国家规定在特定领域对外商投资实施的准入特别管理措施。国家对负面清单之外的外商投资，给予国民待遇。负面清单由国务院发布或者批准发布。外商投资准入负面清单规定禁止投资的领域，外国投资者不得投资。外商投资准入负面清单规定限制投资的领域，外国投资者进行投资应当符合负面清单规定的条件。外商投资准入负面清单以外的领域，按照内外资一致的原则实施管理。中华人民共和国缔结或者参加的国际条约、协定对外国投资者准入待遇有更优惠规定的，可以按照相关规定执行。任何国家或者地区在投资方面对中华人民共和国采取歧视性的禁止、限制或者其他类似措施的，中华人民共和国可以根据实际情况对该国家或者该地区采取相应的措施。

《外商投资准入特别管理措施（负面清单）（2024 年版）》（以下简称《外商投资准入负面清单》）于 2024 年 4 月 8 日由国家发展和改革委员会第 10 次委务会议审议通过和商务部审签，并经党中央、国务院同意，自 2024 年 11 月 1 日起施行。

该负面清单统一列出股权要求、高管要求等外商投资准入方面的特别管理措施，共 29 项。该负面清单之外的领域，按照内外资一致原则实施管理，境内外投资者统一适用《市场准入负面清单》的有关规定。境外投资者不得作为个体工商户、个人独资企业投资人、农民专业合作社成员，从事投资经营活动。外商投资企业在中国境内投资，应符合《外商投资准入负面清单》的有关规定。有关主管部门在依法履行职责过程中，对境外投资者拟投资《外商投资准入负面清单》内领域，但不符合《外商投资准入负面清单》规定的，不予办理许可、企业登记注册等相关事项；涉及固定资产投资项目核准的，不予办理相关核准事项。投资有股权要求的领域，不得设立外商投资合伙企业。经国务院有关主管部门审核并报国务院批准，特定外商投资可以不适用《外商投资准入负面清单》中相关领域的规定。从事《外商投资准入负面清单》禁止投资领域业务的境内企业到境外发行股份并上市交易的，应当经国家有关主管部门审核同意，境外投资者不得参与企业经营管理，其持股比例参照境外投资者境内证券投资管理有关规定执行。境内公司、企业或自然人以其在境外合法设立或控制的公司并购与其有关联关系的境内公司，按照外商投资、境外投资、外汇管理等有关规定办理。《外商投资准入负面清单》中未列出的文化、金融等领域与行政审批、资质条件、国家安全等相关措施，按照现行规定执行。

《中华人民共和国民办教育促进法实施条例》（2021 年修订）规定：在中国境内设立的外商投资企业以及外方为实际控制人的社会组织不得举办、参与举办或者实际控制实施义务教育的民办学校；举办其他类型民办学校的，应当符合国家有关外商投资的规定。

《外商投资电信企业管理规定》（2022 年修订）对外国投资者在中华人民共和国境内设立的经营电信业务的企业经营基础电信业务、增值电信业务等进行了特别规定。经营基础电信业务（无线寻呼业务除外）的外商投资电信企业的外方投资者在企业中的出资比例，最终不得超过 49%，国家另有规定的除外。经营增值电信业务（包括基础电信业务中的无线寻呼业务）的外商投资电信企业的外方投资者在企业中的出资比例，最终不得超过 50%，国家另有规定的除外。

国家发展和改革委员会公布了《自由贸易试验区外商投资准入特别管理措施（负面清单）（2021 年版）》。与《外商投资准入特别管理措施（负面清单）（2021 年版）》相比，自贸区负面清单的特别管理措施进一步减少到 27 项。

在司法实践中，对《外商投资法》第 4 条所指的外商投资准入负面清单之外的领域形成的投资合同，当事人以合同未经有关行政主管部门批准、登记为由主张合同无效或者未生效的，人民法院不予支持。前款规定的投资合同签订于《外商投资法》施行前，但人民法院在《外商投资法》施行时尚未作出生效裁判的，适用前款规定认定合同的效力。外国投资者投资外商投资准入负面清单规定禁止投资的领域，当事人主张投资合同无效的，人民法院应予支持。外国投资者投资外商投资准入负面清单规定限制投资的领域，当事人以违反限制性准入特别管理措施为由，主张投资合同无效的，人民法院应予支持。人民法院作出生效裁判前，当事人采取必要措施满足准入特别管理措施的要求，当事人主张前款规定的投资合同有效的，应予支持。在生效裁判作出前，因外商投资准入负面清单调整，外国投资者投资不再属于禁止或者限制投资的领域，当事人主张投资合同有效的，人民法院应予支持。①

三、外商投资促进和保护制度

《外商投资法》为了加强对外商投资合法权益的保护，在总则中强调规定，国家依法保护外国投资者在中国境内的投资、收益和其他合法权益。对外商投资的平等保护集中体现在内外资一致原则方面，凡是外商投资准入负面清单以外的领域，按照内外资一致的原则实施管理。《外商投资法》规定：外商投资需要办理投资项目核准、备案的，按照国家有关规定执行；外国投资者在依法需要取得许可的行业、领域进行投资的，应当依法办理相关许可手续；外商投资企业的组织形式、组织机构及其活动准则，适用公司法、合伙企业法等法律的规定；外商投资企业开展生产经营活动，应当遵守法律、行政法规有关劳动保护、社会保险的规定，依照法律、行政法规和国家有关规定办理税收、会计、外汇等事宜，并接受相关主管部门依法实施的监督检查；外国投资者并购中国境内企业或者以其他方式参与经营者集中的，应当依照反垄断法的规定接受经营者集中审查。

《外商投资法》设“投资促进”和“投资保护”专章，主要包括以下内容：

(1) 加强对外商投资企业权利的平等保护。国家保障外商投资企业依法平等参与标准制定工作，强化标准制定的信息公开和社会监督。国家制定的强制性标准平等适用于外商投资企业。国家保障外商投资企业依法通过公平竞争参与政府采购活动。政府采购依法对外商投资企业在中国境内生产的产品、提供的服务平等对待。国家对外国投资者的投资不实行征收。在特殊情况下，国家为了公共利益的需要，可以依照法律规定对外国投资者的投资实行征收或者征用。征收、征用应当依照法定程序进行，并及时给予公平、合理的补偿。外国投资者在中国境内的出资、利润、资本收益、资产处置所得、知识产权许可使用费、依法获得的补偿或者赔偿、清算所得等，可以依法以人民币或者外汇自由汇入、汇出。国家保护外国投资者和外商投资企业的知识产权，保护知识产权权利人和相关权利人的合法权益；对知识产权侵权行为，严格依法追究法律责任。国家鼓励在外商投资过程中基于自愿原则和商业规则开展技术合作。技术合作的条件由投资各方遵循公平原则平等协商确定。行政机关及其工作人员不得利用行政手段强制转让技术。行政机关及其工作人员对于履行职责过程中知悉的外国投资者、外商投资企业的

① 《最高人民法院关于适用〈中华人民共和国外商投资法〉若干问题的解释》，法释〔2019〕20号。

商业秘密，应当依法予以保密，不得泄露或者非法向他人提供。国家制定的强制性标准平等适用于外商投资企业。不得专门针对外商投资企业适用高于强制性标准的技术要求。政府及其有关部门不得阻挠和限制外商投资企业自由进入本地区和本行业的政府采购市场。

(2) 强化对外商投资的法治化管理。各级人民政府及其有关部门制定涉及外商投资的规范性文件，应当符合法律法规的规定；没有法律、行政法规依据的，不得减损外商投资企业的合法权益或者增加其义务，不得设置市场准入和退出条件，不得干预外商投资企业的正常生产经营活动。地方各级人民政府及其有关部门应当履行向外国投资者、外商投资企业依法作出的政策承诺以及依法订立的各类合同。因国家利益、社会公共利益需要改变政策承诺、合同约定的，应当依照法定权限和程序进行，并依法对外国投资者、外商投资企业因此受到的损失予以补偿。建立外商投资企业投诉工作机制。该法规定：国家建立外商投资企业投诉工作机制，及时处理外商投资企业或者其投资者反映的问题，协调完善相关政策措施。外商投资企业或者其投资者认为行政机关及其工作人员的行政行为侵犯其合法权益的，可以通过外商投资企业投诉工作机制申请协调解决。国家建立外商投资安全审查制度，对影响或者可能影响国家安全的外商投资进行安全审查。

(3) 完善外商投资鼓励和优惠制度。国家根据国民经济和社会发展需要，制定鼓励外商投资产业目录，列明鼓励和引导外国投资者投资的特定行业、领域、地区。鼓励外商投资产业目录由国务院投资主管部门会同国务院商务主管部门等有关部门拟订，报国务院批准后由国务院投资主管部门、商务主管部门发布。[①] 外国投资者、外商投资企业可以依照法律、行政法规或者国务院的规定，享受财政、税收、金融、用地等方面的优惠待遇。外国投资者以其在中国境内的投资收益在中国境内扩大投资的，依法享受相应的优惠待遇。2023 年 1 月，国务院办公厅转发了商务部、科技部《关于进一步鼓励外商投资设立研发中心的若干措施》，加大对外商投资在华设立研发中心开展科技研发创新活动的支持力度。

(4) 加强双边和多边投资促进合作机制建设。《外商投资法》第 12 条规定，国家与其他国家和地区、国际组织建立多边、双边投资促进合作机制，加强投资领域的国际交流与合作。截至目前，我国已与 100 多个国家和地区签订了双边投资协定（BIT)。这些投资协定中都规定了国民待遇和最惠国待遇条款。根据《外商投资法》规定，中华人民共和国缔结或者参加的国际条约、协定对外国投资者准入待遇有更优惠规定的，可以按照相关规定执行。

近年来，我国已签订了几十份双边自由贸易协定（FTA)，并正式批准了《区域全面经济伙伴关系协定》。中日韩、中国与海合会等也正在加紧自贸协定谈判。

① 《鼓励外商投资产业目录（2022 年版）》已经于 2022 年 7 月 29 日经国家发展和改革委员会第 22 次委务会议审议通过和商务部审签，并经国务院同意，自 2023 年 1 月 1 日起施行。

这些双边和多边自贸协定都包含了投资者保护和投资者待遇的章节。[①] 目前，中国积极推动加入《全面与进步跨太平洋伙伴关系协定》和《数字经济伙伴关系协定》(DEPA)，2022 年 8 月成立中国加入 DEPA 工作组，已经完成了 10 多轮的部级谈判、司局级谈判和技术层谈判。

四、涉外投资争端解决

目前，生效的 100 多个中外 BIT 普遍采取友好协商、东道国国内救济和国际仲裁三种方式解决投资者与东道国间的投资争端。除 1982 年中国-瑞典 BIT 外，其他中外 BIT 都规定了国际仲裁。这些仲裁条款都规定，提请仲裁的必要条件是双方同意将争端提交国际仲裁。另外，友好协商和东道国国内救济也是大多数中外 BIT 中投资者-国家争端解决（ISDS）机制规定的投资者提请仲裁的前置程序之一。《外商投资法实施条例》专门规定：外国投资者对征收决定不服的，可以依法申请行政复议或者提起行政诉讼。外商投资企业或者其投资者认为行政机关及其工作人员的行政行为侵犯其合法权益，通过外商投资企业投诉工作机制申请协调解决的，有关方面进行协调时可以向被申请的行政机关及其工作人员了解情况，被申请的行政机关及其工作人员应当予以配合。协调结果应当以书面形式及时告知申请人。外商投资企业或者其投资者依照前款规定申请协调解决有关问题的，不影响其依法申请行政复议、提起行政诉讼。

1990 年，中国正式签署《关于解决国家和他国国民之间投资争端公约》，该公约于 1992 年经全国人民代表大会常务委员会批准。自 1993 年到 2023 年底，中国作为被申请人的国际投资仲裁案件共 8 起，都是依据中外 BIT 中 ISDS 机制条款提起的。已结案或终止仲裁程序的案件中，尚无中国在案件管辖权或实体问题裁决上败诉的案件。同时，中国投资者作为申请人提起了 20 余起投资仲裁案件。中山市富诚工业投资有限公司在“中山富诚诉尼日利亚案”中获得胜诉，该案成为中国内地投资者获得实体胜诉的第一起投资仲裁案件。[②]

五、自贸区与自贸港制度

《外商投资法》第 13 条规定：“国家根据需要，设立特殊经济区域，或者在部分地区实行外商投资试验性政策措施，促进外商投资，扩大对外开放。”该条所称特殊经济区域，是指经国家批准设立、实行更大力度的对外开放政策措施的特定区域。国家在部分地区实行的外商投资试验性政策措施，经实践证明可行的，根据实际情况在其他地区或者全国范围内推广。

2013 年 9 月 18 日，《国务院关于印发中国（上海）自由贸易试验区总体方案

---

① 比如《区域全面经济伙伴关系协定》第十章，http：//fta. mofcom. gov. cn/rcep/rcep_new. shtml。

② 池漫郊、任清：《中国国际投资仲裁年度观察（2022）》，《北京仲裁》2022 年第 2 期。

的通知》公布。上海自贸区实施范围28.78平方千米，涵盖四个片区：上海外高桥保税区、上海外高桥保税物流园区、洋山保税港区和上海浦东机场综合保税区。2015年4月8日，《国务院关于印发进一步深化中国（上海）自由贸易试验区改革开放方案的通知》《国务院关于印发中国（广东）自由贸易试验区总体方案的通知》《国务院关于印发中国（天津）自由贸易试验区总体方案的通知》《国务院关于印发中国（福建）自由贸易试验区总体方案的通知》公布。2017年3月15日，《国务院关于印发中国（辽宁）自由贸易试验区总体方案的通知》《国务院关于印发中国（浙江）自由贸易试验区总体方案的通知》《国务院关于印发中国（河南）自由贸易试验区总体方案的通知》《国务院关于印发中国（湖北）自由贸易试验区总体方案的通知》《国务院关于印发中国（重庆）自由贸易试验区总体方案的通知》《国务院关于印发中国（四川）自由贸易试验区总体方案的通知》《国务院关于印发中国（陕西）自由贸易试验区总体方案的通知》公布。2018年9月24日，《国务院关于同意设立中国（海南）自由贸易试验区的批复》公布，实施范围为海南岛全岛。2019年7月27日，《国务院关于印发中国（上海）自由贸易试验区临港新片区总体方案的通知》公布。同年8月2日，《国务院关于同意新设6个自由贸易试验区的批复》公布，同意设立中国（山东）自由贸易试验区、中国（江苏）自由贸易试验区、中国（广西）自由贸易试验区、中国（河北）自由贸易试验区、中国（云南）自由贸易试验区、中国（黑龙江）自由贸易试验区。2020年8月30日，《国务院关于印发北京、湖南、安徽自由贸易试验区总体方案及浙江自由贸易试验区扩展区域方案的通知》公布。2021年7月9日，中央全面深化改革委员会第二十次会议审议通过了《关于推进自由贸易试验区贸易投资便利化改革创新的若干措施》。

2021年4月29日，第十三届全国人民代表大会常务委员会第二十八次会议通过了《关于授权国务院在自由贸易试验区暂时调整适用有关法律规定的决定》，授权国务院在自由贸易试验区内，暂时调整适用《中华人民共和国民办教育促进法》《中华人民共和国会计法》《中华人民共和国注册会计师法》《中华人民共和国拍卖法》《中华人民共和国银行业监督管理法》《中华人民共和国商业银行法》《中华人民共和国保险法》的有关规定，自由贸易试验区所在县、不设区的市、市辖区的其他区域参照执行。上述调整的期限为三年，自该决定施行之日起算。[①] 国务院及其有关部门要加强对试点工作的指导、协调和监督，及时总结试点工作经验，并就暂时调整适用有关法律规定的情况向全国人民代表大会常务委员会作出中期报告。对实践证明可行的，国务院应当提出修改有关法律的意见；对实践证明不宜调整的，在试点期限届满后恢复施行有关法律规定。

---

① 2024年12月30日，国务院发布《关于同意继续在中国（上海）自由贸易试验区临港新片区暂时调整适用有关行政法规规定的批复》（国函〔2024〕204号）。

中华人民共和国第十三届全国人民代表大会常务委员会第二十九次会议于2021年6月10日通过《海南自由贸易港法》，正式在海南岛全岛设立海南自由贸易港，分步骤、分阶段建立自由贸易港政策和制度体系，实现贸易、投资、跨境资金流动、人员进出、运输来往自由便利和数据安全有序流动。海南自由贸易港建设，以贸易投资自由化便利化为重点，以各类生产要素跨境自由有序安全便捷流动和现代产业体系为支撑，以特殊的税收制度安排、高效的社会治理体系和完备的法治体系为保障，持续优化法治化、国际化、便利化的营商环境和公平统一高效的市场环境。国家建立健全全岛封关运作的海南自由贸易港海关监管特殊区域制度。在依法有效监管基础上，建立自由进出、安全便利的货物贸易管理制度，优化服务贸易管理措施，实现贸易自由化便利化。

海南自由贸易港实行投资自由化便利化政策，全面推行极简审批投资制度，完善投资促进和投资保护制度，强化产权保护，保障公平竞争，营造公开、透明、可预期的投资环境。海南自由贸易港全面放开投资准入，涉及国家安全、社会稳定、生态保护红线、重大公共利益等国家实行准入管理的领域除外。海南自由贸易港对外商投资实行准入前国民待遇加负面清单管理制度。特别适用于海南自由贸易港的外商投资准入负面清单由国务院有关部门会同海南省制定，报国务院批准后发布。[①] 国家放宽海南自由贸易港市场准入。海南自由贸易港放宽市场准入特别清单（特别措施）由国务院有关部门会同海南省制定。海南自由贸易港实行以过程监管为重点的投资便利措施，逐步实施市场准入承诺即入制。具体办法由海南省会同国务院有关部门制定。

六、外商投资合伙企业

《中华人民共和国合伙企业法》于2006年修订。该法规定：合伙企业，是指自然人、法人和其他组织依照本法在中国境内设立的普通合伙企业和有限合伙企业。普通合伙企业由普通合伙人组成，合伙人对合伙企业债务承担无限连带责任。本法对普通合伙人承担责任的形式有特别规定的，从其规定。有限合伙企业由普通合伙人和有限合伙人组成，普通合伙人对合伙企业债务承担无限连带责任，有限合伙人以其认缴的出资额为限对合伙企业债务承担责任。该法第108条规定：外国企业或者个人在中国境内设立合伙企业的管理办法由国务院规定。

2020年11月29日，《国务院关于修改和废止部分行政法规的决定》（中华人民共和国国务院令第732号）公布，废止了国务院2009年的《外国企业或者个人在中国境内设立合伙企业管理办法》。目前对于外国企业和个人在中国境内设立合伙企业的登记和管理适用《中华人民共和国市场主体登记管理条例》。

---

① 《海南自由贸易港跨境服务贸易特别管理措施（负面清单）（2021年版）》经中华人民共和国商务部令2021年第3号公布，自2021年8月26日起施行。

七、外商投资金融行业管理规定

《外商投资法》第 41 条规定，对外国投资者在中国境内投资银行业、证券业、保险业等金融行业，或者在证券市场、外汇市场等金融市场进行投资的管理，国家另有规定的，依照其规定。

国务院 2019 年修改了《中华人民共和国外资银行管理条例》，进一步放宽了外资银行准入门槛：一是放宽中外合资银行中方股东限制，取消中外合资银行的中方唯一或者主要股东应当为金融机构的要求，进一步扩大外资银行自主选择中方合作伙伴的范围；二是放宽外国银行在华设立营业性机构的条件限制，取消外国金融机构来华设立法人银行的 100 亿美元总资产要求和外国银行来华设立分行的 200 亿美元总资产要求，为规模较小但自身经营具有特色和专长的外国银行来华设立机构提供更大空间。修改后的《外资银行管理条例》放宽了对外国银行在中国境内同时设立法人银行和外国银行分行的限制，允许外国银行在中华人民共和国境内同时设立外商独资银行和外国银行分行，或者同时设立中外合资银行和外国银行分行，以更好满足外国银行拓展在华业务的实际需要。修改后的《外资银行管理条例》进一步放宽对外资银行的业务限制，主要体现在以下三方面：一是扩大外资银行的业务范围，增加“代理发行、代理兑付、承销政府债券”和“代理收付款项”业务，进一步提升在华外资银行服务能力；二是降低外国银行分行吸收人民币存款的业务门槛，将外国银行分行可以吸收中国境内公民定期存款的金额下限由每笔不少于 100 万元人民币改为每笔不少于 50 万元人民币；三是取消外资银行开办人民币业务的审批，进一步优化在华外资银行的营商环境，使条件成熟、准备充分的外资银行一开业即拥有全面的本外币服务能力，在为实体经济更好提供服务的同时，增加盈利来源。为在保证安全的同时增强外国银行分行资产运用的自主性和灵活性，将原来规定的“外国银行分行营运资金的 30%应当以国务院银行业监督管理机构指定的生息资产形式存在”，修改为“外国银行分行应当按照国务院银行业监督管理机构的规定，持有一定比例的生息资产”。同时，增加规定：资本充足率持续符合所在国家或者地区金融监管当局以及国务院银行业监督管理机构规定的外国银行，其在中国境内的分行不受“营运资金加准备金等项之和中的人民币份额与其人民币风险资产的比例不得低于 8%”的限制。

对于外商投资证券公司，2018 年《外商投资证券公司管理办法》出台后，伴随《外商投资准入特别管理措施（负面清单）（2018 年版）》将外资股比放宽至 51%，众多国际一流证券经营机构纷纷在华设立控股证券公司。国务院金融稳定发展委员会办公室于 2019 年 7 月发布的《关于进一步扩大金融业对外开放的有关举措》，将原定于 2021 年取消证券公司、基金管理公司和期货公司外资股比限制的时点提前到 2020 年。2020 年 1 月，中美双方达成中美第一阶段经贸协议，中国不迟于2020年4月1日，应取消外资股比限制并允许美国独资的服务提供者进入证券领域。2020年3月20日，中国证监会修改《外商投资证券公司管理办法》并发布公告。自2020年4月1日起取消证券公司外资股比限制，符合条件的境外投资者可根据法律法规、中国证监会有关规定和相关服务指南的要求，依法提交设立证券公司或变更公司实际控制人的申请。

对于外商投资保险公司，国务院2019年修订了《中华人民共和国外资保险公司管理条例》，修改后的条例放宽了外资保险公司准入限制，对申请设立外资保险公司的外国保险公司，取消“经营保险业务30年以上”和“在中国境内已经设立代表机构2年以上”的条件，鼓励更多有经营特色和专长的保险机构进入中国市场。同时，允许外国保险集团公司在中国境内投资设立外资保险公司，允许境外金融机构入股外资保险公司，并授权国务院保险监督管理机构制定具体管理办法，进一步丰富外资保险公司的股东类型，激发市场活力，促进保险业高质量发展。为了进一步扩大保险市场对外开放，中国银行保险监督管理委员会2021年修正了《中华人民共和国外资保险公司管理条例实施细则》，删去原来第三条关于“外国保险公司与中国的公司、企业合资在中国境内设立经营人身保险业务的合资保险公司，其中外资比例不得超过公司总股本的51%”的比例限制。外国保险公司直接或者间接持有的合资寿险公司股份，也不再受上述比例限制。另外还增加了申请设立外资保险公司的外国保险集团公司的相应规定。

根据商务部2009年发布的《外商投资担保业审批指引》，允许外国投资者在中国以独资或与中国投资者合资的形式设立从事担保经营业务的有限责任公司。

八、合格境外机构投资者

合格境外机构投资者和人民币合格境外机构投资者，是指经中国证监会批准，使用来自境外的资金进行境内证券期货投资的境外机构投资者，包括境外基金管理公司、商业银行、保险公司、证券公司、期货公司、信托公司、政府投资机构、主权基金、养老基金、慈善基金、捐赠基金、国际组织等中国证监会认可的机构。合格境外机构投资者（QFII）制度是一国在货币没有实现完全可自由兑换、资本项目尚未开放的情况下，有限度地引进外资、开放资本市场的一项过渡性的制度。这种制度要求下，外国投资者若要进入一国证券市场，必须符合一定的条件，得到该国有关部门的审批通过后汇入一定额度的外汇资金，并将其转换为当地货币，通过严格监管的专门账户投资当地证券市场。QFII制度的实质是一种有创意的资本管制。在这一机制下，任何打算投资境内资本市场的人士都必须通过合格机构进行证券买卖，以便政府进行外汇监管和宏观调控，目的是减少资本流动尤其是短期游资对国内经济和证券市场的冲击。通过QFII制度，管理层可以对外资进入进行必要的限制和引导，使之与本国的经济发展和证券市场发展相适应，控制外来资本对本国经济独立性的影响，抑制境外投机性游资对本国经济的冲击，推动资本市场国际化，促进资本市场健康发展。

2002 年 11 月 5 日，《合格境外机构投资者境内证券投资管理暂行办法》公布，标志着我国正式推出了 QFII 试点。QFII 进入我国资本市场后，实现了境内外资本市场的初步对接，提高了我国资本市场的国际影响力，增加了市场的中长期资金供给，促进了我国资本市场投资理念的发展和先进投资风险管理技术的应用，并对促进国内上市公司完善治理结构、推动资本市场的制度改革和机制创新发挥了积极作用。

2006 年 8 月，中国证监会、中国人民银行、国家外汇管理局联合发布了《合格境外机构投资者境内证券投资管理办法》，对 2002 年颁布实施的《合格境外机构投资者境内证券投资管理暂行办法》进行了必要的补充和完善。

2011 年 12 月 16 日，中国证监会、中国人民银行、国家外汇管理局联合发布《基金管理公司、证券公司人民币合格境外机构投资者境内证券投资试点办法》，允许符合条件的基金管理公司、证券公司的香港子公司作为试点机构开展人民币合格境外机构投资者（RQFII）业务。该业务初期试点额度约人民币 200 亿元，试点机构投资于股票及股票类基金的资金不超过募集规模的 20%。2013 年 3 月，中国证监会、中国人民银行和国家外汇管理局联合发布《人民币合格境外机构投资者境内证券投资试点办法》，允许更多境外金融机构将离岸筹集的人民币资金投资于境内资本市场，同时放宽 RQFII 投资范围的限制。

2019 年 9 月，国家外汇管理局宣布：经国务院批准，国家外汇管理局决定取消 QFII 和 RQFII 投资额度限制。同时，RQFII 试点国家和地区限制也一并取消。

中国证监会、中国人民银行、国家外汇管理局于 2020 年 9 月 25 日公布《合格境外机构投资者和人民币合格境外机构投资者境内证券期货投资管理办法》，自 2020 年 11 月 1 日起施行。中国证监会还于 2022 年 9 月 9 日公布《关于合格境外机构投资者和人民币合格境外机构投资者境内证券交易登记结算业务的规定》，自公布之日起施行。上述办法和规定统一了 QFII 和 RQFII 的适用范围，同时也是夯实资本市场基础制度、深化资本市场对外开放的积极举措，我国的货银对付（DVP）改革也逐步实施。

第二节　中国企业海外投资管理法律制度

一、概论

2000 年，我国提出实施“走出去”战略，鼓励国内有条件的企业“走出去”，参与国际经济合作与竞争。党的十八大以来，以习近平同志为核心的党中央统筹国内国际两个大局，高度重视对外投资工作，鼓励企业利用国际国内两个市场、两种资源，发展更高层次的开放型经济。2013年，中国提出“一带一路”倡议，鼓励资本、技术、产品、服务和文化“走出去”，对外投资进入全新的发展阶段。2022年，中国对外直接投资流量1 631.2亿美元，居全球第二位，连续十一年位列全球前三，连续七年占全球份额超过一成。2022年末，中国对外直接投资存量达2.75万亿美元，连续六年排名全球前三。①

随着我国对外投资的迅速发展，我国的对外投资管理体制也日趋完善。目前，我国国有企业境外投资已初步形成了综合性监管与专业性监管相结合的法律监管体制，即国资委代表国家履行出资人职责和监管职责，凡涉及国有资产综合管理的以国资委监管为主，涉及境外投资的则以商务部监管为主，其他管理机构——包括国家发展和改革委员会、财政部、外交部、国家外汇管理局、国家税务总局及各行业主管部门等为辅的管理体制。

二、国家发改委《企业境外投资管理办法》

（一）概论

2014年4月，国家发展和改革委员会发布9号令，将境外投资管理方式由逐项核准改为备案为主、核准为辅，对促进和规范境外投资发展发挥了重要作用。9号令实施三年多后，境外投资快速发展，我国跻身境外投资大国前列。同时，境外投资发展呈现出一些新问题，企业也提出一些新诉求，需要对管理制度进行改革。比如，如何降低制度性交易成本，进一步便利企业境外投资；如何补齐现行管理制度短板，进一步规范企业境外投资；如何提高公共服务质量，进一步服务企业境外投资；等等。

2017年12月26日，国家发展和改革委员会发布《企业境外投资管理办法》（国家发展和改革委员会令第11号，以下称“新办法”）。新办法于2018年3月1日起施行，原2004年《境外投资项目核准和备案管理办法》（国家发展和改革委员会令第9号，以下称“9号令”）同时废止。

新办法所称境外投资，是指中华人民共和国境内企业（以下称“投资主体”）直接或通过其控制的境外企业，以投入资产、权益或提供融资、担保等方式，获得境外所有权、控制权、经营管理权及其他相关权益的投资活动。新办法作为境外投资管理的基础性制度，在“放”“管”“服”三个方面统筹推出了八项改革举措，旨在加强境外投资宏观指导，优化境外投资综合服务，推进境外投资全程监管，促进境外投资持续健康发展，维护我国国家利益和国家安全。新办法突出简政放权的特点，推出三项实实在在的改革，以进一步便利企业境外投资，具体包

① 商务部、国家统计局和国家外汇管理局于2023年9月28日联合发布《2022年度中国对外直接投资统计公报》。

括以下方面：

(1) 取消项目信息报告制度。按9号令规定：中方投资额3亿美元及以上的境外收购或竞标项目，投资主体在对外开展实质性工作之前，应向国家发展改革委报送项目信息报告。国家发展改革委收到项目信息报告后，对符合国家境外投资政策的项目，在7个工作日内出具确认函。新办法取消该项规定，进一步简化事前管理环节，从而降低制度性交易成本。

(2) 取消地方初审、转报环节。按9号令规定，地方企业向国家发展改革委申请核准的材料由省级政府发展改革部门提出审核意见后报送，向国家发展改革委申请备案的材料由省级政府发展改革部门报送。新办法取消地方初审、转报环节，属于国家发展改革委核准、备案范围的项目，地方企业通过网络系统直接向国家发展改革委提交有关申请材料，从而让企业好办事、少跑腿。

(3) 放宽投资主体履行核准、备案手续的时间要求。按9号令规定：投资主体实施需国家发展改革委核准或备案的境外投资项目，在对外签署具有最终法律约束效力的文件前，应当取得国家发展改革委出具的核准文件或备案通知书；或可在签署的文件中明确生效条件为依法取得国家发展改革委出具的核准文件或备案通知书。新办法将投资主体履行核准、备案手续的时间要求从签约前（或协议生效前）放宽至实施前：属于核准、备案管理范围的项目，投资主体应当在项目实施前取得项目核准文件或备案通知书。这有利于企业更加从容地安排交易。当然，放宽投资主体履行核准、备案手续的时间要求，并不是说企业只有等到项目实施前的最后一刻才能提交核准、备案申请。事实上，企业可以在备齐项目核准、备案材料后及时提出有关申请，以便及早取得核准文件或备案通知书。

新办法既在上述关键环节作出改革，也在许多细微之处作出改进。和9号令相比，新办法对核准和备案的程序、时限、变更、延期等作出更加明确和具体的规定，对流程进行优化，如两个以上投资主体如何确定申报单位、受理的程序和凭证、变更和延期的程序与时限等。这些“微改革”，既增强了制度的可操作性，也减少了核准和备案机关的自由裁量空间，提高了管理的透明度和确定性。

(二) 核准与备案

新办法对境外投资实行核准和备案管理。实行核准管理的范围是投资主体直接或通过其控制的境外企业开展的敏感类项目。核准机关是国家发展改革委。敏感类项目包括：(1) 涉及敏感国家和地区的项目；(2) 涉及敏感行业的项目。敏感国家和地区包括：(1) 与我国未建交的国家和地区；(2) 发生战争、内乱的国家和地区；(3) 根据我国缔结或参加的国际条约、协定等，需要限制企业对其投资的国家和地区；(4) 其他敏感国家和地区。敏感行业包括：(1) 武器装备的研制生产维修；(2) 跨境水资源开发利用；(3) 新闻传媒；(4) 根据我国法律法规和有关调控政策，需要限制企业境外投资的行业。敏感行业目录由国家发展改革委发布。[①]

实行备案管理的范围是投资主体直接开展的非敏感类项目，也即涉及投资主体直接投入资产、权益或提供融资、担保的非敏感类项目。实行备案管理的项目中，投资主体是中央管理企业（含中央管理金融企业、国务院或国务院所属机构直接管理的企业）的，备案机关是国家发展改革委；投资主体是地方企业，且中方投资额3亿美元及以上的，备案机关是国家发展改革委；投资主体是地方企业，且中方投资额3亿美元以下的，备案机关是投资主体注册地的省级政府发展改革部门。非敏感类项目，是指不涉及敏感国家和地区且不涉及敏感行业的项目。中方投资额，是指投资主体直接以及通过其控制的境外企业为项目投入的货币、证券、实物、技术、知识产权、股权、债权等资产、权益以及提供融资、担保的总额。

三、中央企业境外投资监督管理

为加强中央企业境外投资监督管理，推动中央企业提升国际化经营水平，国务院国有资产监督管理委员会于2017年颁布《中央企业境外投资监督管理办法》。2012年公布的《中央企业境外投资监督管理暂行办法》（国资委令第28号）同时废止。

该办法所称中央企业是指国务院国有资产监督管理委员会（简称国资委）代表国务院履行出资人职责的国家出资企业。该办法所称境外投资是指中央企业在境外从事的固定资产投资与股权投资。该办法所称境外重大投资项目是指中央企业按照本企业章程及投资管理制度规定，由董事会研究决定的境外投资项目。该办法所称主业是指由中央企业发展战略和规划确定并经国资委确认公布的企业主要经营业务，非主业是指主业以外的其他经营业务。

根据该办法规定，国资委指导中央企业建立健全境外投资管理制度，强化战略规划引领、明确投资决策程序、规范境外经营行为、加强境外风险管控、推动走出去模式创新，制定中央企业境外投资项目负面清单，对中央企业境外投资项目进行分类监管，监督检查中央企业境外投资管理制度的执行情况、境外重大投资项目的决策和实施情况，组织开展对境外重大投资项目后评价，对境外违规投资造成国有资产损失以及其他严重不良后果的进行责任追究。

中央企业是境外投资项目的决策主体、执行主体和责任主体。中央企业应当建立境外投资管理体系，健全境外投资管理制度，科学编制境外投资计划，研究制定境外投资项目负面清单，切实加强境外项目管理，提高境外投资风险防控能力，组织开展境外检查与审计，按职责进行责任追究。

国资委根据国家有关规定和监管要求，建立发布中央企业境外投资项目负面

---

① 国家发展改革委关于发布境外投资敏感行业目录（2018年版）的通知，发改外资〔2018〕251号。

清单，设定禁止类和特别监管类境外投资项目，实行分类监管。列入负面清单禁止类的境外投资项目，中央企业一律不得投资；列入负面清单特别监管类的境外投资项目，中央企业应当报送国资委履行出资人审核把关程序；负面清单之外的境外投资项目，由中央企业按照企业发展战略和规划自主决策。中央企业境外投资项目负面清单的内容保持相对稳定，并适时动态调整。中央企业应当在国资委发布的中央企业境外投资项目负面清单基础上，结合企业实际，制定本企业更为严格、具体的境外投资项目负面清单。列入中央企业境外投资项目负面清单特别监管类的境外投资项目，中央企业应当在履行企业内部决策程序后、在向国家有关部门首次报送文件前报国资委履行出资人审核把关程序。中央企业原则上不得在境外从事非主业投资。有特殊原因确需开展非主业投资的，应当报送国资委审核把关，并通过与具有相关主业优势的中央企业合作的方式开展。

四、商务部《境外投资管理办法》

商务部第 27 次部务会议于 2014 年 8 月 19 日通过《境外投资管理办法》，自 2014 年 10 月 6 日起施行。根据该办法，商务部和各省、自治区、直辖市、计划单列市及新疆生产建设兵团商务主管部门（以下称省级商务主管部门）负责对境外投资实施管理和监督。

商务部和省级商务主管部门按照企业境外投资的不同情形，分别实行备案和核准管理。企业境外投资涉及敏感国家和地区、敏感行业的，实行核准管理。企业其他情形的境外投资，实行备案管理。实行核准管理的国家是指与中华人民共和国未建交的国家、受联合国制裁的国家。必要时，商务部可另行公布其他实行核准管理的国家和地区的名单。实行核准管理的行业是指涉及出口中华人民共和国限制出口的产品和技术的行业、影响一国（地区）以上利益的行业。根据商务部办公厅《关于涉及多国利益境外投资有关事项的通知》（商办合函〔2011〕189 号），有主权争议的地区，为涉及多国（地区）利益地区。企业赴上述地区开展境外投资、设立境外机构，属于“涉及多国（地区）利益的境外投资”，应按《境外投资管理办法》（商务部令 2009 年第 5 号）报商务部核准。各级商务主管部门和中央企业应提醒本地区和所属企业，在赴上述地区开展境外投资时，应审慎决策，防范风险，并严格按照《境外投资管理办法》履行核准手续。

商务部和省级商务主管部门通过“境外投资管理系统”对企业境外投资进行管理，并向获得备案或核准的企业颁发《企业境外投资证书》。该证书是企业境外投资获得备案或核准的凭证，按照境外投资最终目的地颁发。

为规范对外投资合作事中事后监管行为，引导企业健康有序开展对外投资合作，根据《国务院办公厅关于推广随机抽查规范事中事后监管的通知》（国办发〔2015〕58 号）和《2016 年推进简政放权放管结合优化服务改革工作要点》（国发

〔2016〕30 号）关于全面推开“双随机、一公开”监管的要求，商务部还制定了《对外投资合作“双随机一公开”监管工作细则（试行）》（商办合函〔2017〕426 号）。该细则所称“双随机、一公开”工作，是指商务部和省级商务主管部门开展对外投资合作监督检查工作时，采取随机抽取检查对象、随机选派执法检查人员，及时公开抽查情况和查处结果。

根据中央深改组第三十五次会议精神和国务院关于规范企业海外经营行为的有关要求，为加强对外投资备案（核准）报告管理工作，建立健全部门间信息统一归集和共享机制，切实防范风险，促进对外投资健康有序发展，商务部、中国人民银行、国务院国资委、银监会、证监会、保监会、国家外汇局制定了《对外投资备案（核准）报告暂行办法》（商合发〔2018〕24 号），并于 2018 年联合印发。商务主管部门、金融管理部门依据各自职责负责境内投资主体对外投资的备案或核准管理。国务院国资委负责履行出资人职责的中央企业对外投资的监督和管理。相关主管部门应根据各自职责按照“鼓励发展＋负面清单”的模式建立健全相应的对外投资备案（核准）办法。

随着新一轮科技革命和产业变革的深入发展，数字经济成为未来全球经济增长的新引擎，各国纷纷将数字经济视为重大战略机遇，国际合作与竞争面临新形势。商务部、中央网信办、工业和信息化部印发了《数字经济对外投资合作工作指引》（商合函〔2021〕355 号），提出了加快数字经济对外投资合作的十一项重点工作任务，由企业自觉遵守，同时适用于地方商务、网信办、工业和信息化主管部门对我国企业开展对外投资合作的指导、管理和服务。

为加快推动对外投资合作绿色发展，建立健全绿色低碳循环发展经济体系，在国际合作与竞争中赢得主动，更好服务构建新发展格局，商务部、生态环境部于 2021 年制定了《对外投资合作绿色发展工作指引》（商合函〔2021〕309 号）。鼓励企业开展境外绿色投资、绿色建设、绿色生产、绿色运营、绿色创新，把绿色理念贯穿至对外投资合作全过程。支持太阳能、风能、核能、生物质能等清洁能源领域对外投资，参与全球能源生产和消费革命，构建清洁低碳、安全高效的能源体系。推动企业与各国企业和机构加强绿色发展合作，加快与全球绿色产业链对接融合。推动企业积极履行环保责任，严格遵守东道国法律法规，促进当地经济社会和生态环境协调发展。鼓励企业按照国际通行惯例开展对外投资项目环境评估和尽职调查，识别潜在环境风险。

2022 年，生态环境部办公厅、商务部办公厅印发《对外投资合作建设项目生态环境保护指南》（环办环评〔2022〕2 号），要求：企业实施对外投资合作建设项目，应遵守东道国（地区）生态环境法律法规和政策标准，按要求申请所需的生态环境保护许可。东道国（地区）没有相关标准或标准要求偏低的，在生态环境保护许可的基础上，鼓励采用国际通行规则标准或中国更严格标准。企业应将生态环境保护纳入自身发展战略，参照国际通行做法，建立相应的生态环境保护规章制度，完善内部环境管理体系。加强生态环境保护培训、研讨和能力建设，设专门人员负责生态环境保护工作，不断提高企业环境管理能力。

五、对外承包工程管理

2008年7月21日，国务院公布了《对外承包工程管理条例》，并于2017年进行了修订。党的十八大以来，在“一带一路”倡议的引领下，我国对外承包工程发展进入新阶段，取得显著成效，一批重大项目已成为共建“一带一路”的可视性成果。对外承包工程涉及境外工程项目投融资、设计咨询、设备采购、建设施工、运营管理等多个方面，对带动中国产品技术服务“走出去”和深化国际产能合作、促进国内经济转型升级、实现我国与相关国家共赢发展发挥了重要作用。当前，国际国内环境正发生深刻复杂的变化，对外承包工程发展既存在较好的机遇，也面临诸多的风险挑战。为加强宏观指导，促进对外承包工程高质量发展，商务部、外交部、国家发展改革委、教育部、工业和信息化部、公安部、财政部、住房城乡建设部、交通运输部、中国人民银行、国资委、海关总署、税务总局、市场监管总局、国家国际发展合作署、银保监会、证监会、外汇局、全国工商联于2019年联合发布《关于促进对外承包工程高质量发展的指导意见》（商合发〔2019〕273号），要求：完善管理机制。落实《对外承包工程管理条例》，加强对外承包工程管理的统筹协调，不断完善国务院有关部门宏观指导和联合监管、地方政府属地管理、行业组织协调自律、与项目所在国政府密切协作的管理体系，推动形成职责清晰、协同有效、约束有力的工作机制，打造对外承包工程高质量发展的良好制度环境和政策环境。改革管理方式。进一步深化对外承包工程“放管服”改革，建立“备案＋负面清单”管理方式，减少政府核准范围和环节。完善对外承包工程违法违规行为处罚规定，加强事中事后监管，强化统计分析和运行监测，用好重点检查和“双随机、一公开”抽查，加大对外承包工程行政执法力度，对违法违规行为实施联合惩戒，有效维护公平竞争和市场秩序。督促企业合规经营。推动企业不断增强合规管理能力，切实规范对外承包工程经营行为，在项目招投标、合同履约、劳工权益保护、环境保护等关键环节严格遵守我国和项目所在国法律法规、相关国际规则标准，自觉抵制商业贿赂，严禁工程项下外派人员参与涉赌等活动。推进对外经济合作信用体系建设，完善对外承包工程失信行为认定和信息记录规定，督促企业守法诚信经营。强化风险防范。构建服务对外承包工程发展的综合性风险防控体系和突发事件应急处置机制，完善境外企业和对外投资联络服务平台，及时分析、研判和预警境外政治、经济、社会、安全、舆论等领域重大风险。督促企业完善安全管理制度、落实风险防范措施，提升突发事件处置能力。做好预防性领事保护，与相关国家合作共同保障我境外企业和人员的安全及合法权益。

六、合格境内机构投资者

合格境内机构投资者，是指符合规定的条件，经中国证券监督管理委员会批准在中华人民共和国境内募集资金，运用所募集的部分或者全部资金以资产组合方式进行境外证券投资管理的境内基金管理公司和证券公司等证券经营机构。合格境内机构投资者制度是在人民币资本项目不可兑换、资本市场未开放条件下，在一国境内设立，经该国有关部门批准，有控制地允许境内机构投资境外资本市场的股票、债券等有价证券投资业务的一项制度安排。设立该制度的直接目的是进一步开放资本账户，以创造更多外汇需求，使人民币汇率更加平衡、更加市场化，并鼓励国内更多企业走出国门，从而减少贸易顺差和资本项目盈余，直接表现为让国内投资者直接参与国外的市场，并获取全球市场收益。

根据2007年6月18日中国证券监督管理委员会发布的《合格境内机构投资者境外证券投资管理试行办法》可知：境内机构投资者开展境外证券投资业务，应当由境内商业银行负责资产托管业务，可以委托境外证券服务机构代理买卖证券。

根据《中国人民银行办公厅关于进一步明确人民币合格境内机构投资者境外证券投资管理有关事项的通知》（银办发〔2018〕81号）可知：人民币合格投资者境外投资是指取得国务院金融监督管理机构许可的境内金融机构，以自有人民币资金或募集境内机构和个人人民币资金，投资于境外金融市场的人民币计价产品（银行自有资金境外运用除外）。人民币合格投资者开展境外投资的，不得将人民币资金汇出境外购汇。

第三节　境外国有资产管理和保护

一、境外国有资产登记

根据财政部、外交部、国家外汇管理局、海关总署1999年联合发布的《境外国有资产管理暂行办法》，境外国有资产，是指我国企业、事业单位和各级人民政府及政府有关部门（以下称境内投资者）以国有资产（含国有法人财产，下同）在境外（包含港、澳、台地区）投资设立的各类企业和非经营性机构（以下称境外机构）中应属国有的下列各项资产：（1）境内投资者向境外投资设立独资、合资、合作企业或购买股票（或股权）以及境外机构在境外再投资形成的资本及其权益；（2）境内投资者及其境外派出单位在境外投资设立非经营性机构（包括使馆、领事馆、记者站、各种办事处、代表处等）所形成的国有资产；（3）在境外以个人名义持有的国有股权及物业产权；（4）境外机构中应属国家所有的无形资产；

(5) 境外机构依法接受的赠予、赞助和经依法判决、裁决而取得的应属国家所有的资产；(6) 境外其他应属国家所有的资产。

为加强对境外国有资产的管理、监督，维护国家对境外国有资产的合法权益，根据国务院关于加强海外投资项目登记与管理的规定和国家国有资产管理局、财政部、国家工商行政管理总局联合发布的《国有资产产权登记管理试行办法》的要求，国家国有资产管理局、财政部、国家外汇管理局于 1992 年联合发布了《境外国有资产产权登记管理暂行办法》(国资境外发〔1992〕29 号，1992 年 6 月 25 日)。国家国有资产管理局于 1996 年发布了《境外国有资产产权登记管理暂行办法实施细则》(国资企发〔1996〕114 号，1996 年 9 月 11 日)。该暂行办法所称境外国有资产，是指各级人民政府、各部门和全民所有制企业及其他行政、事业单位向境外投资（包括现金及有价证券；机器；设备；无形资产，如技术专利、商标商誉等）所形成的归中方所有的资产和按国家规定批准留用的资产收益，境外企业、行政、事业单位（以下称境外机构）接受馈赠、赞助及用贷款（包括境内、境外贷款）投资创办的境外机构内部积累等形成的应归中方所有的资产。境外国有资产包括动产、不动产、有形资产和无形资产。

境外国有资产产权登记，是指国有资产管理部门依法代表国家对境外国有资产进行登记，取得国家对境外国有资产的所有权的法律凭证，确认境外机构占用、使用境外国有资产的法律行为。凡占有、使用境外国有资产的企业、公司、其他经济组织、行政事业单位，都必须按照本办法的规定向国有资产管理部门申报、办理产权登记手续。境外国有资产产权登记主管机关是国家国有资产管理局和地方各级国有资产管理部门。各级国有资产管理部门负责本级境外机构的国有资产产权登记。尚无国有资产管理部门的地方，暂由财政部门办理境外机构产权登记手续。国有资产管理部门可以委托其他机关和单位办理境外国有资产产权登记手续。产权登记按照统一政策、分级管理的原则组织实施。

以下境外国有资产必须进行产权登记：(1) 国内企业、公司及其他经济组织到境外投资（合资、合作、独资等）设厂形成的国有资产；(2) 在境外注册的各类贸易公司中的国有资产；(3) 对外承包工程的企业在境外的国有资产；(4) 境外行政、事业单位及其分支机构中的国有资产；(5) 其他应属国有的境外资产。

国家国有资产管理局负责统一制定《境外国有资产产权登记表》《境外国有资产授权占用证书》。境外机构办理产权登记，应按期限如实填报《境外国有资产产权登记表》，并由法定代表人（或中方代表人、负责人）签字。国有资产管理部门审查合格的《境外国有资产产权登记表》是核发《境外国有资产授权占用证书》的依据和国家对该境外机构占有、使用的境外国有资产拥有所有权的法律凭证。国有资产管理部门核发的《境外国有资产授权占有证书》是境外机构对授予其经营管理的境外国有资产享有占有、使用和依法进行处分的权力的法律凭证。

在办理境外产权登记时，境外国有资产以个人名义持股或拥有物业产权在境外进行产权注册的境外机构，必须按照国务院办公厅国办发〔1989〕54 号文件和国家国有资产管理局、司法部、对外经济贸易部联合发布的《关于境外国有资产以个人名义进行产权注册办理委托协议书公证的规定》的通知（国资境外发〔1991〕73 号）的要求，先办理以个人名义进行产权注册的股权委托手续或委托协议书的公证手续后，再办理产权登记。办理产权登记时，必须提交委托或公证法律手续的复印件。

二、中央企业境外国有资产管理

随着我国对外投资的发展，我国国有企业境外资产规模日益庞大。为加强和规范中央企业境外国有资产管理，国资委于 2011 年 6 月根据《中华人民共和国企业国有资产法》《企业国有资产监督管理暂行条例》和国家有关法律、行政法规的规定，制定了《中央企业境外国有资产监督管理暂行办法》和《中央企业境外国有产权管理暂行办法》。

《中央企业境外国有资产监督管理暂行办法》适用于中央企业及其各级独资、控股子企业在境外以各种形式出资所形成的国有权益的监督管理。

《中央企业境外国有产权管理暂行办法》适用于国务院国有资产监督管理委员会履行出资人职责的企业（以下简称中央企业）及其各级独资、控股子企业（以下简称各级子企业）持有的境外国有产权管理。该办法所称境外国有产权是指中央企业及其各级子企业以各种形式对境外企业出资所形成的权益。所称境外企业，是指中央企业及其各级子企业在我国境外以及香港特别行政区、澳门特别行政区和台湾地区依据当地法律出资设立的企业。

中央企业是其境外国有产权管理的责任主体，应当依照我国法律、行政法规建立健全境外国有产权管理制度，同时遵守境外注册地和上市地的相关法律规定，规范境外国有产权管理行为。境外国有产权应当由中央企业或者其各级子企业持有。境外企业注册地相关法律规定须以个人名义持有的，应当统一由中央企业依据有关规定决定或者批准，依法办理委托出资等保全国有产权的法律手续，并以书面形式报告国资委。

中央企业应当加强对离岸公司等特殊目的公司的管理。因重组、上市、转让或者经营管理需要设立特殊目的公司的，应当由中央企业决定或者批准并以书面形式报告国资委。已无存续必要的特殊目的公司，应当及时依法予以注销。

中央企业及其各级子企业发生以下事项时，应当由中央企业统一向国资委申办产权登记：（1）以投资、分立、合并等方式新设境外企业，或者以收购、投资入股等方式首次取得境外企业产权的。（2）境外企业名称、注册地、注册资本、主营业务范围等企业基本信息发生改变，或者因企业出资人、出资额、出资比例等变化导致境外企业产权状况发生改变的。(3) 境外企业解散、破产，或者因产权转让、减资等原因不再保留国有产权的。(4) 其他需要办理产权登记的情形。

中央企业及其各级子企业以其拥有的境内国有产权向境外企业注资或者转让，或者以其拥有的境外国有产权向境内企业注资或者转让，应当依照《企业国有资产评估管理暂行办法》(国资委令第 12 号) 等相关规定，聘请具有相应资质的境内评估机构对标的物进行评估，并办理评估备案或者核准。

中央企业及其各级子企业有关责任人员违反国家法律、法规和本办法规定，未履行对境外国有产权的监管责任，导致国有资产损失的，由有关部门按照干部管理权限和有关法律法规给予处分；涉嫌犯罪的，依法移交司法机关处理。

2020 年，国资委发布《关于进一步加强中央企业境外国有产权管理有关事项的通知》(国资发产权规〔2020〕70 号)，提出了以下具体要求：

(1) 中央企业要切实履行境外国有产权管理的主体责任，将实际控制企业纳入管理范围。落实岗位职责，境外产权管理工作应当设立专责专岗，确保管理要求落实到位。中央企业要立足企业实际，不断完善相关制度体系，具备条件的应当结合所在地法律、监管要求和自身业务，建立分区域、分板块等境外产权管理操作规范及流程细则，提高境外国有产权管理的针对性和有效性。

(2) 中央企业要严格境外产权登记管理，应当通过国资委产权管理综合信息系统（以下简称综合信息系统）逐级申请办理产权登记，确保及时、完整、准确掌握境外产权情况。

(3) 中央企业要加强对个人代持境外国有产权和特殊目的公司的管理，持续动态管控。严控新增个人代持境外国有产权，确有必要新增的，统一由中央企业批准并报送国资委备案。对于个人代持境外国有产权，要采取多种措施做好产权保护，并根据企业所在地法律和投资环境变化，及时予以调整规范。对于特殊目的公司，要逐一论证存续的必要性，依法依规及时注销已无存续必要的企业。确有困难的，要明确处置计划，并在年度境外产权管理状况报告中专项说明。

(4) 中央企业要强化境外国有资产交易的决策及论证管理，境外国有产权（资产）对外转让、企业引入外部投资者增加资本要尽可能多方比选意向方。具备条件的，应当公开征集意向方并竞价交易。中央企业在本企业内部实施重组整合，境外企业国有产权在国有全资企业之间流转的，可以比照境内国有产权无偿划转管理相关规定，按照所在地法律法规，采用零对价、1 元（或 1 单位相关货币）转让方式进行。

(5) 中央企业要加强境外资产评估管理，规范中介机构选聘工作，条件允许的依法选用境内评估机构。中央企业要认真遴选评估（估值）机构，并对使用效果进行评价，其中诚实守信、资质优良、专业高效的，可以通过综合信息系统推荐给其他中央企业参考，加强中介机构的评价、共享工作。

（6）中央企业在本企业内部实施重组整合，中央企业控股企业与其直接、间接全资拥有的子企业之间或中央企业控股企业直接、间接全资拥有的子企业之间转让所持境外国有产权，按照法律法规、公司章程规定履行决策程序后，可依据评估（估值）报告或最近一期审计报告确认的净资产值为基础确定价格。注销已无存续必要的特殊目的公司，已无实际经营、人员的休眠公司，或境外企业与其全资子企业以及全资子企业之间进行合并，中央企业经论证不会造成国有资产流失的，按照法律法规、公司章程规定履行决策程序后，可以不进行评估（估值）。

（7）中央企业要加大境外产权管理监督检查力度，与企业内部审计、纪检监察、巡视、法律、财务等各类监督检查工作有机结合，实现境外检查全覆盖。每年对境外产权管理状况进行专项分析，包括但不限于境外产权主要分布区域、资产规模、经营业务、公司治理、上一年度个人代持境外国有产权和特殊目的公司整体情况及规范情况、境外国有资产评估（估值）及流转情况、境外产权监督检查情况等。中央企业对境外产权管理中出现的重要情况和重大问题要及时请示或报告国资委。

（8）中央企业及各级子企业经营管理人员违反境外国有产权管理制度等规定，未履行或未正确履行职责，造成国有资产损失或其他严重不良后果的，按照《中央企业违规经营投资责任追究实施办法（试行）》（国资委令第 37 号）等有关规定，对相关责任人严肃追究责任，重大决策终身问责；涉嫌违纪违法的问题和线索，移送有关部门查处。

三、中央行政事业单位国有资产对外投资

根据财政部 2024 年发布的《中央行政事业单位国有资产使用管理办法》[①] 的规定，除国家另有规定外，中央行政单位不得以任何形式将国有资产用于对外投资或者设立营利性组织，不得利用国有资产对外担保。中央事业单位原则上不得利用房屋类国有资产对外投资。中央事业单位利用国有资产对外投资应当有利于事业发展和实现国有资产保值增值，符合国家有关规定，经可行性研究和集体决策，按照本办法第二章规定的权限履行审批手续，未经批准不得对外投资。

中央事业单位对外投资的国有资产应当权属清晰且不存在权属纠纷，除国家另有规定外，不得利用财政拨款、财政拨款结转结余资金对外投资，严格控制货币资金对外投资。

中央事业单位不得从事以下对外投资事项：（1）买卖股票、期货、基金、公司债券，国家另有规定的除外；（2）购买任何形式的金融衍生品或者进行任何形式的金融风险投资，国家另有规定的除外；（3）利用国外贷款的事业单位，在国

① 财资〔2024〕116 号。

外债务尚未清偿前利用该贷款形成的国有资产对外投资；（4）其他违反法律、行政法规规定的投资事项。

第四节　境外上市管理制度

一、概论

境内企业直接境外发行上市，是指在境内登记设立的股份有限公司境外发行上市。境内企业间接境外发行上市，是指主要经营活动在境内的企业，以在境外注册的企业的名义，基于境内企业的股权、资产、收益或其他类似权益境外发行上市。

《中华人民共和国证券法》（以下简称《证券法》）第224条规定：境内企业直接或者间接到境外发行证券或者将其证券在境外上市交易，应当符合国务院的有关规定。国务院1993年就发布了《股票发行与交易管理暂行条例》。1994年发布了《国务院关于股份有限公司境外募集股份及上市的特别规定》。1997年进一步发布了《国务院关于进一步加强在境外发行股票和上市管理的通知》（国发〔1997〕21号）。上述文件在规范境内企业境外发行上市活动、支持企业有效利用外资、提高公司治理水平、促进资本市场对外开放等方面发挥了积极作用。近年来，随着我国资本市场对外开放不断深化，境内企业境外发行上市出现一些新情况、新问题。

为贯彻落实党中央、国务院决策部署和《证券法》要求，证监会在全面总结实践经验、深入调查研究和公开征求社会意见的基础上，于2023年2月17日公布了《境内企业境外发行证券和上市管理试行办法》（以下简称《管理试行办法》），共6章35条，自2023年3月31日起实施。

《管理试行办法》的指导原则包括：一是坚持监管全覆盖。补齐境外发行上市制度短板空白，对境内企业直接和间接境外发行上市活动统一实施监管，压实市场主体责任；以负面清单形式明确境内企业境外发行上市的禁止情形，并与行业监管要求有效衔接。二是坚持落实“放管服”改革要求。将许可管理改为备案管理，强化事中事后监管，创造更加透明、更可预期的制度环境，支持企业利用境外资本市场规范发展。三是坚持深化对外开放。进一步放宽境内企业境外发行上市在投资者、存量股流通、币种等方面限制，保障境外融资渠道畅通，提升企业整体合规水平，推进制度型高水平对外开放。

2023年5月16日，中国证券监督管理委员会发布并实施了《监管规则适用指引——境外发行上市类第6号：境内上市公司境外发行全球存托凭证指引》，对境内上市公司境外发行全球存托凭证（global depository receipt，GDR）的定位、申请程序、规则适用、材料要求及实施安排进行了细化。

二、《管理试行办法》主要内容

（一）完善境外发行上市制度，落实改革要求

一是明确范围标准。统一将境内企业直接和间接境外发行上市活动纳入管理，明确境内企业直接和间接境外发行上市证券的适用情形（第2条、第15条）。二是境外发行上市的境内企业依法规范公司治理和财务、会计行为，遵守国家保密法律制度等（第6条、第7条）。三是建立负面清单等制度。对于法律、行政法规或者国家有关规定明确禁止上市融资，可能危害国家安全，存在违法犯罪行为，涉嫌犯罪或者重大违法违规行为正在被依法立案调查且尚未有明确结论意见，存在重大权属纠纷等情形，规定不得赴境外发行上市（第8条）。涉及安全审查的，企业应当在向境外证券监督管理机构、交易场所等提交发行上市申请前依法履行相关安全审查程序（第9条）。四是明确备案要求。规定境外发行上市的境内企业应当在规定时间内备案，报送有关材料。明确备案主体、备案时点、备案程序等要求（第3章）。规定备案材料应当真实、准确、完整，为境内企业境外发行上市提供服务的证券公司、证券服务机构和人员应当保证所制作、出具文件的真实性、准确性和完整性（第12条、第20条）。

（二）完善监管制度，加强监管协同

一是明确监管职责。中国证监会依法对境内企业境外发行上市活动实施监督管理；中国证监会、国务院有关主管部门对相关企业和证券公司、证券服务机构实施监督管理；建立境内企业境外发行上市监管协调机制，加强政策规则衔接、监管协调和信息共享（第4条）。二是健全监管手段、措施和法律责任。明确境外发行上市后重大事项报告要求（第22条）。明确中国证监会、国务院有关主管部门可以进行监督检查或者调查，对相关违法主体采取责令改正、监管谈话、出具警示函等措施（第23条、第24条）。明确未经备案擅自境外发行上市等违法行为的法律责任，通过行政处罚和纳入诚信档案等措施予以追责，提高违法成本（第5章）。三是完善跨境证券监管合作安排。按照对等互惠原则，与境外证券监督管理机构、有关主管部门加强跨境证券监管执法合作；建立备案信息通报机制，明确跨境调查取证要求，共同打击跨境违法违规行为（第5条、第26条）。

（三）增强制度包容性，深化对外开放

一是放宽发行对象限制。结合资本市场扩大对外开放实际和市场需要，在股权激励、发行证券购买资产等特定情形下，允许境内企业直接境外发行上市时可以向境内特定对象发行证券（第10条）。二是明确“全流通”安排。境内企业直接境外发行上市的，允许持有其境内未上市股份的股东在备案后，依法将上述股份转换为境外上市股份并到境外交易场所上市流通（第18条）。三是放宽币种限制。

允许境内企业境外发行上市通过人民币募集资金、分红派息，满足企业在境外募集人民币的需求，助力人民币国际化（第11条）。

为了进一步提升政务服务便利度，方便境外上市的境内企业或境外证券公司备案，中国证监会建立了境内企业境外发行上市备案管理信息系统。境外上市的境内企业或境外证券公司可以在证监会官网（www.csrc.gov.cn/）进入“网上办事服务平台”（用户也可以直接访问 neris.csrc.gov.cn/）办理备案或沟通申请。

三、境内上市公司在境外发行存托凭证

中国证券监督管理委员会于2023年8月10日发布了修正的《境内外证券交易所互联互通存托凭证业务监管规定》①，规定了境内证券交易所与境外证券交易所互联互通存托凭证业务中的发行、交易、跨境转换和信息披露等行为规范，包括符合条件的在境外证券交易所上市的境外基础证券发行人在境内发行存托凭证并在境内证券交易所主板上市，以及符合条件的在境内证券交易所上市的境内上市公司在境外发行存托凭证并在境外证券交易所上市。其中，境内上市公司以其新增股票为基础证券在境外发行存托凭证，或者以其非新增股票为基础证券在境外上市存托凭证的，应当符合《证券法》、境内企业境外发行上市有关法律法规及中国证监会的规定。境内上市公司以其新增股票为基础证券在境外发行存托凭证的，还应当同时符合有关上市公司证券发行的规定。境内上市公司在境外发行的存托凭证可以按规定与其对应的境内基础股票进行跨境转换。

为了进一步规范境内上市公司境外发行可转换为境内基础股份的全球存托凭证行为，根据中国证监会《境内外证券交易所互联互通存托凭证业务监管规定》《境内企业境外发行证券和上市管理试行办法》等有关规定，上海证券交易所于2023年7月18日发布了《上海证券交易所与境外证券交易所互联互通存托凭证上市交易暂行办法（2023年修订）》，该办法自发布之日起施行。

四、境外上市的保密工作

《证券法》明确规定：境外证券监督管理机构不得在中华人民共和国境内直接进行调查取证等活动。未经国务院证券监督管理机构和国务院有关主管部门同意，任何单位和个人不得擅自向境外提供与证券业务活动有关的文件和资料。中国证券监督管理委员会、财政部、国家保密局、国家档案局于2023年2月24日联合发布《关于加强境内企业境外发行证券和上市相关保密和档案管理工作的规定》②，自2023年3月31日起施行。

境内企业境外发行上市活动中，境内企业以及提供相应服务的证券公司、证

① 中国证券监督管理委员会公告〔2023〕50号。

② 〔2023〕44号。

券服务机构应当严格遵守中华人民共和国相关法律法规以及本规定的要求，增强保守国家秘密和加强档案管理的法律意识，建立健全保密和档案工作制度，采取必要措施落实保密和档案管理责任，不得泄露国家秘密和国家机关工作秘密，不得损害国家和公共利益。前款所称境内企业包括直接境外发行上市的境内股份有限公司和间接境外发行上市主体的境内运营实体；所称证券公司、证券服务机构是指从事境内企业境外发行上市业务的境内外证券公司、证券服务机构。

境内企业向有关证券公司、证券服务机构、境外监管机构等单位和个人提供、公开披露，或者通过其境外上市主体等提供、公开披露涉及国家秘密、国家机关工作秘密的文件、资料的，应当依法报有审批权限的主管部门批准，并报同级保密行政管理部门备案。是否属于国家秘密不明确或者有争议的，应当依法报有关保密行政管理部门确定；是否属于国家机关工作秘密不明确或者有争议的，应当报有关业务主管部门确定。

境内企业向有关证券公司、证券服务机构、境外监管机构等单位和个人提供、公开披露，或者通过其境外上市主体等提供、公开披露其他泄露后会对国家安全或者公共利益造成不利影响的文件、资料的，应当按照国家有关规定，严格履行相应程序。

第五节　外汇管理制度

一、概论

外汇，是指下列以外币表示的可以用作国际清偿的支付手段和资产：（1）外币现钞，包括纸币、铸币；（2）外币支付凭证或者支付工具，包括票据、银行存款凭证、银行卡等；（3）外币有价证券，包括债券、股票等；（4）特别提款权；（5）其他外汇资产。

改革开放后我国于 1980 年发布了《中华人民共和国外汇管理暂行条例》，以此为开端，我国外汇管理制度经历了四个发展阶段。①

第一个阶段是从 1980 年到 1994 年，以《中华人民共和国外汇管理暂行条例》为标志，我国迈出了外汇管理体制改革的第一步。在这个阶段，经常项目实行强制结汇和外汇留成制度；资本项目实行直接投资宽进严出、证券投资严格管制、外债规模严格控制的外汇管理政策；外汇留成导致外汇调剂市场汇率与官方汇率并存，市场机制开始在外汇资源的配置中发挥作用。

第二个阶段是从 1994 年到 2002 年，以《中国人民银行关于进一步改革外汇管

---

① 李婧：《我国外汇管理法律制度的完善——基于对人民币国际化的推进》，《经济法论丛》2018 年第 2 期。

理体制的公告》施行为开端，外汇管理体制开始逐步适应建立社会主义市场经济的需要。1996 年，经常项目实现了自由兑换；资本项目管理则秉持宽进严出的立法思路，一方面积极吸引外国直接投资，“以市场换技术”，另一方面对对外投资和外债规模严格管控；双重汇率并轨，实行以“市场供求为基础的、单一的、有管理的浮动制”。1996 年国务院颁布了《中华人民共和国外汇管理条例》(以下简称《外汇管理条例》)，1997 年在我国经常项目实现完全可兑换的背景下进行了修正，外汇管理体制改革成果得以通过行政法规的形式进一步巩固。《外汇管理条例》构建了我国外汇管理法律制度的基本框架，确立了坚持人民币经常项目可兑换、继续对外开放和完善人民币资本项目管理的立法思路。

第三个阶段是从 2002 年至 2009 年，伴随着金融全球化程度加深、美国次贷危机爆发以及中国入世，我国调整了外汇管理的立法思路，从“宽进严出”转变为均衡管理，逐步建立正常的、合理的、可控的资本流出机制，同时加强对跨境资本的监管，严防金融风险。2005 年，中国人民银行启动人民币汇率形成机制市场化改革。2008 年，我国对《外汇管理条例》进行了革命性的修订，经常项目实现了自愿结汇，资本项目外汇管理进一步规范，增加了资本流出的渠道，并在政策上为资本项目可兑换的逐步推进预留了空间，同时加强了对国际金融风险的防范。这一时期，我国转变了“外汇流入越多越好、外汇流出越少越好”的观念，逐步确立了外汇资金流入流出均衡管理的原则，经常项目外汇管理逐步完善，资本项目可兑换有序推进。

第四个阶段是从 2009 年至今，随着人民币国际化进程的开启，外汇管理体制改革逐步深化，各项旨在推进资本项目自由兑换和汇率市场化的政策规定相继出台。然而，自 2014 年下半年起，我国资本项目出现逆差并超过经常项目顺差，造成外汇储备减少和国际收支失衡，以及 2015 年汇率中间价形成机制改革后，人民币出现明显贬值，我国外汇管理的立法思路在推进人民币国际化总基调不变的前提下又开始向鼓励资本流入、加强资本流出管理倾斜。

中美贸易战爆发以来，我国顶住了美国的各种打压和新冠疫情的影响，在进出口贸易和境内外投资等方面都取得了历史性成就。我国进一步深化汇率市场化改革，发挥市场在人民币汇率形成中的决定性作用，增强人民币汇率弹性，加强宏观审慎管理和预期管理，发挥汇率调节宏观经济和国际收支自动稳定器功能。牢牢守住不发生系统性金融风险的底线，坚持以市场化法治化原则处置风险，促进金融风险持续收敛。

二、经常项目外汇管理制度

《外汇管理条例》第 5 条规定，国家对经常性国际支付和转移不予限制。经常性国际支付和转移是指不以资本转移为目的的支付和转移，包括但不限于所有有关对外贸易（货物与服务）、劳务以及正常银行短期信贷业务的支付，以及贷款利息及其他投资净收入的支付、数额不大的偿还贷款本金或者摊提直接投资折旧的支付、数额不大的赡家汇款等。

经常项目外汇收支应当具有真实、合法的交易基础。经营结汇、售汇业务的金融机构应当按照国务院外汇管理部门的规定，对交易单证的真实性及其与外汇收支的一致性进行合理审查。外汇管理机关有权对前款规定事项进行监督检查。经常项目外汇收入，可以按照国家有关规定保留或者卖给经营结汇、售汇业务的金融机构。经常项目外汇支出，应当按照国务院外汇管理部门关于付汇与购汇的管理规定，凭有效单证以自有外汇支付或者向经营结汇、售汇业务的金融机构购汇支付。携带、申报外币现钞出入境的限额，由国务院外汇管理部门规定。

为进一步优化营商环境，便利市场主体办理经常项目外汇业务，国家外汇管理局全面整合相关法规，形成《经常项目外汇业务指引（2020 年版）》（汇发〔2020〕14 号）①，并废止部分规定。国家外汇管理局及其分支局实行“贸易外汇收支企业名录”（以下简称名录）登记管理，通过货物贸易外汇监测系统发布名录。对于不在名录的企业，银行和支付机构原则上不得为其办理货物贸易外汇收支业务。银行和支付机构按规定凭交易电子信息办理货物贸易外汇收支业务时，对年度货物贸易收汇或付汇累计金额低于等值 20 万美元（不含）的小微跨境电商企业，可免于办理名录登记。具有真实货物贸易外汇收支业务需求的企业，凭《贸易外汇收支企业名录登记申请表》、营业执照向所在地外汇局申请名录登记。其他境内机构或个人对外贸易经营者确有客观需要开展货物贸易外汇收支业务的，可参照企业的有关规定办理。

为促进深化“放管服”改革，打造市场化、法治化、国际化的营商环境，促进贸易投资自由化便利化，中国人民银行和国家外汇管理局发布《关于支持新型离岸国际贸易发展有关问题的通知》（银发〔2021〕329 号）。国家税务总局、国家外汇管理局发布《关于服务贸易等项目对外支付税务备案有关问题的补充公告》（国家税务总局、国家外汇管理局公告 2021 年第 19 号）。国家外汇管理局 2021 年发布《关于进一步推进个人经常项目外汇业务便利化的通知》（汇发〔2021〕13 号）。

三、资本项目外汇管理制度

资本项目是指国际收支中因资本输出和输入而产生的资产与负债的增减项目，包括直接投资、各类贷款、证券投资等。境外机构、境外个人在境内直接投资，经有关主管部门批准后，应当到外汇管理机关办理登记。境外机构、境外个人在境内从事有价证券或者衍生产品发行、交易，应当遵守国家关于市场准入的规定，

① 2023 年 12 月经《国家外汇管理局关于进一步深化改革促进跨境贸易投资便利化的通知》（汇发〔2023〕28 号）修改。

并按照国务院外汇管理部门的规定办理登记。境内机构、境内个人向境外直接投资或者从事境外有价证券、衍生产品发行、交易，应当按照国务院外汇管理部门的规定办理登记。国家规定需要事先经有关主管部门批准或者备案的，应当在外汇登记前办理批准或者备案手续。

国家对外债实行规模管理。借用外债应当按照国家有关规定办理，并到外汇管理机关办理外债登记。国务院外汇管理部门负责全国的外债统计与监测，并定期公布外债情况。

提供对外担保，应当向外汇管理机关提出申请，由外汇管理机关根据申请人的资产负债等情况作出批准或者不批准的决定；国家规定其经营范围需经有关主管部门批准的，应当在向外汇管理机关提出申请前办理批准手续。申请人签订对外担保合同后，应当到外汇管理机关办理对外担保登记。经国务院批准为使用外国政府或者国际金融组织贷款进行转贷提供对外担保的，不适用前款规定。

银行业金融机构在经批准的经营范围内可以直接向境外提供商业贷款。根据《外汇管理条例》第20条规定，银行业金融机构在经批准的经营范围内可以直接向境外提供商业贷款。向境外提供商业贷款，应当按照国务院外汇管理部门的规定办理登记。境外外汇贷款业务是国内银行（主要是国内开发性金融机构、政策性银行、国有大行、股份制银行等）的一项比较常规的业务，外汇贷款业务类型包括外汇中长期项目贷款、主权类外汇贷款、国际银团贷款、外汇流动资金贷款、出口买方信用贷款等。近年来，随着人民币国际化步伐加快，境外人民币项目贷款也逐渐增加。2022年1月，中国人民银行会同国家外汇管理局联合发布了《关于银行业金融机构境外贷款业务有关事宜的通知》，自2022年3月1日起实施。[①]该通知主要内容包括：第一，建立本外币一体化的银行境外贷款政策框架，将银行境外人民币和外汇贷款业务纳入统一管理，拓展银行境外人民币贷款业务范围，便利采用人民币开展境外贷款业务；第二，将银行境外贷款相关的跨境资金流动纳入宏观审慎管理政策框架；第三，明确银行境外贷款业务办理和相关跨境资金使用要求，切实做好风险防范。

资本项目外汇收入保留或者卖给经营结汇、售汇业务的金融机构，应当经外汇管理机关批准，但国家规定无须批准的除外。资本项目外汇支出，应当按照国务院外汇管理部门关于付汇与购汇的管理规定，凭有效单证以自有外汇支付或者向经营结汇、售汇业务的金融机构购汇支付。国家规定应当经外汇管理机关批准的，应当在外汇支付前办理批准手续。依法终止的外商投资企业，按照国家有关规定进行清算、纳税后，属于外方投资者所有的人民币，可以向经营结汇、售汇业务的金融机构购汇汇出。

---

① 银发〔2022〕27号。

资本项目外汇及结汇资金，应当按照有关主管部门及外汇管理机关批准的用途使用。外汇管理机关有权对资本项目外汇及结汇资金使用和账户变动情况进行监督检查。

为进一步深化外汇管理体制改革，更好地满足和便利境内企业经营与资金运作需要，国家外汇管理局于2016年发布《关于改革和规范资本项目结汇管理政策的通知》（汇发〔2016〕16号），决定在总结前期部分地区试点经验的基础上，在全国范围内推广企业外债资金结汇管理方式改革，同时统一规范资本项目外汇收入意愿结汇及支付管理。自该通知实施之日起，境内企业（包括中资企业和外商投资企业，不含金融机构）外债资金均可按照意愿结汇方式办理结汇手续。统一境内机构资本项目外汇收入意愿结汇政策。资本项目外汇收入意愿结汇是指相关政策已经明确实行意愿结汇的资本项目外汇收入（包括外汇资本金、外债资金和境外上市调回资金等），可根据境内机构的实际经营需要在银行办理结汇。

2020年4月10日，国家外汇管理局发布《关于优化外汇管理支持涉外业务发展的通知》（汇发〔2020〕8号）。根据该通知，全国推广资本项目收入支付便利化改革。在确保资金使用真实合规并符合现行资本项目收入使用管理规定的前提下，允许符合条件的企业将资本金、外债和境外上市等资本项目收入用于境内支付时，无须事前向银行逐笔提供真实性证明材料。取消特殊退汇业务登记。货物贸易外汇收支企业名录分类为A类的企业，办理单笔等值5万美元（含）以下的退汇日期与原收、付款日期间隔在180天（不含）以上或由于特殊情况无法原路退汇的业务，无须事前到外汇局办理登记手续，可直接在金融机构办理。简化部分资本项目业务登记管理。将符合条件的内保外贷和境外放款注销登记下放至银行办理。放宽具有出口背景的国内外汇贷款购汇偿还。出口押汇等国内外汇贷款按规定进入经常项目外汇结算账户并办理结汇的，企业原则上应以自有外汇或货物贸易出口收汇资金偿还。

2024年4月3日，国家外汇管理局发布《资本项目外汇业务指引（2024年版）》（汇发〔2024〕12号）。2024年12月26日，国家外汇管理局发布《银行外汇风险交易报告管理办法（试行）》和《银行外汇业务尽职免责规定（试行）》。

四、外汇市场交易与汇率管理

《外汇管理条例》规定，人民币汇率实行以市场供求为基础的、有管理的浮动汇率制度。经营结汇、售汇业务的金融机构和符合国务院外汇管理部门规定条件的其他机构，可以按照国务院外汇管理部门的规定在银行间外汇市场进行外汇交易。外汇市场是指在中国外汇交易中心等依法设立的境内有组织交易平台进行人民币对外汇交易的市场。1994年2月15日，中国人民银行发文（银发〔1994〕44号）通知在上海设立中国外汇交易中心，同年2月28日，国家外汇管理局批复

(〔94〕汇业复字第43号) 同意《中国外汇交易中心章程》。1994年4月4日，中国外汇交易中心系统正式运行，宣告了我国正式形成以市场供求为基础的、单一的、有管理的浮动汇率，由中国人民银行对社会公布。1994年4月18日，中国外汇交易中心开业典礼成功举行。1995年8月，《中国外汇交易中心远程外汇交易管理办法》印发。1996年11月29日，中国人民银行印发《银行间外汇市场管理暂行规定》(银发〔1996〕423号)。

外汇市场交易应当遵循公开、公平、公正和诚实信用的原则。外汇市场交易的币种和形式由国务院外汇管理部门规定。国务院外汇管理部门依法监督管理全国的外汇市场。国务院外汇管理部门可以根据外汇市场的变化和货币政策的要求，依法对外汇市场进行调节。交易中心在中国人民银行、国家外汇管理局监管下，在规定范围内组织外汇市场交易、市场监测和运营等事项，并制定具体交易规则。上海清算所在中国人民银行、国家外汇管理局监管下，为外汇市场交易提供清算等服务，并制定具体清算规则。市场参与者应遵守外汇市场自律机制相关自律规范，维护市场秩序和公平竞争规则。

五、骗购外汇、非法套汇、逃汇和非法买卖外汇

《关于骗购外汇、非法套汇、逃汇、非法买卖外汇等违反外汇管理规定行为的行政处分或者纪律处分暂行规定》指出，经批准经营外汇业务的金融机构、国有外经贸企业的工作人员，有下列骗购外汇行为之一，数额不满10万美元的，给予留用察看处分；数额在10万美元以上的，给予开除处分。(1) 伪造、变造海关报关单、进口证明、外汇管理部门核准件等凭证和单据的；(2) 使用、买卖伪造、变造的海关报关单、进口证明、外汇管理部门核准件等凭证和单据的；(3) 重复使用海关报关单、进口证明、外汇管理部门核准件等凭证和单据的；(4) 明知用于骗购外汇而提供人民币资金或者其他服务的；(5) 以其他方式骗购外汇的。

经批准经营外汇业务的金融机构、国有外经贸企业的工作人员，有下列非法套汇行为之一，数额不满10万美元的，给予警告、记过或者记大过处分；数额在10万美元以上不满100万美元的，给予降级或者撤职处分；数额在100万美元以上的，给予留用察看或者开除处分。(1) 违反国家规定，以人民币支付或者以实物偿付应当以外汇支付的进口货款或者其他类似支出的，但是合法的易货贸易除外；(2) 以人民币为他人支付在境内的费用，而由对方给付外汇的；(3) 明知用于非法套汇而提供人民币资金或者其他服务的；(4) 以其他方式非法套汇的。

经批准经营外汇业务的金融机构、国有外经贸企业的工作人员，有下列逃汇行为之一，数额不满10万美元的，给予撤职处分；数额在10万美元以上不满100万美元的，给予留用察看处分；数额在100万美元以上的，给予开除处分。(1) 违反国家规定，擅自将外汇存放在境外的；(2) 不按照国家规定将外汇卖给外汇指

定银行的；(3) 违反国家规定将外汇汇出或者携带出境的；(4) 未经外汇管理部门批准，擅自将外币存款凭证、外币有价证券携带或者邮寄出境的；(5) 明知用于逃汇而提供人民币资金或者其他服务的；(6) 以其他方式逃汇的。

经批准经营外汇业务的金融机构、国有外经贸企业的工作人员，以营利为目的，在国家规定的交易场所以外非法买卖外汇，数额不满5万美元或者违法所得不满1万元人民币的，给予撤职处分；数额在5万美元以上不满10万美元或者违法所得在1万元人民币以上不满3万元人民币的，给予留用察看处分；数额在10万美元以上或者违法所得在3万元人民币以上的，给予开除处分。

第九届全国人民代表大会常务委员会第六次会议于1998年12月29日通过的《关于惩治骗购外汇、逃汇和非法买卖外汇犯罪的决定》规定了骗购外汇罪、逃汇罪和非法买卖外汇罪，即有下列情形之一，骗购外汇，数额较大的，处五年以下有期徒刑或者拘役，并处骗购外汇数额百分之五以上百分之三十以下罚金；数额巨大或者有其他严重情节的，处五年以上十年以下有期徒刑，并处骗购外汇数额百分之五以上百分之三十以下罚金；数额特别巨大或者有其他特别严重情节的，处十年以上有期徒刑或者无期徒刑，并处骗购外汇数额百分之五以上百分之三十以下罚金或者没收财产：(1) 使用伪造、变造的海关签发的报关单、进口证明、外汇管理部门核准件等凭证和单据的；(2) 重复使用海关签发的报关单、进口证明、外汇管理部门核准件等凭证和单据的；(3) 以其他方式骗购外汇的。公司、企业或者其他单位，违反国家规定，擅自将外汇存放境外，或者将境内的外汇非法转移到境外，数额较大的，对单位判处逃汇数额百分之五以上百分之三十以下罚金，并对其直接负责的主管人员和其他直接责任人员，处五年以下有期徒刑或者拘役；数额巨大或者有其他严重情节的，对单位判处逃汇数额百分之五以上百分之三十以下罚金，并对其直接负责的主管人员和其他直接责任人员，处五年以上有期徒刑。

“在国家规定的交易场所以外非法买卖外汇，扰乱市场秩序，情节严重的，依照刑法第二百二十五条的规定定罪处罚。”

六、人民币国际化

2009年7月，中国人民银行等六部门联合发布了《跨境贸易人民币结算试点管理办法》，以此为起点，中国开始推动人民币国际化。从中国人民银行在2009年之后几年所出台的各项有关人民币国际化的政策规定可以看出，中国人民银行最初所设定的人民币国际化的路线大致分为三个步骤。首先是推动跨境贸易人民币结算，尤其是进口结算，通过进口结算将人民币输出境外；其次是允许非居民用他们得到的人民币投资于中国境内的人民币资产，以实现人民币回流；最后是在进口人民币结算和回流机制的基础上，境外主体持有人民币的意愿不断增强，人民币不断输出境外，同时中国境内的金融市场不断开放，各类人民币产品日益丰富，境外主体可以自由入境，使用人民币购买境内的人民币资产，或是自由地把人民币资产转换为人民币并兑换为美元。

近年来，我国外汇管理体制改革不断深化，各项推动人民币跨境使用和流通的制度加速落地。在人民币输出方面，2011 年中国人民银行发布《境外直接投资人民币结算试点管理办法》（中国人民银行公告〔2011〕第 1 号），允许境内主体以人民币计价进行境外投资；2014 年中国人民银行发布《关于人民币合格境内机构投资者境外证券投资有关事项的通知》（银发〔2014〕331 号），允许人民币合格境内机构投资者用自有人民币资金或募集的境内人民币资金投资境外金融市场的人民币计价产品（银行自有资金境外运用除外），且额度无须审批；2014 年中国人民银行办公厅发布《关于境外机构在境内发行人民币债务融资工具跨境人民币结算有关事宜的通知》（银办发〔2014〕221 号），允许境外非金融企业在我国银行间债券市场发行人民币债券。在人民币回流方面，2011 年商务部发布《关于跨境人民币直接投资有关问题的通知》（商资函〔2011〕第 889 号），允许境外投资者以其在境外合法获得的人民币资金在中国境内进行直接投资；同年证监会、中国人民银行、国家外汇管理局联合发布《基金管理公司、证券公司人民币合格境外机构投资者境内证券投资试点办法》（中国证券监督管理委员会、中国人民银行、国家外汇管理局令第 76 号），允许境外机构使用人民币投资我国境内证券市场，且根据中国人民银行公告〔2016〕第 3 号以及国家外汇管理局《关于境外机构投资者投资银行间债券市场有关外汇管理问题的通知》（汇发〔2016〕12 号），境外机构投资我国境内银行间债券市场与境内机构实行统一的准入标准，没有额度限制，仅由中国人民银行实施宏观审慎管理；2015 年国家发展和改革委员会发布《关于推进企业发行外债备案登记制管理改革的通知》，允许境内企业在境外发行人民币离岸债券，无须审批，仅需备案登记。

党的二十大报告提出，“坚持把发展经济的着力点放在实体经济上”，“提升贸易投资合作质量和水平”，“有序推进人民币国际化”。2023 年 1 月，商务部和中国人民银行联合印发《关于进一步支持外经贸企业扩大人民币跨境使用 促进贸易投资便利化的通知》。通知强调，各地商务主管部门和人民银行分支机构要深入学习贯彻党的二十大和中央经济工作会议精神，充分认识跨境人民币业务服务实体经济、促进贸易投资便利化的积极作用，坚持市场驱动和企业自主选择，及时摸排和对接行业企业需求，结合当地实际采取针对性举措，着力解决外经贸企业“急难愁盼”，为人民币跨境使用创造良好政策环境。

2022 年 6 月，中国人民银行印发《关于支持外贸新业态跨境人民币结算的通知》，完善跨境电商等外贸新业态跨境人民币业务相关政策，支持外贸新业态健康持续创新发展。

2022 年 7 月，中国人民银行与香港金融管理局宣布将货币互换协议升级为常备互换安排，并扩大互换规模至 8 000 亿元人民币/9 400 亿元港币。这是中国人民银行签署的第一份常备互换协议。与此前签署的双边本币互换协议不同，常备互换协议长期有效，不再需要双方定期续签，资金使用上也更加便利。2023 年 4 月，中国人民银行发布《内地与香港利率互换市场互联互通合作管理暂行办法》，规范开展内地与香港利率互换市场互联互通合作相关业务，保护境内外投资者合法权益，维护利率互换市场秩序。

2022 年以来，中国人民银行不断优化人民币海外清算网络，授权设立了老挝、哈萨克斯坦、巴基斯坦和巴西人民币清算行。截至 2024 年 8 月，中国人民银行已在 31 个国家和地区授权 33 家境外人民币清算行。

2023 年 9 月，人民币在全球贸易融资中占比为 5.8%，同比上升 1.6 个百分点，排名上升至第二。截至 2024 年 8 月，我国累计与 31 个“一带一路”共建国家签署了双边本币互换协议，在 19 个“一带一路”共建国家建立了人民币清算安排。人民币跨境支付系统（CIPS）业务量、影响力稳步提升。2023 年，银行代客人民币跨境收付金额合计为 52.3 万亿元，同比增长 24.1%。其中，货物贸易人民币跨境收付金额占同期本外币跨境收付金额的比例为 26.5%。2024 年 1—8 月，银行代客人民币跨境收付金额合计为 41.6 万亿元，同比增长 21.1%。[①]

第六节　涉外税收法律制度

一、概论

任何主权国家都有依法确定纳税人、税种和税率并进行征税的权力。税收权来源于国家主权，因而它是一种完全独立自主的、不受外来干预的权力。[②] 主权国家的最基本管辖权包括属人管辖权和属地管辖权，因此，各国在税收立法与实践中，也都是以纳税人或征税对象与本国领土之间的属人或属地连结因素为行使税收权的基础。在国际税收实践中，各国普遍实行以下两种税收管辖权：居民税收管辖权和所得来源地税收管辖权。我国也不例外。

在我国目前所征收的税种中，有些是按照纳税主体进行征收，有些是按照应税收入或财产来源地进行征收，有些则二者兼收。

《中华人民共和国车辆购置税法》（2018 年颁布）适用于在中华人民共和国境内购置应税车辆的单位和个人。依照法律规定应当予以免税的外国驻华使馆、领

---

① 中国人民银行：《人民币国际化报告（2024）》，http：//www.pbc.gov.cn/huobizhengceersi/214481/3871621/5472873/2024093019071294397.pdf。

② 刘永伟：《国际税法基本原则之探讨》，《法制与社会发展》2002 年第 1 期。

事馆和国际组织驻华机构及其有关人员自用的车辆，免征车辆购置税。《中华人民共和国车船税法》（2019 年修正）适用于在中华人民共和国境内属于本法所附《车船税税目税额表》规定的车辆、船舶。依照法律规定应当予以免税的外国驻华使领馆、国际组织驻华代表机构及其有关人员的车船，免征车船税。

《中华人民共和国资源税法》（2019 年颁布）第 1 条规定："在中华人民共和国领域和中华人民共和国管辖的其他海域开发应税资源的单位和个人，为资源税的纳税人，应当依照本法规定缴纳资源税。"该法不区分纳税主体的国籍和居住地，而仅仅依据应税资源的所在地进行征税。该法第 15 条规定："中外合作开采陆上、海上石油资源的企业依法缴纳资源税。2011 年 11 月 1 日前已依法订立中外合作开采陆上、海上石油资源合同的，在该合同有效期内，继续依照国家有关规定缴纳矿区使用费，不缴纳资源税；合同期满后，依法缴纳资源税。"

《中华人民共和国印花税法》（2021 年颁布）第 1 条规定："在中华人民共和国境内书立应税凭证、进行证券交易的单位和个人，为印花税的纳税人，应当依照本法规定缴纳印花税。在中华人民共和国境外书立在境内使用的应税凭证的单位和个人，应当依照本法规定缴纳印花税。"该法以书立地和交易地以及使用地为征收印花税的管辖依据。该法第 14 条还规定："纳税人为境外单位或者个人，在境内有代理人的，以其境内代理人为扣缴义务人；在境内没有代理人的，由纳税人自行申报缴纳印花税，具体办法由国务院税务主管部门规定。"

《中华人民共和国城市维护建设税法》（2020 年颁布）第 1 条规定："在中华人民共和国境内缴纳增值税、消费税的单位和个人，为城市维护建设税的纳税人，应当依照本法规定缴纳城市维护建设税。"该法第 3 条规定："对进口货物或者境外单位和个人向境内销售劳务、服务、无形资产缴纳的增值税、消费税税额，不征收城市维护建设税。"根据《国务院关于统一内外资企业和个人城市维护建设税和教育费附加制度的通知》（国发〔2010〕35 号），国务院决定统一内外资企业和个人城市维护建设税和教育费附加制度，自 2010 年 12 月 1 日起，外商投资企业、外国企业及外籍个人适用国务院 1985 年发布的《中华人民共和国城市维护建设税暂行条例》和 1986 年发布的《征收教育费附加的暂行规定》。1985 年及 1986 年以来国务院及国务院财税主管部门发布的有关城市维护建设税和教育费附加的法规、规章、政策同时适用于外商投资企业、外国企业及外籍个人。

在 1993 年之前，我国对内资企业、外商投资企业和外国企业是实行两套税制、分别征收的。外商投资企业和外国企业的流转税，按照 1958 年全国人民代表大会常务委员会第一百零一次会议原则通过、国务院发布试行的《中华人民共和国工商统一税条例（草案）》征收工商统一税。内资企业按照国务院 1984 年根据全国人大常委会授权发布试行的有关税收条例草案征收产品税、增值税、营业税。1993 年 12 月 29 日，第八届全国人民代表大会常务委员会第五次会议审议了国务院关于提请审议外商投资企业和外国企业适用增值税、消费税、营业税等税收暂行条例的议案，为了统一税制，公平税负，改善我国的投资环境，适应建立和发展社会主义市场经济的需要，决定在有关税收法律制定以前，外商投资企业和外国企业自1994年1月1日起适用国务院发布的增值税暂行条例、消费税暂行条例和营业税暂行条例。中外合作开采海洋石油、天然气，按实物征收增值税，其税率和征收办法由国务院另行规定。

根据《中华人民共和国增值税暂行条例》(2017年修订）第1条规定："在中华人民共和国境内销售货物或者加工、修理修配劳务（以下简称劳务），销售服务、无形资产、不动产以及进口货物的单位和个人，为增值税的纳税人，应当依照本条例缴纳增值税。"该条所规定的单位包括外商投资企业和外国企业。该法第18条规定："中华人民共和国境外的单位或者个人在境内销售劳务，在境内未设有经营机构的，以其境内代理人为扣缴义务人；在境内没有代理人的，以购买方为扣缴义务人。"

根据《中华人民共和国消费税暂行条例》(2008年修订），在中华人民共和国境内生产、委托加工和进口本条例规定的消费品的单位和个人，以及国务院确定的销售本条例规定的消费品的其他单位和个人，为消费税的纳税人，应当依照该条例缴纳消费税。对纳税人出口应税消费品，免征消费税；国务院另有规定的除外。出口应税消费品的免税办法，由国务院财政、税务主管部门规定。

根据《中华人民共和国船舶吨税法》(2018年修正），自中华人民共和国境外港口进入境内港口的船舶，应当依照该法缴纳船舶吨税。船舶吨税是海关对国际航行船舶进出本国港口时按船舶净吨位所征收的税。1952年，经政务院财政经济委员会批准，海关总署发布了《中华人民共和国海关船舶吨税暂行办法》。在此基础上，2011年12月，国务院公布了《中华人民共和国船舶吨税暂行条例》，2017年，第十二届全国人民代表大会常务委员会第三十一次会议通过了《中华人民共和国船舶吨税法》。中华人民共和国籍的应税船舶，船籍国（地区）与中华人民共和国签订含有相互给予船舶税费最惠国待遇条款的条约或者协定的应税船舶，适用优惠税率。其他应税船舶，适用普通税率。

《中华人民共和国环境保护税法》(2018年修正）规定，在中华人民共和国领域和中华人民共和国管辖的其他海域，直接向环境排放应税污染物的企业事业单位和其他生产经营者为环境保护税的纳税人，应当依照本法规定缴纳环境保护税。

二、个人所得税法

2011年修正的《个人所得税法》规定，在中国境内有住所，或者无住所而在境内居住满一年的个人，从中国境内和境外取得的所得，依照本法规定缴纳个人所得税。在中国境内无住所又不居住或者无住所而在境内居住不满一年的个人，从中国境内取得的所得，依照本法规定缴纳个人所得税。该法将个人所得税纳税人分为两类：一是在中国境内有住所，或者无住所而在境内居住满一年的个人，从中国境内和境外取得的所得，缴纳个人所得税；二是在中国境内无住所又不居住，或者无住所而在境内居住不满一年的个人，从中国境内取得的所得，缴纳个人所得税。从国际惯例看，一般将个人所得税纳税人分为居民个人和非居民个人两类，两类纳税人在纳税义务和征税方式上均有所区别。上述《个人所得税法》规定的两类纳税人实质上是居民个人和非居民个人，但没有明确作出概念上的分类。

2018 年，十三届全国人大常委会对《个人所得税法》进行了第七次修正。为适应个人所得税改革对两类纳税人在征税方式等方面的不同要求，便于税法和有关税收协定的贯彻执行，修正案借鉴国际惯例，明确引入了居民个人和非居民个人的概念，并将在中国境内居住的时间这一判定居民个人和非居民个人的标准，由之前的是否满 1 年调整为是否满 183 天，从而扩大了我国的税收管辖权，维护了国家税收权益。

根据新《个人所得税法》第 1 条，在中国境内有住所，或者无住所而一个纳税年度内在中国境内居住累计满 183 天的个人，为居民个人。居民个人从中国境内和境外取得的所得，依照该法规定缴纳个人所得税。在中国境内无住所又不居住，或者无住所而一个纳税年度内在中国境内居住累计不满 183 天的个人，为非居民个人。非居民个人从中国境内取得的所得，依照该法规定缴纳个人所得税。《个人所得税法》所称在中国境内有住所，是指因户籍、家庭、经济利益关系而在中国境内习惯性居住；所称从中国境内和境外取得的所得，分别是指来源于中国境内的所得和来源于中国境外的所得（《个人所得税法实施条例》第 2 条）。

除国务院财政、税务主管部门另有规定外，下列所得，不论支付地点是否在中国境内，均为来源于中国境内的所得：（1）因任职、受雇、履约等在中国境内提供劳务取得的所得；（2）将财产出租给承租人在中国境内使用而取得的所得；（3）许可各种特许权在中国境内使用而取得的所得；（4）转让中国境内的不动产等财产或者在中国境内转让其他财产取得的所得；（5）从中国境内企业、事业单位、其他组织以及居民个人取得的利息、股息、红利所得。

在中国境内无住所的个人，在中国境内居住累计满 183 天的年度连续不满六年的，经向主管税务机关备案，其来源于中国境外且由境外单位或者个人支付的所得，免予缴纳个人所得税；在中国境内居住累计满 183 天的任一年度中有一次离境超过 30 天的，其在中国境内居住累计满 183 天的年度的连续年限重新起算。在中国境内无住所的个人，在一个纳税年度内在中国境内居住累计不超过 90 天的，其来源于中国境内的所得，由境外雇主支付并且不由该雇主在中国境内的机构、场所负担的部分，免予缴纳个人所得税。

居民个人从中国境外取得的所得，可以从其应纳税额中抵免已在境外缴纳的个人所得税税额，但抵免额不得超过该纳税人境外所得依照本法规定计算的应纳税额。居民个人从中国境内和境外取得的综合所得、经营所得，应当分别合并计算应纳税额；从中国境内和境外取得的其他所得，应当分别单独计算应纳税额。《个人所得税法》第7条所称已在境外缴纳的个人所得税税额，是指居民个人来源于中国境外的所得，依照该所得来源国家（地区）的法律应当缴纳并且实际已经缴纳的所得税税额。

依照我国有关法律规定应予免税的各国驻华使馆、领事馆的外交代表、领事官员和其他人员的所得以及根据中国政府参加的国际公约、签订的协议规定免税的所得，可以免征个人所得税。

三、企业所得税法

改革开放后，我国于1980年和1981年先后公布《中华人民共和国中外合资经营企业所得税法》和《中华人民共和国外国企业所得税法》，对贯彻对外开放方针、吸收外商投资、促进中外经济技术合作和交流发挥了重要的作用。随着《中华人民共和国外资企业法》和《中华人民共和国中外合作经营企业法》的相继公布，外资企业和多数合作企业已经成为具有中国独立法人资格的实体。按照税收管辖权的原则，这些企业的总机构设在我国境内，负有全面的纳税义务，即其来源于我国境内境外的所得，都应在我国汇总纳税。而按《中华人民共和国外国企业所得税法》的规定，只能对其来源于我国境内的所得征税。如果对这些具有法人资格的合作企业和外资企业继续按《中华人民共和国外国企业所得税法》征税，在税收法律适用上就很不规范，既不利于对它们行使全面的税收管辖权，也难以作出合乎法律原则的解释。

1991年，七届全国人大四次会议通过了《中华人民共和国外商投资企业和外国企业所得税法》，统一了两部涉外税法，对在中国境内设立的中外合资经营企业、中外合作经营企业和外资企业以及在中国境内设立机构、场所，从事生产、经营和虽未设立机构、场所，而有来源于中国境内所得的外国公司、企业和其他经济组织进行统一征税。

我国加入世界贸易组织后，国内市场对外资进一步开放，内资企业也逐渐融入世界经济体系之中。面对越来越大的竞争压力，继续采取内资、外资企业不同的税收政策，必将使内资企业处于不平等竞争地位，影响统一、规范、公平竞争的市场环境的建立，不符合内外资企业的国民待遇原则。一些内资企业采取将资金转到境外再投资境内的“返程投资”方式，以享受外资企业所得税优惠等，造成了国家税收流失。

2007年3月16日，第十届全国人民代表大会第五次会议通过《中华人民共和国企业所得税法》（以下简称《企业所得税法》），自 2008 年 1 月 1 日起施行（2018 年修正了该法）。新税法对内资、外资企业适用统一的企业所得税法，统一并适当降低企业所得税税率，统一和规范税前扣除办法和标准，统一税收优惠政策，实行“产业优惠为主、区域优惠为辅”的新税收优惠体系。[①]

2018 年的《企业所得税法》按照国际惯例，将企业分为居民企业和非居民企业。居民企业，是指依法在中国境内成立，或者依照外国（地区）法律成立但实际管理机构在中国境内的企业。非居民企业，是指依照外国（地区）法律成立且实际管理机构不在中国境内，但在中国境内设立机构、场所的，或者在中国境内未设立机构、场所，但有来源于中国境内所得的企业。居民企业应当就其来源于中国境内、境外的所得缴纳企业所得税。非居民企业在中国境内设立机构、场所的，应当就其所设机构、场所取得的来源于中国境内的所得，以及发生在中国境外但与其所设机构、场所有实际联系的所得，缴纳企业所得税（《企业所得税法》第 3 条第 2 款）。非居民企业在中国境内未设立机构、场所的，或者虽设立机构、场所但取得的所得与其所设机构、场所没有实际联系的，应当就其来源于中国境内的所得缴纳企业所得税（《企业所得税法》第 3 条第 3 款）。企业所得税的税率为 25%。非居民企业取得该法第 3 条第 3 款规定的所得，适用税率为 20%。

居民企业来源于中国境外的应税所得以及非居民企业在中国境内设立机构、场所，取得发生在中国境外但与该机构、场所有实际联系的应税所得，已在境外缴纳的所得税税额，可以从其当期应纳税额中抵免，抵免限额为该项所得依照《企业所得税法》规定计算的应纳税额；超过抵免限额的部分，可以在以后五个年度内，用每年度抵免限额抵免当年应抵税额后的余额进行抵补。居民企业从其直接或者间接控制的外国企业分得的来源于中国境外的股息、红利等权益性投资收益，外国企业在境外实际缴纳的所得税税额中属于该项所得负担的部分，可以作为该居民企业的可抵免境外所得税税额，在《企业所得税法》第 23 条规定的抵免限额内抵免。

外国企业在中国境内设立的从事生产、经营的机构、场所与其关联企业之间的业务往来，应当按照独立企业之间的业务往来收取或者支付价款、费用；不按照独立企业之间的业务往来收取或者支付价款、费用，而减少其应纳税的收入或者所得额的，税务机关有权进行合理调整。

由居民企业，或者由居民企业和中国居民控制的设立在实际税负明显低于《企业所得税法》第 4 条第 1 款规定税率水平的国家（地区）的企业，并非由于合理的经营需要而对利润不作分配或者减少分配的，上述利润中应归属于该居民企

---

① 为了减轻新税法给外商投资企业和外国企业带来的税收负担，国家税务总局发布了《关于外商投资企业和外国企业原有若干税收优惠政策取消后有关事项处理的通知》，国税发〔2008〕23 号，2008 年 3 月 5 日。

业的部分，应当计入该居民企业的当期收入。

非居民企业取得《企业所得税法》第 3 条第 2 款规定的所得，以机构、场所所在地为纳税地点。非居民企业在中国境内设立两个或者两个以上机构、场所，符合国务院税务主管部门规定条件的，可以选择由其主要机构、场所汇总缴纳企业所得税。非居民企业取得《企业所得税法》第 3 条第 3 款规定的所得，以扣缴义务人所在地为纳税地点。

四、避免双重征税

由于各国对自然人和法人税收居民身份的确定标准各有不同，很多国家会同时采用两个或两个以上的标准，以便扩大本国税收管辖范围。此外，各国对居民各项所得来源的认定标准也有差异，这就必然会产生各国之间的税收管辖权冲突和双重征税问题，给当事人造成额外负担，不利于国际商业交流。另外也有一些不法分子利用各国税收管辖权之间的漏洞进行偷税漏税，给各国带来税收损失。

为了避免跨国双重征税和偷漏税，联合国和经济合作与发展组织在 1977 年分别发布了《联合国关于发达国家与发展中国家间避免双重征税的协定范本》以及《经济合作与发展组织关于避免双重征税的协定范本》。

1984 年签订的《中华人民共和国政府和美利坚合众国政府关于对所得避免双重征税和防止偷漏税的协定》采纳了上述协定范本的基本原则。为了避免中美之间的双重征税，中美协定对“居民”的概念进行了界定：第一，本协定中“缔约国一方居民”一语是指按照该缔约国法律，由于住所、居所、总机构、注册所在地，或者其他类似的标准，在该缔约国负有纳税义务的人。第二，由于第一款的规定，同时为缔约国双方居民的个人，双方主管当局应协商确定该人为本协定中缔约国一方的居民。第三，由于第一款的规定，同时为缔约国双方的居民公司，双方主管当局应协商确定该公司为本协定中缔约国一方的居民。如经协商不能确定时，该公司不应作为任何一方的居民按照本协定享受优惠。第四，由于第一款的规定，美利坚合众国的居民公司根据中华人民共和国和第三国的税收协定，同时为第三国居民时，该公司不应作为美利坚合众国的居民按照本协定享受优惠。

中美协定比较妥善地解决了中美之间争议的“常设机构”的界定问题。该协定规定：“常设机构”一语是指企业进行全部或部分营业的固定营业场所，特别包括：(1) 管理场所；(2) 分支机构；(3) 办事处；(4) 工厂；(5) 作业场所；(6) 矿场、油井或气井、采石场或者其他开采自然资源的场所。

中美协定规定了中美两国对不同类型所得的征税管辖权，以避免管辖权冲突。该协定还规定，缔约国一方居民的各项所得，不论在什么地方发生，凡本协定上述各条未作规定的，应仅在该缔约国征税。该协定第 22 条规定了相互税收抵免制度，以免除纳税人的双重税收负担。

五、多边税收征管互助

由于人员、资本、货物和服务跨国流动加速，纳税人跨国经营的无国界性与税收管理的有国界性之间的矛盾加剧，税收管理的信息不对称进一步扩大，给开放经济条件下的税收征管带来严峻挑战。在此背景下，欧洲委员会和经济合作与发展组织于 1988 年 1 月 25 日在法国斯特拉斯堡共同制定了《多边税收征管互助公约》。该公约向两组织成员开放，于 1995 年 4 月 1 日生效。2008 年爆发席卷全球的金融危机之后，国际社会高度重视税收征管协作。2009 年 4 月，二十国集团伦敦峰会呼吁采取行动，打击国际逃避税。2010 年 5 月，经济合作与发展组织、欧洲委员会按照税收情报交换的国际标准，通过议定书形式对《多边税收征管互助公约》进行了修订。修订后的公约向全球所有国家开放，2011 年 6 月 1 日开始生效。

中国政府于 2013 年 8 月 27 日正式签署《多边税收征管互助公约》(以下简称《公约》)，并于 2015 年 7 月 1 日由第十二届全国人民代表大会常务委员会第十五次会议通过。2015 年 10 月 16 日，我国向经济合作与发展组织交存了《公约》批准书。根据《公约》第 28 条的规定，《公约》于 2016 年 2 月 1 日对我国生效，自 2017 年 1 月 1 日起开始执行。

国家税务总局 2016 年发布《关于〈多边税收征管互助公约〉生效执行的公告》(国家税务总局公告 2016 年第 4 号)，根据该公告，《公约》适用于根据我国法律由税务机关征收管理的税种，具体包括：企业所得税、个人所得税、城镇土地使用税、房产税、土地增值税、增值税、营业税、消费税、烟叶税、车辆购置税、车船税、资源税、城市维护建设税、耕地占用税、印花税、契税。我国税务机关现阶段与《公约》其他缔约方之间开展征管协助的形式为情报交换，有关具体要求按照《国家税务总局关于印发〈国际税收情报交换工作规程〉的通知》(国税发〔2006〕70 号）规定执行。在我国政府另行通知前，《公约》暂不适用于香港特别行政区和澳门特别行政区。

我国根据《公约》规定提出了以下保留内容：(1) 对上述税种以外的税种，不提供任何形式的协助；(2) 不协助其他缔约方追缴税款，不协助提供保全措施；(3) 不提供文书送达方面的协助；(4) 不允许通过邮寄方式送达文书。

六、防止税基侵蚀和利润转移的多边公约

近年来，全球税基侵蚀和利润转移（Base Erosion and Profit Shifting，BEPS）问题愈发严峻。国际税收协定在诞生之初就秉持着消除双重征税、促进国际贸易自由化的使命，然而随着全球税收协定网络的扩容，协定滥用（treaty shopping）

的情况频现。因此，双重不征税和 BEPS 问题成为国际税收改革的核心议题。[①]

二十国集团领导人于 2013 年 9 月在圣彼得堡峰会上发布公报，决定实施税基侵蚀和利润转移项目，并委托经济合作与发展组织牵头推进该项工作。

BEPS 项目共有 15 项行动计划，其中第 15 项行动计划提出开发多边工具、一揽子修订现行双边税收协定、落实与税收协定相关行动计划的成果建议。为此，经济合作与发展组织牵头成立特别工作组，研究起草《实施税收协定相关措施以防止税基侵蚀和利润转移的多边公约》(以下简称《公约》) 文本。《公约》文本于 2016 年 11 月 24 日在法国巴黎获正式通过。

《公约》主要内容包括 BEPS 第 2 项行动计划（消除混合错配安排的影响)、BEPS 第 6 项行动计划（防止协定优惠的不当授予)、BEPS 第 7 项行动计划（防止人为规避构成常设机构)、BEPS 第 14 项行动计划（使争议解决机制更有效）的成果建议，以及《公约》缔约方可以作出保留和通知的选项。

2022 年 8 月，国家税务总局发布《关于〈实施税收协定相关措施以防止税基侵蚀和利润转移的多边公约〉对我国生效并对部分税收协定开始适用的公告》[②]，我国以作出通知的方式，将与 100 个国家签署的税收协定纳入《公约》适用范围。截至 2022 年 6 月 30 日，上述 100 个缔约伙伴国中的 47 个已完成《公约》生效程序，并将与我国签署的税收协定纳入适用范围。根据《公约》的规定，《公约》将适用于上述 47 个税收协定。未来，随着更多的国家和地区签署《公约》并完成生效程序，《公约》适用我国现行税收协定的范围将进一步扩大。

① 毛彦：《OECD 支柱一超额利润征税权规则的国内适用研究》，《武大国际法评论》2024 年第 6 期。

② 国家税务总局公告 2022 年第 16 号。

第七章　对外贸易与经济制裁法律制度

第一节　对外贸易基本制度

一、对外贸易法的基本原则

根据《中华人民共和国对外贸易法》(以下简称《对外贸易法》)，对外贸易是指货物进出口、技术进出口和国际服务贸易。《对外贸易法》坚持以下基本原则：

1. 平等互利原则

中华人民共和国根据平等互利的原则，促进和发展同其他国家和地区的贸易关系，缔结或者参加关税同盟协定、自由贸易协定等区域经济贸易协定，参加区域经济组织。

近年来，美国从倡导“自由贸易”转向强调所谓“公平贸易”，并赋予其新解释。美国政府强调的所谓“公平贸易”不是基于国际规则，而是以“美国优先”为前提，以维护美国自身利益为目标。其核心是所谓“对等”开放，即各国在每个具体产品的关税水平和每个具体行业的市场准入上都与美国完全一致，寻求绝对对等。在美国政府看来，美国与其他国家市场开放“不对等”使美国处于不公平的贸易地位，并导致双边贸易不平衡。这种对等概念，与世界贸易组织的互惠互利原则并不一致。

世界贸易组织所提倡的互惠互利原则，考虑了各国发展阶段的差别。在世界贸易组织框架下，发展中成员享有差别和更优惠待遇。这种制度安排是在尊重发展中国家和地区发展权的基础上，积极吸纳新的发展中成员加入，以扩大成员数量、增强多边体制的包容性，也体现了以当期优惠换取后期开放的互惠原则。对于发展中成员而言，由于其处于发展初期阶段，需要对产业适度保护以促进良性发展，其市场随经济发展扩大后，也将为发达国家带来更多商业机会。发展中成员享有差别和更优惠待遇，符合包括发达成员在内的各国各地区长期利益，这种制度安排是真正意义上的国际公平。2001 年，中国通过多边谈判以发展中成员身份加入世界贸易组织，享受发展中成员待遇。如今，中国经济实现了快速发展，但仍然是一个发展中国家。由于中国人口较多，经济总量数据显得较为庞大，但这没有改变人均发展水平较低的现实。仅以中国经济和贸易总规模较大为依据，要求中国和美国实现关税绝对对等是不合理的。美国追求绝对对等的做法，违背了世界贸易组织最惠国待遇和非歧视性原则。[①]

2. 最惠国待遇与国民待遇原则

中华人民共和国在对外贸易方面根据所缔结或者参加的国际条约、协定，给予其他缔约方、参加方最惠国待遇、国民待遇等待遇，或者根据互惠、对等原则给予对方最惠国待遇、国民待遇等待遇。

联合国国际法委员会在1978年拟定的《关于最惠国条款的规定（草案）》中给“最惠国待遇”（most-favored-nation treatment）下的定义是：“授与国给予受惠国或与之有确定关系的人或事的待遇不低于授与国给予第三国或与之有同于上述关系的人或事的待遇。”我国加入的世界贸易组织《关税与贸易总协定》中的最惠国待遇条款见之于第1条第1款，其具体规定如下：在对输出或输入、有关输出或输入及输出入货物的国际支付转账所征收的关税和费用方面，在征收上述关税和费用的方法方面，在输出和输入的规章手续方面，以及在本协定第3条第2款及第4款所述事项方面，一缔约国对来自或运往其他国家的产品所给予的利益、优待、特权或豁免，应当立即无条件地给予来自或运往所有其他缔约国的相同产品。

国民待遇原则是指一主权国家或单独关税区政府给予外国人（包括自然人和法人）在贸易、投资、知识产权保护、出入境管理等方面不低于本国人（包括自然人和法人）的待遇。在对外贸易领域，国民待遇原则主要体现在《关税与贸易总协定》第3条，即“国内税与国内规章的国民待遇”条款。

世界贸易组织《服务贸易总协定》（GATS）在其第二部分“一般义务和纪律”中也规定了最惠国待遇，而在其第三部分“具体承诺”中规定了国民待遇。

2020年11月15日，第四次区域全面经济伙伴关系协定领导人会议上，东盟10国和中国、日本、韩国、澳大利亚、新西兰共15个亚太国家正式签署了《区域全面经济伙伴关系协定》，该协定于2022年1月1日起生效。《区域全面经济伙伴关系协定》是亚太地区规模最大、最重要的自由贸易协定谈判，达成后覆盖世界近一半人口和近三分之一贸易量，成为世界上涵盖人口最多、成员构成最多元、发展最具活力的自由贸易区。根据该协定，成员方承诺根据《关税与贸易总协定》第3条给予其他缔约方的货物国民待遇。

3. 反歧视原则

任何国家或者地区在贸易方面对中华人民共和国采取歧视性的禁止、限制或者其他类似措施的，中华人民共和国可以根据实际情况对该国家或者该地区采取相应的措施。这种相应的措施也称为反措施（countermeasures），它与传统国际法

① 中华人民共和国国务院新闻办公室：《关于中美经贸摩擦的事实与中方立场》白皮书，2018年9月。

上的报复（reprisal）或反报制度一脉相承，但目的和手段已发生重大变化，其既不得以惩罚责任国为目的，也不得使用武力。[①] 根据国际法委员会 2001 年完成的《国家对国际不法行为的责任条款草案》相关条款，反措施指受害国为促使国际不法行为的责任国履行其义务，针对该责任国采取的暂不履行其对责任国所负国际义务的行为。在符合国际法相关条件的情况下，其不法性应予解除。

2017 年美国特朗普政府上任以后，在“美国优先”的口号下，抛弃相互尊重、平等协商等国际交往基本准则，实行单边主义、保护主义和经济霸权主义，对许多国家和地区特别是中国作出一系列不实指责，利用不断加征关税等手段进行经济恫吓，试图采取极限施压方法将自身利益诉求强加于中国。特朗普政府通过发布《对华 301 调查报告》等方式，对中国作出“经济侵略”“不公平贸易”“盗窃知识产权”“国家资本主义”等一系列污名化指责，严重歪曲了中美经贸关系的事实。[②] 2018 年 9 月 18 日，美国政府宣布实施对从中国进口的约 2 000 亿美元商品加征关税的措施，自 2018 年 9 月 24 日起加征关税税率为 10%，2019 年 1 月 1 日起加征关税税率提高到 25%。

2020 年 1 月 15 日，中共中央政治局委员、国务院副总理、中美全面经济对话中方牵头人刘鹤和美国总统特朗普在华盛顿的白宫签署《中华人民共和国政府和美利坚合众国政府经济贸易协议》（第一阶段经贸协议），中美贸易争端得到缓解。但美国迄今为止一直未取消对华贸易关税。美国对华贸易战导致美国出现了 30 年来最高的通货膨胀。特朗普第二次当选后，立即发动新一轮“关税战”，遭到多国抵制和反制。

二、对外贸易经营者

（一）概念

《对外贸易法》规定，对外贸易经营者，是指依法办理工商登记或者其他执业手续，依照本法和其他有关法律、行政法规的规定从事对外贸易经营活动的法人、其他组织或者个人。

对外贸易经营者应当按照国务院对外贸易主管部门或者国务院其他有关部门依法作出的规定，向有关部门提交与其对外贸易经营活动有关的文件及资料。有关部门应当为提供者保守商业秘密。

从事国际服务贸易，应当遵守《对外贸易法》和其他有关法律、行政法规的规定。从事对外劳务合作的单位，应当具备相应的资质。

2021 年，《国务院办公厅关于促进内外贸一体化发展的意见》指出，支持市场主体内外贸一体化经营。鼓励有条件的大型商贸、物流企业“走出去”，加强资源

① 朱磊：《论国际法上的反措施在网络空间的适用》，《武大国际法评论》2019 年第 4 期。

② 中华人民共和国国务院新闻办公室：《关于中美经贸摩擦的事实与中方立场》白皮书，2018 年 9 月。

整合配置，优化国际营销体系，完善全球服务网络。支持跨国大型供应链服务企业发展，提高国际竞争力，增强产业链供应链韧性。培育一批国内国际市场协同互促、有较强创新能力和竞争实力的优质贸易企业，引导带动更多企业走一体化经营道路。对标国际先进农产品种植和生产标准，建设一批优质农产品种植和生产基地，培育一批种养加、产供销、内外贸一体化的现代农业企业。加大对企业的指导和服务力度，提升知识产权管理能力。加强区域品牌建设，加快自主品牌培育。

2022 年 12 月 30 日，第十三届全国人民代表大会常务委员会第三十八次会议对《对外贸易法》进行修改，为精简对外贸易经营者相关手续办理流程，将自由贸易试验区相关改革试点经验在全国范围内复制推广，删去了第 9 条关于对外贸易经营者备案登记的要求。修法后，清除了对个人作为对外贸易经营者的限定。对于申请进出口环节许可证、技术进出口合同登记证书、配额、国营贸易资格等相关证件和资格的市场主体，有关部门不再要求其提供对外贸易经营者备案登记材料。这是外贸经营管理领域的重大改革举措，是中国政府坚定推进贸易自由化便利化的重要制度创新，将有利于进一步优化营商环境，释放外贸增长潜力，推进贸易高质量发展和高水平对外开放。

国家可以对部分货物的进出口实行国营贸易管理。实行国营贸易管理货物的进出口业务只能由经授权的企业经营；但是，国家允许部分数量的国营贸易管理货物的进出口业务由非授权企业经营的除外。实行国营贸易管理的货物和经授权经营企业的目录，由国务院对外贸易主管部门会同国务院其他有关部门确定、调整并公布。违反上述规定，擅自进出口实行国营贸易管理的货物的，海关不予放行。实行国营贸易管理的货物，国家允许非国营贸易企业从事部分数量的进出口。

国务院外经贸主管部门基于维护进出口经营秩序的需要，可以在一定期限内对部分货物实行指定经营管理。实行指定经营管理的进出口货物目录由国务院外经贸主管部门制定、调整并公布。确定指定经营企业的具体标准和程序，由国务院外经贸主管部门制定并在实施前公布。指定经营企业名录由国务院外经贸主管部门公布。

除法律规定的例外情形外，未列入国营贸易企业名录和指定经营企业名录的企业或者其他组织，不得从事实行国营贸易管理、指定经营管理的货物的进出口贸易。国营贸易企业和指定经营企业应当根据正常的商业条件从事经营活动，不得以非商业因素选择供应商，不得以非商业因素拒绝其他企业或者组织的委托。

（二）外贸代理

《对外贸易法》第 11 条规定："对外贸易经营者可以接受他人的委托，在经营范围内代为办理对外贸易业务。"该条规定了我国的外贸代理制度。

我国的外贸代理制度发源于 1979 年的外贸体制改革，自 1984 年正式提出。在

1988 年 2 月，国务院颁布了《关于加快和深化对外贸易体制改革若干问题的规定》，并在该规定中明确提出了出口代理。1991 年，对外经济贸易部发布的《关于对外贸易代理制的暂行规定》对我国的外贸代理制度做了一个较为全面的规定。1994 年 7 月起施行的《对外贸易法》第 13 条重申了外贸代理制度。旧的外贸代理制度下的一般做法主要为：先由本人与代理人（有外贸经营权的对外贸易经营者）签订委托合同，再由对外贸易经营者与外商签订对外合同即进出口合同。在这样的一个流程中，对外合同的主体是对外贸易经营者和外商，虽然签订合同的最终目的是为本人服务，但其中的权利义务却并不直接由本人承担，而是由对外贸易经营者承担之后再由本人转承。

2001 年我国加入世界贸易组织后，为了履行承诺，扩大开放领域，开始全面放开外贸经营权。2004 年《对外贸易法》修订之后在其第 12 条对外贸代理做了新的规定，一直沿用至今。2008 年商务部宣布废除《关于对外贸易代理制的暂行规定》。[①] 2011 年修订的《全民所有制工业企业转换经营机制条例》明确规定："企业享有进出口权。企业可以在全国范围内自行选择外贸代理企业从事进出口业务，并有权参与同外商的谈判。"外贸经营权的放开使得一般的商事主体都享有对外贸易经营权，之前的外贸代理制度开始向正常的商事代理制度回归。

尽管如此，也并非任何企业都可以从事任何进出口业务。《中华人民共和国出口管制法》（以下简称《出口管制法》）第 11 条规定："出口经营者从事管制物项出口，应当遵守本法和有关法律、行政法规的规定；依法需要取得相关管制物项出口经营资格的，应当取得相应的资格。"

（三）经核准出口商

经核准出口商，是指经海关依法认定，可以对其出口或者生产的、具备相关优惠贸易协定项下原产资格的货物开具原产地声明的企业。为了有效实施中华人民共和国缔结或者参加的优惠贸易协定项下经核准出口商管理制度，规范出口货物原产地管理，促进对外贸易，根据《中华人民共和国政府和冰岛政府自由贸易协定》《中华人民共和国和瑞士联邦自由贸易协定》《中华人民共和国政府和毛里求斯共和国政府自由贸易协定》《区域全面经济伙伴关系协定》等优惠贸易协定的规定，2021 年 11 月 12 日，海关总署署务会议通过了《中华人民共和国海关经核准出口商管理办法》。海关对中华人民共和国缔结或者参加的其他优惠贸易协定项下经核准出口商的管理，也适用该办法。

经核准出口商应当符合以下条件：（1）海关高级认证企业；（2）掌握相关优惠贸易协定项下原产地规则；（3）建立完备的原产资格文件管理制度。经核准出口商应当通过海关经核准出口商管理信息化系统开具原产地声明，并且对其开具

---

① 2008 年《商务部关于废止和宣布失效六个规章的决定》，决定废止《关于对外贸易代理制的暂行规定》等 4 个部门规章，并宣布《关于设立中外合资对外贸易公司暂行办法》等 2 个部门规章失效。

的原产地声明的真实性和准确性负责。经核准出口商依据《中华人民共和国海关经核准出口商管理办法》开具的原产地声明可以用于向其他缔约方申请享受相关优惠贸易协定项下优惠待遇。

（四）对外贸易经营者违法违规行为公告

2005年7月21日，商务部第12次部务会议通过的《对外贸易经营者违法违规行为公告办法》规定，商务部负责沟通、协调、汇总违法违规对外贸易经营者及其行为的信息，并通过官方网站和指定的全国性刊物向社会公告违法违规对外贸易经营者及其行为。

向社会公告的违法违规对外贸易经营者及其行为，是指在对外贸易经营活动中有下列行为之一，并且依照法律、行政法规规定受到处理、处罚，或被依法追究刑事责任的：（1）进出口属于禁止进出口的货物、技术的，或者未经许可擅自进出口属于限制进出口的货物、技术的行为；（2）违反国营贸易管理规定，非经授权擅自进出口实行国营贸易管理的货物的行为；（3）从事属于禁止的国际服务贸易、未经许可擅自从事属于限制的国际服务贸易的行为；（4）进出口货物侵犯知识产权，并危害对外贸易秩序的行为；（5）违反有关反垄断的法律、行政法规的规定实施垄断行为；（6）实施以不正当的低价销售商品、串通投标、发布虚假广告、进行商业贿赂等不正当竞争行为；（7）伪造、变造进出口货物原产地标记，伪造、变造或者买卖进出口货物原产地证书、进出口许可证、进出口配额证明或者其他进出口证明文件；（8）骗取出口退税；（9）走私；（10）逃避法律、行政法规规定的认证、检验、检疫；（11）违反国家有关外汇管理规定；（12）违反法律、行政法规规定，危害对外贸易秩序的其他行为。

公告对外贸易经营者违法违规行为的信息包括：（1）经营者的名称、组织机构代码、住所、经营场所、法定代表人、工商登记注册号。（2）违法违规行为。（3）依照法律、行政法规规定所受到的处理、处罚和被追究刑事责任的内容。

第二节　货物和技术进出口的一般规定

一、进出口自由原则

1994年颁布的《对外贸易法》首次以法律的形式规定“国家准许货物与技术的自由进出口”，为我国加入世界贸易组织奠定了法律基础。国家准许货物的自由进出口，依法维护公平、有序的货物进出口贸易。除法律、行政法规明确禁止或者限制进出口的外，任何单位和个人均不得对货物进出口设置、维持禁止或者限制措施。

国家采取出口信用保险、出口信贷、出口退税、设立外贸发展基金等措施，促进对外贸易发展。国家采取有效措施，促进企业的技术创新和技术进步，提高企业的国际竞争能力。货物进出口经营者可以依法成立和参加进出口商会，实行行业自律和协调。国家鼓励企业积极应对国外歧视性反倾销、反补贴、保障措施及其他限制措施，维护企业的正当贸易权利。

基于监测货物进口情况的需要，国务院外经贸主管部门和国务院有关经济管理部门可以按照国务院规定的职责划分，对部分属于自由进口的货物实行自动进口许可管理。实行自动许可的进出口货物，收货人、发货人在办理海关报关手续前提出自动许可申请的，国务院对外贸易主管部门或者其委托的机构应当予以许可。进口属于自动进口许可管理的货物，均应当给予许可。进口属于自动进口许可管理的货物，进口经营者应当在办理海关报关手续前，向国务院外经贸主管部门或者国务院有关经济管理部门提交自动进口许可申请。国务院外经贸主管部门或者国务院有关经济管理部门应当在收到申请后，立即发放自动进口许可证明；在特殊情况下，最长不得超过10天。进口经营者凭国务院外经贸主管部门或者国务院有关经济管理部门发放的自动进口许可证明，向海关办理报关验放手续。未办理自动许可手续的，海关不予放行。

二、禁止和限制进出口

《对外贸易法》第15条规定，国家基于下列原因，可以限制或者禁止有关货物、技术的进口或者出口：（1）为维护国家安全、社会公共利益或者公共道德，需要限制或者禁止进口或者出口的；（2）为保护人的健康或者安全，保护动物、植物的生命或者健康，保护环境，需要限制或者禁止进口或者出口的；（3）为实施与黄金或者白银进出口有关的措施，需要限制或者禁止进口或者出口的；（4）国内供应短缺或者为有效保护可能用竭的自然资源，需要限制或者禁止出口的；（5）输往国家或者地区的市场容量有限，需要限制出口的；（6）出口经营秩序出现严重混乱，需要限制出口的；（7）为建立或者加快建立国内特定产业，需要限制进口的；（8）对任何形式的农业、牧业、渔业产品有必要限制进口的；（9）为保障国家国际金融地位和国际收支平衡，需要限制进口的；（10）依照法律、行政法规的规定，其他需要限制或者禁止进口或者出口的；（11）根据我国缔结或者参加的国际条约、协定的规定，其他需要限制或者禁止进口或者出口的。

国家对与裂变、聚变物质或者衍生此类物质的物质有关的货物、技术进出口，以及与武器、弹药或者其他军用物资有关的进出口，可以采取任何必要的措施，维护国家安全。在战时或者为维护国际和平与安全，国家在货物、技术进出口方面可以采取任何必要的措施。

禁止和限制出口的货物目录由国务院外经贸主管部门会同国务院有关部门制定、调整并公布。

国家为维护国际收支平衡，包括国际收支发生严重失衡或者受到严重失衡威胁时，或者为维持与实施经济发展计划相适应的外汇储备水平，可以对进口货物的价值或者数量采取临时限制措施。国家为建立或者加快建立国内特定产业，在采取现有措施无法实现的情况下，可以采取限制或者禁止进口的临时措施。

国家为执行下列一项或者数项措施，必要时可以对任何形式的农产品水产品采取限制进口的临时措施：（1）对相同产品或者直接竞争产品的国内生产或者销售采取限制措施；（2）通过补贴消费的形式，消除国内过剩的相同产品或者直接竞争产品；（3）对完全或者主要依靠该进口农产品水产品形成的动物产品采取限产措施。

有下列情形之一的，国务院外经贸主管部门可以对特定货物的出口采取限制或者禁止的临时措施：（1）发生严重自然灾害等异常情况，需要限制或者禁止出口的；（2）出口经营秩序严重混乱，需要限制出口的；（3）依照《对外贸易法》第15条、第16条的规定，需要限制或者禁止出口的。

三、配额制

国家对限制进口或者出口的货物，实行配额、许可证等方式管理；对限制进口或者出口的技术，实行许可证管理。实行配额、许可证管理的货物、技术，应当按照国务院规定经国务院对外贸易主管部门或者经其会同国务院其他有关部门许可，方可进口或者出口。国家对部分进口货物可以实行关税配额管理。

进出口货物配额、关税配额，由国务院对外贸易主管部门或者国务院其他有关部门在各自的职责范围内，按照公开、公平、公正和效益的原则进行分配。实行关税配额管理的进口货物，依照《中华人民共和国货物进出口管理条例》第二章第四节的规定执行。配额可以按照对所有申请统一办理的方式分配。配额可以通过直接分配的方式分配，也可以通过招标等方式分配。进口配额管理部门分配配额时，应当考虑下列因素：（1）申请人的进口实绩；（2）以往分配的配额是否得到充分使用；（3）申请人的生产能力、经营规模、销售状况；（4）新的进口经营者的申请情况；（5）申请配额的数量情况；（6）需要考虑的其他因素。

对于实行配额管理的出口商品，可以实行招标。出口企业通过自主投标竞价，有偿取得和使用国家确定的出口商品配额。具体依照商务部《出口商品配额招标办法》（2018年修订）执行。

实行关税配额管理的进口货物目录，由国务院外经贸主管部门会同国务院有关经济管理部门制定、调整并公布。属于关税配额内进口的货物，按照配额内税率缴纳关税；属于关税配额外进口的货物，按照配额外税率缴纳关税。商务部分别制定了《农产品进口关税配额管理暂行办法》（2021年修订）、《化肥进口关税配额管理暂行办法》（2018年修订）等。

四、许可证管理办法

国家实行统一的货物进口和出口许可证制度。国家对限制进口和出口的货物实行进口或出口许可证管理。2004 年 12 月 10 日，商务部公布《货物进口许可证管理办法》。2008 年 6 月 7 日，商务部公布《货物出口许可证管理办法》，并于 2019 年 11 月 30 日进行了修订。[①]

商务部是全国进口许可证和出口许可证的归口管理部门，负责制定进口许可证和出口许可证管理办法及规章制度，监督、检查进口许可证和出口许可证管理办法的执行情况，处罚违规行为。商务部会同海关总署制定、调整和发布年度《进口许可证管理货物目录》和《出口许可证管理货物目录》。《进口许可证管理货物分级发证目录》和《出口许可证管理货物分级发证目录》由商务部以公告形式发布。

为履行《关于消耗臭氧层物质的蒙特利尔议定书》及其修正案，国家对列入《中国进出口受控消耗臭氧层物质名录》的消耗臭氧层物质实行进出口配额许可证管理。相关措施依照 2014 年环境保护部、商务部、海关总署发布，2019 年生态环境部修正的《消耗臭氧层物质进出口管理办法》执行。

国家对重点旧机电产品进口实行进口许可证管理。商务部负责重点旧机电产品进口申请的审批工作，商务部配额许可证事务局负责进口许可证的发证工作，具体依照商务部公布的《重点旧机电产品进口管理办法》(2019 年修订）执行。

进口许可证是国家管理货物进口的法律凭证。凡属于进口许可证管理的货物，除国家另有规定外，对外贸易经营者应当在进口前按规定向指定的发证机构申领进口许可证，海关凭进口许可证接受申报和验放。各发证机构应当凭《货物进口许可证管理办法》第三章规定的发证依据发放进口许可证，不得越权或者超发证范围签发进口许可证。进口许可证的有效期为一年。

对外贸易经营者出口目录内所列货物的，应向商务部或者商务部委托的地方商务主管部门申请取得《中华人民共和国出口许可证》(以下简称出口许可证），凭出口许可证向海关办理通关验放手续。出口许可证包括出口配额许可证和出口许可证。我国政府对外援助项下提供的货物免于申领出口许可证。出口许可证证书的管理依照商务部 2012 年修订的《进出口许可证证书管理规定》执行。涉及易制毒化学品、计算机、监控化学品等两用物项和技术进出口许可证管理的，依照《两用物项和技术进出口许可证管理办法》(商务部、海关总署 2005 年第 29 号令）的规定执行。

经营者申领出口许可证时，应当按《货物出口许可证管理办法》如实申报，

---

① 根据商务部令 2019 年第 1 号《商务部关于废止和修改部分规章的决定》修订。

不得弄虚作假，严禁以假合同、假文件等手段骗领出口许可证。各发证机构不得无配额、超配额、越权或者超发证范围签发出口许可证。发证机构的工作人员在履行职责过程中，不得玩忽职守、徇私舞弊或者滥用职权，不得利用职务上的便利索取他人财物，或者非法收受他人财物为他人谋取利益。

出口许可证管理实行“一证一关”制、“一批一证”制和“非一批一证”制。“一证一关”指出口许可证只能在一个海关报关，“一批一证”指出口许可证在有效期内一次报关使用。下列情况实行“非一批一证”制，签发出口许可证时应在备注栏内注明“非一批一证”：（1）外商投资企业出口许可证管理的货物；（2）补偿贸易项下出口许可证管理的货物；（3）其他在《出口许可证管理货物目录》中规定实行“非一批一证”的出口许可证管理货物。“非一批一证”指出口许可证在有效期内可以多次报关使用，但最多不超过 12 次，由海关在“海关验放签注栏”内逐批签注出运数。

赴国（境）外参加或者举办展览会带出的展卖品、小卖品，属于出口许可证管理的，参展单位凭出国（境）经济贸易展览会审批部门的批准文件，向《分级发证目录》规定的发证机构申领出口许可证，不占用出口配额。监控化学品、易制毒化学品、消耗臭氧层物质以及其他国际公约管辖的货物，按正常出口办理，不适用上述规定。

对伪造、变造或者买卖出口许可证的经营者，依照刑法关于非法经营罪或者伪造、变造、买卖国家机关公文、证件、印章罪的规定，依法追究刑事责任；尚不够刑事处罚的，依照海关法等相关法律法规的有关规定处罚。对以欺骗或者其他不正当手段获取出口许可证的，商务部依法收缴其出口许可证。

五、货物进出口原产地规则

原产地，即货物的生产地，在国际贸易中被形象地称为商品的经济“国籍”。世界上大多数国家会出于本国的利益考虑，按照进口产品的不同原产地，分别给予不同的关税待遇。

《中华人民共和国海关法》（2021 年修正）第 41 条规定：“进出口货物的原产地按照国家有关原产地规则的规定确定。”《中华人民共和国进出口货物原产地条例》发布于 2004 年，并于 2019 年进行了修订。该条例适用于实施最惠国待遇、反倾销和反补贴、保障措施、原产地标记管理、国别数量限制、关税配额等非优惠性贸易措施以及进行政府采购、贸易统计等活动对进出口货物原产地的确定。实施优惠性贸易措施对进出口货物原产地的确定，不适用该条例，具体办法依照中华人民共和国缔结或者参加的国际条约、协定的有关规定另行制定。例如，2021 年 11 月 23 日海关总署发布了《中华人民共和国海关〈区域全面经济伙伴关系协定〉项下进出口货物原产地管理办法》，自 2022 年 1 月 1 日起施行，并于 2024 年进行了修订。

我国贸易摩擦日益增多，加征关税措施亦随之频出，相关加税措施实施的关键则是基于非优惠原产地规则的原产地认定。因此，海关在执法实践环节越来越关注对非优惠原产地货物的监管和审查。

我国的非优惠原产地判断标准主要分为完全获得标准和实质性改变标准。根据《中华人民共和国进出口货物原产地条例》的规定：完全在一个国家（地区）获得的货物，以该国（地区）为原产地；两个以上国家（地区）参与生产的货物，以最后完成实质性改变的国家（地区）为原产地。货物生产过程中使用的能源、厂房、设备、机器和工具的原产地，以及未构成货物物质成分或者组成部件的材料的原产地，不影响该货物原产地的确定。对货物所进行的任何加工或者处理，是为了规避中华人民共和国关于反倾销、反补贴和保障措施等有关规定的，海关在确定该货物的原产地时可以不考虑这类加工和处理。

进口货物的收货人按照《中华人民共和国海关法》及有关规定办理进口货物的海关申报手续时，应当依照《中华人民共和国进出口货物原产地条例》规定的原产地确定标准如实申报进口货物的原产地；同一批货物的原产地不同的，应当分别申报原产地。出口货物发货人可以向海关、中国国际贸易促进委员会及其地方分会，申请领取出口货物原产地证书。

买卖进出口许可证、进出口原产地证明以及其他法律、行政法规规定的经营许可证或者批准文件，情节严重的，构成《刑法》第225条的非法经营罪，处五年以下有期徒刑或者拘役，并处或者单处违法所得一倍以上五倍以下罚金；情节特别严重的，处五年以上有期徒刑，并处违法所得一倍以上五倍以下罚金或者没收财产。

六、进出口商品检验

国家实行统一的商品合格评定制度，根据有关法律、行政法规的规定，对进出口商品进行认证、检验、检疫。进出口商品检验作为跨境贸易中不可缺少的环节，在保障国家安全、维护国民健康、保护环境等方面发挥着十分重要的作用。进出口商品检验应当根据保护人类健康和安全、保护动物或者植物的生命和健康、保护环境、防止欺诈行为、维护国家安全的原则，由国家商检部门制定、调整必须实施检验的进出口商品目录（以下简称目录）并公布实施。列入目录的进出口商品，由商检机构实施检验。规定的进口商品未经检验的，不准销售、使用；规定的出口商品未经检验合格的，不准出口。上述规定的进出口商品，其中符合国家规定的免予检验条件的，由收货人或者发货人申请，经国家商检部门审查批准，可以免予检验。

2018年以前，我国的进出口货物监管和出入境检验检疫职责分布在两个部门。

2018 年，十三届全国人大一次会议审议通过了国务院机构改革方案，明确“将国家质量监督检验检疫总局的出入境检验检疫管理职责和队伍划入海关总署”。新修订的《中华人民共和国进出口商品检验法实施条例》第 2 条也规定，海关总署主管全国进出口商品检验工作。海关总署设在省、自治区、直辖市以及进出口商品的口岸、集散地的出入境检验检疫机构及其分支机构，管理所负责地区的进出口商品检验工作。

1. 法定检验

《中华人民共和国进出口商品检验法》（2021 年修正，以下简称《商检法》）第 4 条规定：“进出口商品检验应当根据保护人类健康和安全、保护动物或者植物的生命和健康、保护环境、防止欺诈行为、维护国家安全的原则，由国家商检部门制定、调整必须实施检验的进出口商品目录（以下简称目录）并公布实施。”第 5 条规定：“列入目录的进出口商品，由商检机构实施检验。前款规定的进口商品未经检验的，不准销售、使用；前款规定的出口商品未经检验合格的，不准出口。”

《商检法》第 6 条接受了采信制度，该条规定：“必须实施的进出口商品检验，是指确定列入目录的进出口商品是否符合国家技术规范的强制性要求的合格评定活动。合格评定程序包括：抽样、检验和检查；评估、验证和合格保证；注册、认可和批准以及各项的组合。对本条第一款规定的进出口商品检验，商检机构可以采信检验机构的检验结果；国家商检部门对前述检验机构实行目录管理。”2022 年 9 月 20 日，海关总署发布《中华人民共和国海关进出口商品检验采信管理办法》，自 2022 年 12 月 1 日起施行。采信，是指海关在进出口商品检验中，依法将采信机构的检验结果作为合格评定依据的行为。采信机构，是指具备海关要求的资质和能力，被海关总署列入采信机构目录的检验机构。

《中华人民共和国进出口商品检验法实施条例》（2022 年修订，以下简称《商检法实施条例》）第 4 条规定：“出入境检验检疫机构对列入目录的进出口商品以及法律、行政法规规定须经出入境检验检疫机构检验的其他进出口商品实施检验（以下称法定检验）。”根据上述规定，法定检验是指国家商检机构依照法律和行政法规对列入目录的进出口商品实施检验，未经检验或检验不合格的商品，海关不予放行。法定检验又称强制性检验。当前，法定检验的范围主要是：列入目录的进出口商品，出口食品的卫生检验，出口危险货物包装容器的性能及使用鉴定，出口易腐烂变质食品、冷冻品的船舱、集装箱等运载工具的适载检验，其他依法须经商检机构检验的进出口商品。出入境检验检疫机构对进出口商品实施检验的内容，包括是否符合安全、卫生、健康、环境保护、防止欺诈等要求以及相关的品质、数量、重量等项目。

除法律、行政法规另有规定外，法定检验的进口商品经检验，涉及人身财产安全、健康、环境保护项目不合格的，由出入境检验检疫机构责令当事人销毁，或者出具退货处理通知单，办理退运手续；其他项目不合格的，可以在出入境检验检疫机构的监督下进行技术处理，经重新检验合格的，方可销售或者使用。当事人申请出入境检验检疫机构出证的，出入境检验检疫机构应当及时出证。出入境检验检疫机构对检验不合格的进口成套设备及其材料，签发不准安装使用通知书。经技术处理，并经出入境检验检疫机构重新检验合格的，方可安装使用。

法定检验的出口商品的发货人应当在海关总署统一规定的地点和期限内，持合同等必要的凭证和相关批准文件向出入境检验检疫机构报检。法定检验的出口商品未经检验或者经检验不合格的，不准出口。出口商品应当在商品的生产地检验。海关总署可以根据便利对外贸易和进出口商品检验工作的需要，指定在其他地点检验。出口实行验证管理的商品，发货人应当向出入境检验检疫机构申请验证。出入境检验检疫机构按照海关总署的规定实施验证。

法定检验的出口商品经出入境检验检疫机构检验或者经口岸出入境检验检疫机构查验不合格的，可以在出入境检验检疫机构的监督下进行技术处理，经重新检验合格的，方准出口；不能进行技术处理或者技术处理后重新检验仍不合格的，不准出口。

在现行法下，法定检验作为国家商检机构依法定职权主动实施的强制性检验，在广义上应属行政行为。进出口商品的报检人对海关作出的检验结果有异议的，应当按照海关总署《进出口商品复验办法》（2018 年第二次修正）的规定申请复验。当事人对出入境检验检疫机构、海关总署作出的复验结论、处罚决定不服的，可以依法申请行政复议，也可以依法向人民法院提起诉讼。

2. 非法定检验

《商检法》第 13 条规定："本法规定必须经商检机构检验的进口商品以外的进口商品的收货人，发现进口商品质量不合格或者残损短缺，需要由商检机构出证索赔的，应当向商检机构申请检验出证。"《商检法实施条例》第 20 条规定："法定检验以外的进口商品，经出入境检验检疫机构抽查检验不合格的，依照本条例第十九条的规定处理。实行验证管理的进口商品，经出入境检验检疫机构验证不合格的，参照本条例第十九条的规定处理或者移交有关部门处理。法定检验以外的进口商品的收货人，发现进口商品质量不合格或者残损、短缺，申请出证的，出入境检验检疫机构或者其他检验机构应当在检验后及时出证。"根据上述规定，非法定检验是指国家商检机构或经国家许可的第三方独立检验机构，根据对外贸易关系人的申请，对进出口商品实施检验、鉴定。换言之，非法定检验是由当事人自主选择检验机构对法定检验以外的进出口商品实施检验，检验结论可作为重要的索赔依据。非法定检验也称商业检验。非法定检验不同于法定检验，系当事人自主申请获取索赔依据的民事行为。在相关民事诉讼中，非法定检验证书作为能够证明案件相关事实的依据，应被界定为诉讼证据。[①]

法定检验以外的出口商品，经出入境检验检疫机构抽查检验不合格的，依照《商检法实施条例》第 27 条的规定处理。实行验证管理的出口商品，经出入境检验检疫机构验证不合格的，参照《商检法实施条例》第 27 条的规定处理或者移交有关部门处理。

3. 商检证书

上述两种检验涉及的商检证书种类繁多，范围广泛，但从作用的角度归纳起来，主要是两类：一是作为海关验放的有效证件，主要是关乎人类和动植物的生命健康、环境保护、国家安全方面的，例如兽医检验证书、卫生/健康检验证书、消毒检验证书、熏蒸证书等。法定检验目录商品的品质检验证书、重量检验证书、数量检验证书，根据海关总署《进出口商品数量重量检验鉴定管理办法》第 4 条的规定，也属于这一类。二是作为贸易双方合同责任归属的依据，主要涉及货物质量、装载、残损、短量及船舶、集装箱等运载工具的清洁、卫生、冷藏、密固等适载检验、性能鉴定，如残损检验证书、价值检验证书、重量检验证书、数量检验证书、积载鉴定证书、船舱检验证书、舱口检视证书、监视装/卸载证书等。

4. 特殊商品检验

国家对进口可用作原料的固体废物的国外供货商、国内收货人实行注册登记制度，国外供货商、国内收货人在签订对外贸易合同前，应当取得海关总署或者出入境检验检疫机构的注册登记。国家对进口可用作原料的固体废物实行装运前检验制度，进口时，收货人应当提供出入境检验检疫机构或者检验机构出具的装运前检验证书。对价值较高，涉及人身财产安全、健康、环境保护项目的高风险进口旧机电产品，应当依照国家有关规定实施装运前检验，进口时，收货人应当提供出入境检验检疫机构或者检验机构出具的装运前检验证书。进口可用作原料的固体废物、国家允许进口的旧机电产品到货后，由出入境检验检疫机构依法实施检验。

出口危险货物包装容器的生产企业，应当向出入境检验检疫机构申请包装容器的性能鉴定。包装容器经出入境检验检疫机构鉴定合格并取得性能鉴定证书的，方可用于包装危险货物。出口危险货物的生产企业，应当向出入境检验检疫机构申请危险货物包装容器的使用鉴定。使用未经鉴定或者经鉴定不合格的包装容器的危险货物，不准出口。

另外，为加强对国家实行进口许可制度的民用商品的验证管理，保证进口商品符合安全、卫生、环保要求，依据《商检法》及其实施条例和有关法律法规的规定，海关总署 2018 年发布了修正后的《进口许可制度民用商品入境验证管理办

① 蔡福军：《贸易便利化下进出口商品检验的司法审查》，《人民司法》2019 年第 19 期。

法》。该办法所指的入境验证是指对进口许可制度民用商品，在通关入境时，由海关核查其是否取得必需的证明文件，抽取一定比例批次的商品进行标志核查，并按照进口许可制度规定的技术要求进行检测。

5. 保税区检验检疫

对进出保税区，法律法规规定应当实施检验检疫的货物及其包装物、铺垫材料、运输工具、集装箱的检验检疫及监督管理工作，依照《保税区检验检疫监督管理办法》（2018 年第三次修正）进行。海关按照简便、有效的原则对进出保税区的应检物实施检验检疫。

七、黄金及黄金制品进出口管理

根据 2020 年 4 月 16 日中国人民银行、海关总署发布的《黄金及黄金制品进出口管理办法》，中国人民银行根据国家宏观经济调控需求，可以对黄金及黄金制品进出口的数量进行限制性审批。法人、其他组织以下列贸易方式进出口黄金及黄金制品的，应当按照本办法办理《中国人民银行黄金及黄金制品进出口准许证》：（1）一般贸易；（2）加工贸易转内销及境内购置黄金原料以加工贸易方式出口黄金制品的；（3）海关特殊监管区域、保税监管场所与境内区外之间进出口的。个人、法人或者其他组织因公益事业捐赠进口黄金及黄金制品的，应当按照本办法办理《中国人民银行黄金及黄金制品进出口准许证》。个人携带黄金及黄金制品进出境的管理规定，由中国人民银行会同海关总署制定。

获得黄金进出口资格的市场主体应当承担平衡国内黄金市场实物供求的责任，进出口黄金应当在国务院批准的黄金现货交易所内登记，并完成初次交易。

2002 年 10 月，国务院批准设立上海黄金交易所，由中国人民银行组建，是专门从事黄金等贵金属交易的金融市场。该所的成立实现了中国黄金生产、消费、流通体制的市场化，是中国黄金市场开放的重要标志。2014 年 9 月上金所启动国际板，成为中国黄金市场对外开放的重要窗口；2016 年 4 月发布全球首个以人民币计价的黄金基准价格“上海金”，有效提升了我国黄金市场的定价影响力；2018 年 9 月正式挂牌中国熊猫金币，打通了我国黄金市场与金币市场的产品通道；2019 年 10 月正式挂牌“上海银”集中定价合约，为国内市场提供白银基准价。

申请黄金进出口（除因公益事业捐赠进口黄金）的，应当具备法人资格，近 2 年内无相关违法违规行为，并且具备下列条件之一：（1）是国务院批准的黄金交易所的金融机构会员或做市商，具备黄金业务专业人员、完善的黄金业务风险控制制度和稳定的黄金进出口渠道，所开展的黄金市场业务符合相关政策或管理规定，并且申请前两个年度黄金现货交易活跃、自营交易量排名前列；（2）是国务院批准的黄金交易所的综合类会员，年矿产金 10 吨以上、其生产过程中的污染物排放达到国家环保标准，在境外黄金矿产投资规模达 5 000 万美元以上，取得境外金矿或者共生、伴生金矿开采权，已形成矿产金生产能力，所开展的业务符合国内外相关政策或管理规定，申请前两个年度黄金现货交易活跃，自营交易量排名前列的矿产企业；（3）在国内有连续 3 年且每年不少于 2 亿元人民币的纳税记录，在境外有色金属投资 1 亿美元以上，取得境外金矿或共生、伴生金矿开采权，已形成矿产金生产能力，所开展的业务符合国内外相关政策或管理规定的矿产企业；（4）承担国家贵金属纪念币生产任务进口黄金的生产企业；（5）为取得国际黄金市场品牌认证资格进出口黄金的精炼企业。

申请黄金制品进出口（除因公益事业捐赠进口黄金制品）的，应当具备法人或其他组织资格，近 2 年内无相关违法违规行为，并且具备下列条件之一：（1）生产、加工或者使用相关黄金制品的企业，有必要的生产场所、设备和设施，生产过程中的污染物排放达到国家环保标准，有连续 3 年且年均不少于 100 万元人民币的纳税记录；（2）适用海关认证企业管理的外贸经营企业，有连续 3 年且年均不少于 300 万元人民币的纳税记录；（3）因国家科研项目、重点课题需要使用黄金制品的教育机构、科学研究机构等。

被许可人在办理黄金及黄金制品货物进出口时，凭《中国人民银行黄金及黄金制品进出口准许证》向海关办理有关手续。

违反法律规定进出口黄金及黄金制品，构成走私行为或者违反海关监管规定等违法行为的，由海关依照《中华人民共和国海关法》《中华人民共和国海关行政处罚实施条例》等法律法规处理；构成犯罪的，依法移交司法机关追究刑事责任。

八、进出口农作物种子（苗）管理

根据《进出口农作物种子（苗）管理暂行办法》（2022 年修订），从事进出口生产用种子业务和向国（境）外提供种质资源的单位应当具备中国法人资格。禁止个人从事进出口生产用种子业务和向国（境）外提供种质资源。进出口大田用商品种子，应当具有与其进出口种子类别相符的种子生产、经营权及进出口权；没有进出口权的，由农业农村部指定的具有农作物种子进出口权的单位代理。

进出口生产用种子，由所在地省级农业农村主管部门审核，农业农村部审批。进口试验用种子应在国家或省农作物品种审定委员会的统一安排指导下进行种植试验。申请进口大田用商品种子，应符合下列条件：（1）品种应当经国家或省级农作物品种审定委员会审定通过，国内暂时没有开展审定工作而生产上又急需的作物种类品种，应当提交至少 2 个生育周期的引种试验报告。（2）种子质量应当达到国家标准或行业标准；对没有国家标准或行业标准的，可以在合同中约定或参考有关国际标准。进口对外制种用种子，不受该办法第 9 条限制，但繁殖的种子不得在国内销售。

国家鼓励种子出口，但列入种质资源“不对外交换的”和未列入目录的品种及杂交作物亲本种子原则上不允许出口。特殊情况，报经农业农村部批准。

九、食品进出口安全管理

《中华人民共和国食品安全法》[①]（以下简称《食品安全法》）第六章专门对食品进出口做了非常详细的规定。根据该法，国家出入境检验检疫部门对进出口食品安全实施监督管理。进口的食品、食品添加剂、食品相关产品应当符合我国食品安全国家标准。进口的食品、食品添加剂应当经出入境检验检疫机构依照进出口商品检验相关法律、行政法规的规定检验合格。进口的食品、食品添加剂应当按照国家出入境检验检疫部门的要求随附合格证明材料。

境外出口商、境外生产企业应当保证向我国出口的食品、食品添加剂、食品相关产品符合该法以及我国其他有关法律、行政法规的规定和食品安全国家标准的要求，并对标签、说明书的内容负责。进口商应当建立境外出口商、境外生产企业审核制度，重点审核前款规定的内容；审核不合格的，不得进口。发现进口食品不符合我国食品安全国家标准或者有证据证明可能危害人体健康的，进口商应当立即停止进口，并依照该法第 63 条的规定召回。

进口的预包装食品、食品添加剂应当有中文标签；依法应当有说明书的，还应当有中文说明书。标签、说明书应当符合本法以及我国其他有关法律、行政法规的规定和食品安全国家标准的要求，并载明食品的原产地以及境内代理商的名称、地址、联系方式。预包装食品没有中文标签、中文说明书或者标签、说明书不符合本条规定的，不得进口。

进口商应当建立食品、食品添加剂进口和销售记录制度，如实记录食品、食品添加剂的名称、规格、数量、生产日期、生产或者进口批号、保质期、境外出口商和购货者名称、地址及联系方式、交货日期等内容，并保存相关凭证。记录和凭证保存期限应当符合该法第 50 条第 2 款的规定。

出口食品生产企业应当保证其出口食品符合进口国（地区）的标准或者合同要求。出口食品生产企业和出口食品原料种植、养殖场应当向国家出入境检验检疫部门备案。国家出入境检验检疫部门应当对进出口食品的进口商、出口商和出口食品生产企业实施信用管理，建立信用记录，并依法向社会公布。违反《食品安全法》有关进出口食品安全的规定，由出入境检验检疫机构依照该法第 124 条的规定给予处罚。

海关总署于 2021 年 4 月 12 日公布了《中华人民共和国进出口食品安全管理办法》，自 2022 年 1 月 1 日起实施。2011 年公布的《进出口食品安全管理办法》、2000 年公布的《出口蜂蜜检验检疫管理办法》、2011 年公布的《进出口水产品检

---

① 2009 年颁布，2021 年修正。

验检疫监督管理办法》、2011 年公布的《进出口肉类产品检验检疫监督管理办法》、2013 年公布的《进出口乳品检验检疫监督管理办法》、2017 年公布的《出口食品生产企业备案管理规定》同时废止。

根据新的管理办法，进口食品应当符合中国法律法规和食品安全国家标准，中国缔结或者参加的国际条约、协定有特殊要求的，还应当符合国际条约、协定的要求。进口尚无食品安全国家标准的食品，应当符合国务院卫生行政部门公布的暂予适用的相关标准要求。利用新的食品原料生产的食品，应当依照《食品安全法》第 37 条的规定，取得国务院卫生行政部门新食品原料卫生行政许可。海关总署可以对境外国家（地区）的食品安全管理体系和食品安全状况开展评估和审查，并根据评估和审查结果，确定相应的检验检疫要求。海关总署对向中国境内出口食品的境外生产企业实施注册管理，并公布获得注册的企业名单。

有下列情形之一的，海关总署依据风险评估结果，可以对相关食品采取暂停或者禁止进口的控制措施：（1）出口国家（地区）发生重大动植物疫情，或者食品安全体系发生重大变化，无法有效保证输华食品安全的；（2）进口食品被检疫传染病病原体污染，或者有证据表明能够成为检疫传染病传播媒介，且无法实施有效卫生处理的；（3）海关实施《中华人民共和国进出口食品安全管理办法》第 34 条第 2 款规定控制措施的进口食品，再次发现相关安全、健康、环境保护项目不合格的；（4）境外生产企业违反中国相关法律法规，情节严重的；（5）其他信息显示相关食品存在重大安全隐患的。

食品进口商发现进口食品不符合法律、行政法规和食品安全国家标准，或者有证据证明可能危害人体健康，应当按照《食品安全法》第 63 条和第 94 条第 3 款规定，立即停止进口、销售和使用，实施召回，通知相关生产经营者和消费者，记录召回和通知情况，并将食品召回、通知和处理情况向所在地海关报告。

出口食品生产企业应当保证其出口食品符合进口国家（地区）的标准或者合同要求；中国缔结或者参加的国际条约、协定有特殊要求的，还应当符合国际条约、协定的要求。进口国家（地区）暂无标准，合同也未作要求，且中国缔结或者参加的国际条约、协定无相关要求的，出口食品生产企业应当保证其出口食品符合中国食品安全国家标准。

十、濒危野生动植物进出口管理

为了加强对濒危野生动植物及其产品的进出口管理，保护和合理利用野生动植物资源，履行《濒危野生动植物种国际贸易公约》规定的义务，国务院 2006 年颁布了《中华人民共和国濒危野生动植物进出口管理条例》，并于 2019 年进行了修订。国家濒危物种进出口管理机构代表中国政府履行公约，依照该条例的规定对经国务院野生动植物主管部门批准出口的国家重点保护的野生动植物及其产品、批准进口或者出口的公约限制进出口的濒危野生动植物及其产品，核发允许进出口证明书。

禁止进口或者出口公约禁止以商业贸易为目的进出口的濒危野生动植物及其产品，因科学研究、驯养繁殖、人工培育、文化交流等特殊情况，需要进口或者出口的，应当经国务院野生动植物主管部门批准；按照有关规定由国务院批准的，应当报经国务院批准。禁止出口未定名的或者新发现并有重要价值的野生动植物及其产品以及国务院或者国务院野生动植物主管部门禁止出口的濒危野生动植物及其产品。进口或者出口公约限制进出口的濒危野生动植物及其产品，出口国务院或者国务院野生动植物主管部门限制出口的野生动植物及其产品，应当经国务院野生动植物主管部门批准。进口或者出口濒危野生动植物及其产品的，必须具备该条例规定的条件，并按照管理权限，向其所在地的省、自治区、直辖市人民政府农业（渔业）主管部门提出申请，或者向国务院林业主管部门提出申请。

十一、危险废物出口核准管理

为了规范危险废物出口管理，防止环境污染，履行我国加入的《控制危险废物越境转移及其处置巴塞尔公约》（以下简称《巴塞尔公约》）规定的义务，2008年1月25日，国家环境保护总局发布了《危险废物出口核准管理办法》，2019年8月22日，生态环境部对其进行了修正。根据该办法，在中华人民共和国境内产生的危险废物应当尽量在境内进行无害化处置，减少出口量，降低危险废物出口转移的环境风险。禁止向《巴塞尔公约》非缔约方出口危险废物。该办法所称危险废物，是指列入国家危险废物名录或者根据国家规定的危险废物鉴别标准和鉴别方法认定的具有危险特性的固体废物。产生、收集、贮存、处置、利用危险废物的单位，向中华人民共和国境外《巴塞尔公约》缔约方出口危险废物，必须取得危险废物出口核准。国务院环境保护行政主管部门负责核准危险废物出口申请，并进行监督管理。

十二、消耗臭氧层物质进出口管理

为了加强对消耗臭氧层物质的管理，履行《保护臭氧层维也纳公约》[①] 和《关于消耗臭氧层物质的蒙特利尔议定书》[②] 规定的义务，保护臭氧层和生态环境，保障人体健康，国务院于2010年4月8日公布了《消耗臭氧层物质管理条例》，2018年、2023年对其进行了修订。根据该条例，国家对进出口消耗臭氧层物质予以控制，并实行名录管理。国务院生态环境主管部门会同国务院商务主管部门、海关总署制定、调整和公布《中国进出口受控消耗臭氧层物质名录》。进出口列入名录

---

① 1985年3月22日订于维也纳，1989年12月10日对中国生效。

② 1991年6月21日订于伦敦，1992年8月20日对中国生效。

的消耗臭氧层物质的单位，应当依照该条例的规定向国家消耗臭氧层物质进出口管理机构申请进出口配额，领取进出口审批单，并提交拟进出口的消耗臭氧层物质的品种、数量、来源、用途等情况的材料。取得消耗臭氧层物质进出口审批单的单位，应当按照国务院商务主管部门的规定申请领取进出口许可证，持进出口许可证向海关办理通关手续。列入必须实施检验的进出口商品目录的消耗臭氧层物质，由海关依法实施检验。消耗臭氧层物质在中华人民共和国境内的海关特殊监管区域、保税监管场所与境外之间进出的，进出口单位应当依照本条例的规定申请领取进出口审批单、进出口许可证；消耗臭氧层物质在中华人民共和国境内的海关特殊监管区域、保税监管场所与境内其他区域之间进出的，或者在上述海关特殊监管区域、保税监管场所之间进出的，不需要申请领取进出口审批单、进出口许可证。

为履行《关于消耗臭氧层物质的蒙特利尔议定书》及其修正案，加强对我国消耗臭氧层物质进出口管理，根据《消耗臭氧层物质管理条例》，2014 年 1 月 27 日，环境保护部、商务部、海关总署公布了《消耗臭氧层物质进出口管理办法》，2019 年，生态环境部对其进行了修正。该办法适用于以任何形式进出口列入《中国进出口受控消耗臭氧层物质名录》的消耗臭氧层物质的活动。从事消耗臭氧层物质进出口的单位应当具有法人资格，并依法办理对外贸易经营者备案登记手续。

第三节　技术进出口管理

一、技术进出口的概念

根据《中华人民共和国技术进出口管理条例》（2020 年修订）[①] 的规定，技术进出口，是指从中华人民共和国境外向中华人民共和国境内，或者从中华人民共和国境内向中华人民共和国境外，通过贸易、投资或者经济技术合作的方式转移技术的行为。前款规定的行为包括专利权转让、专利申请权转让、专利实施许可、技术秘密转让、技术服务和其他方式的技术转移。

国家准许技术的自由进出口；但是，法律、行政法规另有规定的除外。国家对技术进出口实行统一的管理制度，依法维护公平、自由的技术进出口秩序。技术进出口应当符合国家的产业政策、科技政策和社会发展政策，有利于促进我国科技进步和对外经济技术合作的发展，有利于维护我国经济技术权益。国家对限制进口或者出口的技术，实行许可证管理。实行配额、许可证管理的技术，应当按照国务院规定经国务院对外贸易主管部门或者经其会同国务院其他有关部门许

① 该条例是在 1985 年《中华人民共和国技术引进合同管理条例》基础上制定的，1985 年 5 月 24 日，国务院发布国发〔1985〕73 号。

可，方可进口或者出口。

二、技术进口

根据《中华人民共和国技术进出口管理条例》的规定，属于禁止进口的技术，不得进口。“有对外贸易法第十六条规定情形之一的技术[①]，禁止或者限制进口。”国务院外经贸主管部门会同国务院有关部门，制定、调整并公布禁止或者限制进口的技术目录。商务部 2021 年 11 月 2 日公布《中国禁止进口限制进口技术目录》，自公布之日起实施。属于限制进口的技术，实行许可证管理；未经许可，不得进口。

进口属于限制进口的技术，应当向国务院外经贸主管部门提出技术进口申请并附有关文件。技术进口项目需经有关部门批准的，还应当提交有关部门的批准文件。技术进口申请经批准的，由国务院外经贸主管部门发给技术进口许可意向书。进口经营者取得技术进口许可意向书后，可以对外签订技术进口合同。进口经营者签订技术进口合同后，应当向国务院外经贸主管部门提交技术进口合同副本及有关文件，申请技术进口许可证。国务院外经贸主管部门对技术进口合同的真实性进行审查，并自收到前款规定的文件之日起 10 个工作日内，对技术进口作出许可或者不许可的决定。技术进口经许可的，由国务院外经贸主管部门颁发技术进口许可证。技术进口合同自技术进口许可证颁发之日起生效。

对属于自由进口的技术，实行合同登记管理。进口属于自由进口的技术，合同自依法成立时生效，不以登记为合同生效的条件。进口属于自由进口的技术，应当向国务院外经贸主管部门办理登记，并提交下列文件：（1）技术进口合同登记申请书；（2）技术进口合同副本；（3）签约双方法律地位的证明文件。申请人凭技术进口许可证或者技术进口合同登记证，办理外汇、银行、税务、海关等相关手续。

技术进口合同的让与人应当保证自己是所提供技术的合法拥有者或者有权转让、许可者。技术进口合同的受让人按照合同约定使用让与人提供的技术，被第三方指控侵权的，受让人应当立即通知让与人；让与人接到通知后，应当协助受让人排除妨碍。技术进口合同的让与人应当保证所提供的技术完整、无误、有效，能够达到约定的技术目标。

技术进口合同的受让人、让与人应当在合同约定的保密范围和保密期限内，对让与人提供的技术中尚未公开的秘密部分承担保密义务。在保密期限内，承担保密义务的一方在保密技术非因自己的原因被公开后，其承担的保密义务即予终止。

---

① 2022 年修正的《对外贸易法》中，该条例变更为第 15 条。

三、技术出口

国家鼓励成熟的产业化技术出口。党的十八大以来，我国技术贸易稳步快速发展。据商务部统计，2013 年，中国技术出口合同金额 200 亿美元，不到进口合同金额的一半；2019 年，技术出口合同金额 321 亿美元，已基本接近进口合同金额。技术出口既优化了我国的出口结构，也推动了相关贸易伙伴产业升级和经济发展。

技术出口分为自由、限制和禁止三类。其中自由类技术实行事后合同登记备案；属于限制出口的技术，实行许可证管理，未经许可，不得出口。

《中华人民共和国技术进出口管理条例》规定："有对外贸易法第十六条规定情形之一的技术[①]，禁止或者限制出口。"国务院外经贸主管部门会同国务院有关部门，制定、调整并公布禁止或者限制出口的技术目录。

出口属于限制出口的技术，应当向国务院外经贸主管部门提出申请。技术出口申请经批准的，由国务院外经贸主管部门发给技术出口许可意向书。申请人取得技术出口许可意向书后，方可对外进行实质性谈判，签订技术出口合同。技术出口经许可的，由国务院外经贸主管部门颁发技术出口许可证。技术出口合同自技术出口许可证颁发之日起生效。

对属于自由出口的技术，实行合同登记管理。出口属于自由出口的技术，合同自依法成立时生效，不以登记为合同生效的条件。申请人凭技术出口许可证或者技术出口合同登记证办理外汇、银行、税务、海关等相关手续。

国务院外经贸主管部门和有关部门及其工作人员在履行技术出口管理职责中，对国家秘密和所知悉的商业秘密负有保密义务。

早在 1981 年，国务院就发布了《科学技术保密条例》。1995 年，国家科学技术委员会、国家保密局发布《科学技术保密规定》，科学技术部、国家保密局于 2015 年进行了修订。根据该规定，关系国家安全和利益，泄露后可能造成下列后果之一的科学技术事项，应当确定为国家科学技术秘密：（1）削弱国家防御和治安能力；（2）降低国家科学技术国际竞争力；（3）制约国民经济和社会长远发展；（4）损害国家声誉、权益和对外关系。国家科学技术秘密及其密级的具体范围，由国家保密行政管理部门会同国家科学技术行政管理部门另行制定。对外科学技术交流与合作中需要提供国家科学技术秘密的，应当经过批准，并与对方签订保密协议。绝密级国家科学技术秘密原则上不得对外提供，确需提供的，应当经中央国家机关有关主管部门同意后，报国家科学技术行政管理部门批准；机密级国家科学技术秘密对外提供应当报中央国家机关有关主管部门批准；秘密级国家科

---

① 2022 年修正的《对外贸易法》中，该条例变更为第 15 条。

学技术秘密对外提供应当报中央国家机关有关主管部门或者省、自治区、直辖市人民政府有关主管部门批准。有关主管部门批准对外提供国家科学技术秘密的，应当在10个工作日内向同级政府科学技术行政管理部门备案。

1989年，国家科学技术委员会、国家保密局公布了《国家秘密技术出口审查暂行规定》。1998年，科学技术部、国家保密局、对外贸易经济合作部印发了《国家秘密技术出口审查规定》。[①] 根据该规定，国家秘密技术出口应遵循以下原则：(1) 有利于保障国家安全；(2) 有利于我国的科学技术进步；(3) 有利于保持我国科学技术在国际上的领先地位；(4) 有利于维护我国国际经济竞争力和市场占有率；(5) 有利于发挥我国科学技术的经济效益和社会效益。

国家秘密技术出口保密审查、审批机构及权限：(1) 绝密级国家秘密技术禁止出口。(2) 机密级国家秘密技术，由申请单位按行政隶属关系经省、自治区、直辖市、计划单列市或国务院各部委、直属机构的科技保密管理机构审查同意后，报科学技术部审批。(3) 秘密级国家秘密技术，由申请单位按行政隶属关系上报省、自治区、直辖市、计划单列市或国务院各部委、直属机构的科技保密管理机构审批，报科学技术部备案。

国家秘密技术出口时，申请单位必须依照该规定先行办理保密审查手续，获批准后，按有关规定履行技术出口许可手续，方可与外方进行实质性洽谈。国家秘密技术出口，必须按照保密审查批准和许可证许可出口的范围和内容进行，不得擅自扩大或变更。技术出口经营者应当在技术出口合同中规定保密条款，要求技术的受让方承担保密义务，必要时，应对受让方使用技术的范围和方式加以限定。违反该规定，未经批准、许可出口国家秘密技术，或擅自超出批准、许可范围，或在申请出口时弄虚作假，致使国家秘密泄露的，依法追究有关责任人的法律责任。

四、敏感技术进出口

《中华人民共和国技术进出口管理条例》规定，出口核技术、核两用品相关技术、监控化学品生产技术、军事技术等出口管制技术的，依照有关行政法规的规定办理。国家对与裂变、聚变物质或者衍生此类物质的物质有关的货物、技术进出口，以及与武器、弹药或者其他军用物资有关的进出口，可以采取任何必要的措施，维护国家安全。在战时或者为维护国际和平与安全，国家在货物、技术进出口方面可以采取任何必要的措施。

为规范敏感物项和技术出口经营秩序，加强对敏感物项和技术出口经营的管理，国务院及有关部委制定了《中华人民共和国核两用品及相关技术出口管制条

① 国科发计字〔1998〕425号。

例》《中华人民共和国导弹及相关物项和技术出口管制条例》《中华人民共和国生物两用品及相关设备和技术出口管制条例》和《有关化学品及相关设备和技术出口管制办法》《中华人民共和国导弹相关物项和技术出口经营登记（暂行）管理办法》《中华人民共和国敏感物项和技术出口经营登记管理办法》等法规规章。凡从事敏感物项和技术出口的经营者，必须按照《中华人民共和国敏感物项和技术出口经营登记管理办法》的规定，向对外贸易经济合作部申请登记。未经登记，任何单位或者个人不得经营敏感物项和技术的出口。

第四节　跨境服务贸易

一、概论

跨境服务贸易是指境外服务提供者通过跨境方式提供服务，包括：跨境支付，即境外服务提供者在其境内向中国境内消费者提供服务；境外消费，即中国消费者在境外接受服务；自然人移动，即境外自然人进入中国境内提供服务。服务贸易是国际贸易的重要组成部分和国际经贸合作的重要领域，在构建新发展格局中具有重要作用。2024 年，我国服务贸易进出口突破 1 万亿美元，规模保持世界第二位，近年来，我国不断健全准入前国民待遇加负面清单管理制度，进一步缩减外资准入负面清单，持续推进服务业扩大开放，支持商业存在模式服务贸易加快发展，减少跨境交付、境外消费、自然人移动模式下服务贸易限制措施，有序推进电信、互联网、教育、文化、医疗等领域相关业务开放，出台实施海南自由贸易港跨境服务贸易负面清单，制定出台自贸试验区跨境服务贸易负面清单，大幅放宽服务领域市场准入。自 2012 年党中央、国务院批准由商务部、北京市人民政府共同主办中国国际服务贸易交易会（简称“服贸会”）后，服贸会已成功举办十届，成为全球服务贸易领域规模最大的综合型展会和中国服务贸易领域的龙头展会。此外，我们还举办了中国（上海）国际技术进出口交易会、中国国际数字经济博览会、中国国际数字和软件服务交易会、中国国际服务外包交易博览会等服务贸易领域重要展会，推动了服务贸易国际合作。我国与巴西、日本、乌拉圭、俄罗斯、阿根廷、巴拿马、葡萄牙等国家签订了双边服务贸易合作协议，达成并实施了《金砖国家服务贸易合作路线图》等多边协议。

2015 年，国务院发布《关于加快发展服务贸易的若干意见》，要求以深化改革、扩大开放、鼓励创新为动力，着力构建公平竞争的市场环境，促进服务领域相互投资，完善服务贸易政策支持体系，加快服务贸易自由化和便利化，推动扩大服务贸易规模，优化服务贸易结构，增强服务出口能力，培育“中国服务”的国际竞争力。

2020年8月2日，国务院发布《关于同意全面深化服务贸易创新发展试点的批复》，原则同意商务部提出的《全面深化服务贸易创新发展试点总体方案》（以下简称《总体方案》），同意在北京、天津、上海、重庆（涪陵区等21个市辖区）、海南、大连、厦门、青岛、深圳、石家庄、长春、哈尔滨、南京、苏州、杭州、合肥、济南、威海、武汉、广州、成都、贵阳、昆明、西安、乌鲁木齐和河北雄安新区、贵州贵安新区、陕西西咸新区等28个省、市（区域）全面深化服务贸易创新发展试点。全面深化试点期限为3年。全面深化试点期间，根据发展需要，暂时调整实施相关行政法规、国务院文件和经国务院批准的部门规章的部分规定，具体由国务院另行印发。国务院有关部门根据《总体方案》相应调整本部门制定的规章和规范性文件。2021年，国务院发布《关于同意在全面深化服务贸易创新发展试点地区暂时调整实施有关行政法规和国务院文件规定的批复》，同意自发布之日起至2023年8月1日，在全面深化服务贸易创新发展试点地区暂时调整实施《旅行社条例》《商业特许经营管理条例》《专利代理条例》《中华人民共和国技术进出口管理条例》《国务院对确需保留的行政审批项目设定行政许可的决定》《国务院关于取消和下放一批行政许可事项的决定》《国务院办公厅关于对在我国境内举办对外经济技术展览会加强管理的通知》的有关规定。

二、服务贸易管理

中华人民共和国在国际服务贸易方面根据所缔结或者参加的国际条约、协定中所作的承诺，给予其他缔约方、参加方市场准入和国民待遇。根据我国签订的世界贸易组织《服务贸易总协定》的要求，各成员应在非歧视原则基础上，通过分阶段谈判，逐步开放本国服务市场，以促进服务及服务提供者间的竞争，减少服务贸易及投资的扭曲。这些分阶段逐步开放市场的承诺涉及商业服务、金融、电信、分销、旅游、教育、运输、医疗与保健、建筑、环境、娱乐等服务领域，亦即我国所指的第三产业。这无疑对促进国际服务贸易起到积极作用。

我国同东盟10国和日韩澳新共15国于2020年11月15日签署了《区域全面经济伙伴关系协定》(RCEP)。RCEP第八章专门规定了服务业开放内容，致力于营造更为公平的服务贸易竞争环境，对国际服务贸易的规则构建及发展产生积极影响。[①]

《服务贸易总协定》第6条规定，成员应当围绕服务业领域的许可、资质和技术标准制定规则，确保其监管政策制定基于客观和透明标准、监管负担控制在合理限度内、许可程序不构成市场准入限制。

2017年，中国与欧盟、澳大利亚等59个世界贸易组织成员共同签署《服务贸

---

① 参见商务部官方网站：http：//fta. mofcom. gov. cn/rcep/rcep_new. shtml，2023年1月10日访问。

易国内规制部长联合声明》，正式启动《服务贸易国内规制参考文件》（以下简称《参考文件》）谈判工作。2021 年 12 月，各方宣布结束谈判。2022 年 12 月 16 日，世界贸易组织举行服务贸易国内规制联合声明倡议谈判大使级会议，包括中国、美国、欧盟在内的 55 个参加方宣布完成《参考文件》的国内核准程序。12 月 20 日，中国、美国、欧盟等世界贸易组织主要谈判参加方正式启动《参考文件》在世界贸易组织的生效程序。《参考文件》规则适用于各参加方在世界贸易组织项下承诺开放的所有服务部门。目前，各参加方所承诺开放的领域囊括了大多数服务行业，涉及人民群众生产和生活的诸多方面。《参考文件》规则有助于规范这些服务行业的许可、资质和技术标准，如金融、电信、运输、医疗、教育、文化等行业市场的经营许可，律师、医师、教师、会计师、设计师、工程师等执业资格，道路、桥梁、房屋等领域特定设计和施工要求，通信、快递、环保等服务行业技术标准等。

基于产业发展的阶段特点，我国传统上对服务业的限制措施较多。经济合作与发展组织服务贸易限制指数（STRI）显示，我国的排名仍处于倒数位置，低于平均值。[①] 根据我国现行《对外贸易法》，国务院对外贸易主管部门和国务院其他有关部门，依照本法和其他有关法律、行政法规的规定，对国际服务贸易进行管理。国家基于下列原因，可以限制或者禁止有关的国际服务贸易：（1）为维护国家安全、社会公共利益或者公共道德，需要限制或者禁止的；（2）为保护人的健康或者安全，保护动物、植物的生命或者健康，保护环境，需要限制或者禁止的；（3）为建立或者加快建立国内特定服务产业，需要限制的；（4）为保障国家外汇收支平衡，需要限制的；（5）依照法律、行政法规的规定，其他需要限制或者禁止的；（6）根据我国缔结或者参加的国际条约、协定的规定，其他需要限制或者禁止的。国家对与军事有关的国际服务贸易，以及与裂变、聚变物质或者衍生此类物质的物质有关的国际服务贸易，可以采取任何必要的措施，维护国家安全。在战时或者为维护国际和平与安全，国家在国际服务贸易方面可以采取任何必要的措施。

世界贸易组织出台的《参考文件》对成员政府监管部门提出四点明确要求：一是提前公布拟实施的法律、法规和行政规章等监管措施；二是给予企业充分参与政策制定机会；三是及时公开行政审批信息；四是建立企业咨询反馈机制。在许可审批事项方面，《参考文件》就受理申请时间表、确定申请材料完备性、提供审批进展状态、告知申请最终决定、提供拒绝申请理由、确保获批申请生效等六个方面作了具体规定。同时要求，成员政府监管部门应遵守监管独立要求，基于客观透明标准开展审批，确保审批流程公正、审批收费合理，以便提高工作效率，

---

① https：//www. oecd. org/trade/topics/services-trade/documents/oecd-stri-country-note-chn. pdf，2023 年 1 月 10 日访问。

降低企业从业成本。[①]

中国已完成《参考文件》在国内的核准工作，出台了《跨境服务贸易特别管理措施（负面清单）》（2024 年版）和《自由贸易试验区跨境服务贸易特别管理措施（负面清单）》（2024 年版）。

2024 年 8 月，国务院办公厅发布《关于以高水平开放推动服务贸易高质量发展的意见》（国办发〔2024〕44 号），要求加快推进服务贸易数字化、智能化、绿色化进程，推动服务贸易规模增长、结构优化、效益提升、实力增强，为建设更高水平开放型经济新体制、扎实推进中国式现代化建设作出更大贡献。该意见提出了 20 项具体政策，包括：建立健全跨境服务贸易负面清单管理制度、发挥对外开放平台引领作用、加强规则对接和规制协调、提升服务贸易标准化水平、便利专业人才跨境流动、优化跨境资金流动管理、促进技术成果交易和运用、推动数据跨境高效便利安全流动、增强国际运输服务能力、提升旅行服务国际竞争力、支持专业服务贸易发展、鼓励传统优势服务出口、促进服务贸易与货物贸易融合发展、扩大优质服务进口、助力绿色低碳发展、深化服务贸易国际合作、建立健全服务贸易促进体系、创新支持政策措施、提升统计监测水平、强化服务贸易区域合作。

三、跨境服务贸易负面清单管理措施

（一）负面清单概论

跨境服务贸易负面清单是当前国际高标准自贸协定在相关领域做出开放安排时所采取的一种主要模式。负面清单统一列明对境外服务提供者通过跨境方式提供服务的特别管理措施，包括规定境外服务提供者不得提供服务的措施，以及规定境外服务提供者符合有关条件可提供服务的措施。负面清单之外的领域，按照内外一致原则实施管理，境内外服务提供者皆可依法平等准入。以前我国对外缔结的自由贸易协定仍然采用正面清单模式。我国加入的《区域全面经济伙伴关系协定》（RCEP）则采用了两种制表模式供成员自主选择：一种是采用正面清单列表模式的“具体承诺表”（schedules of specific commitments），另一种是采用负面清单列表模式的“不符措施承诺表”（schedules of non-conforming measures）。RCEP 缔约方的服务贸易发展水平和国内监管能力差异较大，若采用 GATS 或 CPTPP 的单一制表模式则难以调和缔约方之间的利益分歧。因此，RCEP 创造性地采用了灵活包容的双轨制设计，允许各缔约方自主选择符合其开放需求的制表模式，以差异化步调促进区域内服务贸易的整体自由化。我国等 8 个成员选择采用

① 参见商务部官方网站：https：//www.mofcom.gov.cn/article/bnjg/202212/20221203374521.shtml，2023 年 1 月 10 日访问。

正面清单模式的“具体承诺表”。[①] 不过，RCEP 针对采用具体承诺表的缔约方设置了专门的过渡机制，规定此类缔约方应在 6 年内将其正面清单转化为负面清单。

2020 年完成谈判的《中欧全面投资协定》（China-EU Comprehensive Agreement on Investment，CAI）是我国迄今为止签订的投资协定中涵盖服务贸易自由化承诺和纪律最多的投资条约。鉴于我国目前与世界上主要发达经济体所签的自由贸易协定数量较为有限，CAI 所包含的服务贸易自由化成为我国对外商签投资条约新范式的体现，其也是目前我国对外签订的所有投资协定中唯一对服务业投资采取负面清单方式的协定。为了积极应对国际贸易自由化的新发展，我国近年来开始加快构建更高水平开放型经济新体制，在中国（上海）自贸区和海南自贸港率先探索跨境服务贸易负面清单管理措施。

（二）中国（上海）自由贸易试验区跨境服务贸易特别管理措施（负面清单）

国务院在《全面深化中国（上海）自由贸易试验区改革开放方案》中提出“创新跨境服务贸易管理模式”，在合适领域分层次逐步取消或放宽对跨境交付、自然人移动等模式的服务贸易限制措施。《上海市贯彻落实国家进一步扩大开放重大举措加快建立开放型经济新体制行动方案》也提出“探索跨境服务贸易负面清单管理模式”。为贯彻落实相关文件要求，推动自贸试验区服务贸易领域扩大开放，上海市人民政府于 2018 年 9 月底印发了《中国（上海）自由贸易试验区跨境服务贸易负面清单管理模式实施办法》（以下简称《实施办法》）。同时，根据有关法律法规和国务院批准的《全面深化中国（上海）自由贸易试验区改革开放方案》《上海市贯彻落实国家进一步扩大开放重大举措加快建立开放型经济新体制行动方案》《中国（上海）自由贸易试验区跨境服务贸易负面清单管理模式实施办法》，上海市人民政府公布了《中国（上海）自由贸易试验区跨境服务贸易特别管理措施（负面清单）（2018 年）》（以下简称《负面清单》），自 2018 年 11 月 1 日起施行。

《实施办法》明确了跨境服务贸易的定义。考虑到主要是对服务贸易进口进行规制，《实施办法》将跨境服务贸易的概念界定为“由境外服务提供者向自贸试验区内消费者提供服务的商业活动”，并通过列举的方式将跨境交付、境外消费、自然人流动这三种模式予以涵盖。为进一步扩大服务贸易领域的对外开放，《实施办法》建立了自贸试验区跨境服务贸易负面清单管理模式并发布了《负面清单》。《负面清单》依据相关法律、法规、规章和国家有关规定编制，根据国民经济行业分类，统一列明跨境服务贸易领域对境外服务和服务提供者采取的与国民待遇不一致、市场准入限制、当地存在要求等特别管理措施。对列入《负面清单》的跨境服务贸易行为，由各部门按照相应规定实施管理；对《负面清单》以外的，则

---

① 孟夏、李俊：《RCEP 框架下的服务贸易自由化》，《南开学报（哲学社会科学版）》2019 年第 1 期。

按照境外服务及服务提供者与境内服务及服务提供者待遇一致的原则实施管理。《负面清单》中未列出的与国家安全、公共秩序、文化、金融、政府采购等相关措施，按照现行规定执行。

《实施办法》还规定：港澳台地区的服务和服务提供者参照境外服务和服务提供者执行；有关法律、法规、规章及规定对跨境服务贸易特别管理措施作出修改调整的，国家在跨境服务贸易领域制定新措施的，或者国家批准在自贸试验区进行跨境服务贸易改革试点的，按照相关规定执行；根据《内地与香港关于建立更紧密经贸关系的安排》及其后续协议、《内地与澳门关于建立更紧密经贸关系的安排》及其后续协议、《海峡两岸经济合作框架协议》及其后续协议、我国与有关国家签订的自由贸易区协议和投资协定、我国参加的国际条约对跨境服务贸易有更优惠开放措施的，按照相关协议或协定的规定执行。

（三）海南自由贸易港跨境服务贸易特别管理措施（负面清单）

2021 年 7 月，商务部印发《海南自由贸易港跨境服务贸易特别管理措施（负面清单）（2021 年版）》。[①] 2021 年 8 月，海南省人民政府办公厅印发《海南自由贸易港跨境服务贸易负面清单管理办法（试行）》。这是继外商投资准入负面清单后，中国推进高水平制度型开放的又一项重要举措。该负面清单列出了针对境外服务提供者的 11 个门类、70 项特别管理措施。该负面清单统一列出国民待遇、市场准入、当地存在、金融服务跨境贸易等方面对于境外服务提供者以跨境方式提供服务（通过跨境交付、境外消费、自然人移动模式）的特别管理措施，适用于海南自由贸易港，地域范围为海南岛全岛。未作特别说明的，仅适用于境外服务提供者向海南自由贸易港内的市场主体及个人提供服务。负面清单之外的领域，在海南自由贸易港内按照境内外服务及服务提供者待遇一致原则实施管理。境外服务提供者不得以跨境方式提供负面清单中禁止的服务；以跨境方式提供负面清单之内的非禁止性领域服务，按相应规定管理。负面清单未列出的与国家安全、公共秩序、金融审慎、社会服务、人类遗传资源、人文社科研发、文化新业态、航空业务权、移民和就业措施以及政府行使职能等相关措施，按照现行规定执行。与港澳台就境外服务提供者开展跨境服务贸易有更优惠安排的，我国缔结或者参加的国际条约、协定对境外服务提供者开展跨境服务贸易有更优惠规定的，可以按照相应规定执行。

（四）全国版和自贸试验区版跨境服务贸易负面清单

2024 年 3 月 22 日，商务部发布《跨境服务贸易特别管理措施（负面清单）》（2024 年版）和《自由贸易试验区跨境服务贸易特别管理措施（负面清单）》（2024 年版）。跨境服务贸易负面清单按国民经济行业分类，统一列出对境外服务

---

① 中华人民共和国商务部令，2021 年第 3 号。

提供者以跨境方式（通过跨境交付、境外消费、自然人移动模式）提供服务的特别管理措施。全国版和自贸试验区版跨境服务贸易负面清单，均涉及农林牧渔业，建筑业，批发和零售业，交通运输、仓储和邮政业，信息传输、软件和信息技术服务业，金融业，租赁和商务服务业，科学研究和技术服务业，教育，卫生和社会工作，文化、体育和娱乐业等 11 个门类。其中，全国版跨境服务贸易负面清单共 71 条，自贸试验区版跨境服务贸易负面清单共 68 条。

四、涉外法律服务业的发展

（一）概论

党的十八大以来，在党中央、国务院的领导下，我国涉外法律服务业发展较快，涉外法律服务队伍不断壮大，涉外服务领域日益拓展，服务质量逐步提升，对维护我国公民、法人在海外的正当权益和促进对外开放发挥了重要作用。但也要看到，当前涉外法律服务业仍然面临一些问题和挑战，主要表现在：涉外法律服务业的工作制度和机制还不完善，政策措施还不健全，我国涉外法律服务业的国际竞争力还不强，高素质涉外法律服务人才比较匮乏。党的十八届四中全会对发展涉外法律服务业作出了重要部署，提出了明确要求。随着我国的发展，对外开放面临新形势新任务，涉外法律服务业在全面依法治国和经济社会发展中的作用更加显著。发展涉外法律服务业，是适应经济全球化进程、形成对外开放新体制、应对维护国家安全稳定新挑战的需要，对于增强我国在国际法律事务中的话语权和影响力，维护我国公民、法人在海外及外国公民、法人在我国的正当权益具有重要意义。因此，必须把发展涉外法律服务业摆在更加突出的位置，采取有效措施，努力把我国涉外法律服务业提高到一个更高水平。

2016 年 5 月 20 日上午，中共中央总书记、国家主席、中央军委主席、中央全面深化改革领导小组组长习近平主持召开中央全面深化改革领导小组第二十四次会议，会议审议通过了《关于发展涉外法律服务业的意见》。该意见提出，到 2020 年，发展涉外法律服务业的制度和机制基本健全，涉外法律服务领域有效拓展，服务质量明显提升，服务队伍发展壮大，国际竞争力显著提高，建立一支通晓国际规则、具有世界眼光和国际视野的高素质涉外法律服务队伍，建设一批规模大、实力强、服务水平高的涉外法律服务机构，更好地服务经济社会发展。发展涉外法律服务业的主要任务包括：（1）为“一带一路”倡议等提供法律服务。（2）为中国企业和公民“走出去”提供法律服务。（3）为我国外交工作大局提供法律服务。（4）为打击跨国犯罪和追逃追赃工作提供法律服务。

2023 年 11 月，习近平总书记在中共中央政治局就加强涉外法制建设进行第十次集体学习时指出，要积极发展涉外法律服务，培育一批国际一流的仲裁机构、律师事务所。要深化执法司法国际合作，加强领事保护与协助，建强保护我国海外利益的法治安全链。要强化合规意识，引导我国公民、企业在“走出去”过程中自觉遵守当地法律法规和风俗习惯，运用法治和规则维护自身合法权益。

司法部积极推动法律服务业“走出去”。近年来，我国加快提升涉外法律服务水平，强化律师、仲裁、公证、商事调解等方面的涉外法律服务工作，加强涉外法律服务机构建设，推进国际商事仲裁中心建设，发挥好“一带一路”律师联盟等的作用，着力维护我国企业和公民“走出去”的合法权益，有力服务保障国家高水平对外开放。

近年来，上海市积极打造涉外法治建设的“创新高地”“人才高地”“数智高地”。2018 年，上海市司法局等八个部门联合印发《上海市发展涉外法律服务业实施意见》，明确提出到 2020 年，在上海建立全方位、多层次的涉外法律服务平台，健全涉外法律服务业制度和机制，培养一批高素质的涉外法律服务人才，全面打响符合上海实际、体现上海特色的涉外法律服务品牌。2019 年初，上海出台全国首个省级仲裁改革意见，部署加快打造面向全球的亚太仲裁中心；2019 年 10 月，上海又出台《境外仲裁机构在中国（上海）自由贸易试验区临港新片区设立业务机构管理办法》，打破了自 2015 年以来境外仲裁机构只能在上海自贸区设立代表处的限制。目前，上海已成为我国境内外仲裁机构最集中的城市。2021 年，《国际仲裁调查报告》显示，上海首次跻身全球最受欢迎仲裁地前十名。

2024 年 12 月，中共海南省委办公厅、海南省人民政府办公厅发布《关于促进海南自由贸易港法律服务业高质量发展的若干意见》，鼓励在境外设有一定数量分支机构的律师事务所在海南自由贸易港设立国际性管理机构。支持建立国际商事调解组织，规范设立登记程序，健全与国际调解规则相衔接的商事调解机制。支持境外商事调解组织按照有关规定在海南自由贸易港设立业务机构，开展涉外业务。

（二）涉外律师

我国法律服务业对外开放正在稳步进行。国家支持并规范国内律师事务所与国外律师事务所以业务联盟等方式开展业务合作，探索建立律师事务所聘请外籍律师担任法律顾问制度。以上海、广东、天津、福建自由贸易试验区建设为契机，探索中国律师事务所与外国律师事务所业务合作的方式和机制。深化法律服务业对外合作，参与有关国际组织的业务交流活动，与“一带一路”共建国家进行法律服务领域的互惠开放。坚持在《内地与澳门关于建立更紧密经贸关系的安排》（CEPA）及其补充协议框架下，实施内地对香港、澳门的各项开放措施，加快落实合伙联营律师事务所试点工作，进一步加强香港、澳门律师事务所与内地律师事务所的业务合作。

截至 2024 年 1 月，我国律师事务所已在 35 个国家和地区设立 180 家分支机构和若干家办事机构，全国涉外律师达到 1.2 万余人，全国仲裁机构办理的涉外案件当事人已涵盖全球100多个国家和地区，涉外法律服务质效不断提升。“一带一路”律师联盟作为中方发起成立的国际性专业律师组织，自2019年12月成立以来，其境内外会员总数已达到2 600多个，覆盖50多个国家和地区，其中团体会员430多个，组建了9个专业委员会，成立了34个国家和地区工作组，设立了5个代表机构。

2024年12月，国务院修订了《外国律师事务所驻华代表机构管理条例》。根据该条例，外国律师事务所驻华代表机构及其代表，只能从事不包括中国法律事务的下列活动：（1）向当事人提供该外国律师事务所律师已获准从事律师执业业务的国家法律的咨询，以及有关国际条约、国际惯例的咨询；（2）接受当事人或者中国律师事务所的委托，办理在该外国律师事务所律师已获准从事律师执业业务的国家的法律事务；（3）代表外国当事人，委托中国律师事务所办理中国法律事务；（4）通过订立合同与中国律师事务所保持长期的委托关系办理法律事务；（5）提供有关中国法律环境影响的信息。代表机构不得聘用中国执业律师，聘用的辅助人员不得为当事人提供法律服务。

（三）涉外仲裁

2022年7月，中央全面依法治国委员会部署在北京市、上海市、广东省、海南省开展国际商事仲裁中心建设试点，支持试点地区建设具有高度公信力和国际影响力的国际商事仲裁中心，打造一批国际一流的仲裁机构，提升国际商事争端解决的服务水平。2023年，试点地区8家仲裁机构共办理案件7.9万件，标的额6 000亿元，占全国标的总额的52%；办结涉外案件2 251件，占全国涉外案件数的72%，涉外标的额1 376亿元，占全国涉外标的总额的69%。

目前，我国正在进行《仲裁法》的修订工作。现行《仲裁法》自1995年施行，截至2024年8月底，全国依法设立282家仲裁委员会，当事人涉及100多个国家和地区，我国仲裁机构作出的仲裁裁决书可以在《纽约公约》所有缔约国得到承认和执行。《仲裁法》的修订将进一步完善涉外仲裁制度，助力高水平对外开放，拓宽涉外仲裁案件范围，将现行法“涉外经济贸易、运输和海事中发生的纠纷的仲裁”修改为“具有涉外因素的纠纷的仲裁”，使更多案件能够适用“涉外仲裁的特别规定”。增设“仲裁地”制度，完善仲裁司法管辖规则，便利仲裁裁决的域外承认和执行。鼓励涉外仲裁当事人选择我国仲裁委员会，约定我国作为仲裁地进行仲裁。支持仲裁机构“走出去”“引进来”，服务国家开放和发展战略。明确支持我国仲裁委员会到境外设立业务机构开展仲裁活动，同时根据经济社会发展和改革开放需要，允许境外仲裁机构在国务院批准设立的自由贸易试验区内依照国家有关规定开展涉外仲裁活动。支持我国仲裁委员会参与国际投资仲裁。

（四）涉外公证

涉外公证管理工作是公证管理工作的重要组成部分，涉外公证书是服务我国对外民商事交往的重要内容。加强和规范涉外公证管理，对提高涉外公证服务质量、保障我国公民和法人的合法权益、维护我国公证工作形象具有重要意义。司法部公共法律服务管理局、中国公证协会 2020 年发布《关于规范涉外公证业务管理有关工作的通知》（司公通〔2020〕7 号），要求各地强化公证机构对涉外业务的管理。各地公证管理部门要支持公证机构强化涉外业务管理，依法依规对公证员办理涉外业务进行具体监管。公证机构要建立完善涉外业务管理制度，加强内部质量控制管理，培养具备相应外语水平、具有一定工作经验的公证员办理涉外业务，杜绝因业务不熟或低级错误，导致涉外公证书被拒绝认证或被外方退回等情况的发生。及时完成印章电子化备案。自 2020 年 6 月 1 日起，新增的公证机构以及公证员印章涉外备案，应通过全国公证管理系统办理，各地司法行政机关不再接受纸质印章备案。2023 年以来，全国办理涉外公证业务 250 多万件，公证文书发往 180 多个国家和地区。2023 年 3 月 8 日，中国加入《取消外国公文书认证要求的公约》，2023 年 11 月 7 日，该公约在中国生效实施。根据该公约，中国送往其他缔约国使用的公文书，仅需办理附加证明书，即可送其他缔约国使用，无须办理中国和缔约国驻华使领馆的领事认证。其他缔约国公文书送中国内地使用，只需办理该国附加证明书，无须办理该国和中国驻当地使领馆的领事认证。

（五）国际商事调解

“调解”（mediation）系指当事人请求一名或多名第三人（“调解员”）协助他们设法友好解决由于合同引起的或与合同关系、其他法律关系有关的纠纷的过程，而不论其称为调解、调停或以类似含义的措辞相称。调解员无权将解决纠纷的办法强加于当事人。商事调解作为一种替代性争议解决方式，被认为能够有效维护商业合作关系，实现争议双方的互利共赢。联合国大会会议于 2018 年 12 月审议通过了《联合国关于调解所产生的国际和解协议公约》（《新加坡调解公约》），为调解达成和解协议的跨境执行确立了统一的规则。我国于 2019 年 8 月 7 日作为首批签约方签署了该公约。

目前，我国制定了《中华人民共和国人民调解法》，但还没有专门针对商事调解的全国性法律法规。商事调解的组织性质、运行机制、行业监管等事项均没有明确规定，导致各地商事调解组织建设无法可依，出现不规范、运行不顺畅、成效不明显等问题。中共中央办公厅、国务院办公厅 2019 年 7 月 10 日印发的《关于加快推进公共法律服务体系建设的意见》提出，完善律师调解和商事调解制度，推动建立国际商事调解组织。《最高人民法院关于设立国际商事法庭若干问题的规定》（2023 年修正）规定，最高人民法院组建国际商事专家委员会，并选定符合条件的国际商事调解机构、国际商事仲裁机构与国际商事法庭共同构建调解、仲裁、诉讼有机衔接的纠纷解决平台，形成“一站式”国际商事纠纷解决机制。截至 2023 年底，我国已经登记设立 223 家独立第三方商事调解组织，并且组织数量和案件数量都呈现加快增长趋势。

商事调解条例已被纳入国务院2024年度立法工作计划预备项目，正按照程序有序推进立法相关工作。[①] 黑龙江省第十四届人民代表大会常务委员会第八次会议于2023年11月2日通过的《黑龙江省调解条例》首次在省级地方性法规中允许设立商事调解组织，并允许商事调解组织提供有偿调解服务。

中国国际贸易促进委员会/中国国际商会调解中心2024年发布了修订的调解规则。新规则专门在进一步推广商事调解的应用、提升当事人对商事调解的信任度与认可度、便利其进入调解程序上作了相应规定，将极大提高企业主动参与调解的积极性，充分发挥商事调解的优势。

第五节 海关与关税制度

一、海关和海关法

海关是一个国家的进出关境监督管理机关。海关依照本国法律监管进出境的运输工具、货物、行李物品、邮递物品和其他物品，征收关税和其他税、费，查缉走私，并编制海关统计和办理其他海关业务。

近代中国海关制度是鸦片战争五口通商之后由英国人赫德创建的，终止于1949年最后一任总税务司美国人李度离开中国。[②] 新中国的诞生，结束了近代中国海关主权受不平等条约束缚的历史，引领中国海关进入了一个崭新的时期。1949年9月27日，中国人民政治协商会议第一届全体会议通过《中华人民共和国中央人民政府组织法》，其中第18条规定，政务院设政治法律委员会、财政经济委员会、文化教育委员会、人民监察委员会和下列各部、会、院、署、行，主持各该部门的国家行政事宜：包括内务部、外交部、情报总署、公安部、财政部、中国人民银行、贸易部、海关总署等。1949年10月19日，中央人民政府委员会第三次会议任命孔原为中央人民政府海关总署署长，丁贵堂为副署长。1949年10月25日，中央人民政府海关总署依据《中华人民共和国中央人民政府组织法》宣告成立。这标志着中国海关彻底摆脱了外籍税务司控制，结束了“海关不独立、关税不自主”的屈辱历史，实现了中国海关主权的完全回归。

新中国成立后第一部海关基本法律是《中华人民共和国暂行海关法》，1951年5月1日施行，1987年7月1日废止。1987年1月22日，中华人民共和国第六届全国人民代表大会常务委员会第十九次会议通过《中华人民共和国海关法》（以下简称《海关法》），自1987年7月1日起施行。1987年6月30日，国务院批准《中

---

① 国务院办公厅关于印发《国务院2024年度立法工作计划》的通知，国办发〔2024〕23号。

② 廖菲：《略论近代中国半殖民地海关制度的确立》，《历史教学》1987年第9期。

华人民共和国海关法行政处罚实施细则》，对走私行为和违反海关监管规定的行为与处罚做了更详细的规定。该细则 2004 年被《中华人民共和国海关行政处罚实施条例》（2022 年修订）代替。另外，国务院 1985 年颁布《中华人民共和国进出口关税条例》（2017 年修订），1995 年颁布《中华人民共和国知识产权海关保护条例》（2018 年修订），2005 年颁布《中华人民共和国海关统计条例》（2022 年修订），2010 年颁布《中华人民共和国海关事务担保条例》（2018 年修订）。2000 年 7 月 8 日，第九届全国人民代表大会常务委员会第十六次会议通过《关于修改〈中华人民共和国海关法〉的决定》，对《海关法》进行修正，2001 年 1 月 1 日起正式开始施行。随后，《海关法》又先后于 2013 年、2016 年、2017 年和 2021 年经过多次修正。

根据现行《海关法》，国务院设立海关总署，统一管理全国海关。国家在对外开放的口岸和海关监管业务集中的地点设立海关。海关的隶属关系，不受行政区划的限制。海关依法独立行使职权，向海关总署负责。

国家实行联合缉私、统一处理、综合治理的缉私体制。海关负责组织、协调、管理查缉走私工作。有关规定由国务院另行制定。各有关行政执法部门查获的走私案件，应当给予行政处罚的，移送海关依法处理；涉嫌犯罪的，应当移送海关侦查走私犯罪公安机构、地方公安机关依据案件管辖分工和法定程序办理。

海关自进出口货物放行之日起 3 年内或者在保税货物、减免税进口货物的海关监管期限内及其后的 3 年内，对与进出口货物直接有关的企业、单位的会计账簿、会计凭证、报关单证以及其他有关资料和有关进出口货物进行核查，监督其进出口活动的真实性和合法性。相关制度依照《中华人民共和国海关稽查条例》（2022 年修订）的规定。

依法不追究刑事责任的走私行为和违反海关监管规定的行为，以及法律、行政法规规定由海关实施行政处罚的行为的处理，适用《中华人民共和国海关行政处罚实施条例》。海关发现的依法应当由其他行政机关处理的违法行为，应当移送有关行政机关处理；违法行为涉嫌犯罪的，应当移送海关侦查走私犯罪公安机构、地方公安机关依法办理。

二、反走私

国家在海关总署设立专门侦查走私犯罪的公安机构，配备专职缉私警察，负责对其管辖的走私犯罪案件的侦查、拘留、执行逮捕、预审。海关侦查走私犯罪公安机构履行侦查、拘留、执行逮捕、预审职责，应当按照《中华人民共和国刑事诉讼法》的规定办理。海关侦查走私犯罪公安机构根据国家有关规定，可以设立分支机构。各分支机构办理其管辖的走私犯罪案件，应当依法向有管辖权的人民检察院移送起诉。地方各级公安机关应当配合海关侦查走私犯罪公安机构依法履行职责。《刑法》第二编第三章第二节专门规定了走私罪。

违反《海关法》及其他有关法律、行政法规，逃避海关监管，偷逃应纳税款、逃避国家有关进出境的禁止性或者限制性管理，有下列情形之一的，是走私行为：(1) 未经国务院或者国务院授权的机关批准，从未设立海关的地点运输、携带国家禁止或者限制进出境的货物、物品或者依法应当缴纳税款的货物、物品进出境的；(2) 经过设立海关的地点，以藏匿、伪装、瞒报、伪报或者其他方式逃避海关监管，运输、携带、邮寄国家禁止或者限制进出境的货物、物品或者依法应当缴纳税款的货物、物品进出境的；(3) 使用伪造、变造的手册、单证、印章、账册、电子数据或者以其他方式逃避海关监管，擅自将海关监管货物、物品、进境的境外运输工具，在境内销售的；(4) 使用伪造、变造的手册、单证、印章、账册、电子数据或者以伪报加工贸易制成品单位耗料量等方式，致使海关监管货物、物品脱离监管的；(5) 以藏匿、伪装、瞒报、伪报或者其他方式逃避海关监管，擅自将保税区、出口加工区等海关特殊监管区域内的海关监管货物、物品，运出区外的；(6) 有逃避海关监管，构成走私的其他行为的。有下列行为之一的，按走私行为论处：(1) 明知是走私进口的货物、物品，直接向走私人非法收购的；(2) 在内海、领海、界河、界湖，船舶及所载人员运输、收购、贩卖国家禁止或者限制进出境的货物、物品，或者运输、收购、贩卖依法应当缴纳税款的货物，没有合法证明的。

依法不追究刑事责任的走私行为和违反海关监管规定的行为，以及法律、行政法规规定由海关实施行政处罚的行为的处理，依照《中华人民共和国海关行政处罚实施条例》进行行政处罚。海关在打击走私时可以行使法律规定的权利，包括检查权、调查权、配备武器权等。

三、报关

进出境运输工具、货物、物品，必须通过设立海关的地点进境或者出境。在特殊情况下，需要经过未设立海关的地点临时进境或者出境的，必须经国务院或者国务院授权的机关批准，并依照《海关法》的规定办理海关手续。

进出口货物，除另有规定的外，可以由进出口货物收发货人自行办理报关纳税手续，也可以由进出口货物收发货人委托报关企业办理报关纳税手续。报关企业接受进出口货物收发货人的委托，以委托人的名义办理报关手续的，应当向海关提交由委托人签署的授权委托书，遵守本法对委托人的各项规定。进出口货物收发货人、报关企业办理报关手续，应当依法向海关备案。报关企业和报关人员不得非法代理他人报关。

进口货物自进境起到办结海关手续止，出口货物自向海关申报起到出境止，过境、转运和通运货物自进境起到出境止，应当接受海关监管。进口货物的收货人、出口货物的发货人应当向海关如实申报，交验进出口许可证件和有关单证。国家限制进出口的货物，没有进出口许可证件的，不予放行，具体处理办法由国务院规定。进口货物的收货人应当自运输工具申报进境之日起十四日内，出口货物的发货人除海关特准的外应当在货物运抵海关监管区后、装货的二十四小时以前，向海关申报。进口货物的收货人超过前款规定期限向海关申报的，由海关征收滞报金。

个人携带进出境的行李物品、邮寄进出境的物品，应当以自用、合理数量为限，并接受海关监管。进出境物品的所有人应当向海关如实申报，并接受海关查验。海关加施的封志，任何人不得擅自开启或者损毁。

进出境邮袋的装卸、转运和过境，应当接受海关监管。邮政企业应当向海关递交邮件路单。邮政企业应当将开拆及封发国际邮袋的时间事先通知海关，海关应当按时派员到场监管查验。邮运进出境的物品，经海关查验放行后，有关经营单位方可投递或者交付。

四、关税

2003 年 11 月 23 日，中华人民共和国国务院令第 392 号公布了《中华人民共和国进出口关税条例》，2017 年进行了修订。国务院制定了《中华人民共和国进出口税则》《中华人民共和国进境物品进口税税率表》，规定了关税的税目、税则号列和税率。第十四届全国人民代表大会常务委员会第九次会议于 2024 年 4 月 26 日通过了《中华人民共和国关税法》，自 2024 年 12 月 1 日起施行。

根据《中华人民共和国关税法》的规定，中华人民共和国准许进出口的货物、进境物品，由海关依照该法和有关法律、行政法规的规定征收关税。进口货物的收货人、出口货物的发货人、进境物品的携带人或者收件人，是关税的纳税人。从事跨境电子商务零售进口的电子商务平台经营者、物流企业和报关企业，以及法律、行政法规规定负有代扣代缴、代收代缴关税税款义务的单位和个人，是关税的扣缴义务人。进口关税设置最惠国税率、协定税率、特惠税率、普通税率。出口关税设置出口税率。对实行关税配额管理的进出口货物，设置关税配额税率。对进出口货物在一定期限内可以实行暂定税率。

原产于共同适用最惠国待遇条款的世界贸易组织成员的进口货物，原产于与中华人民共和国缔结或者共同参加含有相互给予最惠国待遇条款的国际条约、协定的国家或者地区的进口货物，以及原产于中华人民共和国境内的进口货物，适用最惠国税率。原产于与中华人民共和国缔结或者共同参加含有关税优惠条款的国际条约、协定的国家或者地区且符合国际条约、协定有关规定的进口货物，适用协定税率。原产于中华人民共和国给予特殊关税优惠安排的国家或者地区且符合国家原产地管理规定的进口货物，适用特惠税率。原产于其他国家或者地区的进口货物，以及原产地不明的进口货物，适用普通税率。

依法对进口货物征收反倾销税、反补贴税、保障措施关税的，其税率的适用按照有关反倾销、反补贴和保障措施的法律、行政法规的规定执行。

下列进出口货物、进境物品，免征关税：（1）国务院规定的免征额度内的一票货物；（2）无商业价值的广告品和货样；（3）进出境运输工具装载的途中必需的燃料、物料和饮食用品；（4）在海关放行前损毁或者灭失的货物、进境物品；（5）外国政府、国际组织无偿赠送的物资；（6）中华人民共和国缔结或者共同参加的国际条约、协定规定免征关税的货物、进境物品；（7）依照有关法律规定免征关税的其他货物、进境物品。

《海南自由贸易港法》对海南自由贸易港的关税事宜另有规定的，依照其规定。

五、保税区和出口加工区

保税区是海关监管的特定区域。经国务院批准在中华人民共和国境内设立的保税区等海关特殊监管区域，由海关按照《保税区海关监管办法》（2011年修订）等规定对进出保税区的货物、运输工具、个人携带物品实施监管。2022年1月1日，海关总署发布《中华人民共和国海关综合保税区管理办法》，并于2024年进行了修正。根据《保税区海关监管办法》，保税区与中华人民共和国境内的其他地区之间，应当设置符合海关监管要求的隔离设施。保税区内仅设置保税区行政管理机构和企业。除安全保卫人员外，其他人员不得在保税区内居住。

海关对保税区与境外之间进出的货物，实施简便、有效的监管。综合保税区与境外之间进出的货物不实行关税配额、许可证件管理，但法律法规、我国缔结或者参加的国际条约、协定另有规定的除外。除法律法规另有规定外，国家禁止进口、出口的货物、物品不得在综合保税区与境外之间进、出。

根据商务部2005年《出口加工区加工贸易管理暂行办法》，出口加工区是经国务院批准设立的，由海关实行封闭监管的特定区域。出口加工区的加工贸易，是指出口加工区内企业从境外或从境内采购原材料、零部件、元器件、包装物料等，经加工、装配后将制成品复运出境的生产经营活动。出口加工区内企业，是指符合我国产业发展要求，按国家有关法律、法规或规章规定，在出口加工区内依法成立，且具有独立法人资格的企业。其中，外商投资企业须按国家关于外商投资管理的法律法规办理有关手续。出口加工区与境外之间进、出的货物，除国家另有规定外，不实行进出口配额、许可证件管理。出口加工区企业与区外境内企业之间的货物往来（包括出口加工区货物内销），按照进出口货物的有关规定办理，涉及进出口许可证件管理的，须向管理部门提供相关证件。区内企业在加工生产过程中产生的边角料、残次品和废品按有关规定处理。

六、边民互市贸易管理

根据《边民互市贸易管理办法》(2010年修正)的规定，边民互市贸易是指边境地区边民在我国陆路边境20公里以内，经政府批准的开放点或指定的集市上、在不超过规定的金额或数量范围内进行的商品交换活动。我国边境地区的居民和对方国家边民可进入边民互市贸易区（点）从事互市贸易。我国边境地区的商店、供销社等企业，如在边民互市贸易区（点）设立摊位，从事商品交换活动的，按照边境贸易进行管理。开展边民互市贸易应符合以下条件：(1) 互市地点应设在陆路、界河边境线附近；(2) 互市地点应由边境省、自治区人民政府批准；(3) 边民互市贸易区（点）应有明确的界线；(4) 边民互市贸易区（点）的海关监督设施符合海关要求。边民通过互市贸易进口的生活用品（列入边民互市进口商品不予免税清单的除外），每人每日价值在人民币8 000元以下的，免征进口关税和进口环节税。超过人民币8 000元的，对超出部分按照规定征收进口关税和进口环节税。

七、海关知识产权保护

《对外贸易法》规定，国家依照有关知识产权的法律、行政法规，保护与对外贸易有关的知识产权。进口货物侵犯知识产权，并危害对外贸易秩序的，国务院对外贸易主管部门可以采取在一定期限内禁止侵权人生产、销售的有关货物进口等措施。

知识产权权利人有阻止被许可人对许可合同中的知识产权的有效性提出质疑、进行强制性一揽子许可、在许可合同中规定排他性返授条件等行为之一，并危害对外贸易公平竞争秩序的，国务院对外贸易主管部门可以采取必要的措施消除危害。

其他国家或者地区在知识产权保护方面未给予中华人民共和国的法人、其他组织或者个人国民待遇，或者不能对来源于中华人民共和国的货物、技术或者服务提供充分有效的知识产权保护的，国务院对外贸易主管部门可以依照《对外贸易法》和其他有关法律、行政法规的规定，并根据中华人民共和国缔结或者参加的国际条约、协定，对与该国家或者该地区的贸易采取必要的措施。

《海关法》第44条规定，海关依照法律、行政法规的规定，对与进出境货物有关的知识产权实施保护。需要向海关申报知识产权状况的，进出口货物收发货人及其代理人应当按照国家规定向海关如实申报有关知识产权状况，并提交合法使用有关知识产权的证明文件。

2003年，国务院专门发布了《中华人民共和国知识产权海关保护条例》(2018年修订)，明确规定“国家禁止侵犯知识产权的货物进出口”。海关总署于2009年颁布《关于〈中华人民共和国知识产权海关保护条例〉的实施办法》(2018年修正)。

根据上述条例，进口货物的收货人或者其代理人、出口货物的发货人或者其代理人应当按照国家规定，向海关如实申报与进出口货物有关的知识产权状况，并提交有关证明文件。

知识产权权利人请求海关实施知识产权保护的，应当向海关提出采取保护措施的申请。知识产权权利人发现侵权嫌疑货物即将进出口的，可以向货物进出境地海关提出扣留侵权嫌疑货物的申请。知识产权权利人请求海关扣留侵权嫌疑货物的，应当向海关提供不超过货物等值的担保，用于赔偿可能因申请不当给收货人、发货人造成的损失，以及支付货物由海关扣留后的仓储、保管和处置等费用；知识产权权利人直接向仓储商支付仓储、保管费用的，从担保中扣除。知识产权权利人在向海关提出采取保护措施的申请后，可以依照《中华人民共和国商标法》《中华人民共和国著作权法》《中华人民共和国专利法》或者其他有关法律的规定，就被扣留的侵权嫌疑货物向人民法院申请采取责令停止侵权行为或者财产保全的措施。海关收到人民法院有关责令停止侵权行为或者财产保全的协助执行通知的，应当予以协助。

被扣留的侵权嫌疑货物，经海关调查后认定侵犯知识产权的，由海关予以没收。进口或者出口侵犯知识产权货物，构成犯罪的，依法追究刑事责任。

第六节　反倾销、反补贴、反垄断和反不正当竞争制度与保障措施

一、反倾销制度

(一) 倾销的概念

《关税与贸易总协定》第6条规定：用倾销的手段将一国产品以低于正常价值的办法挤入另一国贸易内，如因此对某一缔约国领土内已建立的某项工业造成重大损害或产生重大威胁，或者对某一国内工业的新建产生严重阻碍，这种倾销应该受到谴责。根据WTO《反倾销协定》的规定，如果一项产品从一国出口到另一国，该产品的出口价格在正常的贸易过程中，低于出口国旨在用于本国消费的同类产品的可比价格，也即以低于其正常价值的出口价格进入另一国的商业，则该产品即被认为是倾销(dumping)。《中华人民共和国反倾销条例》也采纳了《反倾销协定》的定义，认为倾销是指在正常贸易过程中进口产品以低于其正常价值的出口价格进入中华人民共和国市场。

倾销通常是通过实施“掠夺性定价”(predatory pricing)来损害倾销地国家产业利益。掠夺性定价即制定低于其正常价值的出口价格。一国生产商在另一国市

场低价倾销产品会挤垮倾销地国家的产业和竞争对手，从而获取垄断地位，占据该国市场，然后利用垄断地位操纵价格获取超额利润，以补偿其前期低价倾销所付出的成本。

进口产品的正常价值，应当区别不同情况，按照下列方法确定：

（1）进口产品的同类产品，在出口国（地区）国内市场的正常贸易过程中有可比价格的，以该可比价格为正常价值；

（2）进口产品的同类产品，在出口国（地区）国内市场的正常贸易过程中没有销售的，或者该同类产品的价格、数量不能据以进行公平比较的，以该同类产品出口到一个适当第三国（地区）的可比价格或者以该同类产品在原产国（地区）的生产成本加合理费用、利润，为正常价值。

进口产品不直接来自原产国（地区）的，按照前款第（1）项规定确定正常价值；但是，在产品仅通过出口国（地区）转运、产品在出口国（地区）无生产或者在出口国（地区）中不存在可比价格等情形下，可以以该同类产品在原产国（地区）的价格为正常价值。

进口产品的出口价格，应当区别不同情况，按照下列方法确定：（1）进口产品有实际支付或者应当支付的价格的，以该价格为出口价格。（2）进口产品没有出口价格或者其价格不可靠的，以根据该进口产品首次转售给独立购买人的价格推定的价格为出口价格；但是，该进口产品未转售给独立购买人或者未按进口时的状态转售的，可以以商务部根据合理基础推定的价格为出口价格。

（二）倾销与损害

1. 损害的认定

《中华人民共和国反倾销条例》规定，进口产品以倾销方式进入中华人民共和国市场，并对已经建立的国内产业造成实质损害或者产生实质损害威胁，或者对建立国内产业造成实质阻碍的，依照该条例的规定进行调查，采取反倾销措施。因此，采取反倾销措施的前提是必须要认定倾销行为造成实质损害。损害，是指倾销对已经建立的国内产业造成实质损害或者产生实质损害威胁，或者对建立国内产业造成实质阻碍。对损害的调查和确定，由商务部负责；其中，涉及农产品的反倾销国内产业损害调查，由商务部会同农业部进行。

2. 损害程度

进口产品的出口价格低于其正常价值的幅度，为倾销幅度。对进口产品的出口价格和正常价值，应当考虑影响价格的各种可比性因素，按照公平、合理的方式进行比较。倾销幅度的确定，应当将加权平均正常价值与全部可比出口交易的加权平均价格进行比较，或者将正常价值与出口价格在逐笔交易的基础上进行比较。出口价格在不同的购买人、地区、时期之间存在很大差异，按照前款规定的方法难以比较的，可以将加权平均正常价值与单一出口交易的价格进行比较。

在确定倾销对国内产业造成的损害时，应当审查下列事项：

（1）倾销进口产品的数量，包括倾销进口产品的绝对数量或者相对于国内同类产品生产或者消费的数量是否大量增加，或者倾销进口产品大量增加的可能性；

（2）倾销进口产品的价格，包括倾销进口产品的价格削减或者对国内同类产品的价格产生大幅度抑制、压低等影响；

（3）倾销进口产品对国内产业的相关经济因素和指标的影响；

（4）倾销进口产品的出口国（地区）、原产国（地区）的生产能力、出口能力，被调查产品的库存情况；

（5）造成国内产业损害的其他因素。

对实质损害威胁的确定，应当依据事实，不得仅依据指控、推测或者极小的可能性。

在确定倾销对国内产业造成的损害时，应当依据肯定性证据，不得将造成损害的非倾销因素归因于倾销。

评估倾销进口产品的影响，应当针对国内同类产品的生产进行单独确定；不能针对国内同类产品的生产进行单独确定的，应当审查包括国内同类产品在内的最窄产品组或者范围的生产。

3. 因果关系

采取反倾销措施的前提还包括必须证明倾销人的倾销行为与所造成的损害之间存在因果关系。商务部根据调查结果，就倾销、损害和二者之间的因果关系是否成立作出初裁决定，并予以公告。初裁决定确定倾销、损害以及二者之间的因果关系成立的，商务部应当对倾销及倾销幅度、损害及损害程度继续进行调查，并根据调查结果作出终裁决定，予以公告。在作出终裁决定前，应当由商务部将终裁决定所依据的基本事实通知所有已知的利害关系方。

在“中华人民共和国商务部关于对原产于日本、韩国、美国和台湾地区的进口苯酚反倾销调查的终裁决定”中，商务部认定，调查期内日本、韩国、美国和台湾地区的苯酚产品对中国大陆的出口数量呈上升趋势，市场份额占中国大陆市场相当大的比重，出口价格呈明显的下降趋势。同时由于被调查产品与中国大陆同类产品之间竞争条件相同，其出口到中国大陆的被调查产品直接压制了中国大陆同类产品的销售价格，使中国大陆同类产品销售收入不能与产量、销量同步增长，并呈下降趋势。调查期内，尽管中国大陆苯酚生产企业努力降低销售成本和相关费用，但是被调查产品的大量低价进口导致中国大陆苯酚产业同类产品生产增长受到压制，产量、销量、销售收入、税前利润、投资收益率等主要经营指标恶化，市场份额下降，开工率不足，产品价格受到抑制，企业生产和经营陷入困境，亏损严重，中国大陆苯酚产业受到实质损害。因此，日本、韩国、美国和台湾地区向中国大陆大量低价出口苯酚是造成中国大陆苯酚产业受到实质性损害的主要原因。[①]

（三）反倾销调查

国内产业或者代表国内产业的自然人、法人或者有关组织（以下统称申请人），可以依照《中华人民共和国反倾销条例》的规定向商务部提出反倾销调查的书面申请。商务部应当自收到申请人提交的申请书及有关证据之日起60天内，对申请是否由国内产业或者代表国内产业提出、申请书内容及所附具的证据等进行审查，并决定立案调查或者不立案调查。在决定立案调查前，应当通知有关出口国（地区）政府。商务部可以采用问卷、抽样、听证会、现场核查等方式向利害关系方了解情况，进行调查。商务部应当为有关利害关系方提供陈述意见和论据的机会。商务部认为必要时，可以派出工作人员赴有关国家（地区）进行调查；但是，有关国家（地区）提出异议的除外。反倾销调查，应当自立案调查决定公告之日起12个月内结束；特殊情况下可以延长，但延长期不得超过6个月。

有下列情形之一的，反倾销调查应当终止，并由商务部予以公告：

（1）申请人撤销申请的；

（2）没有足够证据证明存在倾销、损害或者二者之间有因果关系的；

（3）倾销幅度低于2%的；

（4）倾销进口产品实际或者潜在的进口量或者损害属于可忽略不计的；

（5）商务部认为不适宜继续进行反倾销调查的。

来自一个或者部分国家（地区）的被调查产品有上述第（2）（3）（4）项所列情形之一的，针对所涉产品的反倾销调查应当终止。

（四）反倾销措施

初裁决定确定倾销成立，并由此对国内产业造成损害的，可以采取下列临时反倾销措施：（1）征收临时反倾销税；（2）要求提供保证金、保函或者其他形式的担保。

临时反倾销税税额或者提供的保证金、保函或者其他形式担保的金额，应当不超过初裁决定确定的倾销幅度。征收临时反倾销税，由商务部提出建议，国务院关税税则委员会根据商务部的建议作出决定，由商务部予以公告。要求提供保证金、保函或者其他形式的担保，由商务部作出决定并予以公告。海关自公告规定实施之日起执行。

倾销进口产品的出口经营者在反倾销调查期间，可以向商务部作出改变价格或者停止以倾销价格出口的价格承诺。商务部可以向出口经营者提出价格承诺的建议。商务部不得强迫出口经营者作出价格承诺。出口经营者不作出价格承诺或

---

① 参见商务部网站：https：//www.mofcom.gov.cn/zfxxgk/gkml/art/2008/art_7bcf174683a54af8b3c260e4ea23ab66.html。

者不接受价格承诺的建议的，不妨碍对反倾销案件的调查和确定。出口经营者继续倾销进口产品的，商务部有权确定损害威胁更有可能出现。

商务部认为出口经营者作出的价格承诺能够接受并符合公共利益的，可以决定中止或者终止反倾销调查，不采取临时反倾销措施或者征收反倾销税。中止或者终止反倾销调查的决定由商务部予以公告。商务部不接受价格承诺的，应当向有关出口经营者说明理由。商务部对倾销以及由倾销造成的损害作出肯定的初裁决定前，不得寻求或者接受价格承诺。

依照《中华人民共和国反倾销条例》第 33 条第 1 款规定中止或者终止反倾销调查后，应出口经营者请求，商务部应当对倾销和损害继续进行调查；或者商务部认为有必要的，可以对倾销和损害继续进行调查。根据前款调查结果，作出倾销或者损害的否定裁定的，价格承诺自动失效；作出倾销和损害的肯定裁定的，价格承诺继续有效。

终裁决定确定倾销成立，并由此对国内产业造成损害的，可以征收反倾销税。征收反倾销税应当符合公共利益。征收反倾销税，由商务部提出建议，国务院关税税则委员会根据商务部的建议作出决定，由商务部予以公告。海关自公告规定实施之日起执行。反倾销税适用于终裁决定公告之日后进口的产品，但属于《中华人民共和国反倾销条例》第 36 条、第 43 条、第 44 条规定的情形除外。反倾销税的纳税人为倾销进口产品的进口经营者。反倾销税应当根据不同出口经营者的倾销幅度，分别确定。对未包括在审查范围内的出口经营者的倾销进口产品，需要征收反倾销税的，应当按照合理的方式确定对其适用的反倾销税。反倾销税税额不超过终裁决定确定的倾销幅度。

终裁决定确定存在实质损害，并在此前已经采取临时反倾销措施的，反倾销税可以对已经实施临时反倾销措施的期间追溯征收。终裁决定确定存在实质损害威胁，在先前不采取临时反倾销措施将会导致后来作出实质损害裁定的情况下已经采取临时反倾销措施的，反倾销税可以对已经实施临时反倾销措施的期间追溯征收。终裁决定确定的反倾销税，高于已付或者应付的临时反倾销税或者为担保目的而估计的金额的，差额部分不予收取；低于已付或者应付的临时反倾销税或者为担保目的而估计的金额的，差额部分应当根据具体情况予以退还或者重新计算税额。

终裁决定确定不征收反倾销税的，或者终裁决定未确定追溯征收反倾销税的，已征收的临时反倾销税、已收取的保证金应当予以退还，保函或者其他形式的担保应当予以解除。

反倾销税的征收期限和价格承诺的履行期限不超过 5 年；但是，经复审确定终止征收反倾销税有可能导致倾销和损害的继续或者再度发生的，反倾销税的征收期限可以适当延长。

二、反补贴制度

（一）补贴和反补贴的概念

根据世界贸易组织《补贴与反补贴措施协定》（Agreement on Subsidies and Countervailing Measures，SCM Agreement）（以下简称《反补贴协定》）第 1 条，补贴的定义如下：“就本协定而言，如出现下列情况应视为存在补贴：(a)（1）在一成员（本协定中称“政府”）领土内，存在由政府或任何公共机构提供的财政资助，即如果：（i）涉及资金的直接转移（如赠款、贷款和投股）、潜在的资金或债务的直接转移（如贷款担保）的政府做法；（ii）放弃或未征收在其他情况下应征收的政府税收（如税收抵免之类的财政鼓励）；（iii）政府提供除一般基础设施外的货物或服务，或购买货物；（iv）政府向一筹资机构付款，或委托或指示一私营机构履行以上（i）至（iii）列举的一种或多种通常应属于政府的职能，且此种做法与政府通常采用的做法并无实质差别；或（a）（2）存在 GATT 1994 第 16 条意义上的任何形式的收入或价格支持；及（b）则因此而授予一项利益。”

《中华人民共和国反补贴条例》第 3 条规定，补贴，是指出口国（地区）政府或者其任何公共机构提供的并为接受者带来利益的财政资助以及任何形式的收入或者价格支持。前款所称财政资助，包括：（1）出口国（地区）政府以拨款、贷款、资本注入等形式直接提供资金，或者以贷款担保等形式潜在地直接转让资金或者债务；（2）出口国（地区）政府放弃或者不收缴应收收入；（3）出口国（地区）政府提供除一般基础设施以外的货物、服务，或者由出口国（地区）政府购买货物；（4）出口国（地区）政府通过向筹资机构付款，或者委托、指令私营机构履行上述职能。

一国政府滥用补贴措施会干扰国际贸易秩序，损害其他国家产业利益，因而受到 WTO 的限制。《反补贴协定》第 3 条规定：“除《农业协定》的规定外，下列属第 1 条范围内的补贴应予禁止：(a) 法律或事实上视出口实绩为惟一条件或多种其他条件之一而给予的补贴，包括附件 1 列举的补贴；(b) 视使用国产货物而非进口货物的情况为惟一条件或多种其他条件之一而给予的补贴。”

《对外贸易法》第 42 条规定：“进口的产品直接或者间接地接受出口国家或者地区给予的任何形式的专向性补贴，对已建立的国内产业造成实质损害或者产生实质损害威胁，或者对建立国内产业造成实质阻碍的，国家可以采取反补贴措施，消除或者减轻这种损害或者损害的威胁或者阻碍。”《中华人民共和国反补贴条例》第 2 条也规定：“进口产品存在补贴，并对已经建立的国内产业造成实质损害或者产生实质损害威胁，或者对建立国内产业造成实质阻碍的，依照本条例的规定进行调查，采取反补贴措施。”

（二）补贴的专项性

依照《中华人民共和国反补贴条例》进行调查、采取反补贴措施的补贴，必须具有专向性。具有下列情形之一的补贴，具有专向性：（1）由出口国（地区）政府明确确定的某些企业、产业获得的补贴；（2）由出口国（地区）法律、法规明确规定的某些企业、产业获得的补贴；（3）指定特定区域内的企业、产业获得的补贴；（4）以出口实绩为条件获得的补贴，包括《中华人民共和国反补贴条例》所附出口补贴清单列举的各项补贴；（5）以使用本国（地区）产品替代进口产品为条件获得的补贴。在确定补贴专向性时，还应当考虑受补贴企业的数量和企业受补贴的数额、比例、时间以及给与补贴的方式等因素。

（三）补贴造成的损害

只有当补贴对已经建立的国内产业造成实质损害或者产生实质损害威胁，或者对建立国内产业造成实质阻碍时，才会被调查。对损害的调查和确定，由商务部负责；其中，涉及农产品的反补贴国内产业损害调查，由商务部会同农业部进行。

在确定补贴对国内产业造成的损害时，应当审查下列事项：（1）补贴可能对贸易造成的影响；（2）补贴进口产品的数量，包括补贴进口产品的绝对数量或者相对于国内同类产品生产或者消费的数量是否大量增加，或者补贴进口产品大量增加的可能性；（3）补贴进口产品的价格，包括补贴进口产品的价格削减或者对国内同类产品的价格产生大幅度抑制、压低等影响；（4）补贴进口产品对国内产业的相关经济因素和指标的影响；（5）补贴进口产品出口国（地区）、原产国（地区）的生产能力、出口能力，被调查产品的库存情况；（6）造成国内产业损害的其他因素。对实质损害威胁的确定，应当依据事实，不得仅依据指控、推测或者极小的可能性。在确定补贴对国内产业造成的损害时，应当依据肯定性证据，不得将造成损害的非补贴因素归因于补贴。

评估补贴进口产品的影响，应当对国内同类产品的生产进行单独确定。不能对国内同类产品的生产进行单独确定的，应当审查包括国内同类产品在内的最窄产品组或者范围的生产。同类产品，是指与补贴进口产品相同的产品；没有相同产品的，以与补贴进口产品的特性最相似的产品为同类产品。

（四）反补贴调查

国内产业或者代表国内产业的自然人、法人或者有关组织（以下统称申请人），可以依照《中华人民共和国反补贴条例》的规定向商务部提出反补贴调查的书面申请。

商务部应当自收到申请人提交的申请书及有关证据之日起60天内，对申请是否由国内产业或者代表国内产业提出、申请书内容及所附具的证据等进行审查，并决定立案调查或者不立案调查。在特殊情形下，可以适当延长审查期限。

在表示支持申请或者反对申请的国内产业中，支持者的产量占支持者和反对者的总产量的50%以上的，应当认定申请是由国内产业或者代表国内产业提出，可以启动反补贴调查；但是，表示支持申请的国内生产者的产量不足国内同类产品总产量的25%的，不得启动反补贴调查。

在特殊情形下，商务部没有收到反补贴调查的书面申请，但有充分证据认为存在补贴和损害以及二者之间有因果关系的，可以决定立案调查。

立案调查的决定，由商务部予以公告，并通知申请人、已知的出口经营者、进口经营者以及其他有利害关系的组织、个人和出口国（地区）政府。立案调查的决定一经公告，商务部应当将申请书文本提供给已知的出口经营者和出口国（地区）政府。

（五）磋商

在决定立案调查前，应当就有关补贴事项向产品可能被调查的国家（地区）政府发出进行磋商的邀请。

根据《反补贴协定》第4条的规定，只要一成员有理由认为另一成员正在给予或维持一禁止性补贴，则该成员即可请求与该另一成员进行磋商。根据第1款提出的磋商请求应包括一份说明，列出有关所涉补贴的存在和性质的可获得的证据。应根据第1款提出的磋商请求，被视为给予或维持所涉补贴的成员应尽快进行此类磋商。磋商的目的应为澄清有关情况的事实并达成双方同意的解决办法。如在提出磋商请求后30天内未能达成双方同意的解决办法，则参加此类磋商的任何成员可将该事项提交争端解决机构（DSB），以便立即设立专家组，除非DSB经协商一致决定不设立专家组。

在反补贴调查期间，应当给予产品被调查的国家（地区）政府继续进行磋商的合理机会。磋商不妨碍商务部根据本条例的规定进行调查，并采取反补贴措施。

（六）因果关系

商务部根据调查结果，就补贴、损害和二者之间的因果关系是否成立作出初裁决定，并予以公告。初裁决定确定补贴、损害以及二者之间的因果关系成立的，商务部应当对补贴及补贴金额、损害及损害程度继续进行调查，并根据调查结果作出终裁决定，予以公告。在作出终裁决定前，应当由商务部将终裁决定所依据的基本事实通知所有已知的利害关系方、利害关系国（地区）政府。

（七）反补贴措施

初裁决定确定补贴成立，并由此对国内产业造成损害的，可以采取临时反补贴措施。临时反补贴措施采取以保证金或者保函作为担保的征收临时反补贴税的形式。临时反补贴措施实施的期限，自临时反补贴措施决定公告规定实施之日起，不超过4个月。自反补贴立案调查决定公告之日起60天内，不得采取临时反补贴措施。

在反补贴调查期间，出口国（地区）政府提出取消、限制补贴或者其他有关措施的承诺，或者出口经营者提出修改价格的承诺的，商务部应当予以充分考虑。

商务部可以向出口经营者或者出口国（地区）政府提出有关价格承诺的建议。商务部不得强迫出口经营者作出承诺。

商务部认为承诺能够接受并符合公共利益的，可以决定中止或者终止反补贴调查，不采取临时反补贴措施或者征收反补贴税。中止或者终止反补贴调查的决定由商务部予以公告。商务部不接受承诺的，应当向有关出口经营者说明理由。商务部对补贴以及由补贴造成的损害作出肯定的初裁决定前，不得寻求或者接受承诺。在出口经营者作出承诺的情况下，未经其本国（地区）政府同意的，商务部不得寻求或者接受承诺。

（八）反补贴税

《中华人民共和国反补贴条例》规定，在为完成磋商的努力没有取得效果的情况下，终裁决定确定补贴成立，并由此对国内产业造成损害的，可以征收反补贴税。征收反补贴税应当符合公共利益。征收反补贴税，由商务部提出建议，国务院关税税则委员会根据商务部的建议作出决定，由商务部予以公告。海关自公告规定实施之日起执行。

反补贴税生效后，商务部可以在有正当理由的情况下，决定对继续征收反补贴税的必要性进行复审；也可以在经过一段合理时间，应利害关系方的请求并对利害关系方提供的相应证据进行审查后，决定对继续征收反补贴税的必要性进行复审。

（九）听证程序和行政复议

为了规范反倾销和反补贴调查听证程序，保障反倾销和反补贴调查的公平、公正，商务部于2018年发布《反倾销和反补贴调查听证会规则》，自2018年5月4日起施行。调查机关可以依申请举行听证会，以向所有利害关系方提供与具有相反利益的当事方见面的机会，以便陈述对立的观点和提出反驳的论据。调查机关认为有必要时，可以自行决定举行听证会。《反倾销条例》第19条和《中华人民共和国反补贴条例》第19条规定的利害关系方，包括反补贴调查中的出口国（地区）政府，均可申请举行听证会。

对依照《中华人民共和国反补贴条例》第26条作出的终裁决定不服的，对依照该条例第四章作出的是否征收反补贴税的决定以及追溯征收的决定不服的，或者对依照该条例第五章作出的复审决定不服的，可以依法申请行政复议，也可以依法向人民法院提起诉讼。《最高人民法院关于审理反补贴行政案件应用法律若干问题的规定》于2002年9月11日由最高人民法院审判委员会第1242次会议通过，自2003年1月1日起施行。

（十）对等原则

任何国家（地区）对中华人民共和国的出口产品采取歧视性反补贴措施的，中华人民共和国可以根据实际情况对该国家（地区）采取相应的措施。

三、反垄断和反不正当竞争制度

（一）跨国反垄断

1. 我国反垄断法的域外适用

《对外贸易法》规定，在对外贸易经营活动中，不得违反有关反垄断的法律、行政法规的规定实施垄断行为。在对外贸易经营活动中实施垄断行为，危害市场公平竞争的，依照有关反垄断的法律、行政法规的规定处理。有上述违法行为，并危害对外贸易秩序的，国务院对外贸易主管部门可以采取必要的措施消除危害。

2018 年，党和国家机构改革，组建了国家市场监督管理总局，整合了国家发展和改革委员会、商务部和国家工商行政管理总局的反垄断职能，负责反垄断统一执法，同时承担国务院反垄断委员会日常工作。2021 年，国家市场监督管理总局加挂“国家反垄断局”牌子，进一步加强了我国反垄断执法能力。

《反垄断法》第 2 条规定：“中华人民共和国境内经济活动中的垄断行为，适用本法；中华人民共和国境外的垄断行为，对境内市场竞争产生排除、限制影响的，适用本法。”因此，境外企业之间的经营者集中行为，如果对我国市场竞争产生排除、限制影响，则我国反垄断执法部门应当进行调查并采取必要措施。2023 年 3 月 10 日，国家市场监督管理总局公布《经营者集中审查规定》，自 2023 年 4 月 15 日起施行。2023 年 12 月 29 日，国务院第 22 次常务会议修订通过《国务院关于经营者集中申报标准的规定》，自公布之日起施行。该规定也适用于对境外经营者集中的审查和申报。

以“拜耳股份公司收购孟山都公司股权案经营者集中反垄断审查案”[①] 为例，该案中，德国拜耳股份公司拟收购美国孟山都公司股权。集中完成后，孟山都成为拜耳的全资子公司。2016 年 12 月 5 日，商务部收到本案经营者集中反垄断申报。商务部根据《反垄断法》第 27 条规定，从相关市场的市场集中度、参与集中的经营者在相关市场的市场份额及对市场的控制力、对市场进入和技术进步的影响、对消费者和其他有关经营者的影响等方面，深入分析了此项经营者集中对市场竞争的影响，认为此项集中对中国市场具有或可能具有排除、限制竞争效果。

根据申报方向商务部提交的限制性条件建议最终稿，商务部决定附加限制性条件批准此项集中，要求拜耳、孟山都及集中后实体履行如下义务：（1）在全球范围内剥离拜耳的蔬菜种子业务。（2）在全球范围内剥离拜耳的非选择性除草剂业务（草铵膦业务）。（3）在全球范围内剥离拜耳的玉米、大豆、棉花、油菜性状业务。（4）在拜耳、孟山都及集中后实体的商业化数字农业产品进入中国市场之

---

① 商务部公告 2018 年第 31 号：《关于附加限制性条件批准拜耳股份公司收购孟山都公司股权案经营者集中反垄断审查决定的公告》，https：//www. mofcom. gov. cn/zfxxgk/gkml/art/2018/art _ ec93b2d5512845779da9690b5c3a6a6c. html。

日起5年内，基于公平、合理、无歧视条款，允许中国所有农业软件应用程序开发者将其数字农业软件应用程序连接到拜耳、孟山都及集中后实体在中国应用的数字农业平台，允许中国所有用户注册使用拜耳、孟山都及集中后实体的数字农业产品或应用程序。

2. 我国法院对反垄断纠纷的域外管辖权

在“瑞典爱立信有限公司等与TCL集团股份有限公司等滥用市场支配地位纠纷管辖权异议上诉案”[①] 中，最高人民法院二审认为，《反垄断法》第2条规定：“……中华人民共和国境外的垄断行为，对境内市场竞争产生排除、限制影响的，适用本法。”上述规定明确了《反垄断法》的域外适用原则。同时，上述规定也表明，垄断纠纷案件的管辖可以被诉垄断行为产生排除、限制竞争影响的结果地作为管辖连结点。《最高人民法院关于审理因垄断行为引发的民事纠纷案件应用法律若干问题的规定》第4条规定：“垄断民事纠纷案件的地域管辖，根据案件具体情况，依照民事诉讼法及相关司法解释有关侵权纠纷、合同纠纷等的管辖规定确定。”本案中，TCL方起诉主张爱立信方存在实施不公平过高定价、歧视性定价、滥用禁令请求权等垄断民事侵权行为，对TCL方在中国市场产生排除、限制竞争效果并造成经济损失，中国法院对此具有管辖权。《民事诉讼法》第28条规定：“因侵权行为提起的诉讼，由侵权行为地或者被告住所地人民法院管辖。”《最高人民法院关于适用〈中华人民共和国民事诉讼法〉的解释》第24条规定：“民事诉讼法第28条规定的侵权行为地，包括侵权行为实施地、侵权结果发生地。”据此，对于垄断民事纠纷案件，被诉侵权行为实施地、侵权结果发生地、被告住所地人民法院均有权管辖。在管辖权异议案件中，人民法院只需审理与建立案件管辖连结点相关的事实。如果与建立案件管辖连结点相关的事实同时涉及案件实体争议内容的，只需审查案件初步证据是否能够证明一个可争辩的管辖连结点事实即可，一般不对案件实体争议内容作出明确认定。

3. 外国反垄断法对我国企业的影响

在境外从事经营业务的中国企业以及在境内从事经营业务但可能对境外市场产生影响的中国企业，可能违反境外国家和地区的反垄断法，其包括从事进出口贸易、境外投资、并购、知识产权转让或者许可、招投标等涉及境外的经营活动。世界上多数司法辖区反垄断法与我国反垄断法一样都规定了域外管辖制度，规定在本司法辖区以外发生但对本司法辖区内市场产生排除、限制竞争影响的垄断行为，同样适用其反垄断法。

近年来，各国在知识产权等领域的反垄断诉讼大战愈演愈烈。华为和三星的知识产权大战中，华为在美国起诉三星侵犯专利权，三星则反诉华为垄断市场，

---

① （2019）最高法知民辖终32号。

违反美国《谢尔曼法》。[1] 2024 年，Wi-Fi 路由器制造商 Netgear（美国网件公司）在加利福尼亚联邦法院起诉华为，指控其拒绝以合理和无歧视的条款许可 Wi-Fi 通信标准必要专利，涉嫌违反美国反垄断法。[2]

在境外经营的企业应当坚持诚信守法、公平竞争。企业违反境外反垄断法可能面临高额罚款罚金、损害赔偿诉讼和其他法律责任，企业相关负责人也可能面临罚款罚金甚至刑事责任等。加强境外反垄断合规建设，可以帮助企业识别、评估和管控各类反垄断法律风险。2021 年，国家市场监督管理总局印发了《企业境外反垄断合规指引》（国市监反垄发〔2021〕72 号），鼓励企业培育公平竞争的合规文化，引导企业建立和加强境外反垄断合规管理制度，增强企业境外经营反垄断合规管理意识，提升境外经营反垄断合规管理水平，防范境外反垄断法律风险，保障企业持续健康发展。

（二）跨境反不正当竞争行为

《对外贸易法》规定，在对外贸易经营活动中，不得实施以不正当的低价销售商品、串通投标、发布虚假广告、进行商业贿赂等不正当竞争行为。在对外贸易经营活动中实施不正当竞争行为的，依照有关反不正当竞争的法律、行政法规的规定处理。有前款违法行为，并危害对外贸易秩序的，国务院对外贸易主管部门可以采取禁止该经营者有关货物、技术进出口等措施消除危害。《中华人民共和国反不正当竞争法》规定，本法所称的不正当竞争行为，是指经营者在生产经营活动中，违反本法规定，扰乱市场竞争秩序，损害其他经营者或者消费者的合法权益的行为。本法所称的经营者，是指从事商品生产、经营或者提供服务的自然人、法人和非法人组织。从上述规定来看，《中华人民共和国反不正当竞争法》所规制的不正当竞争行为与经营者不限于我国境内的行为与我国公民、法人和其他组织。

四、对外贸易保障措施

（一）概念

《对外贸易法》第 43 条规定："因进口产品数量大量增加，对生产同类产品或者与其直接竞争的产品的国内产业造成严重损害或者严重损害威胁的，国家可以采取必要的保障措施，消除或者减轻这种损害或者损害的威胁，并可以对该产业提供必要的支持。"

国务院 2001 年颁布《中华人民共和国保障措施条例》并于 2004 年进行了修订。根据该条例，进口产品数量增加，并对生产同类产品或者直接竞争产品的国内产业造成严重损害或者严重损害威胁（以下除特别指明外，统称损害）的，依

---

① Huawei Technologies，Co，Ltd v. Samsung Electronics Co，Ltd.，340 F. Supp. 3d 934（2018）.

② Netgear，Inc. v. Huawei Technologies Co. Ltd.，Case Number：2：24-cv-00824.

照该条例的规定进行调查，采取保障措施。

（二）立案调查

与国内产业有关的自然人、法人或者其他组织（以下统称申请人），可以依照《中华人民共和国保障措施条例》的规定，向商务部提出采取保障措施的书面申请。商务部应当及时对申请人的申请进行审查，决定立案调查或者不立案调查。立案调查的决定，由商务部予以公告。商务部应当将立案调查的决定及时通知世界贸易组织保障措施委员会。

（三）数量增加及损害的确定

对进口产品数量增加及损害的调查和确定，由商务部负责；其中，涉及农产品的保障措施国内产业损害调查，由商务部会同农业部进行。

在确定进口产品数量增加对国内产业造成的损害时，应当审查下列相关因素：（1）进口产品的绝对和相对增长率与增长量；（2）增加的进口产品在国内市场中所占的份额；（3）进口产品对国内产业的影响，包括对国内产业在产量、销售水平、市场份额、生产率、设备利用率、利润与亏损、就业等方面的影响；（4）造成国内产业损害的其他因素。对严重损害威胁的确定，应当依据事实，不能仅依据指控、推测或者极小的可能性。在确定进口产品数量增加对国内产业造成的损害时，不得将进口增加以外的因素对国内产业造成的损害归因于进口增加。

商务部应当根据客观的事实和证据，确定进口产品数量增加与国内产业的损害之间是否存在因果关系。

（四）保障措施

有明确证据表明进口产品数量增加，在不采取临时保障措施将对国内产业造成难以补救的损害的紧急情况下，可以作出初裁决定，并采取临时保障措施。临时保障措施采取提高关税的形式。采取临时保障措施，由商务部提出建议，国务院关税税则委员会根据商务部的建议作出决定，由商务部予以公告。海关自公告规定实施之日起执行。在采取临时保障措施前，商务部应当将有关情况通知保障措施委员会。

终裁决定确定进口产品数量增加，并由此对国内产业造成损害的，可以采取保障措施。实施保障措施应当符合公共利益。保障措施可以采取提高关税、数量限制等形式。

保障措施应当针对正在进口的产品实施，不区分产品来源国（地区）。采取保障措施应当限于防止、补救严重损害并便利调整国内产业所必要的范围内。

在采取保障措施前，商务部应当为与有关产品的出口经营者有实质利益的国家（地区）政府提供磋商的充分机会。

（五）对等原则

任何国家（地区）对中华人民共和国的出口产品采取歧视性保障措施的，中华人民共和国可以根据实际情况对该国家（地区）采取相应的措施。

第七节 出口管制法律制度

一、出口管制的概念

出口管制是指对两用物项、军品、核以及其他与维护国家安全和利益、履行防扩散等国际义务相关的货物、技术、服务等物项出口，采取禁止或者限制性措施，是国际上通行的做法。[①]

为了维护国家安全和利益，履行防扩散等国际义务，加强和规范出口管制，我国于2020年颁布施行《出口管制法》，主要适用于国家对两用物项、军品、核以及其他与维护国家安全和利益、履行防扩散等国际义务相关的货物、技术、服务等物项（以下统称管制物项）的出口管制。该法所称出口管制，是指国家对从中华人民共和国境内向境外转移管制物项，以及中华人民共和国公民、法人和非法人组织向外国组织和个人提供管制物项，采取禁止或者限制性措施。

出口管制首先是为了维护国家安全和利益。《国家安全法》第59条规定："国家建立国家安全审查和监管的制度和机制，对影响或者可能影响国家安全的外商投资、特定物项和关键技术、网络信息技术产品和服务、涉及国家安全事项的建设项目，以及其他重大事项和活动，进行国家安全审查，有效预防和化解国家安全风险。"

我国主张，任何国家和地区都不应滥用出口管制措施，无理实施歧视性限制措施，在防扩散问题上推行双重标准，甚至推动出口管制有关多边机制趋向歧视性和排他性。《不扩散核武器条约》、《禁止细菌（生物）及毒素武器的发展、生产及储存以及销毁这类武器的公约》（以下简称《禁止生物武器公约》）、《关于禁止发展、生产、储存和使用化学武器及销毁此种武器的公约》（以下简称《禁止化学武器公约》）以及一系列联大、联合国安理会决议，都规定了确保各国不受歧视地充分享有和平利用的权利。中国主张，出口管制应当遵守公正、合理、非歧视原则，不应当损害其他国家和平利用出口管制物项的正当权益，不应当对和平利用科技进步成果促进发展、正常国际科技交流与经贸合作、全球产业链供应链安全顺畅运转设置障碍。中国呼吁，在全球化日益深入、新技术不断涌现的今天，各国既应对出口管制有关风险和威胁实施有效管控，营造有利于经济社会发展的安全环境，也要积极推动科技发展的普惠共享，不断增进全人类福祉。[②]

---

① 中华人民共和国国务院新闻办公室：《中国的出口管制》白皮书，2021年12月。

② 中华人民共和国国务院新闻办公室：《中国的出口管制》白皮书，2021年12月。

二、出口管制立法

自20世纪90年代起，中国先后颁布《监控化学品管理条例》《核出口管制条例》《军品出口管理条例》《核两用品及相关技术出口管制条例》《导弹及相关物项和技术出口管制条例》《生物两用品及相关设备和技术出口管制条例》等6部行政法规。商务部、工业和信息化部、海关总署、国家国防科技工业局、国家原子能机构、中央军委装备发展部等相关部门配套出台数十项部门规章及相关规范性文件，细化出口管制事项规定，包括对特定物项的具体规定、许可管理及执法监督的具体规定、实施联合国安理会有关决议的相关文件等。

《出口管制法》对出口管制体制、管制措施以及国际合作等作出明确规定，统一确立出口管制政策、管制清单、临时管制、管控名单以及监督管理等方面的基本制度框架和规则。《出口管制法》是在总结中国出口管制实践经验基础上，根据形势变化，借鉴国际通行做法，提升立法层级而制定的一部统领中国出口管制工作的法律，对中国出口管制的制度作出全面安排，确保管制物项、适用主体和管制环节全覆盖。《出口管制法》出台以来，为确保各项制度有效实施，国家出口管制管理部门积极开展相关配套法规、部门规章的“立改废”工作，确保出口管制法律制度各领域之间高效衔接。除《出口管制法》外，《对外贸易法》《国家安全法》《数据安全法》《核安全法》《海关法》《行政许可法》《行政处罚法》《刑法》等法律也为出口管制措施执行等相关工作提供了有力法律依据。目前，中国已基本形成法律、行政法规、部门规章相衔接，层次分明、结构协调的出口管制法律制度，为构建中国特色现代化出口管制体系奠定了坚实的法律基础。

三、出口许可制度

中国的出口管制广泛采取国际通行的许可证管理、最终用户和最终用途证明、通用许可等制度。中国建立跨部门许可会商制度和两级管理模式，不断完善许可流程，不断丰富许可证管理种类，不断提升许可管理水平，有力促进出口管制物项合规贸易，优化高水平对外开放下的营商环境。

国家对管制物项的出口实行许可制度。出口管制清单所列管制物项或者临时管制物项，出口经营者应当向国家出口管制管理部门申请许可。出口管制清单所列管制物项以及临时管制物项之外的货物、技术和服务，出口经营者知道或者应当知道，或者得到国家出口管制管理部门通知，相关货物、技术和服务可能存在以下风险的，应当向国家出口管制管理部门申请许可：（1）危害国家安全和利益；（2）被用于设计、开发、生产或者使用大规模杀伤性武器及其运载工具；（3）被用于恐怖主义目的。

出口经营者无法确定拟出口的货物、技术和服务是否属于本法规定的管制物项，向国家出口管制管理部门提出咨询的，国家出口管制管理部门应当及时答复。

国家出口管制管理部门对有下列情形之一的进口商和最终用户，建立管控名单：(1) 违反最终用户或者最终用途管理要求的；(2) 可能危害国家安全和利益的；(3) 将管制物项用于恐怖主义目的的。

对列入管控名单的进口商和最终用户，国家出口管制管理部门可以采取禁止、限制有关管制物项交易，责令中止有关管制物项出口等必要的措施。

出口经营者不得违反规定与列入管控名单的进口商、最终用户进行交易。出口经营者在特殊情况下确需与列入管控名单的进口商、最终用户进行交易的，可以向国家出口管制管理部门提出申请。列入管控名单的进口商、最终用户经采取措施，不再有第一款规定情形的，可以向国家出口管制管理部门申请移出管控名单；国家出口管制管理部门可以根据实际情况，决定将列入管控名单的进口商、最终用户移出管控名单。

四、再出口管制

管制物项的最终用户应当承诺，未经国家出口管制管理部门允许，不得擅自改变相关管制物项的最终用途或者向任何第三方转让。出口经营者、进口商发现最终用户或者最终用途有可能改变的，应当按照规定立即报告国家出口管制管理部门。

五、两用物项出口管理

所谓两用物项，是指既有民事用途，又有军事用途或者有助于提升军事潜力，特别是可以用于设计、开发、生产或者使用大规模杀伤性武器及其运载工具的货物、技术和服务。

根据《出口管制法》的规定，出口经营者向国家两用物项出口管制管理部门申请出口两用物项时，应当依照法律、行政法规的规定如实提交相关材料。国家两用物项出口管制管理部门受理两用物项出口申请，单独或者会同有关部门依照该法和有关法律、行政法规的规定对两用物项出口申请进行审查，并在法定期限内作出准予或者不予许可的决定。作出准予许可决定的，由发证机关统一颁发出口许可证。

自《出口管制法》颁布后，我国商务部、海关总署等部门积极贯彻落实《出口管制法》相关要求，包括更新配套的《两用物项和技术进出口许可证管理目录》，发布《关于两用物项出口经营者建立出口管制内部合规机制的指导意见》《两用物项出口管制内部合规指南》《关于做好两用物项和技术进出口许可无纸化工作的通知》等文件，开通“中国出口管制信息网”，赴企业开展出口管制工作调研，指导企业加强出口管制内部合规机制建设等举措。实践中也出现了一批与出口管制相关的执法案件。但从目前各地海关公布的案例可以看出，不同地方的海关对于擅自出口管制物项如何适用处罚规则仍没有统一执法标准，《出口管制法》和既有海关行政处罚体系之间的制度衔接仍有待于立法及执法机关进一步完善协调。

2024 年 9 月 30 日，国务院发布《中华人民共和国两用物项出口管制条例》，自 2024 年 12 月 1 日起施行。在《出口管制法》的基础上，该条例统筹发展和安全，在总结我国实践做法的同时借鉴国际先进经验，既强化监督管理又着力于便利两用物项的合规贸易，是中国加快构建设计科学、运转有序、执行有力的现代化出口管制体系的重要一步。

六、军品出口管理

军品出口，是指用于军事目的的装备、专用生产设备及其他物资、技术和有关服务的贸易性出口。国家实行军品出口专营制度。从事军品出口的经营者，应当获得军品出口专营资格并在核定的经营范围内从事军品出口经营活动。军品出口专营资格由国家军品出口管制管理部门审查批准。1997 年 10 月 22 日，中华人民共和国国务院、中华人民共和国中央军事委员会令第 234 号发布了《中华人民共和国军品出口管理条例》，2002 年进行了修订。2020 年通过的《出口管制法》第二章第三节专门规定了军品出口管理。根据上述两个文件的规定，国家军品出口主管部门在国务院、中央军事委员会的领导下，主管全国的军品出口工作，对全国的军品出口实施监督管理。军品出口专营资格由国家军品出口管制管理部门审查批准。未取得军品出口经营权的任何单位或者组织，不得从事军品出口经营活动。国家禁止个人从事军品出口经营活动。

军品出口经营者应当根据管制政策和产品属性，向国家军品出口管制管理部门申请办理军品出口立项、军品出口项目、军品出口合同审查批准手续。重大军品出口立项、重大军品出口项目、重大军品出口合同，应当经国家军品出口管制管理部门会同有关部门审查，报国务院、中央军事委员会批准。

军品出口经营者在出口军品前，应当向国家军品出口管制管理部门申请领取军品出口许可证。军品出口经营者出口军品时，应当向海关交验由国家军品出口管制管理部门颁发的许可证件，并按照国家有关规定办理报关手续。军品出口经营者应当委托经批准的军品出口运输企业办理军品出口运输及相关业务。具体办法由国家军品出口管制管理部门会同有关部门规定。军品出口经营者或者科研生产单位参加国际性军品展览，应当按照程序向国家军品出口管制管理部门办理审批手续。

根据《中华人民共和国军品出口管理条例》第 2 条“军品出口管理清单由国家军品出口主管部门制定、调整并公布”的规定，国防科学技术工业委员会、中国人民解放军总装备部于2002年制定了《军品出口管理清单》。该清单按照武器装备的常规分类方法，分为轻武器，火炮及其他发射装置，弹药、地雷、水雷、炸弹、反坦克导弹及其他爆炸装置，坦克、装甲车辆及其他军用车辆，军事工程装备与设备，军用舰船及其专用装备与设备，军用航空飞行器及其专用装备与设备，火箭、导弹、军用卫星及其辅助设备，军用电子产品及火控、测距、光学、制导与控制装置，火炸药、推进剂、燃烧剂及相关化合物，军事训练设备，核、生、化武器防护装备与设备，后勤装备、物资及其他辅助军事装备，其他产品共十四大类。每一大类又划分为若干小类，并对相关的技术术语加以注释，构成了以武器定义、武器种类、武器主要系统或部件以及与武器装备直接相关的零部件、技术和服务四个层面为主体的框架体系。根据我国已作出的国际承诺，该清单中不包括核武器（含其关键的部件、原材料和技术）以及其他禁止出口的物项。

2002年，国务院颁布《中华人民共和国导弹及相关物项和技术出口管制条例》，对导弹及相关物项和技术出口实行严格管制，防止《导弹及相关物项和技术出口管制清单》所列的可被用于运载大规模杀伤性武器的导弹及其他运载系统的扩散。在导弹领域，中国支持国际社会为防止导弹及相关物项和技术扩散所作出的努力，对国际上有关加强导弹防扩散机制的建议持积极和开放的态度。

中国积极参与《武器贸易条约》谈判，对条约的达成作出重要贡献。2019年9月，中国宣布启动加入《武器贸易条约》相关国内法律程序。2020年7月，中国正式加入《武器贸易条约》。中国作为条约缔约国，坚定支持条约的宗旨和目标，全面履行条约义务，并愿与其他缔约国一道，共同致力于规范常规武器贸易，促进条约普遍性和有效性，完善武器贸易全球治理。

七、其他物项的出口管制

在核领域，中国于1984年加入国际原子能机构，1988年与国际原子能机构签署《中华人民共和国和国际原子能机构关于在中国实施保障的协定》，自愿将本国民用核设施置于该机构的保障监督之下。1992年，中国加入《不扩散核武器条约》。中国积极参与日内瓦裁军谈判会议有关《全面禁止核试验条约》的谈判，为该条约的达成作出重要贡献，并于1996年首批签约。1997年10月，中国加入“桑戈委员会”。1998年，中国签署关于加强国际原子能机构保障监督的附加议定书，并于2002年初正式完成该附加议定书生效的国内法律程序，成为第一个完成上述程序的核武器国家。2004年6月，中国加入“核供应国集团”，积极参与“集团”相关事务，履行“集团”权利义务。早在1997年，国务院就颁布了《中华人民共和国核出口管制条例》（国务院令第230号）并于2006年进行了修订。国家对核出口实行严格管制，严格履行所承担的不扩散核武器的国际义务。国家严格限制铀浓缩设施、设备，辅照燃料后处理设施、设备，重水生产设施、设备等物项及其相关技术等核扩散敏感物项，以及可以用于核武器或者其他核爆炸装置的材料的出口。2002年，中华人民共和国对外贸易经济合作部、中华人民共和国国家经济贸易委员会和中华人民共和国海关总署经国务院批准，发布《有关化学品及相关设备和技术出口管制办法》，对有关化学品及相关设备和技术出口实行严格管理，防止《有关化学品及相关设备和技术出口管制清单》所列物项和技术被用于化学武器目的。

在化学领域，中国为达成《禁止化学武器公约》作出积极贡献。1993年1月，中国签署公约。1997年4月，中国递交批准书，成为公约的原始缔约国。中国坚定支持公约宗旨和目标，推动各方严格履行义务，平衡、有效落实公约各项条款。自公约生效以来，中国按照公约要求颁布国内履约立法，设立专门履约机构，并按时、完整地提交各类年度宣布，严格接受禁化武组织相关视察。2020年，中国按照公约规定时限，完成《禁止化学武器公约》第24届缔约国大会增列附表1化学品的国内立法程序。

在生物领域，中国1984年加入《禁止生物武器公约》，一贯严格履行公约义务。中国始终按时全面提交履约建立信任措施宣布材料，深入参与公约审议进程，在规范生物科研活动、生物技术和资源全球分配等领域积极提出多边倡议，在加强生物实验室安全等领域积极向国际社会提供公共产品，不断加强生物两用品及相关设备和技术的出口管制，及时修订管制清单。中国倡导推动公约审议进程取得积极成果，特别是谈判制定具有法律约束力的核查议定书，以全面加强公约有效性。

《中华人民共和国数据安全法》第25条规定："国家对与维护国家安全和利益、履行国际义务相关的属于管制物项的数据依法实施出口管制。"《中华人民共和国密码法》第28条规定："国务院商务主管部门、国家密码管理部门依法对涉及国家安全、社会公共利益且具有加密保护功能的商用密码实施进口许可，对涉及国家安全、社会公共利益或者中国承担国际义务的商用密码实施出口管制。商用密码进口许可清单和出口管制清单由国务院商务主管部门会同国家密码管理部门和海关总署制定并公布。大众消费类产品所采用的商用密码不实行进口许可和出口管制制度。"《中华人民共和国核安全法》第31条规定，进口核设施，应当满足中华人民共和国有关核安全法律、行政法规和标准的要求，并报国务院核安全监督管理部门审查批准。出口核设施，应当遵守中华人民共和国有关核设施出口管制的规定。

2024年修订的《中华人民共和国文物保护法》规定，国有文物、非国有文物中的珍贵文物和国家禁止出境的其他文物，不得出境。

第八节　反外国制裁法

一、经济制裁的概念

“制裁”一词起源于拉丁文 sanctio，意为对违背神意、法律、法规的惩罚。其英文 sanction，意为对不遵守法律、规则或命令实施的惩罚或强制性措施（coercive measure）。① 古代国际法阶段（1648 年以前），制裁针对不法行为而实施。近代国际法阶段（1648 年至 1945 年），对制裁的解释自 18 世纪中叶开始发生转变，制裁并非仅仅针对不法行为，而是通过惩罚和奖赏以改变实体行为，无论被制裁者是否违反法律。现代国际法阶段（1945 年至今），国际法上的制裁专门指针对违背国际法的行为而对负责任国家施加不利的法律后果，以迫使其停止违背国际法的行为。②

制裁的概念在国际法中一直存在争议。与国内法类似，国际法中的制裁是实施国际法的手段。制裁的目的并不仅仅是惩罚违法者。制裁也不同于受害国的自救（self-help）行为。不过，鉴于国际法本身的不完善以及不同国家之间的分歧，目前的多边国际法文件中，还很少正式采用“制裁”这一用语。虽然《联合国宪章》（以下简称《宪章》）第七章授权安理会可以采取武力和非武力行动维护国际和平与安全，但《宪章》中也没有出现“制裁”这一用语，而是采用了“措施”（measure）③ 这一更为中性的表述方式。实际上，安理会所采取的措施就是制裁。国际法委员会 2001 年年度报告明确指出：“制裁”术语已被用于指代根据一些国际组织的文件特别是《宪章》第七章采取的“措施”——尽管《宪章》使用的是“措施”而不是“制裁”的术语。④ 近年来，安理会已经正式采用了“制裁”这一概念，并成立了多个相应的制裁委员会对制裁行动进行监督和检查。安理会制裁委员会在其官方网站上对安理会的制裁行动做了明确的表述：根据《宪章》第七章，安理会可以采取行动维持或恢复国际和平及安全。根据《宪章》第 41 条，制裁办法包括一系列可供选择的不涉及使用武力的强制措施。自 1966 年以来，安全理事会在南罗得西亚、南非、前南斯拉夫（2 个）、海地（2 个）、安哥拉、利比里亚（3 个）、厄立特里亚/埃塞俄比亚、卢旺达、塞拉利昂、科特迪瓦、伊朗、索马里/厄立特里亚、伊黎伊斯兰国（达伊沙）和基地组织、

---

① Bryan A. Garner，Black's Law Dictionary，9th ed.，Thomson West，2009.

② 杜涛：《国际经济制裁法律问题研究》，法律出版社 2015 年版，第 15 页。

③ 《宪章》正式中文本中用“办法”来对应英文本中的“measure”。

④ Report of the ILC on the Work of its 53rd Session，UN Doc. A/56/10，p. 75.

伊拉克（2个）、刚果民主共和国、苏丹、黎巴嫩、朝鲜、利比亚（2个）、塔利班、几内亚比绍、中非共和国、也门、南苏丹和马里等地建立了31个制裁制度。安理会制裁措施形式不一，目标也不尽相同。制裁措施包括全面经济和贸易制裁，以及一些更为具体的定向措施，如武器禁运、旅行禁令以及金融或商品方面的限制等。安理会实施的制裁旨在支持和平过渡，阻止违背《宪章》的变化，制衡恐怖主义，保护人权和推动核不扩散。“目前，正在进行的制裁制度有14个，集中在支持政治解决冲突、核不扩散和反恐方面。每个制度由一个制裁委员会管理，委员会主席由一个安理会非常任理事国担任。现有9个监察小组、团队和专家组为14个制裁委员会中的10个工作组提供支持。”①

二、多边经济制裁与单边经济制裁

经济制裁通常被分为单边经济制裁（unilateral economic sanctions）和多边经济制裁（multilateral economic sanctions）。② 多边经济制裁也被称为集体经济制裁（collective economic sanctions），是多个国家联合对某个或几个目标国实施的经济制裁，通常由联合国等政府间国际组织来组织实施，也可能由某个国家集团（如北约）来实施。多边经济制裁需要事先达成国际一致，如果获得了国际上多数国家的支持，则多边经济制裁的国际合法性就容易得到承认。多边经济制裁被认为比单边经济制裁具有更好的效果。

单边经济制裁也被称为自主经济制裁（autonomous sanctions），是由制裁发起国自己单方面决定实施的制裁。发起方可能是一个国家，也可能是若干国家的联合。单边经济制裁的发起未经联合国授权，完全取决于制裁者的主观判断和主观意图，其合法性在国际法中受到质疑。③

中国政府一贯反对违反国际法的单边经济制裁。2016年的《中华人民共和国和俄罗斯联邦关于促进国际法的声明》明确宣布：“应善意履行公认的国际法原则和规则，反对采取双重标准或某些国家将其意志强加于其他国家的做法；认为采取与国际法不符的单边强制措施，即单边制裁，是此类做法的一个例证。某些国家在联合国安理会采取的措施之外另行实施单边强制措施，将妨碍安理会所采取措施的目的和宗旨，削弱这些措施的完整性和有效性。”④

从我国的长期战略利益和国家外交政策出发，我们认为，我国应当坚决反对

---

① https：//main. un. org/securitycouncil/zh/sanctions/information.

② Lori Fisler Damrosch，Enforcing International Law Through Non-forcible Measures，Recueil des Cours，Vol. 45（1997）.

③ Draft Declaration on the Rules of International Law on Unilateral Sanctions，in：Surya P. Subedi eds.，Unilateral Sanctions in International Law，London：Hart Publishing，2021，p. 343，Appendix.

④ 2016年6月25日在北京签署。

任何出于外交政策目的而主动实施的单边经济制裁。习近平主席在 2021 年 1 月 25 日世界经济论坛“达沃斯议程”对话会上发表特别致辞，明确表示：“世界上的问题错综复杂，解决问题的出路是维护和践行多边主义，推动构建人类命运共同体。”“——我们要坚持开放包容，不搞封闭排他。多边主义的要义是国际上的事由大家共同商量着办，世界前途命运由各国共同掌握。在国际上搞‘小圈子’、‘新冷战’，排斥、威胁、恐吓他人，动不动就搞脱钩、断供、制裁，人为造成相互隔离甚至隔绝，只能把世界推向分裂甚至对抗。一个分裂的世界无法应对人类面临的共同挑战，对抗将把人类引入死胡同。”“我们要厉行国际法治，毫不动摇维护以联合国为核心的国际体系、以国际法为基础的国际秩序。多边机构是践行多边主义的平台，也是维护多边主义的基本框架，其权威性和有效性理应得到维护。要坚持通过制度和规则来协调规范各国关系，反对恃强凌弱，不能谁胳膊粗、拳头大谁说了算，也不能以多边主义之名、行单边主义之实。”① 习近平主席在与古巴国家主席迪亚斯-卡内尔通电话时也明确指出：“中方始终认为，应当尊重各国自主选择社会发展道路的权利，反对对其他国家实施单边制裁，反对外部势力干涉别国内政。”② 自 1996 年第五十一届联合国大会起，几乎每一届联合国大会都会通过一项关于人权与单方面强制性措施的决议。③ 我国在每次决议的表决中都投了赞成票。④ 这充分表明了我国在这方面长期以来所坚持的外交政策。

三、阻断立法

为了抵制美国的单边经济制裁，很多国家制定了所谓的“阻断立法”。1996 年，欧盟理事会颁布了专门针对美国《赫尔姆斯-伯顿法》和《达马托法》的《反对第三国立法域外适用的条例》（以下简称《阻断条例》）。⑤ 该条例内容上类似于英国 1980 年的《保护贸易利益法》，具体规定了四方面的针对措施。其中，第一个方面就是所谓的“阻断条款”（blocking provision），即任何欧盟境内的人均不得遵

---

① 习近平：《让多边主义的火炬照亮人类前行之路——在世界经济论坛“达沃斯议程”对话会上的特别致辞》，《人民日报》2021 年 1 月 26 日，第 2 版。

② 《习近平同古巴国家主席迪亚斯-卡内尔通电话》，《人民日报 》2021 年 8 月 31 日，第 1 版。

③ Human Rights and Unilateral Coercive Measures, Resolution of the United Nations General Assembly, A/RES/51/103.

④ 例如在 2019 年 3 月 21 日举行的联合国人权理事会第四十届会议第五十二次会议中，以 27 票对 15 票、5 票弃权的结果通过了《单方面强制性措施对享受人权的不良影响》的决议，投赞成票的均为包括中国在内的发展中国家，而投反对票的则多数为欧美发达国家。具体投票结果参见：https：//documents. un. org/doc/undoc/gen/g19/251/18/pdf/g1925118. pdf，2021 年 9 月 3 日访问。

⑤ Council Reg. (EC) 2271/96, Art. 1, in: (1996) O. J. L. 309 (29 Nov.).

守附录中列明的外国此类法律法规（第 5 条）。① 该条例第 1 条明确规定，禁止外国具有域外管辖权的法律法规在欧盟境内发生效力。

2018 年之前，欧盟《阻断条例》处于休眠状态，一直无用武之地。2018 年之后，由于特朗普政府奉行美国优先政策，美欧关系出现政治分化、经贸竞争和安全互信下降等变化。欧盟各国开始恢复并加强《阻断条例》的执法工作以回击特朗普政府的施压。不过，司法实践显示，欧盟成员国在解释和适用欧盟《阻断条例》时存在前后不一致的情况。

2018 年，德国汉堡地方法院在“银行终止往来账户合同的有效性案”② 中认为，欧盟《阻断条例》并没有要求欧盟公司在违背其商业利益的情况下继续与伊朗公司进行贸易，而是旨在确保可以在不受美国制裁影响的情况下作出此类商业决定。法院最终没有强行要求欧盟公司遵守《阻断条例》。

而在“伊朗梅利银行诉德国电信公司案”③ 中，欧盟法院于 2021 年作出判决，认为既然欧盟《阻断条例》禁止遵守美国制裁法中所列举的任何要求，那么任何遵守美国制裁法的行为都应受到欧盟《阻断条例》的限制，不管是否存在美国的行政或司法命令。④ 这意味着，只要欧盟企业终止了一份与被制裁对象之间的商业合同，就违反了欧盟《阻断条例》。法院的这一解释会给欧美企业带来法律困境，即必须同时面对美国制裁法和欧盟《阻断条例》的双重制裁。这一难题需要欧盟立法者通过修订《阻断条例》来解决。但随后爆发的俄乌冲突中断了该立法计划。

---

① 该条例第 4 条和第 5 条第 1 款原文：

Article 4 No judgment of a court or tribunal and no decision of an administrative authority located outside the Community giving effect, directly or indirectly, to the laws specified in the Annex or to actions based thereon or resulting there from, shall be recognized or be enforceable in any manner.

Article 5 No person referred to in Article 11 shall comply, whether directly or through a subsidiary or other intermediary person, actively or by deliberate omission, with any requirement or prohibition, including requests of foreign courts, based on or resulting, directly or indirectly, from the laws specified in the Annex or from actions based thereon or resulting therefrom.

② LG Hamburg 18. Zivilkammer, Urteil vom 15. 10. 2018, 318 O 330/18, Wirksamkeit der Kündigung des Girokontovertrages durch die Bank, http://www.landesrecht-hamburg.de/jportal/portal/page/bsharprod.psml;jsessionid = 5BD5F232682767BD07261EE2573601A1.jp13? printview = true&showdoccase = 1&doc.id = JURE180018807&st =ent, last visited June 23. 2021.

③ “First Reference to the European Court of Justice to Interpret the EU Blocking Statute in the Bank Melli Iran v. Telekom Deutschland GmbH Case”, https://www.hugheshubbard.com/news/first-reference-to-the-european-court-of-justice-to-interpret-the-eu-blocking-statute-in-the-bank-melli-iran-v-telekom-deutschland-gmbh-case.

④ Kerstin Wilhelm, *ECJ to Rule On Scope of Article 5 of the EU Blocking Regulation*, https://www.linklaters.com/en/insights/blogs/businesscrimelinks/2020/june/ecj-to-rule-on-scope-of-art-5-of-the-eu-blocking-regulationt.

四、我国《阻断办法》的内容

我国目前正在积极推动中国企业“走出去”战略，但是中国企业在海外的发展遭到了西方国家的干预。美国和一些欧洲国家会将经济制裁作为制约和阻止中国企业在某些地区扩展经济业务的工具。美国为了使其对外经济制裁发挥效果，强行要求其他第三方国家当事人也遵守其经济制裁法令。很多国家为此制定了“阻断法规”来应对西方国家的域外经济制裁，这种做法值得我国借鉴。“阻断法规”的最大价值是能为我国企业提供法律保护，使我国企业在面临外国政府或个人的法律诉讼时有合理的法律依据进行抗辩。

2021 年 1 月 9 日，商务部公布了经国务院批准的《阻断外国法律与措施不当域外适用办法》（以下简称《阻断办法》）。《阻断办法》借鉴了英国的《保护贸易利益法》、加拿大的《外国域外管辖措施法》、澳大利亚的《外国诉讼程序（过分管辖权）法》、墨西哥的《保护贸易和投资不受外国违反国际法的法律影响的法律》和欧盟的《反对第三国立法域外适用的条例》等法律的规定，从三个方面对外国具有域外效力的经济制裁措施实施阻断：

第一，禁止遵守外国的相关法律与措施。《阻断办法》第 7 条规定：工作机制经评估，确认有关外国法律与措施存在不当域外适用情形的，可以决定由国务院商务主管部门发布不得承认、不得执行、不得遵守有关外国法律与措施的禁令。

第二，禁止执行外国的相关判决裁定。《阻断办法》第 9 条第 2 款规定：根据禁令范围内的外国法律作出的判决、裁定致使中国公民、法人或者其他组织遭受损失的，中国公民、法人或者其他组织可以依法向人民法院提起诉讼，要求在该判决、裁定中获益的当事人赔偿损失。

第三，赋予受害国民或者企业诉权。《阻断办法》第 9 条第 1 款规定：当事人遵守禁令范围内的外国法律与措施，侵害中国公民、法人或者其他组织合法权益的，中国公民、法人或者其他组织可以依法向人民法院提起诉讼，要求该当事人赔偿损失。

五、《阻断办法》的适用

根据国外经验，对于上述《阻断办法》的适用一定要谨慎，不能任意扩大化。[①] 只有属于《阻断办法》第 7 条禁令范围内的外国法律与措施才能被阻断，而且应当基于案件的客观情况进行全面判断，否则可能会给当事人带来“两难困境”。

青岛金海链国际贸易有限公司、广州发展碧辟油品有限公司买卖合同纠纷案是我国第一起涉及《阻断办法》适用的案例。[②] 该案中，金海链公司作为甲方（卖

---

① 沈伟、邵辉：《论阻断诉讼的法律风险及其司法控制》，《中国应用法学》2022 年第 2 期。

② 广东省广州市中级人民法院，（2021）粤 01 民初 1365 号。

方）与碧辟公司作为乙方（买方）于 2020 年 10 月 21 日签订一份《货物采购合同》，约定由碧辟公司购买金海链公司从阿联酋采购的 40 036.395 吨甲醇。上述货物于 2020 年 10 月 5 日在阿联酋装船。合同第 15 条第 1 款约定卖方应当遵守国际贸易管制法则。合同附件 3 为金海链公司出具的《关于贸易制裁的声明和保证》，主要内容为："本公司在与碧辟公司开展货物买卖以及其他业务合作中，郑重声明、保证和承诺如下，并及时主动向碧辟公司提供相关最新信息：……本公司所提供的货物不属于来自伊朗、叙利亚、朝鲜、古巴、克里米亚地区和委内瑞拉的石油、石油产品或石化产品；……本公司违反本条上述声明或保证事项中的一项或几项的：（1）应自行承担全部法律责任以及货物风险；（2）本合同应赔偿碧辟公司因此而遭受的损失和支出的费用；（3）碧辟公司有权立即终止本合同，且有权拒绝向本公司付款，或不向本公司退还已收款项，不承担任何赔偿责任；（4）本公司有意隐瞒相关管制货物的，应赔偿碧辟公司因此而遭受的损失和支出的费用。"后因买方查明案涉货物实际来源于伊朗，以案涉货物涉嫌来源于被制裁国家为由，认为卖方违反了合同附件 3 的规定，要求终止履行合同。金海链公司认为案涉《货物采购合同》中附件 3《关于贸易制裁的声明和保证》违反了《中华人民共和国反外国制裁法》和《阻断办法》，属于违反法律、行政法规的强制性规定，附件 3 应属无效。

对此，法院认为，首先，该声明和保证是金海链公司在与碧辟公司签订案涉《货物采购合同》时单方出具给碧辟公司的承诺，该文件上加盖了金海链公司的印章，应视为是金海链公司的真实意思表示。其次，该文件的主要内容是金海链公司承诺其所提供的货物不属于来自伊朗等国家的石油、石油产品或石化产品，并不属于《中华人民共和国反外国制裁法》和《阻断办法》所规范的内容。故金海链公司主张上述附件 3 应属无效的意见，缺乏依据，不予采纳。法院最终判决认为金海链公司败诉。

六、《反外国制裁法》的出台背景

美国政府的政策表明，美国将中国视为长期战略竞争对手的国家政策将不会改变，中美关系已经进入实质性战略竞争时代。美国约翰斯·霍普金斯大学教授、被誉为首席"知华派"学者的兰普顿甚至认为，"竞争"这个词尚不能准确描述目前的美中关系，两国关系现状可以用"对抗"来形容。[①] 这种对抗已经涉及战略、教育、文化、外交和经济等全方位的领域，甚至还有人声称中美已经进入"新冷战"时代。[②] 虽然中国一直主张国际合作，坚持以多边主义为基础的国际贸易体

① David M. Lampton，Reconsidering U. S. -China Relations：From Improbable Normalization to Precipitous Deterioration，Asia Policy，Vol. 43（2019）.

② 漆海霞：《新冷战还是长和平：不确定性下的未来》，《国际政治科学》2024 年第 3 期。

制，推动构建人类命运共同体，但鉴于中美关系现状，《中华人民共和国反外国制裁法》（以下简称《反外国制裁法》）的出台确属反击霸权主义和强权政治的迫切需要，也是维护国家主权、安全、发展利益的迫切需要。

近年来，美国的对华战略已经从“接触＋竞争遏制”转向“全面遏制”，美国出台了多部针对中国的制裁法律，主要包括以下四种类型：

第一类为对华全面遏制法案，包括“2020 年进一步综合拨款法案”[①] 和“2020 财政年度国防授权法案”[②]。这两部法案均于 2019 年经美国总统签署成法，不仅规定了总体对华遏制战略，还规定了对香港、台湾、新疆、西藏地区的制裁政策。“2020 年进一步综合拨款法案”提出的具体制裁措施有：采取“印太战略”对华遏制，包括设立对抗中国影响力资金，对用于支持中国“一带一路”倡议或中国开发技术的资金进行限制；禁止采购中国华为技术有限公司和中兴通讯公司生产的电信设备或信息系统；阻止中国推广 5G 技术；限制资助中国人民解放军；等等。“2020 财政年度国防授权法案”提出的具体制裁措施有：禁止经营或采购中国制造的无人驾驶飞机系统；制定应对中国有害影响力的综合战略；调查中国在北极地区国家的外国直接投资情况；强化与菲律宾的共同防御条约，以应对中国南海问题；对与中国有关的公司或组织投资美国关键技术进行综合经济评估等。

第二类为涉港、台、疆、藏法案。这类法案主要打着维护“民主人权”的幌子，企图行分裂中国之实。美国企图以所谓的“民主人权”博取西方盟友的支持，以达到联合“围殴”中国的目的。

在涉港问题上，“2019 年香港人权与民主法案”[③] 于 2019 年 11 月 27 日经总统签署成法。其具体制裁措施有：对破坏香港基本自由和自治的制裁，对中国国有媒体的制裁等。“禁止向香港警方出口军需物资法”[④] 于 2019 年经总统签署成法。2020 年 6 月，美国国会参议院通过了“香港自治法案”（Hong Kong Autonomy Act）。该法案是美国对中国香港实施新的《国家安全法》的回应，是对中国国家主权赤裸裸的侵犯与践踏，将未能遵守《中英联合声明》或《基本法》的外国个人和实体（包括故意与此类个人和实体进行重大交易的外国金融机构）列为制裁对象。

在涉台问题上，2020 年 3 月 26 日，美国将“2019 年台湾友邦国际保护及加强倡议法案”[⑤]（简称“台北法案”）签署成法，要求美国国务院每年向国会报告其为

① Further Consolidated Appropriations Act of 2020.

② National Defense Authorization Act for Fiscal Year 2020.

③ Hong Kong Human Rights and Democracy Act of 2019.

④ A Bill to Prohibit the Commercial Export of Covered Munitions Items to the Hong Kong Police Force.

⑤ Public Law 116－135—MAR 26，2020，Taiwan Allies International Protection and Enhancement Initiative（Taipei）Act of 2019.

帮助台湾在世界各地建立外交关系和伙伴关系所采取的措施。

在涉疆问题上，2020 年 6 月 17 日，美国将“2020 年维吾尔人权政策法案”[①]签署成法，规定对在中国新疆维吾尔自治区侵犯人权的外国个人和实体实施制裁，制裁措施为资产冻结、对被认定的个人拒发签证、驱逐出境或不得假释等。

在涉藏问题上，“2018 年对等进入西藏法案”[②] 于 2018 年 12 月 19 日经总统签署成法。该法案旨在推动实现美国外交官和其他官员、记者和其他公民进入中华人民共和国的西藏地区及其他相关目的。为应对中国政府限制外国人员对等进入西藏，该法案提出了以下具体制裁措施：不迟于本法案颁布之日后 90 天起 5 年内，国务卿应每年向相关的国会委员会提交一份报告，并在国务院网站上向公众公布，以评估中国当局准许美国外交官和其他官员、记者和其他公民进入西藏地区的自由程度；国务卿可确认涉及制定或执行入藏政策的个人不能取得美国签证或者许可进入美国；吊销该外国人的现有签证或任何其他入境文件；向国会报告拒签或吊销签证人员情况，列出涉及制定或执行限制入藏政策的官员名单。美国国务卿在允许中国外交官和其他官员进入美国部分地区包括领事进入时，应充分考虑中国政府允许美国外交官和其他官员进入包括西藏地区在内的中国部分地区的自由程度相关待遇。

第三类为关于南海和东海领土问题的法律。美国对中国在南海和东海上的领土主权一直横加干涉，审议通过了“2019 年南海与东海制裁法案”[③]。该法案规定，对在南海和东海相关事项上负有责任的中国人实施制裁，包括在南海和东海的有争议地区参与建设或开发项目的中国人，对威胁该地区的和平、安全或稳定的行动负有责任或参与这些活动的中国人。制裁措施包括冻结财产、拒绝发放签证、撤销现行签证等。

第四类为新冠疫情问责法案。席卷全球的新冠疫情也进一步放大了中美关系中的矛盾。在美国的新冠疫情愈来愈严重时，美国意欲向中国转嫁责任的倾向不断升级，美国议员提出了诸多新冠疫情问责法案，如“为新冠病毒受害者追求正义法案”“2019 年新冠病毒问责法案”。这些法案虽然尚未签署成法，但已经在一定程度上激化了中美之间的矛盾，也意味着我们必须为新冠疫情之后中美关系将进入一个更困难的阶段而做好思想和政策准备。[④]

拜登政府执政以后，美国对华政策进入战略竞争新阶段。2021 年 3 月 22 日，美国联合加拿大和英国发表声明，步调一致地以中国在新疆侵犯人权为借口对中

---

① Public Law 116 - 145—JUNE 17，2020，Uyghur Human Rights Policy Act of 2020.

② Reciprocal Access to Tibet Act of 2018.

③ South China Sea and East China Sea Sanctions Act of 2019.

④ 周琪：《新冠疫情后再审视全球化下的中美关系》，《当代世界》2020 年第 6 期。

国相关个人和实体实施制裁。同日，欧盟也出台类似法案制裁中国。[①]

从以美国为首的西方国家所制定或提出的针对中国的法案与制裁措施来看，中国面临着前所未有的挑战与压力。而中国与美国之间的博弈不应是被动跟进与临时应对，而应以主动和理性的法律手段与制度设计进行有效反制。[②] 为了维护国家主权、尊严和国家利益，反对西方霸权主义和强权政治[③]，《反外国制裁法》应运而生。

七、《反外国制裁法》的法理基础

《反外国制裁法》的名称中“引人注目的是一个‘反’字”[④]，从其性质上来看，《反外国制裁法》有别于欧盟的《阻断条例》，其立法重点在于反制，而非“阻断”。从形式上看，反制裁与制裁并无本质不同，都符合单边制裁的定义，但是其法理基础却存在根本性差异。[⑤]

《反外国制裁法》在国内法上的法理基础源于《宪法》序言中规定的对外关系基本准则，即中国坚持独立自主的对外政策，坚持互相尊重主权和领土完整、互不侵犯、互不干涉内政、平等互利、和平共处的五项原则，坚持反对帝国主义、霸权主义。

在国际法上，反制裁法的法理基础源于国家主权平等原则。基于国家主权平等原则和世界贸易组织公平贸易原则，一国在受到他国经济制裁后可以予以合理反制。与合理的经济制裁一样，在合理范围内出台并实施反经济制裁措施也应该是主权国家的自主权力。俄罗斯的《关于影响（反制）美国和其他国家不友好行为的措施的法律》就是在美国签署《以制裁反击美国敌人法案》制裁俄罗斯之后应运而生的。

在习惯国际法上，反制裁法的法理基础源于国际法上的反报原则。国际法上的报复（reprisal）或反报（retorsion）属于一种合法的自力救济方式。报复是指一国针对他国在先实施的不法行为采取的一种报仇行动，这种行动本身是不符合国际法的，但是在特定条件下可以免除其法律责任。[⑥] 在瑙里拉案（Naulilaa case）中，国际仲裁法院提出了报复必须符合的三个条件：报复针对的必须是事先发生的违反国际法的行为，实施报复之前必须先要求对方弥补其违法行为，报复行动

---

① 刘露馨：《制裁“新疆棉”或是美欧构建“供应链联盟”的开端》，《世界知识》2021年第8期。

② 沈伟：《中美贸易摩擦中的法律战——从不可靠实体清单制度到阻断办法》，《比较法研究》2021年第1期。

③ 《全国人大常委会法工委负责人就反外国制裁法答记者问》，《新华每日电讯》2021年6月11日。

④ 《全国人大常委会法工委负责人就反外国制裁法答记者问》，《新华每日电讯》2021年6月11日。

⑤ 霍政欣：《〈反外国制裁法〉的国际法意涵》，《比较法研究》2021年第4期。

⑥ Malcolm Shaw, International Law, 6th ed., Cambridge: Cambridge University Press 2008, p. 1129.

必须与受到的损害相对称。这三个条件在习惯国际法上一直被承认。自《联合国宪章》提出全面禁止使用武力原则之后，武力报复手段只有在自卫的前提下才是合法的。非武力的报复措施仍然是允许的，现代国际法逐渐将其纳入“反措施”（countermeasures）这一概念之下进行讨论。作为报复措施的经济制裁，国际法是不禁止的。如果某国违反了国际法，由于现行国际法中缺乏有效的法律执行机制，受害国可以采取报复或反报手段。武力报复手段原则上被国际法所禁止，而采用非军事的经济制裁进行报复，原则上是合法的。[①] 联合国大会通过的《人权与单方面强制性措施》也呼吁：强烈反对此类对国家主权也构成威胁的措施的域外性质，并在这方面促请所有会员国既不认可也不实施此类措施，而且酌情采取行政或立法措施，反制单方面强制性措施的域外实施或影响。

2001年，联合国国际法委员会发布的《国家对国际不法行为的责任条款草案》第51条规定，反措施必须和所遭受的损害相称，并应考虑到国际不法行为的严重程度和有关权利。[②]

八、《反外国制裁法》的实施与完善

经济制裁发生后，目标国在国际法理上有反制的主权权利，但是反制措施的具体实施依据的仍然是各国国内法律。[③]《反外国制裁法》是目前世界上内容最丰富、体系最完整的反制裁立法之一。该法为我国应对外国制裁提供了有力的法律保障，为我国所采取的反制措施和商务部所颁布的《不可靠实体清单规定》《阻断办法》提供了更明确的法律依据，是我国面对美国单边经济制裁从立法层面做出的有力回击与必然选择。但是，由于《反外国制裁法》的出台较为匆忙，条文也比较简略，在具体实施过程中留下了一些亟待厘清的疑难问题。为了进一步形成完备的反经济制裁法律体系，2025年3月21日，国务院第55次常务会议通过了《实施〈中华人民共和国反外国制裁法〉的规定》，自2025年3月23日公布之日起施行。该规定的具体内容包括：

1. 明确了反制措施的实施单位

《反外国制裁法》第6条规定：“国务院有关部门可以按照各自职责和任务分工，对本法第四条、第五条规定的个人、组织，根据实际情况决定采取下列一种或者几种措施”。《实施〈中华人民共和国反外国制裁法〉的规定》规定，《反外国制裁法》第6条第1项中的不予签发签证、不准入境、注销签证或者驱逐出境，由国务院外交、国家移民管理等有关部门，依照职责权限实施。《反外国制裁法》第

① M. L. Forlati Picchio, The Legal Core of International Economic Sanctions, in M. L. Forlati Picchio and A. -L.Sicilianos eds, Economic Sanctions in International Law, The Hague: Nijhoff, 2004, p. 135.

② Responsibility of States for Internationally Wrongful Acts, Article 51.

③ 袁达松、苏航：《我国应对经济制裁的反制法律机制》，《天津法学》2020年第1期。

6 条第 2 项中的查封、扣押、冻结，由国务院公安、财政、自然资源、交通运输、海关、市场监督管理、金融管理、知识产权等有关部门，依照职责权限实施。《反外国制裁法》第 6 条第 2 项中的其他各类财产，包括现金、票据、银行存款、有价证券、基金份额、股权、知识产权、应收账款等财产和财产权利。《反外国制裁法》第 6 条第 3 项中的禁止或者限制我国境内的组织、个人与其进行有关交易、合作等活动，包括但不限于教育、科技、法律服务、环保、经贸、文化、旅游、卫生、体育领域的活动，由国务院教育、科技、司法行政、生态环境、商务、文化和旅游、卫生健康、体育行政等有关部门，依照职责权限实施。

需要指出的是，上述反制措施需要结合其他相关法律条款予以实施。《反外国制裁法》第 6 条第 1 项措施“不予签发签证、不准入境、注销签证或者驱逐出境”，涉及《出境入境管理法》中的相关条文。其中，“不予签发签证”属于《出境入境管理法》第 21 条所规定的内容。[①]“不准入境”属于《出境入境管理法》第 25 条所规定的内容。[②]“注销签证”属于《出境入境管理法》第 67 条所规定的内容。“驱逐出境”则属于《出境入境管理法》第 81 条所规定的内容。[③]

《反外国制裁法》第 6 条第 3 项反制措施是“禁止或者限制我国境内的组织、个人与其进行有关交易、合作等活动”。这一反制措施所禁止或限制的对象是“我国境内的组织、个人”，所禁止或限制的行为是与反制清单上的个人和组织“进行有关交易、合作等活动”，这就会影响到几乎所有商事领域法律法规的适用，包括《对外贸易法》《出口管制法》《商业银行法》《外商投资法》《保险法》《证券法》《海商法》《民用航空法》《证券投资基金法》《外资银行管理条例》《外资保险公司管理条例》等。在具体实施过程中，可能需要对相关法律法规进行修订或补充，或者颁布相应实施细则。例如，根据《合格境外机构投资者和人民币合格境外机构投资者境内证券期货投资管理办法》的规定，合格境外机构投资者和人民币合格境外机构投资者，是指经中国证券监督管理委员会批准，使用来自境外的资金

---

① 该法第 21 条规定：“外国人有下列情形之一的，不予签发签证：（一）被处驱逐出境或者被决定遣送出境，未满不准入境规定年限的；（二）患有严重精神障碍、传染性肺结核病或者有可能对公共卫生造成重大危害的其他传染病的；（三）可能危害中国国家安全和利益、破坏社会公共秩序或者从事其他违法犯罪活动的；（四）在申请签证过程中弄虚作假或者不能保障在中国境内期间所需费用的；（五）不能提交签证机关要求提交的相关材料的；（六）签证机关认为不宜签发签证的其他情形。对不予签发签证的，签证机关可以不说明理由。”

② 该法第 25 条规定：“外国人有下列情形之一的，不准入境：（一）未持有效出境入境证件或者拒绝、逃避接受边防检查的；（二）具有本法第二十一条第一款第一项至第四项规定情形的；（三）入境后可能从事与签证种类不符的活动的；（四）法律、行政法规规定不准入境的其他情形。对不准入境的，出入境边防检查机关可以不说明理由。”

③ 该法第 81 条规定：“外国人从事与停留居留事由不相符的活动，或者有其他违反中国法律、法规规定，不适宜在中国境内继续停留居留情形的，可以处限期出境。外国人违反本法规定，情节严重，尚不构成犯罪的，公安部可以处驱逐出境。公安部的处罚决定为最终决定。被驱逐出境的外国人，自被驱逐出境之日起十年内不准入境。”

进行境内证券期货投资的境外机构投资者，包括境外基金管理公司、商业银行、保险公司、证券公司、期货公司、信托公司、政府投资机构、主权基金、养老基金、慈善基金、捐赠基金、国际组织等中国证监会认可的机构。这些机构如果被列入《反外国制裁法》的反制清单，则应由《证券投资基金法》所规定的中国证监会、中国人民银行和国家外汇管理局等机构依照该法的规定对其采取限制措施。鉴于证券投资基金是一种专业性极强的商业活动，这种限制措施的适用需要有非常完善的程序规则，否则会对我国金融市场产生负面冲击。

《反外国制裁法》第 6 条第 2 项反制措施是“查封、扣押、冻结在我国境内的动产、不动产和其他各类财产”。此种查封、扣押、冻结措施从性质上属于《行政强制法》第 9 条[①]所规定的行政强制措施。《行政强制法》第 2 条规定：“行政强制措施，是指行政机关在行政管理过程中，为制止违法行为、防止证据损毁、避免危害发生、控制危险扩大等情形，依法对公民的人身自由实施暂时性限制，或者对公民、法人或者其他组织的财物实施暂时性控制的行为。”但该条所规定的“公民、法人或者其他组织”从字面意义上看显然只包括中国公民、法人和其他组织，而不包括外国公民、法人和其他组织。对不在我国境内的外国公民、法人和其他组织如何实施行政强制措施？我国现行法律还没有明文规定，迫切需要修改法律加以完善。

2. 明确了其他反制措施的范围

《实施〈中华人民共和国反外国制裁法〉的规定》第 9 条规定：“反外国制裁法第六条第四项中的其他必要措施，包括但不限于禁止或者限制从事与我国有关的进出口活动，禁止或者限制在我国境内投资，禁止向其出口相关物项，禁止或者限制向其提供数据、个人信息，取消或者限制其相关人员在我国境内工作许可、停留或者居留资格，处以罚款。”

3. 规定了机构之间的协调制度

《反外国制裁法》第 10 条规定：“国家设立反外国制裁工作协调机制，负责统筹协调相关工作。”《实施〈中华人民共和国反外国制裁法〉的规定》第 10 条规定：“国务院外交、商务、发展改革、司法行政等部门按照各自职责和任务分工，负责承担反外国制裁工作协调机制相关工作。国务院有关部门加强对反制措施确定和实施的协同配合和信息共享。”第 11 条规定：“国务院有关部门作出采取、暂停、变更或者取消有关反制措施决定的，应当通过其官方网站等途径发布并及时更新。”第 12 条规定：“反制措施需要国务院其他部门实施的，作出采取、暂停、变更或者取消反制措施决定的国务院有关部门应当按照相关程序，将反制措施的决定通报负责实施的国务院有关部门。”“收到反制措施决定的国务院有关部门，应

---

① 《行政强制法》第 9 条规定，行政强制措施的种类包括“（二）查封场所、设施或者财物；（三）扣押财物；（四）冻结存款、汇款”。

当依照职责分工实施。”

4. 完善了反制措施的救济制度

根据《实施〈中华人民共和国反外国制裁法〉的规定》，采取反制措施的决定公布后，被采取反制措施的组织、个人可以向作出采取反制措施决定的国务院有关部门申请暂停、变更或者取消有关反制措施，申请时应当提供其改正行为、采取措施消除行为后果等方面的事实和理由。作出采取反制措施决定的国务院有关部门可以根据实际情况组织评估反制措施的执行情况和效果。作出采取反制措施决定的国务院有关部门根据评估结果或者根据对被采取反制措施的组织、个人申请事实和理由的审查情况，可以暂停、变更或者取消有关反制措施。采取反制措施的决定公布后，有关组织、个人在特殊情况下确需与被采取反制措施的组织、个人进行被禁止或者限制的相关活动的，应当向作出采取反制措施决定的国务院有关部门提供相应的事实和理由，经同意可以与被采取反制措施的组织、个人进行相关活动。

5. 规定了对外国滥诉行为的反制措施

根据《实施〈中华人民共和国反外国制裁法〉的规定》第 19 条，外国国家、组织或者个人通过推动、实施诉讼等手段危害我国主权、安全、发展利益的，国务院有关部门有权决定将参与诉讼和判决执行等活动的上述主体及与其相关的组织、个人列入反制清单，采取限制入境，查封、扣押、冻结在我国境内的财产，禁止或者限制与其进行有关交易、合作等反制措施，并保留采取强制执行财产以及其他更严厉反制措施的权利。任何组织和个人均不得执行或者协助执行前款外国国家、组织或者个人推动、实施的诉讼所作出的判决。

6. 增加了对专业服务机构的鼓励措施

鼓励支持律师事务所、公证机构等专业服务机构为反外国制裁提供法律服务，包括协助相关组织、个人为执行反制措施实施风险控制管理，代理我国公民、组织就相关组织、个人因执行或者协助执行外国国家歧视性限制措施侵害合法权益向人民法院提起诉讼，办理相关公证业务等。

第八章　对外援助法律制度

第一节　对外援助概论

一、对外援助的概念

《对外援助管理办法》规定："本办法所称对外援助是指使用政府对外援助资金向受援方提供经济、技术、物资、人才、管理等支持的活动。"[①] 对外援助的受援方主要包括与中华人民共和国已经建立外交关系且有接受援助需要的发展中国家，以及以发展中国家为主的国际组织。在人道主义援助等紧急或者特殊情况下，发达国家或者与中华人民共和国无外交关系的发展中国家也可以作为受援方。

对外援助（foreign aid/foreign assistance）起源于美国。二战结束后美国实施的马歇尔计划开创了国际援助的先河。[②] 为了实施马歇尔计划，1948 年，杜鲁门总统签署了《对外援助法案》（Foreign Assistance Act），其也称为《1948 年经济合作法案》（Economic Cooperation Act of 1948）。1950 年，美国又颁布相关法律来实施"第四点计划"，从而扩大援助的范围。20 世纪 60 年代，肯尼迪政府为了加强与苏联竞争，进一步改革和规范对外援助，颁布了《1961 年对外援助法案》，并专门设立了国际开发署，使美国的对外援助开始向发展中国家倾斜。该法案历经多次修改和扩展，至今仍发挥效力。其现行的《对外援助法案》，已由原来的四个部分扩展为五个部分，其中关于发展援助的部分由原来的六章扩展为十二章，关于军事援助的部分由原来的两章扩展为十章。

由于对外援助这一概念存在争议，国际上越来越多采用"国际发展合作"（international development cooperation）这一替代概念。挪威、瑞典、丹麦等国都颁布了新的国际发展合作法，取代了以前的对外援助法。

经济合作与发展组织等国际组织倾向于使用"官方发展援助"（official development assistance，ODA）这一概念。官方发展援助是指官方机构为促进发展中国

---

① 《对外援助管理办法》2021 年 8 月 27 日经国家国际发展合作署、外交部、商务部令公布，自 2021 年 10 月 1 日起施行。

② 王逸舟、郭语：《中国对外援助探析》，《国际经济合作》2023 年第 5 期。

家的经济发展和提高其生活水平而向发展中国家提供的赠与或赠与成分至少占比25％的贷款。①

国家之间的相互援助是主权国家发展彼此之间的友好关系、促进人类共同发展的重要方式。发达国家对发展中国家的援助更是一项义不容辞的国际义务。2016年1月1日正式生效的联合国《变革我们的世界：2030年可持续发展议程》明确指出："国际公共资金包括官方发展援助的一个重要用途是促进从其他公共和私人来源筹集更多的资源。官方发展援助提供方再次做出各自承诺，包括许多发达国家承诺实现对发展中国家的官方发展援助占其国民总收入的0.7％，对最不发达国家的官方发展援助占其国民总收入的0.15％至0.20％的目标。"②

中华人民共和国自成立以来，便秉持国际主义和人道主义精神，始终关注和支持其他发展中国家改善民生、谋求发展的事业。新中国成立伊始，在国家百废待兴、财力紧张的情况下，中国即开始向有关国家提供援助，为发展中国家争取民族独立和解放、促进经济社会发展提供有力支持，奠定了中国与广大发展中国家长期友好合作的坚实基础。改革开放以来，中国对外援助内容更加丰富、形式更加多样，促进了中国与其他发展中国家的共同发展。

党的十八大以来，中国发展进入新时代。习近平主席从全球视角思考责任担当，提出构建人类命运共同体、共建"一带一路"等新理念新倡议，倡导正确义利观和真实亲诚、亲诚惠容理念，在一系列重大国际场合宣布务实合作举措，为破解全球发展难题、推动落实联合国2030年可持续发展议程提出中国方案、贡献中国智慧、注入中国力量。中国的对外援助顺应时代要求，向国际发展合作转型升级，呈现新气象、实现新发展、进入新时代。③

70多年来，我国面向160多个发展中国家，实施了数千个成套和物资援助项目、上万个技术合作和人力资源开发合作项目以及40多万人次的人员培训。新冠疫情发生后，我国向160多个国家和国际组织提供了医疗物资援助，向100多个国家和国际组织提供了疫苗。④ 中国作为世界最大的对外援助国之一，在国际发展援助领域乃至整个全球治理中的影响力正日益增大。

我国不仅是对外援助大国，同时也是接受外国援助的大国。中国是世界上最大的受援国之一。1979年6月29日，中国与联合国开发计划署签订了技术合作基本协定，正式开始与联合国发展业务系统开展发展援助领域的合作。1981年10月2日，中国与澳大利亚签署了首个双边技术合作发展计划协议，标志着中国开始接

① https：//www.oecd-ilibrary.org/development/official-development-assistance-oda/indicator-group/english_5136f9ba-en，2022年11月1日访问。

② https：//www.un.org/zh/documents/treaty/A-RES-70-1，2022年11月1日访问。

③ 中华人民共和国国务院新闻办公室：《新时代的中国国际发展合作》白皮书，2021年1月。

④ 罗照辉：《大疫情背景下中国对外援助和国际发展合作》，《国际问题研究》2022年第1期。

受发达国家的双边援助。2006 年，商务部印发《关于外国政府和国际组织对华无偿援助项目管理办法》。

二、对外援助的基本原则

《对外援助管理办法》第 4 条规定："对外援助致力于帮助受援方减轻与消除贫困，改善受援方民生和生态环境，促进受援方经济发展和社会进步，增强受援方自主可持续发展能力，巩固和发展与受援方的友好合作关系，促进高质量共建'一带一路'，推动构建新型国际关系，推动构建人类命运共同体。"有学者将中国对外援助划分为三个阶段：中华人民共和国成立至改革开放以前的政治援助、改革开放以后至党的十八大之前的商务援助、党的十八大以后的大国责任援助。①

新中国成立后不久，我们就开始对朝鲜和越南提供经济援助。20 世纪 60 年代中国提出的"对外援助八项原则"，从一开始就是中国对外援助遵循的基本方针，并在实践中不断丰富、完善和发展。这"八项原则"的基本内容是：（1）中国政府一贯根据平等互利的原则对外提供援助，从来不把这种援助看作是单方面的赐予，而认为援助是相互的。（2）中国政府在对外提供援助的时候，严格尊重受援国的主权，绝不附带任何条件，绝不要求任何特权。（3）中国政府以无息或者低息贷款的方式提供经济援助，在需要的时候延长还款期限，以尽量减少受援国的负担。（4）中国政府对外提供援助的目的，不是造成受援国对中国的依赖，而是帮助受援国逐步走上自力更生、经济上独立发展的道路。（5）中国政府帮助受援国建设的项目，力求投资少，收效快，使受援国政府能够增加收入，积累资金。（6）中国政府提供自己所能生产的、质量最好的设备和物资，并且根据国际市场的价格议价。如果中国政府所提供的设备和物资不合乎商定的规格和质量，中国政府保证退换。（7）中国政府对外提供任何一种技术援助的时候，保证做到使受援国的人员充分掌握这种技术。（8）中国政府派到受援国帮助进行建设的专家，同受援国自己的专家享受同样的物质待遇，不容许有任何特殊要求和享受。

改革开放以后，我国对外援助政策发生了重大调整，主要包括以下几项基本原则：

——坚持帮助受援国提高自主发展能力。实践证明，一国的发展主要依靠自身的力量。中国在提供对外援助时，尽力为受援国培养本土人才和技术力量，帮助受援国建设基础设施，开发利用本国资源，打好发展基础，逐步走上自力更生、独立发展的道路。

——坚持不附带任何政治条件。中国坚持和平共处五项原则，尊重各受援国自主选择发展道路和模式的权利，相信各国能够探索出适合本国国情的发展道路，

① 王逸舟、郭语：《中国对外援助探析》，《国际经济合作》2023 年第 5 期。

绝不把提供援助作为干涉他国内政、谋求政治特权的手段。

——坚持平等互利、共同发展。中国坚持把对外援助视为发展中国家之间的相互帮助，注意实际效果，照顾对方利益，通过开展与其他发展中国家的经济技术合作，着力促进双边友好关系和互利共赢。

——坚持量力而行、尽力而为。在援助规模和方式上，中国从自身国情出发，依据国力提供力所能及的援助。注重充分发挥比较优势，最大限度地结合受援国的实际需要。

——坚持与时俱进、改革创新。中国对外援助顺应国内外形势发展变化，注重总结经验，创新对外援助方式，及时调整改革管理机制，不断提高对外援助工作水平。①

党的十八大以来，中国的国际发展合作在实践中不断发展，形成了既一脉相承又富有新时代特色的中国国际发展合作观。

——推动构建人类命运共同体是中国开展国际发展合作的崇高使命。人类命运休戚与共，没有发展中国家的发展，就不可能实现世界的稳定和繁荣。中国开展国际发展合作，帮助其他发展中国家减少贫困、改善民生，旨在同发展中国家一道，促进缩小南北发展差距、消除发展赤字，建设相互尊重、公平正义、合作共赢的新型国际关系，建设持久和平、普遍安全、共同繁荣、开放包容、清洁美丽的世界。

——坚持正确义利观是中国开展国际发展合作的价值导向。正确义利观坚持义利相兼、以义为先，这既是中国传统文化的弘扬，也是中国国际主义精神的体现。中国开展国际发展合作以正确义利观为导向，希望全世界共同做大发展蛋糕，特别是希望发展中国家加快发展，共享开放发展的机遇和成果。恪守互利共赢原则，在对发展中国家提供力所能及的帮助时，重视和照顾其他国家的利益需求，重义轻利、舍利取义。

——南南合作是中国开展国际发展合作的基本定位。中国发展取得巨大成就，但是中国仍处于并将长期处于社会主义初级阶段的基本国情没有变，中国是世界上最大的发展中国家的国际地位没有变。中国开展国际发展合作，是发展中国家之间的相互帮助，属于南南合作范畴，与南北合作有着本质区别。作为南南合作的坚定支持者、积极参与者和重要贡献者，中国将继续承担与自身发展阶段和实际能力相适应的国际责任，促进南南合作深化发展，实现联合自强。

——共建“一带一路”是中国开展国际发展合作的重要平台。丝绸之路经济带和 21 世纪海上丝绸之路是中国为世界提供的重要公共产品。中国国际发展合作以共建“一带一路”为平台，积极参与、配合“一带一路”建设，促进相关国家

① 中华人民共和国国务院新闻办公室:《中国的对外援助》白皮书，2011 年 4 月。

政策沟通、设施联通、贸易畅通、资金融通、民心相通，为将“一带一路”打造成为和平之路、繁荣之路、开放之路、绿色之路、创新之路、文明之路、廉洁之路作出积极贡献。[①] 共建“一带一路”坚持共建原则，不是中国的对外援助计划和地缘政治工具，而是联动发展的行动纲领。[②]

——帮助其他发展中国家落实联合国 2030 年可持续发展议程是中国开展国际发展合作的重要方向。联合国 2030 年可持续发展议程是指导全球发展合作的纲领性文件，与共建“一带一路”高度契合。近年来，全球落实进程取得初步进展，但全球发展不平衡不充分的现象仍然突出，新冠疫情全球蔓延为落实议程带来严峻挑战。如期实现可持续发展目标，不让任何一个国家、任何一个人掉队任重道远。中国通过开展国际发展合作，增强有关国家发展能力，优化发展伙伴关系，帮助其他发展中国家克服疫情影响，加快落实联合国 2030 年可持续发展议程，实现共同繁荣。[③]

党的十九大报告明确指出：中国将坚定不移地继续“加大对发展中国家特别是最不发达国家援助力度，促进缩小南北发展差距”。

党的二十大报告在论述新时代中国特色社会主义思想的世界观和方法论时提到要做到“六个必须坚持”，其中之一就是“必须坚持胸怀天下。中国共产党是为中国人民谋幸福、为中华民族谋复兴的党，也是为人类谋进步、为世界谋大同的党”。中国特色对外援助政策与法律制度日益成熟，正在逐渐形成自己独立的原则、体系与范式。

三、对外援助的基本政策

国务院新闻办公室先后于 2011 年和 2014 年发布《中国的对外援助》白皮书，于 2021 年发布《新时代的中国国际发展合作》白皮书，全面阐释了我国对外援助的基本方针政策。《对外援助管理办法》第 5 条规定：“对外援助应当坚持正确义利观和真实亲诚理念，相互尊重，平等相待，合作共赢；尊重受援国主权，不干涉他国内政，不附加任何政治条件；量力而行，尽力而为，重信守诺，善始善终；因国施策，共商共建，形式多样，注重实效。”

中国是一个发展中国家。多年来，中国在致力于自身发展的同时，始终坚持向经济困难的其他发展中国家提供力所能及的援助，承担相应国际义务。

20 世纪 50 年代，新中国成立后不久，中国在自身财力十分紧张、物资相当匮乏的情况下，开始对外提供经济技术援助，并逐步扩大援助范围。70 年代末中国

---

① 中华人民共和国国务院新闻办公室：《新时代的中国国际发展合作》白皮书，2021 年 1 月。

② 中华人民共和国国务院新闻办公室：《共建“一带一路”：构建人类命运共同体的重大实践》白皮书，2023 年 10 月。

③ 中华人民共和国国务院新闻办公室：《新时代的中国国际发展合作》白皮书，2021 年 1 月。

实行改革开放以来，经济快速发展，综合国力显著提升，但依然是一个人均水平不高、贫困人口众多的发展中国家。尽管如此，中国仍量力而行，尽力开展对外援助，帮助受援国增强自主发展能力，丰富和改善人民生活，促进经济发展和社会进步。中国的对外援助，发展巩固了与广大发展中国家的友好关系和经贸合作，推动了南南合作，为人类社会共同发展作出了积极贡献。①

中国提供对外援助，坚持不附带任何政治条件，不干涉受援国内政，充分尊重受援国自主选择发展道路和模式的权利。相互尊重、平等相待、重信守诺、互利共赢是中国对外援助的基本原则。②

进入新时代后，中国开展以对外援助为基础的国际发展合作时进一步秉持以下政策主张：

——相互尊重，平等相待。中国一贯主张在和平共处五项原则基础上开展国际发展合作，坚持国家不分大小、强弱、贫富，都是国际社会平等成员。开展国际发展合作时，不干预其他国家探索符合国情的发展道路，不干涉其他国家内政，不把自己的意志强加于人，不附加任何政治条件，不谋取政治私利。

——量力而行，尽力而为。统筹国内国际两个大局，注重发挥比较优势，履行与国力相匹配的国际义务，在南南合作框架内，向其他发展中国家提供力所能及的援助。充分尊重其他发展中国家的意见，通过友好协商确定合作项目，不做超越合作伙伴发展阶段、不符合合作伙伴实际需要的事。坚持言必信、行必果，重信守诺，善始善终，不开“空头支票”。

——聚焦发展，改善民生。发展是各国的第一要务。中国开展国际发展合作时，重视对接各国发展战略规划，积极回应发展中国家经济社会发展的优先需求，把增进各国民生福祉作为发展合作的出发点，加大对减贫、减灾、教育、卫生、农业、就业、环保和应对气候变化等领域的投入，积极参与紧急人道主义救援行动，让更多实实在在的发展成果惠及普通民众。

——授人以渔，自主发展。充分考虑其他发展中国家的资源禀赋、发展水平和发展诉求，通过多种方式毫无保留地将发展经验和行业技术分享给其他发展中国家，尽力为其培养本土人才和技术力量，注重增强自身“造血”能力，挖掘增长潜力，实现多元、自主和可持续发展。

——形式多样，讲求实效。中国在长期实践中形成了具有中国特色的援助方式，包括援建成套项目、提供物资、开展技术合作、开展人力资源开发合作、实施南南合作援助基金项目、派遣援外医疗队、开展志愿服务、提供紧急人道主义援助、减免债务等。根据外方实际需求和情况，因地制宜选择或搭配使用适宜方式，争取实际效果最大化。注重提高资金使用效率。

---

① 中华人民共和国国务院新闻办公室：《中国的对外援助》白皮书，2011 年 4 月。

② 中华人民共和国国务院新闻办公室：《中国的对外援助》白皮书，2014 年 7 月。

——善始善终，注重持续。中国通过加强实施管理、监督评估，切实保障项目质量。注重已建成项目后续运营，提供配套技术服务，推进投资、建设、运营一体化，维护中国援助的品牌和信誉，放大综合效益。推进职业培训教育和技术合作，支持有关国家项目管理人才能力培养，促进项目管理本地化，提升项目持续影响。对出现偿债困难的国家主张通过双边渠道协商解决，支持低收入国家实现债务可持续。

——开放包容，交流互鉴。深化与其他国家在国际发展合作领域的沟通和交流，增信释疑、互学互鉴。在尊重受援国意愿的前提下，按照“受援国提出、受援国同意、受援国主导”的原则，积极同有关国家和国际组织探讨和开展务实合作。本着开放的精神，通过多种形式阐述中国国际发展合作的政策、资金、管理等情况。

——与时俱进，创新发展。顺应时代潮流和国内外形势发展，既坚持中国特色，又积极改革创新。汲取其他国家和国际组织开展国际发展合作的有益经验，根据发展中国家发展目标和合作需求，改革体制机制，健全规章制度，丰富合作方式，充实合作内容，推进国际发展合作提质增效。①

四、对外援助立法进程

目前，我国对外援助领域尚无全国性法律。对于这些应由全国人大及其常委会制定法律的事项，如制定法律的条件不成熟的，应由国务院先制定行政法规，但如制定行政法规的条件尚不成熟的，应尽快先行制定部门规章，待条件成熟后再由国务院制定行政法规或全国人大制定法律。

财政部、对外经济贸易部于 1992 年颁发了《多种形式援外专项资金管理办法》。② 财政部、对外经济贸易部、卫生部于 1994 年联合印发了《援外出国人员生活待遇管理办法》，提高了援外人员的生活待遇。这些规章目前均已失效。

全国人大常委会法制工作委员会在 2000 年发布了《全国人民代表大会常务委员会法制工作委员会关于制定法律、法规条件不成熟能否先制定部门规章，涉及外交、外贸政策的部门规章能否不向社会公开的答复》，特别规定：“一、立法法第七十一条规定，部门规章规定的事项应当属于执行法律或者国务院的行政法规、决定、命令的事项。国家对外贸易经济合作部可以根据有关法律或者国务院的行政法规、决定、命令，就对外援助、对外工程承包和对外劳务输出等事项，制定规章。二、立法法第七十七条规定，部门规章签署公布后，及时在国务院公报或者部门公报和在全国范围内发行的报纸上刊登。部门规章未按上述规定公布的，

① 中华人民共和国国务院新闻办公室：《新时代的中国国际发展合作》白皮书，2021 年 1 月。

② ［92］财外字第 966 号。已被《财政部关于公布废止和失效的财政规章和规范性文件目录（第七批）的通知》废止。

不具有规章的效力，不能作为行政处罚的依据。”①

早在2007年，全国人民代表大会上就有提案建议尽快制定“中华人民共和国对外援助法”（第0389号），就对外援助的原则、方式、规模、范围和决策程序等作出明确规定，使对外援助更好地服务于我国外交政策，科学高效、量力而行地做好对外援助工作。收到提案以后，全国人民代表大会外事委员会专门就制定对外援助法的议案召开了座谈会并进行专题调研。②

2013年9月和10月，中国国家主席习近平在出访中亚和东南亚国家期间，先后提出共建“丝绸之路经济带”和“21世纪海上丝绸之路”（以下简称“一带一路”）的重大倡议，得到国际社会高度关注。我国的对外援助工作也因此进入新的发展阶段。2014年3月，第十二届全国人民代表大会第二次会议上，赵皖平等30名代表提出关于制定出台对外援助法的议案（第441号），全国人民代表大会财政经济委员会组织工作班子进行认真审议后，认为可以通过制定《对外援助管理条例》等行政法规来解决援外工作中的急迫问题，待条件成熟后再考虑推进《对外援助法》立法事宜。③ 2014年10月21日，商务部第30次部务会议审议通过了《对外援助管理办法（试行）》，自2014年12月15日起施行。这是我国第一部关于对外援助工作的管理法规。

2016年3月，第十二届全国人民代表大会第四次会议上有代表再次提出制定对外援助法的建议。④ 全国人民代表大会财政经济委员会建议有关部门吸收议案所提建议，尽快推动制定《对外援助管理条例》等行政法规。⑤

2018年3月，十三届全国人大一次会议通过了《关于国务院机构改革方案的决定》，决定组建国家国际发展合作署。

2019年，第十三届全国人民代表大会第二次会议上有代表再次提出了制定《对外援助法》的议案。⑥ 全国人民代表大会财政经济委员会建议进一步调研论证，制定完善相关法规政策，解决议案所提问题。

---

① 全国人民代表大会常务委员会法制工作委员会关于制定法律、法规条件不成熟能否先制定部门规章，涉及外交、外贸政策的部门规章能否不向社会公开的答复，2000年11月20日。

② 全国人大外事委员会关于第十届全国人民代表大会第五次会议主席团交付审议的代表提出的议案审议结果的报告，2007年10月28日第十届全国人民代表大会常务委员会第三十次会议通过。

③ 全国人民代表大会财政经济委员会：《全国人民代表大会财政经济委员会关于第十二届全国人民代表大会第二次会议主席团交付审议的代表提出的议案审议结果的报告》，2014年11月1日第十二届全国人民代表大会常务委员会第十一次会议通过。

④ 信春鹰：《十二届全国人大四次会议秘书处关于第十二届全国人民代表大会第四次会议代表提出议案处理意见的报告》，2016年3月15日。

⑤ 全国人民代表大会财政经济委员会关于第十二届全国人民代表大会第四次会议主席团交付审议的代表提出的议案审议结果的报告，2016年11月2日。

⑥ 全国人民代表大会财政经济委员会关于第十三届全国人民代表大会第二次会议主席团交付审议的代表提出的议案审议结果的报告，2019年10月26日第十三届全国人民代表大会常务委员会第十四次会议通过。

2021年，国家国际发展合作署、外交部、商务部审议通过了《对外援助管理办法》，自2021年10月1日起施行。

第二节 对外援助管理体制

一、对外援助管理体制改革

改革开放之前，我国对外援助工作主要依靠中央政策的指导，缺乏法律规范。20世纪80年代以后，我国对外援助工作开始从重视意识形态转变到重视经济因素，从单方无偿援助转变到双边互利共赢。1985年，我国就颁发了《关于援外出国人员生活待遇改革问题的通知》。

90年代，随着社会主义市场经济体制的确立，我国对外援助管理体制开始进行改革。对外援助越来越多采用市场化手段。这就为对外援助的法治化创造了条件。

1993年，对外经济贸易部发布《关于我部改革援外管理体制的通知》[①]。该通知指出，受国务院委托，对外经济贸易部负责对外援助的归口管理，在各部门、各地方的大力支持和通力合作下，经过承担援外任务的各类企业、事业单位的积极努力，认真履行了我国政府对外承担的援助义务。为适应国内外形势的变化，援外工作要在援外八项原则的指导下，改革援助方式，调整援助结构，加快落实今后援外主要是帮助受援国发展当地有需要又有资源的中小型生产项目，并与发展双边、多边经贸关系、互利合作相结合的新方针，让有限的援外资金使受援国发挥更大的经济和社会效益，促进受援国和我国的共同发展。与此相适应，按照政企职责分开，政府转变职能、企业转换机制的原则，对援外管理体制进行了调整和改革。改变由对外经济贸易部对外援助司和援外项目执行局即中国成套设备出口公司分段管理援外工作的体制，由对外援助司负责归口管理。中国成套设备出口公司由事业单位转为企业，更名为中国成套设备进出口（集团）总公司。对外援助司运用行政法规、制度对援外工作进行规范化的宏观调控；运用经济手段保证援外工程的质量和进度；建立实施援外任务的企业总承包责任制；运用竞争机制，通过招标择优选定承担各类援外任务的总承包企业，视项目规模、性质和内容，分别采取相应的方式招标；择优选定技术、咨询、审计单位对援外项目进行设计审查、质量监督、财务审计和工程验收，实现对外援助工作的宏观管理。承担援外任务的总承包企业在政府间协议规定的范围内，享有充分的自主权；同时承担政治和全部经济技术责任。

---

① 〔1993〕外经贸援发第89号。

2017 年 2 月，中央全面深化改革领导小组第三十二次会议审议通过了《关于改革援外工作的实施意见》并组建了国家国际发展合作署，以优化援外战略布局，改进援外资金和项目管理，提升对外援助的综合效应。

2018 年 3 月，十三届全国人大一次会议通过了《关于国务院机构改革方案的决定》，决定组建国家国际发展合作署，目的是充分发挥对外援助辅助大国外交的重要作用，加强对外援助的战略谋划和统筹协调，推动援外工作统一管理，改革优化援外方式，更好服务国家外交总体布局和共建“一带一路”。[①] 2018 年 4 月，国务院将商务部对外援助工作有关职责、外交部对外援助协调等职责进行整合，正式组建国家国际发展合作署，作为国务院直属机构。其主要职能是：拟订对外援助战略方针、规划、政策，统筹协调援外重大问题并提出建议，推进援外方式改革，编制对外援助方案和计划，确定对外援助项目并监督评估实施情况等。

根据 2021 年的《对外援助管理办法》第 6 条，国家国际发展合作署（以下简称国际发展合作署）负责拟订对外援助方针政策，推进对外援助方式改革，归口管理对外援助资金规模和使用方向，编制对外援助项目年度预决算，确定对外援助项目，监督评估对外援助项目实施情况，组织开展对外援助国际交流合作。商务部等对外援助执行部门（以下简称援外执行部门）负责根据对外工作需要提出对外援助相关建议，承担对外援助具体执行工作，与受援方协商和办理对外援助项目实施具体事宜，负责项目组织管理，选定对外援助项目实施主体或者派出对外援助人员，管理本部门的对外援助资金。外交部负责根据外交工作需要提出对外援助相关建议。驻外使领馆（团）统筹管理在驻在国（国际组织）的对外援助工作，协助办理对外援助有关事务，与受援方沟通援助需求并进行政策审核，负责对外援助项目实施的境外监督管理。

根据《对外援助管理办法》的规定，国际发展合作署会同有关部门建立对外援助部际协调机制，统筹协调对外援助重大问题；会同有关部门拟订对外援助的战略方针和中长期政策规划，按照程序报批后执行。国际发展合作署会同有关部门拟订对外援助总体方案和年度计划，按照程序报批后执行。国际发展合作署会同有关部门研究对外援助方式的改革措施，并推动改革措施落实。国际发展合作署牵头推进对外援助法制化建设，与援外执行部门根据职责分工制定相应的对外援助管理制度。国际发展合作署建立对外援助项目储备制度，搜集、审核和确定具体国别的对外援助储备项目，并对储备项目实行动态管理。国际发展合作署会同有关部门制定分国别的对外援助政策，按照程序报批后执行。国际发展合作署拟订对外提供援助的援款协议草案，与受援方进行谈判，并以中国政府名义签署协议。

---

① 《关于国务院机构改革方案的决定》，2018 年 3 月 17 日第十三届全国人民代表大会第一次会议通过。

目前，我国有 20 多个部门机构执行对外援助事权。2020 年，我国对外援助财政预算支出 272 亿元人民币，其中 60%以上由商务部执行双边援助，20%由财政部通过联合国、世界银行等提供多边援助。①

二、对外援助标识管理

国际发展合作署制定统一的中国政府对外援助标识，并负责标识使用的监督管理。为更好彰显我国对外援助理念，宣传对外援助工作成效，推动构建人类命运共同体，经批准，国际发展合作署 2019 年发布了《关于启用新版中国政府对外援助标识的公告》，宣布我国将启用新版对外援助标识和徽章。标识图案为红色“中国结”配以“中国援助”中外文字样和“为了共同的未来”外文表述，分横、竖两种排版，供不同场合选用。新版对外援助标识和徽章于 2020 年 1 月 1 日起正式启用，此前已使用的标识和徽章可继续沿用。

标识及徽章图案如下：

国际发展合作署于 2020 年公布了《对外援助标识使用管理办法》。② 根据该办法，援外标识是中华人民共和国政府对外提供援助的标志。援外标识使用人是指使用中国政府对外援助资金承担对外援助项目的公民、法人和其他组织，以及经同意可以使用援外标识的公民、法人和其他组织。国际发展合作署在与受援方签署的政府间协议中应当明确援外标识使用条款。

在下列情形下，援外标识使用人应当使用援外标识：

（1）援外成套项目的主体建筑、大型机械设备、开竣工仪式、项目组驻地和项目工地；

（2）援外物资项目提供的物资及其包装；

（3）对外技术援助项目组驻地；

（4）援外人力资源开发合作、志愿者服务等项目的有关活动；

（5）援外医疗队医疗设备和医疗活动；

（6）南南合作援助基金项目合作协议约定使用的情形；

---

① 陈曦：《中国对外援助财政预算管理改革探索》，《中央财经大学学报》2021 年第 11 期。

② 国家国际发展合作署令 2020 年第 1 号。商务部第 75 次部务会议 2016 年 4 月 27 日通过的《对外援助标识使用管理办法（试行）》已失效。但商务部 2016 年《关于公布中华人民共和国对外援助标识图案和制作说明以及对外援助徽章图案的公告》仍然有效。

（7）援外优惠贷款项目政府间协议规定使用的情形；

（8）援外项目相关文件和资料，援外人员的工作服装、佩饰和交通工具；

（9）经国际发展合作署同意举办的援外活动；

（10）经国际发展合作署同意印制或出版的援外刊物或其他印刷品和音像制品；

（11）国际发展合作署认为应当使用援外标识的其他情形。

特殊情形下无法按照本条第 1 款使用援外标识的，经国际发展合作署同意，可以不使用援外标识。

三、对外援助项目及其实施

（一）对外援助项目的类别

我国的对外援助以项目援助为主。对外援助项目主要包括以下类型：

（1）成套项目，即通过组织或者指导施工、安装和试生产全过程或者其中部分阶段，向受援方提供生产生活、公共服务等成套设备和工程设施，并提供长效质量保证和配套技术服务的项目；

（2）物资项目，即向受援方提供一般生产生活物资、技术性产品或者单项设备，并承担必要配套技术服务的项目；

（3）技术援助项目，即综合采用选派专家、技术工人或者提供政策和技术咨询、设备等手段帮助受援方实现某一特定政策、管理或者技术目标的项目；

（4）人力资源开发合作项目，即为受援方人员提供各种形式的学历学位教育、研修培训、人员交流以及高级专家服务的项目；

（5）志愿服务项目，即选派志愿者到受援方从事公益性服务的项目；

（6）援外医疗队项目，即选派医务服务人员，并无偿提供部分医疗设备和药品，在受援方进行定点或者巡回医疗服务的项目；

（7）紧急人道主义援助项目，即在有关国家遭受人道主义灾难的情况下，通过提供紧急救援物资、现汇或者派出救援人员等实施救助的项目；

（8）南南合作援助基金项目，即使用南南合作援助基金，支持国际组织、社会组织、智库等实施的项目。

（二）对外援助项目的立项和实施

受援方有援助需求时，应当将项目建议通过驻外使领馆（团）向中方提出，驻外使领馆（团）对受援方提出的项目建议进行国别政策审核并形成明确意见后报外交部和国际发展合作署，并抄报援外执行部门。援外执行部门可以根据工作需要向国际发展合作署提出项目建议。

对外援助项目在立项前应当经过可行性研究。中方可以要求受援方提供拟立项项目的相关资料，作为进行可行性研究的前提。国际发展合作署组织项目前期论证，根据可行性研究结果确定项目，并按照程序批准立项。

对外援助项目立项后，国际发展合作署一般应当与受援方商签政府间立项协议，明确协议各方的权利和义务，主要包括项目内容、资金安排、实施配套条件、相关税收减免、安全保障等。对外援助项目实施过程中涉及立项协议内容重大调整的，国际发展合作署按照程序报批后可以进行调整并与外方签订补充立项协议。援外执行部门可以向国际发展合作署提出调整的建议。

中方同其他国家、国际组织、非政府组织等合作实施的对外援助项目，国际发展合作署一般应当与合作方商签合作协议，明确各方权利义务。优惠贷款项下的对外援助项目，国际发展合作署应当在承办金融机构出具评审意见后按照程序批准立项，并与受援方签署优惠贷款框架协议。人道主义灾难发生后，国际发展合作署会同有关部门拟订紧急援助方案，并办理立项。

对外援助项目一般通过政府间援助方式实施，主要有以下方式：

（1）中方负责实施；

（2）中方与受援方按商定分工合作实施；

（3）在落实中方外部监督的前提下由受援方自主实施；

（4）中方也可以同其他国家、国际组织、非政府组织等合作实施。

国际发展合作署根据现行部门分工统筹安排援外执行部门组织实施项目。援外执行部门依据立项批准内容组织实施对外援助项目，对对外援助项目的安全、质量、进度、投资控制等负责，可以委托有关机构组织实施管理。国际发展合作署会同有关部门推动重大项目实施，协调解决项目实施中的问题。

（三）对外援助项目实施企业

国际发展合作署和商务部按照职责分工对对外援助项目实施主体资格进行管理，制定有关管理制度。对外援助项目由中方负责实施的，援外执行部门依照相关法律法规选定具体项目实施主体。对外援助项目实施主体不得将所承担的任务转包或者违法分包。

商务部根据援外项目实施企业的不同类别，分别采用资格审查或资格招标方式进行援外项目实施企业资格认定。经资格认定的援外项目实施企业可在相应的资格类别范围内承担援外项目具体实施任务。[①]

援外项目实施企业是指经资格认定，可承担中国政府对外援助项目实施任务的企业和其他组织。援外项目实施企业包括：

（1）对外援助成套项目总承包企业和项目管理企业；

（2）对外援助物资项目总承包企业；

（3）对外技术援助项目实施单位；

（4）对外人力资源开发合作项目实施单位；

① 《对外援助项目实施企业资格认定办法（试行）》，商务部令 2021 年第 2 号修订。

(5) 对外援助项目咨询服务单位。

商务部负责援外项目实施企业的资格认定和资格管理。省、自治区、直辖市及新疆生产建设兵团商务主管部门协助商务部进行援外项目实施企业资格认定。援外项目管理机构协助商务部对援外项目实施企业进行资格管理。商务部根据援外项目实施企业的不同类别，分别采用资格审查或资格招标方式进行援外项目实施企业资格认定。经资格认定的援外项目实施企业可在相应的资格类别范围内承担援外项目具体实施任务。

援外项目实施企业应具备以下基本资格条件：

(1) 系依照中国法律在中国境内设立的法人；

(2) 所有出资人均为中国投资者；

(3) 前三个会计年度未出现亏损；

(4) 前三年未受过刑事处罚、未因进行非法经营活动或违反有关援外管理规章受过行政处罚；

(5) 依法纳税和缴纳社会保险费。

(四) 对外援助成套项目管理

根据 2015 年 12 月 9 日商务部公布的《对外援助成套项目管理办法（试行）》，成套项目，是指中方在援外资金项下，通过组织或指导施工、安装和试生产等全部或部分阶段，向受援方提供用于生产生活、公共服务等成套设备和工程设施，并提供建成后长效质量保证和配套技术服务的援助项目。

成套项目采取“中方代建”或“受援方自建”的管理模式。“中方代建”是指中国政府受受援方委托负责成套项目的勘察、设计、建设和调试运行全过程或其中部分阶段任务，以“交钥匙”形式交付受援方使用，并提供建成后长效质量保证和配套技术服务的管理模式。“受援方自建”是指受援方在中国政府援助资金和技术支持下，负责成套项目的勘察、设计和建设全过程或其中主要阶段任务，并相应承担建成后运营、维护责任，中国政府对受援方自建项目实施外部监管的管理模式。在中方代建和受援方自建管理模式下，中方可与受援方按照分工合作的原则合理界定成套项目具体任务分工。

(五) 对外援助物资项目管理

根据商务部 2015 年公布的《对外援助物资项目管理办法（试行）》[①] 的规定，该办法所称物资项目，是指中方在援外资金项下，向受援方提供一般生产生活物资、技术性产品或单项设备，并承担必要配套技术服务的援助项目。

物资项目一般由中方负责组织实施，实行企业承包责任制。物资项目总承包企业及相关人员应遵守中国和受援方法律法规，尊重受援方风俗习惯，根据本办

---

① 中华人民共和国商务部令 2015 年第 4 号。

法规定和合同实施物资项目，并承担相应的法律责任。由于受援方对援助物资有特别需求，须在受援方当地采购的物资项目，经中方与受援方商定，可以采用中方代理采购方式组织实施。商务部负责物资项目的立项、管理和监督。

（六）对外技术援助项目管理

商务部2015年公布的《对外技术援助项目管理办法（试行）》规定①，技术援助项目，是指中方在援外资金项下，综合采用选派专家、技术工人或提供设备等手段，帮助受援方实现特定技术目标的援助项目。技术援助项目一般由中方负责组织实施。如受援方有组织实施意愿，中方可结合项目实际情况与受援方商定，将技术援助项目交由受援方组织实施。项目管理机构在经商务部认定资格的援外项目实施企业范围内根据援外项目采购规定选定技术援助项目实施单位。

四、援外人员管理制度

对外援助人员是指政府或者对外援助项目实施主体派遣执行对外援助任务的人员。对外援助人员在外执行对外援助任务期间享有国家规定的待遇保障。对外援助人员在受援方当地执行对外援助任务期间应当遵守中国和受援方的法律法规，尊重受援方的风俗习惯。

对外援助项目实施主体应当加强对对外援助人员的管理和监督，按照有关规定保证其派遣的对外援助人员在外执行对外援助任务期间享有相应的工作和生活待遇及人身意外伤害保障。对外援助人员在执行对外援助任务期间作出突出贡献的，国际发展合作署和援外执行部门可以依法给予表彰。在执行对外援助任务期间牺牲的，国际发展合作署和援外执行部门可以依法报请有关部门评定为烈士。

驻外、援外人员如因在国外遭受暴徒袭击、暗杀、绑架或车、船、飞机失事（不是我方原因）而不幸牺牲，驻在国或有关当局给予死者以赔偿性抚恤金时，原则上归死者的遗属所有，应全部转回国内由主管部负责转交。国内的抚恤费和遗属生活困难补助费则不再发给，但若驻在国的赔偿性抚恤金低于国内抚恤费和遗属生活困难补助费标准时，不足之数应补齐，国内的丧葬费照发。②

对于技术援助项目项下需要派遣中方专家（以下简称技术援助专家）赴受援国执行人力资源开发、智力支持、技术服务和转让、管理合作等专业技术任务的，项目管理机构应当根据技术援助项目的实际需要，在项目采购时明确技术援助专家的专业资质或同等技术要求。

技术援助项目实施单位应当主要选派本单位人员担任技术援助专家。因专业特殊或技术资质限制需要外聘人员担任技术援助专家的，应当对外聘人员进行必要的审查，并与外聘人员签订劳动合同，明确双方在执行项目期间的权利和义务。

---

① 中华人民共和国商务部令2015年第5号。

② 《国务院关于驻外、援外人员在国外牺牲、病故善后工作的暂行规定》，国发〔1981〕147号。

技术援助项目实施单位应当切实保障技术援助专家的待遇，包括在受援国执行技术援助任务期间的国内职位、岗位、职称待遇、工作保障和社会福利待遇不变，充分享有技术援助专家的国外津贴、艰苦地区补贴、医疗费用、休假、境外人身意外伤害保险及食宿、办公、交通等在国外履行公务所必需的工作和生活条件等。[①] 驻受援国使领馆经济商务机构应当协助技术援助项目实施单位，督促受援方根据政府间协议或对外实施协议的规定，为技术援助专家提供出入境、当地居留和执行援助任务的便利，并保障技术援助专家的人身和财产安全。

援外青年志愿者是指利用国家对外援助资金，由专门机构选派到发展中国家，直接为发展中国家当地人民服务的青年志愿人员。援外青年志愿者主要被派往对中国友好的发展中国家从事教育、医疗卫生和其他有益于发展中国家公益事业发展的服务。援外青年志愿者是国家援外人员的组成部分，以志愿人员身份到发展中国家工作。商务部是援外青年志愿者援外服务的主管部门。[②] 受商务部委托，中国青年志愿者协会负责援外青年志愿者的选派和具体管理工作，具体要求可参见共青团中央办公厅关于印发《援外青年志愿者招募、培训（暂行）办法》的通知（中青办发〔2006〕26号）。援外志愿者的生活待遇参照《援外志愿者生活待遇内部暂行办法》相关规定。[③]

五、对外援助协议

（一）一般规定

《对外援助管理办法》第35条规定：“对于无偿援助和无息贷款项下的援助项目，援外执行部门一般应当与受援方商签对外援助项目实施协议，明确规定对外援助项目实施的具体事宜和双方权利义务。”

对于无偿援助和无息贷款项下的援助项目，援外执行部门一般应当与实施主体商签对外援助项目实施合同，明确规定对外援助项目实施的具体事宜和双方权利义务。

因外交、国家安全或者承担的国际义务等原因，或者因不可抗力导致对外援助项目无法实施时，国际发展合作署按照程序报批后可以中断或者终止对外援助项目。援外执行部门可以向国际发展合作署提出中断或者终止对外援助项目的建议。

（二）成套项目协议

中方代建的成套项目实行“项目管理＋工程总承包”的实施方式和企业承包责

---

① 参见对外贸易经济合作部、财政部《关于调整援外出国人员国外津贴费标准和艰苦地区补贴标准的通知》（〔1994〕外经贸计财发第79号）以及《财政部关于调整援外出国人员艰苦地区补贴标准的通知》（财行〔2016〕12号）等通知规定。

② 《援外青年志愿者选派和管理暂行办法》，中华人民共和国商务部令2004年第18号。

③ 例如扬州市邗江区梅苑双语学校与鲁某劳动争议案，（2018）苏1003民初5980号。

任制。项目管理企业和工程总承包企业根据不同的项目承包方式分别承担项目的专业考察、工程勘察、各阶段设计、项目管理和工程建设任务，并承担相应法律责任。

成套项目一般采用“采购-施工”承包方式，即项目管理企业承担成套项目的专业考察、工程勘察、方案设计、深化设计（以下合并简称勘察设计）和全过程项目管理任务；工程总承包企业承担施工详图设计和工程建设总承包任务。成套项目同时符合规定条件的，可以采用“设计-采购-施工”（以下简称EPC方式）承包方式，即项目管理企业承担全过程项目管理任务；工程总承包企业承担勘察设计、施工详图设计和工程建设总承包任务。成套项目EPC承包方式主要适用于生产型项目、技术简单的基础设施项目或无须复杂设计的设备安装项目。[①]

（三）物资项目协议

物资项目管理机构根据援外项目采购规定，在经商务部资格认定的援外项目实施企业范围内选定总承包企业。商务部可根据国家区域发展政策选定对外援助物资项目实施企业。物资项目项下某一项或若干项物资经立项确定由唯一供货企业提供，项目管理机构根据援外项目采购规定，提前与唯一供货企业议定采购价格和条件，列入项目招标文件，并监督唯一供货企业向所有竞标单位落实议定采购价格和条件。中标的总承包企业应按招标文件列明的议定采购价格和条件与唯一供货企业签订内部供货合同。

项目管理机构代表商务部向中标的总承包企业下达物资项目实施任务通知函。物资项目实施任务通知函是总承包企业办理援外物资采购、仓储、检验、通关、运输和相关人员出入境手续的依据。中标的总承包企业不得将承包责任范围内的任务转包或违法分包。项目涉及的部分物资采购、配套工程建设、设备安装或其他技术服务任务有特殊经营许可或专业技术资质要求，而拟投标的总承包企业自身资质不能覆盖的，可以分包给其他专业单位合作承担，其分包内容、分包单位选定和分包金额应在投标文件中载明。分包方式一旦确定，不得变更。中标的总承包企业应按投标文件中载明的分包方式签订分包合同并报项目管理机构备案。因特殊原因确需变更或新增分包单位的，应按变更合同程序办理。

物资项目政府间协议要求签订对外实施协议的，项目管理机构应与受援方指定机构签订项目对外实施协议。对外实施协议应规定中、外双方的合作方式、管理程序和实施全过程的权利、义务。项目管理机构根据采购结果与总承包企业签订内部总承包合同，明确项目组织实施的具体事宜和双方权利义务。总承包企业根据本办法规定和合同约定负责组织所供物资的生产采购、仓储包装、检验检疫和运输，按期完成物资交付，并提供相应的配套技术服务。总承包企业应当与物资生产企业或供货企业签订供货合同，不得在签订供货合同时擅自改变采购承诺。

---

① 《对外援助成套项目管理办法（试行）》第7～9条。

总承包企业按照合同约定办理物资的仓储和包装，采取合理措施保证项目下产品的质量及安全。总承包企业按合同约定办理物资运抵指定交付地点的全程运输，并支付所有运费。总承包企业应妥善保管提单、保险单、装箱单等单证，并在物资启运后及时将有关情况通知受援方指定收货人、驻受援国使领馆经商机构和项目管理机构。因不可抗力或外方需求变化等原因，确需变更运输方案的，总承包企业应事先报商务部同意。

（四）技术援助项目协议

技术援助项目政府间协议要求签订对外实施协议的，项目管理机构应当在实施单位与受援方正式确认技术援助方案的基础上，负责与受援方指定机构签订项目对外实施协议。对外实施协议应当细化规定中、外双方的合作方式、管理程序和实施全过程的权利、义务。

技术援助项目实施单位应当严格按照政府间协议、对外实施协议及与商务部订立的项目实施合同的规定，执行技术援助方案，确保整合提供人力、技术、管理、物资和工程服务等各项要素的质量和效率，在规定期限内实现技术援助目标，并在承包责任范围内承担全部的经济、技术和法律责任。

（五）法律责任与纠纷解决

对外援助项目实施主体有下列行为之一的，国际发展合作署、援外执行部门依职权给予警告或者通报批评，可以并处人民币 3 万元以下罚款，并依法公开处罚决定：

（1）将所承担的对外援助项目任务转包或者违法分包的；

（2）未按对外援助项目实施合同履行义务或者迟延履行义务，影响项目正常实施，造成严重不良影响的；

（3）挪用对外援助资金的；

（4）未按规定保证外派对外援助人员工作和生活待遇，未提供人身意外伤害保障的。

对外援助项目实施主体违反相关法律、行政法规规定的，依照规定给予行政处罚；构成犯罪的，依法追究刑事责任。

对外援助项目实施过程中发生的法律纠纷不同于一般商事纠纷，我们应根据项目实施协议和实施合同的约定，采取适当方式予以解决。[①]

六、对外援助行政处罚与行政复议

（一）行政处罚

《国家国际发展合作署行政处罚实施办法》经 2020 年 3 月 24 日国家国际发展

---

① 四川非亚实业有限公司与中国中轻国际控股有限公司联营合同纠纷一审民事判决书，（2018）京 0105 民初 100937 号。

合作署第3次署务会议审议通过，自2020年5月1日起施行。公民、法人或者其他组织违反行政管理秩序的行为，依据法律、行政法规或者部门规章规定，应当由国际发展合作署给予行政处罚的，适用该办法。国际发展合作署设立行政处罚委员会，作为国际发展合作署行政处罚案件的审理机构。行政处罚委员会通过召开审理会的方式审理行政处罚案件。

（二）行政复议

《国家国际发展合作署行政复议实施办法》经2020年3月24日国家国际发展合作署第3次署务会议审议通过，自2020年5月1日起施行。公民、法人或者其他组织认为国际发展合作署的具体行政行为侵犯其合法权益，向国际发展合作署提出行政复议申请，国际发展合作署受理行政复议申请、作出行政复议决定，适用该办法。申请人对国际发展合作署的具体行政行为不服的，可以向国际发展合作署申请行政复议。

“申请人在申请行政复议时一并提出行政赔偿请求的，应当按照《中华人民共和国国家赔偿法》第十二条规定写明具体的赔偿请求、事实根据和理由。国际发展合作署对依法应当给予赔偿的，在决定撤销、变更具体行政行为或者确认具体行政行为违法时，应当同时决定依法给予赔偿。”

第九章　涉外国家安全法律制度

第一节　概论

国家安全是指国家政权、主权、统一和领土完整、人民福祉、经济社会可持续发展和国家其他重大利益相对处于没有危险和不受内外威胁的状态，以及保障持续安全状态的能力。

2014 年 4 月，习近平总书记在主持召开中央国家安全委员会第一次会议时指出，“贯彻落实总体国家安全观，必须既重视外部安全，又重视内部安全，对内求发展、求变革、求稳定、建设平安中国，对外求和平、求合作、求共赢、建设和谐世界”。2015 年通过的《国家安全法》规定：“国家安全工作应当坚持总体国家安全观，以人民安全为宗旨，以政治安全为根本，以经济安全为基础，以军事、文化、社会安全为保障，以促进国际安全为依托，维护各领域国家安全，构建国家安全体系，走中国特色国家安全道路。”

2021 年 11 月，中共中央政治局会议审议通过《国家安全战略（2021—2025 年）》，指出新形势下维护国家安全，必须牢固树立总体国家安全观，加快构建新安全格局，提出要坚持走和平发展道路，促进自身安全和共同安全相协调。党的二十大报告指出，国家安全是民族复兴的根基，社会稳定是国家强盛的前提。必须坚定不移贯彻总体国家安全观，把维护国家安全贯穿党和国家工作各方面全过程，确保国家安全和社会稳定。

当今世界正经历百年未有之大变局，新冠疫情全球大流行后，经济全球化遭遇逆流，单边主义思想盛行，冷战思维、霸权主义仍旧存在，国际经济、科技、文化、安全、政治等格局都在发生深刻调整，不确定性和不稳定性显著上升，实现普遍安全依旧任重道远。在经济上，经济全球化背景下的经济传导机制使得一国的经济安全问题有可能诱发全球经济危机。在政治上，西方国家对地区和他国事务的干涉，影响着区域和平与稳定。除此之外，互联网技术、数字技术下的信息传导机制造成的网络安全问题也在无形中危及国家安全。在多种因素的作用下，国内安全和国际安全的界限变得模糊。[①]

---

① 叶青：《国家安全法学》，北京大学出版社 2023 年版，第 200 页。

党的二十大报告提出，我们要坚持以人民安全为宗旨、以政治安全为根本、以经济安全为基础、以军事科技文化社会安全为保障、以促进国际安全为依托，统筹外部安全和内部安全……完善参与全球安全治理机制，建设更高水平的平安中国，以新安全格局保障新发展格局。

总体国家安全观是大安全理念下的产物，为国家安全治理奠定了深厚的理论基础。新时代总体国家安全观已经超越了传统安全的范围，国家安全的内涵和外延不断拓展，由传统安全领域拓展至非传统安全领域，由国内安全延伸至国际安全。在总体国家安全观的理论指引下，我们必须坚持两点论的统一，统筹推进传统安全和非传统安全两个类型，统筹推进内部安全和外部安全两个面向。

法治是维护国家安全最有力的武器。《国家安全法》第 8 条规定："国家安全工作应当统筹内部安全和外部安全、国土安全和国民安全、传统安全和非传统安全、自身安全和共同安全。"统筹内部安全和外部安全，必须坚持统筹推进国内法治和涉外法治，运用法治手段开展国际斗争，维护国家安全和根本利益。《国家安全法》第 70 条特别规定："国家健全国家安全法律制度体系，推动国家安全法治建设。"国家安全法治建设不仅要完善国内立法，还要加强涉外领域立法，进一步完善反制裁、反干涉、反制"长臂管辖"法律，推动法域外适用法律体系的构建。

我国制定了《国家安全法》《中华人民共和国反间谍法》《反分裂国家法》以维护总体国家安全；为维护国家领土主权的完整统一，制定了《中华人民共和国香港特别行政区维护国家安全法》，并设立驻香港特别行政区维护国家安全公署；为维护国家经济安全，有效应对外国不当经济制裁，制定了《中华人民共和国外商投资法》《中华人民共和国反外国制裁法》《阻断外国法律与措施不当域外适用办法》《中华人民共和国生物安全法》《中华人民共和国粮食安全保障法》等；制定了《中华人民共和国网络安全法》《中华人民共和国数据安全法》《关键信息基础设施安全保护条例》以应对新形势下我国面临的网络安全风险。为维护国家安全中的外部安全，我国加快法域外适用的法律体系建设，在国内努力构建全方位、多领域的国家安全法律屏障，提高应对国内外安全风险的能力和反制能力，降低我国的海外投资风险。

《国家安全法》第 59 条规定，国家建立国家安全审查和监管的制度和机制，对影响或者可能影响国家安全的外商投资、特定物项和关键技术、网络信息技术产品和服务、涉及国家安全事项的建设项目，以及其他重大事项和活动，进行国家安全审查，有效预防和化解国家安全风险。

第二节 反分裂国家法

一、一个中国原则

《宪法》序言明确指出："中华人民共和国是全国各族人民共同缔造的统一的

多民族国家。"《宪法》第 52 条规定："中华人民共和国公民有维护国家统一和全国各民族团结的义务。"无论从国际法还是国内法来看，台湾是中国一部分、两岸同属一个中国的历史和法理事实，是任何人任何势力都无法改变的。[①]

1971 年 10 月 25 日，第二十六届联合国大会以压倒性多数通过了第 2758 号决议，决议承认中华人民共和国政府的代表是中国在联合国组织的唯一合法代表，中华人民共和国是安全理事会五个常任理事国之一，决定恢复中华人民共和国的一切权利，承认她的政府的代表为中国在联合国组织的唯一合法代表并立即把蒋介石的代表从它在联合国组织及其所属一切机构中所非法占据的席位上驱逐出去。这一决议不仅从政治上、法律上和程序上彻底解决了包括台湾在内全中国在联合国的代表权问题，而且明确了在联合国不存在"两个中国""一中一台"的问题。随后，联合国相关专门机构以正式决议等方式，恢复中华人民共和国享有的合法席位，驱逐台湾当局的"代表"，如 1972 年 5 月第二十五届世界卫生大会通过第 25.1 号决议。联合国秘书处法律事务办公室官方法律意见明确指出，"台湾作为中国的一个省没有独立地位"，"台湾当局不享有任何形式的政府地位"。实践中，联合国对台湾使用的称谓是"台湾，中国的省"（Taiwan，Province of China）。

2024 年初，"美国在台协会"（AIT）主席罗森伯格（Laura Rosenberger）发表"联合国 2758 号决议并没有决定台湾地位"等言论，配合民进党当局炒作台湾"代表权"，公然蔑视国际关系基本准则，图谋制造"两个中国""一中一台"，是赤裸裸的谋"独"挑衅。

一个中国原则是国际社会的普遍共识，是遵守国际关系基本准则的应有之义。截至 2024 年，全世界有包括美国在内的 183 个国家，在一个中国原则的基础上与中国建立了外交关系。1978 年 12 月发表的《中美建交公报》声明："美利坚合众国政府承认中国的立场，即只有一个中国，台湾是中国的一部分。""美利坚合众国承认中华人民共和国政府是中国的唯一合法政府。在此范围内，美国人民将同台湾人民保持文化、商务和其他非官方关系。"1982 年，中美两国发表解决美国对台军售问题的《八一七公报》，美国政府重申，"无意侵犯中国的主权和领土完整，无意干涉中国的内政，也无意执行'两个中国'或'一中一台'政策。"

香港地区历来就是中国领土的一部分。鸦片战争后，英国军队侵占香港岛。1842 年 8 月 29 日，英国强迫清政府签订中国近代史上第一个不平等条约——《南京条约》，割让香港岛。第二次鸦片战争后，英国迫使清政府于 1860 年 10 月 24 日签订《北京条约》，割让九龙半岛南端界限街以南的地区。中日甲午战争后，英国趁火打劫，强迫清政府于 1898 年 6 月 9 日签订《展拓香港界址专条》，强租"新界"地区 99 年，由此侵占整个香港地区。这三个不平等条约都是英国侵略中国的

---

① 习近平：《为实现民族伟大复兴 推进祖国和平统一而共同奋斗——在〈告台湾同胞书〉发表 40 周年纪念会上的讲话》，《人民日报》2019 年 1 月 3 日，第 2 版。

产物，中国人民和辛亥革命后历届中国政府从来不予承认。[①]

1984 年 12 月 19 日，中华人民共和国政府与大不列颠及北爱尔兰联合王国政府签署《中华人民共和国政府和大不列颠及北爱尔兰联合王国政府关于香港问题的联合声明》，其中明确指出，中华人民共和国政府决定于 1997 年 7 月 1 日对香港恢复行使主权，大不列颠及北爱尔兰联合王国政府于 1997 年 7 月 1 日将香港交还给中华人民共和国。1997 年 7月 1 日，香港正式回归祖国怀抱。

1987 年 4 月 13 日，中华人民共和国政府与葡萄牙共和国政府在北京签署《中华人民共和国政府和葡萄牙共和国政府关于澳门问题的联合声明》，其中明确规定：澳门地区（包括澳门半岛、氹仔岛和路环岛，以下称澳门）是中国领土，中华人民共和国政府将于 1999 年 12 月 20 日对澳门恢复行使主权。1999 年 12 月 20 日，澳门正式回归祖国怀抱。

反分裂是维护国家主权和安全的最核心内容之一。《国家安全法》第 15 条规定："国家防范、制止和依法惩治任何叛国、分裂国家、煽动叛乱、颠覆或者煽动颠覆人民民主专政政权的行为；防范、制止和依法惩治窃取、泄露国家秘密等危害国家安全的行为；防范、制止和依法惩治境外势力的渗透、破坏、颠覆、分裂活动。"

二、台湾是中国的一部分

台湾在法理上是中国的一部分。2005 年 3 月 14 日，第十届全国人民代表大会第三次会议通过的《反分裂国家法》奠定了我国反对和遏制"台独"分裂势力分裂国家、促进祖国和平统一的基本制度的基础。该法之所以冠名"反分裂国家法"而非"国家统一法"，是因为"国家统一法"的前提是分裂，有分裂才需要统一；而"反分裂国家法"的前提是统一，因为统一才需要反分裂。[②] 因此，从法理上讲，中国是一个包括台湾在内的统一的多民族国家。

法理上的国家统一并不否认事实上的海峡两岸分隔现状。[③] 台湾问题的产生和演变同近代以来中华民族命运休戚相关。1840 年鸦片战争之后，西方列强入侵，中国陷入内忧外患、山河破碎的悲惨境地，台湾更是被外族侵占长达半个世纪。1945 年，中国人民同世界各国人民一道，取得了中国人民抗日战争暨世界反法西斯战争的伟大胜利，台湾随之光复，重回祖国怀抱。其后不久，由于中国内战延续和外部势力干涉，海峡两岸陷入长期政治对立的特殊状态。迄今为止，海峡两岸分隔已超过 70 年。两岸迄今尚未完全统一是历史遗留给中华民族的创伤。《宪

---

① 中华人民共和国国务院新闻办公室：《"一国两制"下香港的民主发展》白皮书，2021 年 12 月。

② 尹生：《分裂·干涉·主权——〈反分裂国家法〉的国际法分析 》，《当代法学》2006 年第 1 期。

③ 中华人民共和国国务院台湾事务办公室、国务院新闻办公室：《台湾问题与新时代中国统一事业》白皮书，2022 年 8 月。

法》正是在这样的历史背景下，一方面明确肯定“台湾是中华人民共和国的神圣领土的一部分”，另一方面也指出“完成统一祖国的大业是包括台湾同胞在内的全中国人民的神圣职责”。

台湾地区目前所适用的所谓“宪法”仍然是1946年“国民大会”制定通过的“中华民国宪法”及其增修条文。1946年“中华民国宪法”制定生效时台湾已回归祖国怀抱，其效力及于包括台湾地区在内的全中国领土。该“中华民国宪法”第4条特别规定：“中华民国领土，依其固有之疆域，非经国民大会之决议，不得变更之。”尽管自中华人民共和国政府成立后，该“中华民国宪法”的实际效力仅及于台湾地区，但在法理上，台湾地区现行“宪法”仍然承认“一个中国”，承认台湾地区是中国的一部分。

在国际法上，世界上只有一个中国，大陆和台湾同属一个中国，中国的主权和领土完整不容分割。尽管海峡两岸尚未完全统一，但中国主权和领土从未分割，大陆和台湾同属一个中国的事实从未改变。[①] 目前的海峡两岸分隔状态在国际法上属于一个国家“内战”导致的政治对立和分隔状态。[②] 正如《反分裂国家法》第3条所言：“台湾问题是中国内战的遗留问题。”正是在这样的法律基础上，《反分裂国家法》第7条才进一步规定：“国家主张通过台湾海峡两岸平等的协商和谈判，实现和平统一。协商和谈判可以有步骤、分阶段进行，方式可以灵活多样。台湾海峡两岸可以就下列事项进行协商和谈判：（一）正式结束两岸敌对状态……”

总之，解决台湾问题，实现祖国统一，是中国的内部事务，不受任何外国势力的干涉。国家绝不允许“台独”分裂势力以任何名义、任何方式把台湾从中国分裂出去。完成统一祖国的大业是包括台湾同胞在内的全中国人民的神圣职责。

三、“和平统一、一国两制”

1949年以来，中国共产党、中国政府、中国人民始终把解决台湾问题、实现祖国完全统一作为矢志不渝的历史任务。我们把握两岸关系发展时代变化，提出和平解决台湾问题的政策主张和“一国两制”科学构想，确立了“和平统一、一国两制”基本方针，进而形成了坚持“一国两制”和推进祖国统一基本方略，回答了新时代推动两岸关系和平发展、团结台湾同胞共同致力于实现民族伟大复兴和祖国和平统一的时代命题。党的二十大报告明确提出，“和平统一、一国两制”方针是实现两岸统一的最佳方式，对两岸同胞和中华民族最有利。这一方针体现了海纳百川、有容乃大的中华智慧，既充分考虑台湾现实情况，又有利于统一后台湾长治久安。“一国两制”的提出，本来就是为了照顾台湾现实情况，维护台湾

---

① 习近平：《为实现民族伟大复兴 推进祖国和平统一而共同奋斗——在〈告台湾同胞书〉发表40周年纪念会上的讲话》，《人民日报》2019年1月3日，第2版。

② 王鹤亭：《两岸关系的内战法理及政策逻辑》，《世界经济与政治论坛》2018年第5期。

同胞利益福祉。“一国两制”在台湾的具体实现形式会充分考虑台湾现实情况，会充分吸收两岸各界意见和建议，会充分照顾到台湾同胞利益和感情。在确保国家主权、安全、发展利益的前提下，和平统一后，台湾同胞的社会制度和生活方式等将得到充分尊重，台湾同胞的私人财产、宗教信仰、合法权益将得到充分保障。

《反分裂国家法》第5条明确规定：“以和平方式实现祖国统一，最符合台湾海峡两岸同胞的根本利益。国家以最大的诚意，尽最大的努力，实现和平统一。国家和平统一后，台湾可以实行不同于大陆的制度，高度自治。”这是对“一国两制”和平统一祖国的法律表述。

《反分裂国家法》第7条规定了“一国两制”和平统一祖国的具体路径：“国家主张通过台湾海峡两岸平等的协商和谈判，实现和平统一。协商和谈判可以有步骤、分阶段进行，方式可以灵活多样。台湾海峡两岸可以就下列事项进行协商和谈判：（一）正式结束两岸敌对状态；（二）发展两岸关系的规划；（三）和平统一的步骤和安排；（四）台湾当局的政治地位；（五）台湾地区在国际上与其地位相适应的活动空间；（六）与实现和平统一有关的其他任何问题。”

和平统一祖国并不排除在特殊情况下采用非和平方式实现祖国统一。《反分裂国家法》第8条明确规定：“‘台独’分裂势力以任何名义、任何方式造成台湾从中国分裂出去的事实，或者发生将会导致台湾从中国分裂出去的重大事变，或者和平统一的可能性完全丧失，国家得采取非和平方式及其他必要措施，捍卫国家主权和领土完整。依照前款规定采取非和平方式及其他必要措施，由国务院、中央军事委员会决定和组织实施，并及时向全国人民代表大会常务委员会报告。”该法第9条规定：“依照本法规定采取非和平方式及其他必要措施并组织实施时，国家尽最大可能保护台湾平民和在台湾的外国人的生命财产安全和其他正当权益，减少损失；同时，国家依法保护台湾同胞在中国其他地区的权利和利益。”

非和平方式并不必然意味着战争。我们坚持以最大诚意、尽最大努力争取和平统一的前景，但决不承诺放弃使用武力，保留采取一切必要措施的选项，这针对的是外部势力干涉和极少数“台独”分裂分子及其分裂活动，绝非针对广大台湾同胞。即使在《反分裂国家法》所规定的迫不得已的情况下采取武力方式解决台湾问题，此种武力也属于“内战”。“内战”在法理上是一种单纯的国内管辖事项，一国在内战中采取非和平方式等必要措施来镇压暴动、平定叛乱和惩罚反叛并不违背国际法上的“禁止使用武力原则”。

我们坚持一个中国原则和“九二共识”，在此基础上，推进同台湾各党派、各界别、各阶层人士就两岸关系和国家统一开展广泛深入协商，共同推动两岸关系和平发展、推进祖国和平统一进程。我们坚持团结广大台湾同胞，坚定支持岛内爱国统一力量，共同把握历史大势，坚守民族大义，坚定反“独”促统。

四、对分裂国家行为的惩罚

民进党当局坚持“台独”分裂立场，勾连外部势力不断进行谋“独”挑衅。他们拒不接受一个中国原则，歪曲否定“九二共识”，妄称“中华民国与中华人民共和国互不隶属”，公然抛出“新两国论”；在岛内推行“去中国化”“渐进台独”，纵容“急独”势力鼓噪推动“修宪修法”，欺骗台湾民众，煽动仇视大陆，阻挠破坏两岸交流合作和融合发展，加紧“以武谋独”“以武拒统”；勾结外部势力，在国际上竭力制造“两个中国”“一中一台”。民进党当局的谋“独”行径导致两岸关系紧张，危害台海和平稳定，破坏和平统一前景、挤压和平统一空间，是争取和平统一进程中必须清除的障碍。

近年来，以美国为首的个别国家一些势力与“台独”分裂势力沆瀣一气，妄称联大第2758号决议没有处理“台湾的代表权问题”，炒作非法无效的“旧金山和约”，无视《开罗宣言》《波茨坦公告》在内的一系列国际法律文件，再度鼓吹“台湾地位未定”，宣称支持台湾“有意义地参与联合国体系”，其实质是企图改变台湾是中国的一部分的地位，制造“两个中国”“一中一台”，实现其“以台制华”的政治目的。这些行径歪曲联大第2758号决议，违反国际法，严重背弃有关国家对中国作出的政治承诺，侵犯中国的主权和尊严，践踏国际关系基本准则。对此，中国政府已经表明了反对和谴责的严正立场。①

《刑法》第103条设立了分裂国家罪和煽动分裂国家罪，根据该条，组织、策划、实施分裂国家、破坏国家统一的，对首要分子或者罪行重大的，处无期徒刑或者十年以上有期徒刑；对积极参加的，处三年以上十年以下有期徒刑；对其他参加的，处三年以下有期徒刑、拘役、管制或者剥夺政治权利。煽动分裂国家、破坏国家统一的，处五年以下有期徒刑、拘役、管制或者剥夺政治权利；首要分子或者罪行重大的，处五年以上有期徒刑。

《中华人民共和国香港特别行政区维护国家安全法》第20条也设立了分裂国家罪。该条规定：“任何人组织、策划、实施或者参与实施以下旨在分裂国家、破坏国家统一行为之一的，不论是否使用武力或者以武力相威胁，即属犯罪：（一）将香港特别行政区或者中华人民共和国其他任何部分从中华人民共和国分离出去；（二）非法改变香港特别行政区或者中华人民共和国其他任何部分的法律地位；（三）将香港特别行政区或者中华人民共和国其他任何部分转归外国统治。犯前款罪，对首要分子或者罪行重大的，处无期徒刑或者十年以上有期徒刑；对积极参加的，处三年以上十年以下有期徒刑；对其他参加的，处三年以下有期徒刑、拘役或者管制。”

---

① 中华人民共和国国务院台湾事务办公室、国务院新闻办公室：《台湾问题与新时代中国统一事业》白皮书，2022年8月。

2009 年，澳门特别行政区制定了《维护国家安全法》，并于 2023 年对其进行了修改。该法第 2 条规定了分裂国家的罪行。根据该条，借任何非法手段，试图作出下列任一行为者，处十年至二十五年徒刑：（1）将国家领土的一部分从国家主权中分离出去；（2）改变澳门特别行政区或国家其他任何部分的法律地位；（3）使国家领土的一部分从属于外国主权。

《中华人民共和国反间谍法实施细则》第 9 条规定："境外个人被认为入境后可能进行危害中华人民共和国国家安全活动的，国务院国家安全主管部门可以决定其在一定时期内不得入境。"《中国公民往来台湾地区管理办法》第 19 条规定："申请来大陆的台湾居民有下列情形之一的，不予批准：（一）被认为有犯罪行为的；（二）被认为来大陆后可能进行危害国家安全、利益等活动的；（三）不符合申请条件或者有编造情况、提供假证明等欺骗行为的；（四）精神疾病或者严重传染病患者；（五）法律、行政法规规定不予批准的其他情形。治病或者其他特殊原因可以批准入境的除外。"

对于台湾地区的"台独"顽固分子，可以根据上述法律的规定予以制裁和惩罚。例如，继 2021 年 11 月 5 日国台办宣布对"台独"顽固分子清单在列的苏贞昌、游锡堃、吴钊燮等人实施惩戒之后，2022 年 8 月 3 日，国台办宣布对"台独"顽固分子关联机构予以惩戒。2022 年 8 月 16 日，中共中央台办发言人受权宣布将萧美琴、顾立雄、蔡其昌、柯建铭、林飞帆、陈椒华、王定宇等人列入"台独"顽固分子清单，对他们及前已公布的苏贞昌、游锡堃、吴钊燮采取以下惩戒措施：禁止其本人及家属进入大陆和香港、澳门特别行政区，限制其关联机构与大陆有关组织、个人进行合作，绝不允许其关联企业和金主在大陆谋利，以及采取其他必要的惩戒措施，依法终身追责。决定对游锡堃担任董事长的"台湾民主基金会"的执行长、吴钊燮担任董事长的"国际合作发展基金会"的秘书长实施制裁，禁止其进入大陆和香港、澳门特别行政区；禁止其与大陆组织、企业、个人合作，依法惩治为上述基金会提供资助或服务的组织、企业、个人，以及采取其他必要措施，禁止大陆组织、企业、个人与为上述基金会捐款的宣德能源、凌网科技、天亮医疗、天眼卫星科技等企业进行任何交易、合作，禁止有关企业负责人入境。大陆会根据下一步反制的需要，随时增加新的反制项目。

2021 年 1 月，中方决定对在涉华问题上严重侵犯中国主权、负有主要责任的 28 名人员实施制裁，包括特朗普政府中的蓬佩奥、纳瓦罗、奥布莱恩、史达伟、波廷杰、阿扎、克拉奇、克拉夫特以及博尔顿、班农等。这些人及其家属被禁止入境中国内地和香港、澳门，他们及其关联企业、机构也已被限制与中国打交道、做生意。2022 年 8 月，美国国会众议长佩洛西不顾中方严重关切和坚决反对执意窜台，严重干涉中国内政，严重损害中国主权和领土完整，严重践踏一个中国原则，严重威胁台海和平稳定。中方决定对佩洛西及其直系亲属采取制裁措施。

为依法惩治“台独”顽固分子分裂国家、煽动分裂国家犯罪，切实维护国家主权、统一和领土完整，最高人民法院、最高人民检察院、公安部、国家安全部、司法部于2024年5月26日联合印发了《关于依法惩治“台独”顽固分子分裂国家、煽动分裂国家犯罪的意见》。根据该意见，对从事分裂国家罪行的首要分子或者罪行重大的，处无期徒刑或者十年以上有期徒刑，其中对国家和人民危害特别严重、情节特别恶劣的，可以判处死刑。

第三节　反间谍法

一、间谍行为

根据《中华人民共和国反间谍法》（2023年修订）第4条的规定，间谍行为是指下列行为：（1）间谍组织及其代理人实施或者指使、资助他人实施，或者境内外机构、组织、个人与其相勾结实施的危害中华人民共和国国家安全的活动；（2）参加间谍组织或者接受间谍组织及其代理人的任务，或者投靠间谍组织及其代理人；（3）间谍组织及其代理人以外的其他境外机构、组织、个人实施或者指使、资助他人实施，或者境内机构、组织、个人与其相勾结实施的窃取、刺探、收买、非法提供国家秘密、情报以及其他关系国家安全和利益的文件、数据、资料、物品，或者策动、引诱、胁迫、收买国家工作人员叛变的活动；（4）间谍组织及其代理人实施或者指使、资助他人实施，或者境内外机构、组织、个人与其相勾结实施针对国家机关、涉密单位或者关键信息基础设施等的网络攻击、侵入、干扰、控制、破坏等活动；（5）为敌人指示攻击目标；（6）进行其他间谍活动。间谍组织及其代理人在中华人民共和国领域内，或者利用中华人民共和国的公民、组织或者其他条件，从事针对第三国的间谍活动，危害中华人民共和国国家安全的，适用本法。

境外机构、组织、个人实施或者指使、资助他人实施的，或者境内机构、组织、个人与境外机构、组织、个人相勾结实施的危害中华人民共和国国家安全的间谍行为，都必须受到法律追究。

《中华人民共和国反间谍法》第14条规定：“任何个人和组织都不得非法获取、持有属于国家秘密的文件、数据、资料、物品。”《中华人民共和国保守国家秘密法》（2024年修订）第13条规定，下列涉及国家安全和利益的事项，泄露后可能损害国家在政治、经济、国防、外交等领域的安全和利益的，应当确定为国家秘密：（1）国家事务重大决策中的秘密事项；（2）国防建设和武装力量活动中的秘密事项；（3）外交和外事活动中的秘密事项以及对外承担保密义务的秘密事项；（4）国民经济和社会发展中的秘密事项；（5）科学技术中的秘密事项；（6）维护国家安全活动和追查刑事犯罪中的秘密事项；（7）经国家保密行政管理部门确定的其他秘密事项。政党的秘密事项中符合前款规定的，属于国家秘密。

根据国家保密局 2021 年 7 月 30 日公布的《国家秘密鉴定工作规定》，办理涉嫌泄露国家秘密案件的纪检监察、侦查、公诉、审判机关可以申请国家秘密鉴定。

二、反间谍措施

对出境后可能对国家安全造成危害，或者对国家利益造成重大损失的中国公民，国务院国家安全主管部门可以决定其在一定期限内不准出境，并通知移民管理机构。对涉嫌间谍行为人员，省级以上国家安全机关可以通知移民管理机构不准其出境。对入境后可能进行危害中华人民共和国国家安全活动的境外人员，国务院国家安全主管部门可以通知移民管理机构不准其入境。对国家安全机关通知不准出境或者不准入境的人员，移民管理机构应当按照国家有关规定执行；不准出境、入境情形消失的，国家安全机关应当及时撤销不准出境、入境决定，并通知移民管理机构。

国家安全机关发现涉及间谍行为的网络信息内容或者网络攻击等风险，应当依照《中华人民共和国网络安全法》（以下简称《网络安全法》）规定的职责分工，及时通报有关部门，由其依法处置或者责令电信业务经营者、互联网服务提供者及时采取修复漏洞、加固网络防护、停止传输、消除程序和内容、暂停相关服务、下架相关应用、关闭相关网站等措施，保存相关记录。情况紧急，不立即采取措施将对国家安全造成严重危害的，由国家安全机关责令有关单位修复漏洞、停止相关传输、暂停相关服务，并通报有关部门。

国家安全机关因反间谍工作需要，根据国家有关规定，经过严格的批准手续，可以采取技术侦察措施和身份保护措施。

三、间谍行为的法律责任

国家安全机关经调查，发现间谍行为涉嫌犯罪的，应当依照《中华人民共和国刑事诉讼法》的规定立案侦查。实施间谍行为，构成犯罪的，依法追究刑事责任。

违反《中华人民共和国反间谍法》规定，有下列行为之一，构成犯罪的，依法追究刑事责任；尚不构成犯罪的，由国家安全机关予以警告或者处十日以下行政拘留，可以并处三万元以下罚款：（1）泄露有关反间谍工作的国家秘密；（2）明知他人有间谍犯罪行为，在国家安全机关向其调查有关情况、收集有关证据时，拒绝提供；（3）故意阻碍国家安全机关依法执行任务；（4）隐藏、转移、变卖、损毁国家安全机关依法查封、扣押、冻结的财物；（5）明知是间谍行为的涉案财物而窝藏、转移、收购、代为销售或者以其他方法掩饰、隐瞒；（6）对依法支持、协助国家安全机关工作的个人和组织进行打击报复。个人实施间谍行为，尚不构成犯罪的，由国家安全机关予以警告或者处十五日以下行政拘留，单处或者并处五万元以下罚款，违法所得在五万元以上的，单处或者并处违法所得一倍以上五倍以下罚款，并可以由有关部门依法予以处分。

《刑法》第 110 条专门规定了“间谍罪”：“有下列间谍行为之一，危害国家安全的，处十年以上有期徒刑或者无期徒刑；情节较轻的，处三年以上十年以下有期徒刑：（一）参加间谍组织或者接受间谍组织及其代理人的任务的；（二）为敌人指示轰击目标的。”

《刑法》第 111 条规定了“为境外窃取、刺探、收买、非法提供国家秘密、情报罪”：“为境外的机构、组织、人员窃取、刺探、收买、非法提供国家秘密或者情报的，处五年以上十年以下有期徒刑；情节特别严重的，处十年以上有期徒刑或者无期徒刑；情节较轻的，处五年以下有期徒刑、拘役、管制或者剥夺政治权利。”

明知他人实施间谍行为，为其提供信息、资金、物资、劳务、技术、场所等支持、协助，或者窝藏、包庇，尚不构成犯罪的，依照前款的规定处罚。

对违反《中华人民共和国保守国家秘密法》第 57 条规定的行为，根据情节轻重，依法给予处分；有违法所得的，没收违法所得。

在境外受胁迫或者受诱骗参加间谍组织、敌对组织，从事危害中华人民共和国国家安全的活动，及时向中华人民共和国驻外机构如实说明情况，或者入境后直接或者通过所在单位及时向国家安全机关如实说明情况，并有悔改表现的，可以不予追究。

间谍罪的犯罪主体是一般主体，既包括中国人，也包括外国人，还包括无国籍人；客观方面表现为从事间谍活动，危害国家安全的行为。具体来说包括下述两种行为：(1) 参加间谍组织或者接受间谍组织及其代理人的任务；(2) 为敌人指示攻击目标。

间谍罪既可能发生在我国境内，也可能发生在我国境外。据《环球时报》记者报道，2019 年 4 月，国家安全机关破获一起台湾间谍案，嫌犯台湾人郑宇钦先后被台湾“国安局”“军情局”等情治单位发展针对大陆进行情报搜集，试图在捷克等国策反大陆人员，并挑拨祖国大陆与其他国家的外交关系。2019 年 4 月，郑宇钦因涉嫌间谍罪在进入大陆的时候被国家安全机关逮捕。

在“王某 2 间谍、抢劫案”中，被告人王某 2 按照其已加入台湾间谍组织的三哥王某忠的要求来到舟山市定海区。在王某忠的指示下，王某 2 以在定海区文化路开设食杂店为掩护，从事间谍活动。王某 2 积极主动地实施了搜集套取情报的行为，又及时将情报提供给王某忠，然后再由王某忠提供给台湾间谍组织，二人在实施间谍活动中各有分工，互相配合，且王某 2 搜集提供的七项军事情报内容均属于机密级，法院最终宣判被告人王某 2 犯抢劫罪，判处无期徒刑，剥夺政治权利终身，并处没收个人全部财产；犯间谍罪，判处有期徒刑十五年，剥夺政治权利五年，并处没收财产人民币1万元，决定执行无期徒刑，剥夺政治权利终身，并处没收个人全部财产。[①]

四、对跨境商业间谍行为的规制

在竞争激烈的商业“战场”中，商业秘密早已突破私权属性，既成为企业经济交往制胜的核心关键，也成为国家安全和发展的重要保障。美国等西方国家近年来加大了对“商业间谍”的打击力度，已经严重损害我国的国家安全。2018年11月，美国司法部启动“中国行动”（China Initiative）计划，优先对涉华商业间谍案件提起诉讼，进一步加剧了两国经贸与外交关系的紧张局势。2020年2月，美国联邦调查局指出，中国的商业间谍是美国国家信息、知识产权与经济活力最大的威胁。美国1996年颁布的《经济间谍法案》（Economic Espionage Act，EEA）（《美国法典》第18编第90章第1831～1839条）对我国企业人才引进和产业发展构成严重威胁。在美国司法部起诉的经济间谍案件中，涉及中国的案件占90%。[②] 2023年1月5日，美国总统拜登签署了《2022年保护美国知识产权法案》（Protecting American Intellectual Property Act of 2022）。该法案旨在防止外国实体与个人窃取美国商业秘密及知识产权，并要求对窃取美国商业秘密的主体进行严厉的经济制裁。根据该法案，即使是不在美国注册的公司或没有美国本土业务的公司，也可能因美国经济制裁的域外效力而受到相关的制裁。

同时，境外人士侵犯我国商业秘密的商业间谍事件也频繁发生，严重危及我国企业的生存与发展。据报道，2020年，仅在经济金融领域，国家安全机关破获的间谍案件数量就达5年前的7倍之多。[③] 例如2009年澳大利亚力拓公司上海办事处首席代表胡某等人刺探、窃取我国钢铁企业商业秘密所引发的“力拓间谍事件”，给我国钢铁企业和国家经济安全造成特别严重后果，胡某等人最后被以涉嫌侵犯商业秘密罪提起公诉并定罪。[④] 该案中，由于商业秘密尚未达到“国家秘密”的标准，也无法适用“为境外窃取、刺探、收买、非法提供国家秘密、情报罪”和“故意、过失泄露国家秘密罪”进行规制，因此，司法机关只能以侵犯商业秘密罪“降格”处理，即使顶格判处了刑罚，但也只是判处了7年有期徒刑。与该案中胡某等人的人身危险性和行为的社会危害性相比，这一处罚结果明显过轻。

2021年3月1日正式施行的《中华人民共和国刑法修正案（十一）》以总体国

---

① （2001）舟刑初字第40号。

② 曹亚伟：《经济间谍规制中国家安全与商业秘密保护的冲突与协调——基于美国〈经济间谍法〉的实践反思》，《法学论坛》2021年第3期。

③ 参见公安部网站：https：//www.mps.gov.cn/n2255079/n6865805/n7315682/n7315698/c8673013/content.html，2022年12月3日访问。

④ 胡某等非国家工作人员受贿、侵犯商业秘密案，（2010）沪一中刑初字第34号。

家安全观为指导，一方面修改了《刑法》第 219 条侵犯商业秘密的入罪门槛，另一方面增加了一条，作为第 219 条之一："为境外的机构、组织、人员窃取、刺探、收买、非法提供商业秘密的，处五年以下有期徒刑，并处或者单处罚金；情节严重的，处五年以上有期徒刑，并处罚金。"该条正式设置商业间谍罪名，并配置明显高于普通侵犯商业秘密罪的法定刑，对商业间谍行为给予专门且严厉的刑事惩罚。此次修法不仅有效避免了前述胡某案处罚上的尴尬，而且与当前愈演愈烈的商业间谍犯罪趋势相吻合，同时也符合当前国际上普遍从严从重打击商业间谍犯罪的立法趋势。

第四节　国家安全审查制度

一、外国投资者并购境内企业安全审查

随着经济全球化的深入发展和我国对外开放的进一步扩大，外国投资者以并购方式进行的投资逐步增多，这促进了我国利用外资方式多样化，在优化资源配置、推动技术进步、提高企业管理水平等方面发挥了积极作用。2007 年颁布的《反垄断法》第 31 条（现第 38 条）早就规定："对外资并购境内企业或者以其他方式参与经营者集中，涉及国家安全的，除依照本法规定进行经营者集中审查外，还应当按照国家有关规定进行国家安全审查。"为进一步引导外国投资者并购境内企业有序发展，维护国家安全，国务院办公厅于 2011 年发布《关于建立外国投资者并购境内企业安全审查制度的通知》[①]，主要规定如下：

（一）并购安全审查范围

并购安全审查的范围为：外国投资者并购境内军工及军工配套企业，重点、敏感军事设施周边企业，以及关系国防安全的其他单位；外国投资者并购境内关系国家安全的重要农产品、重要能源和资源、重要基础设施、重要运输服务、关键技术、重大装备制造等企业，且实际控制权可能被外国投资者取得。

外国投资者并购境内企业，是指下列情形：

（1）外国投资者购买境内非外商投资企业的股权或认购境内非外商投资企业增资，使该境内企业变更设立为外商投资企业。

（2）外国投资者购买境内外商投资企业中方股东的股权，或认购境内外商投资企业增资。

（3）外国投资者设立外商投资企业，并通过该外商投资企业协议购买境内企业资产并且运营该资产，或通过该外商投资企业购买境内企业股权。

① 国办发〔2011〕6 号。

（4）外国投资者直接购买境内企业资产，并以该资产投资设立外商投资企业运营该资产。

外国投资者取得实际控制权，是指外国投资者通过并购成为境内企业的控股股东或实际控制人。包括下列情形：

（1）外国投资者及其控股母公司、控股子公司在并购后持有的股份总额在50%以上。

（2）数个外国投资者在并购后持有的股份总额合计在50%以上。

（3）外国投资者在并购后所持有的股份总额不足50%，但依其持有的股份所享有的表决权已足以对股东会或股东大会、董事会的决议产生重大影响。

（4）其他导致境内企业的经营决策、财务、人事、技术等实际控制权转移给外国投资者的情形。

（二）并购安全审查内容

（1）并购交易对国防安全，包括对国防需要的国内产品生产能力、国内服务提供能力和有关设备设施的影响。

（2）并购交易对国家经济稳定运行的影响。

（3）并购交易对社会基本生活秩序的影响。

（4）并购交易对涉及国家安全关键技术研发能力的影响。

（三）并购安全审查工作机制

（1）建立外国投资者并购境内企业安全审查部际联席会议（以下简称联席会议）制度，具体承担并购安全审查工作。

（2）联席会议在国务院领导下，由发展改革委、商务部牵头，根据外资并购所涉及的行业和领域，会同相关部门开展并购安全审查。

（3）联席会议的主要职责是：分析外国投资者并购境内企业对国家安全的影响；研究、协调外国投资者并购境内企业安全审查工作中的重大问题；对需要进行安全审查的外国投资者并购境内企业交易进行安全审查并作出决定。

（四）并购安全审查程序

（1）外国投资者并购境内企业，应按照本通知规定，由投资者向商务部提出申请。对属于安全审查范围内的并购交易，商务部应在5个工作日内提请联席会议进行审查。

（2）外国投资者并购境内企业，国务院有关部门、全国性行业协会、同业企业及上下游企业认为需要进行并购安全审查的，可以通过商务部提出进行并购安全审查的建议。联席会议认为确有必要进行并购安全审查的，可以决定进行审查。

（3）联席会议对商务部提请安全审查的并购交易，首先进行一般性审查，对未能通过一般性审查的，进行特别审查。并购交易当事人应配合联席会议的安全审查工作，提供安全审查需要的材料、信息，接受有关询问。

一般性审查采取书面征求意见的方式进行。联席会议收到商务部提请安全审查的并购交易申请后，在5个工作日内，书面征求有关部门的意见。有关部门在收到书面征求意见函后，应在20个工作日内提出书面意见。如有关部门均认为并购交易不影响国家安全，则不再进行特别审查，由联席会议在收到全部书面意见后5个工作日内提出审查意见，并书面通知商务部。

如有部门认为并购交易可能对国家安全造成影响，联席会议应在收到书面意见后5个工作日内启动特别审查程序。启动特别审查程序后，联席会议组织对并购交易的安全评估，并结合评估意见对并购交易进行审查，意见基本一致的，由联席会议提出审查意见；存在重大分歧的，由联席会议报请国务院决定。联席会议自启动特别审查程序之日起60个工作日内完成特别审查，或报请国务院决定。审查意见由联席会议书面通知商务部。

（4）在并购安全审查过程中，申请人可向商务部申请修改交易方案或撤销并购交易。

（5）并购安全审查意见由商务部书面通知申请人。

（6）外国投资者并购境内企业行为对国家安全已经造成或可能造成重大影响的，联席会议应要求商务部会同有关部门终止当事人的交易，或采取转让相关股权、资产或其他有效措施，消除该并购行为对国家安全的影响。

为做好外国投资者并购境内企业安全审查申报工作，根据《国务院办公厅关于建立外国投资者并购境内企业安全审查制度的通知》（国办发〔2011〕6号）以及外商投资相关法律法规，商务部于2011年3月公布《商务部实施外国投资者并购境内企业安全审查制度有关事项的暂行规定》，随后又于2011年8月发布《商务部实施外国投资者并购境内企业安全审查制度的规定》，自2011年9月1日起实施。

二、自由贸易试验区外商投资国家安全审查

为做好中国（上海）自由贸易试验区、中国（广东）自由贸易试验区、中国（天津）自由贸易试验区、中国（福建）自由贸易试验区等自由贸易试验区（以下统称自贸试验区）对外开放工作，试点实施与负面清单管理模式相适应的外商投资国家安全审查（以下简称安全审查）措施，引导外商投资有序发展，维护国家安全，国务院办公厅2015年发布《自由贸易试验区外商投资国家安全审查试行办法的通知》，具体规定如下：

（一）审查范围

总的原则是，对影响或可能影响国家安全、国家安全保障能力，涉及敏感投资主体、敏感并购对象、敏感行业、敏感技术、敏感地域的外商投资进行安全审查。

安全审查范围为：外国投资者在自贸试验区内投资军工、军工配套和其他关系国防安全的领域，以及重点、敏感军事设施周边地域；外国投资者在自贸试验

区内投资关系国家安全的重要农产品、重要能源和资源、重要基础设施、重要运输服务、重要文化、重要信息技术产品和服务、关键技术、重大装备制造等领域，并取得所投资企业的实际控制权。外商投资金融领域的安全审查另行规定。

外国投资者在自贸试验区内投资，包括下列情形：

(1) 外国投资者单独或与其他投资者共同投资新建项目或设立企业。

(2) 外国投资者通过并购方式取得已设立企业的股权或资产。

(3) 外国投资者通过协议控制、代持、信托、再投资、境外交易、租赁、认购可转换债券等方式投资。

外国投资者取得所投资企业的实际控制权，包括下列情形：

(1) 外国投资者及其关联投资者持有企业股份总额在50%以上。

(2) 数个外国投资者持有企业股份总额合计在50%以上。

(3) 外国投资者及其关联投资者、数个外国投资者持有企业股份总额不超过50%，但所享有的表决权已足以对股东会或股东大会、董事会的决议产生重大影响。

(4) 其他导致外国投资者对企业的经营决策、人事、财务、技术等产生重大影响的情形。

(二) 审查内容

(1) 外商投资对国防安全，包括对国防需要的国内产品生产能力、国内服务提供能力和有关设施的影响。

(2) 外商投资对国家经济稳定运行的影响。

(3) 外商投资对社会基本生活秩序的影响。

(4) 外商投资对国家文化安全、公共道德的影响。

(5) 外商投资对国家网络安全的影响。

(6) 外商投资对涉及国家安全关键技术研发能力的影响。

(三) 安全审查工作机制和程序

(1) 自贸试验区外商投资安全审查工作，由外国投资者并购境内企业安全审查部际联席会议（联席会议）具体承担。在联席会议机制下，国家发展改革委、商务部根据外商投资涉及的领域，会同相关部门开展安全审查。

(2) 自贸试验区安全审查程序依照《国务院办公厅关于建立外国投资者并购境内企业安全审查制度的通知》(国办发〔2011〕6号) 第4条办理。

(3) 对影响或可能影响国家安全，但通过附加条件能够消除影响的投资，联席会议可要求外国投资者出具修改投资方案的书面承诺。外国投资者出具书面承诺后，联席会议可作出附加条件的审查意见。

(4) 自贸试验区管理机构在办理职能范围内外商投资备案、核准或审核手续时，对属于安全审查范围的外商投资，应及时告知外国投资者提出安全审查申请，并暂停办理相关手续。

（5）商务部将联席会议审查意见书面通知外国投资者的同时，通知自贸试验区管理机构。对不影响国家安全或附加条件后不影响国家安全的外商投资，自贸试验区管理机构继续办理相关手续。

（6）自贸试验区管理机构应做好外商投资监管工作。如发现外国投资者提供虚假信息、遗漏实质信息、通过安全审查后变更投资活动或违背附加条件，对国家安全造成或可能造成重大影响的，即使外商投资安全审查已结束或投资已实施，自贸试验区管理机构应向国家发展改革委和商务部报告。

（7）国家发展改革委、商务部与自贸试验区管理机构通过信息化手段，在信息共享、实时监测、动态管理和定期核查等方面形成联动机制。

三、外商投资安全审查办法

近几年，国际社会贸易保护主义抬头，地缘局势紧张，全球供应链面临安全风险，世界主要经济休均在建立和完善外商投资安全审查制度，例如美国 2018 年出台了《外国投资风险审查现代化法案》（Foreign Investment Risk Review Modernization Act）[①] 及一系列相关法规，欧盟 2019 年出台了《关于建立欧盟外国直接投资审查框架的条例》[②]，日本进一步修订了《外汇与外国贸易法》，针对外商投资，以信息技术（IT）和通信为重点，新增多个限制行业。各国会从自身国家安全角度出发否定来自其他国家的投资，或者对某些境外企业实施禁令或制裁，或者对本国企业赴境外上市进行审查，给国际贸易和投资带来严重障碍。

2019 年公布的《外商投资法》第 35 条明确规定："国家建立外商投资安全审查制度，对影响或者可能影响国家安全的外商投资进行安全审查。依法作出的安全审查决定为最终决定。"为了落实《外商投资法》的要求，2020 年 12 月 19 日，国家发改委、商务部颁布了《外商投资安全审查办法》，进一步健全了我国外商投资安全审查制度。

《外商投资安全审查办法》设立了常态化、固定化的审查机构，进一步细化了附条件通过安全审查的程序，并加强与负面清单制度的衔接，提高了我国外商投资法治的制度供给质量，为吸引优质外资提供了良好的法治保障。

1. 审查机构的调整

《外商投资安全审查办法》将安全审查机构由部际联席会议改为工作机制办公室，并将工作机制办公室常设在国家发改委，由国家发改委政务服务大厅负责接收有关外商投资安全审查的申报材料。这样的调整具有两个方面的价值：首先，

---

① 冯纯纯：《美国外资国家安全审查的新动向及其应对——以美国〈外国投资风险评估现代化法案〉为例》，《河北法学》2018 年第 9 期。

② 廖凡：《欧盟外资安全审查制度的新发展及我国的应对》，《法商研究》2019 年第 4 期。

审查机构的常态化、固定化有助于推进安全审查程序的平稳运行与信息公开，提升审查机构对外商投资的监管服务效能。原先制度中的部际联席会议属于非常设组织，采用个案审查方式，联席会议组成人员流动性大，安全审查工作的连续性较差。同时，由于各部门在审查中权责划分不清、职权掣肘龃龉，具有组织协调功能的机构缺位，严重影响了审查结果的内在一致性与可预测性。此外，部际联席会议的非常设性也给信息公开程序带来了障碍，导致制度的透明性不足。《外商投资安全审查办法》克服了部际联席会议的临时性与流动性，将工作机制办公室作为常态化、固定化的安全审查机构，为安全审查稳定提供人员与机构保障，有助于顺畅安全审查对接程序，提高安全审查效率，增强外国投资者对华投资的可预期性。其次，将审查机构常设在国家发改委有利于促进外商投资安全审查制度与负面清单制度的有效衔接。国家发改委下设外资司，其重要职能之一即为组织起草外商投资准入负面清单。将工作机制办公室常设在国家发改委，能够增强制度间的协调性，使其共同服务于管控国家安全风险的目标。

2. 附条件通过安全审查程序的改进

《外商投资安全审查办法》细化了附条件通过安全审查的操作程序和执行监督程序，有利于防止安全审查泛化，避免因一味禁止涉及国家安全的交易而影响外国投资者投资的积极性，更好地实现外商投资安全审查承载的功能价值。在外商投资安全审查中始终贯穿着一个理念，即维护对外国投资开放和国家安全之间的平衡，虽然在某种情况下两者存在效果冲突，但对外国投资予以限制并不是安全审查制度的立法目的，发展和安全的平衡和共同实现才是最理想的状态，也是安全审查立法的最终价值追求。基于此，许多国家的外商投资安全审查程序中都规定了附条件批准投资的缓和机制。我国在《自由贸易试验区外商投资国家安全审查试行办法》（以下简称《自贸区安全审查试行办法》）中规定了附条件的减缓措施，联席会议可作出附加条件通过的审查意见，但该办法的适用范围仅为在自贸试验区内的投资，且该办法并未对具体操作程序和执行监督程序加以明确，存在局限性。《外商投资安全审查办法》弥补了《自贸区安全审查试行办法》中附条件通过安全审查的程序空缺，完善了执行附加条件的监督与违反附加条件的法律责任的规定，以动态的视角系统规范附条件通过安全审查程序的全过程。工作机制办公室不仅承担着审查决定前的价值平衡工作，还具有事后监督处罚的权力。对于不遵守附加条件的外国投资者，工作机制办公室可以责令限期处分股权或者资产以及采取其他必要措施，这一规定为外国投资者严格履行附加条件提供了保障。

3. 审查范围的扩大

《外商投资安全审查办法》将重要金融服务、互联网产品与服务纳入安全审查范围，紧跟我国外商投资管理制度的发展趋势，为推动更高水平对外开放提供了相匹配的监管保障。首先，《外商投资安全审查办法》将重要金融服务纳入审查范围，契合了金融业新一轮扩大开放背景下防范化解金融风险的要求。2019 年 7 月 20 日，国务院金融稳定发展委员会办公室发布了《关于进一步扩大金融业对外开放的有关举措》，推出 11 条金融业对外开放措施。近年来，我国金融业开放取得突破性进展，银行业、证券期货业等领域取消了对外资入股股权比例的限制，在《外商投资准入特别管理措施（负面清单）（2020 年版）》中，特别管理措施已不再适用于金融业。随着我国金融改革开放的深化，金融业系统性风险将呈指数型增长，因此，我们迫切需要提高金融抗风险能力，维护金融安全。维护金融安全的首要任务是防范和化解金融风险，金融风险的防控要做到内外兼顾，内部风险重在金融监管，外部风险重在外商投资安全审查。《外商投资安全审查办法》将重要金融服务纳入审查范围弥补了我国金融安全防控体系较为薄弱的缺陷，使金融服务领域的安全审查有法可依。此外，在逆全球化的背景下，我国面临的国际安全环境愈发复杂，中美关系的未来依旧不明朗，我国的金融资本市场与美国等发达国家相比发展尚不成熟，自身抗风险能力不足，如果缺乏外商投资审查制度的保护，就可能面临发达国家利用强大的金融工具与手段打击我国脆弱的金融体系的情况，从而引发系统性金融安全风险的问题。因此，将重要金融服务纳入外商投资安全审查范围势在必行。其次，《外商投资安全审查办法》将互联网产品与服务纳入审查范围，是国家针对网络安全风险的主动防御，也是贯彻落实《国家安全法》《网络安全法》《网络安全审查办法》的具体举措。

4. 审查决定的执行及惩戒机制的完善

《外商投资安全审查办法》增加了审查决定的监督执行和违规处理规定，有利于督促外国投资者严格遵守国家安全审查决定，筑牢国家安全屏障。《国务院办公厅关于建立外国投资者并购境内企业安全审查制度的通知》和《自贸区安全审查试行办法》均未明确规定执行程序。《外商投资安全审查办法》规定，对于拒不申报、弄虚作假、不执行附加条件等违规行为，工作机制办公室可责令当事人限期处分股权或者资产，恢复到投资实施前的状态，消除对国家安全的影响，亦有权将其作为不良信用记录纳入国家有关信用信息系统，并按照国家有关规定实施联合惩戒。这一变化使我国外商投资安全审查的制度设计更加完善，实现了对国家安全审查前期协商、风险分层、风险评估、后期管理的全过程风险监管，有助于推动安全审查有序、有效进行，确保外商投资符合国家安全要求。

另外，根据国务院颁布的《保安服务管理条例》（2022 年修订）第 22 条，设区的市级以上地方人民政府确定的关系国家安全、涉及国家秘密等治安保卫重点单位不得聘请外商投资的保安服务公司提供保安服务。

四、网络和数据安全审查

（一）法律规定

近年来，随着数字经济的蓬勃发展，全球化的互联网服务正在成为一国参与国际竞争、提升其综合国力的重要途径。越来越多的国家颁布了网络和数据安全审查方面的法规，加大了对数据出入境和境外网络服务商投资的安全审查力度。欧盟颁布了《通用数据保护条例》。美国则于2018年颁布了《澄清境外数据的合法使用法案》(所谓的《云法案》)。该法案允许有关部门根据美国《电子通信隐私法》(ECPA) 向科技公司发出法律程序以取得该公司所拥有、保管或控制的数据，无论数据存储于何处——即使存储于美国境外。该法案还为美国及外国政府创设了一个新的有关数据跨境请求的双边协议框架。此外，美国还通过《外国投资风险评估现代化法案》(FIRRMA)，扩大外国投资委员会 (CFIUS) 的审查权限，对涉及美国关键基础设施、关键技术和公民敏感信息的投资行为进行严格审查，矛头更是指向具有中资背景的收购项目。美国对 iCarbonX 并购 PatientsLikeMe 和昆仑万维并购 Grindr 进行干预。2018 年美国又对 TikTok、阿里云在美国的经营行为进行安全审查。[①]

我国近年来同样加强了对互联网企业跨境投资和上市的安全审查。我国政府对滴滴、运满满、货拉拉、BOSS 直聘等互联网企业境外上市的安全审查，均体现了对互联网领域国家安全问题的高度敏感性。

我国工信部 2013 年颁布的《电信和互联网用户个人信息保护规定》只适用于境内的信息保护，对跨境信息保护未加关注。近年来，我国开始加强对跨境数据和信息保护制度的建构。2016 年公布的《网络安全法》仍然只适用于"在中华人民共和国境内建设、运营、维护和使用网络，以及网络安全的监督管理"。但是其第 5 条规定："国家采取措施，监测、防御、处置来源于中华人民共和国境内外的网络安全风险和威胁，保护关键信息基础设施免受攻击、侵入、干扰和破坏，依法惩治网络违法犯罪活动，维护网络空间安全和秩序。"《网络安全法》第 37 条还规定："关键信息基础设施的运营者在中华人民共和国境内运营中收集和产生的个人信息和重要数据应当在境内存储。因业务需要，确需向境外提供的，应当按照国家网信部门会同国务院有关部门制定的办法进行安全评估；法律、行政法规另有规定的，依照其规定。"2021 年国务院颁布的《关键信息基础设施安全保护条例》规定：关键信息基础设施运营者应当优先采购安全可信的网络产品和服务；采购网络产品和服务可能影响国家安全的，应当按照国家网络安全规定通过安全审查。

2021 年颁布的《中华人民共和国数据安全法》第 2 条增加了域外适用条款："在中华人民共和国境外开展数据处理活动，损害中华人民共和国国家安全、公共利益或者公民、组织合法权益的，依法追究法律责任。"《中华人民共和国数据安全法》第 24 条规定："国家建立数据安全审查制度，对影响或者可能影响国家安全

① 王燕：《中资数据处理企业在美国投资面临的安全审查及法律应对——以 TikTok 在美国被封杀为例》，《法治社会》2020 年第 5 期。

的数据处理活动进行国家安全审查。”第 25 条规定：“国家对与维护国家安全和利益、履行国际义务相关的属于管制物项的数据依法实施出口管制。”

2021 年颁布的《中华人民共和国个人信息保护法》第 3 条同样规定了域外适用范围：“在中华人民共和国境内处理自然人个人信息的活动，适用本法。在中华人民共和国境外处理中华人民共和国境内自然人个人信息的活动，有下列情形之一的，也适用本法：（一）以向境内自然人提供产品或者服务为目的；（二）分析、评估境内自然人的行为；（三）法律、行政法规规定的其他情形。”该法第 53 条规定：“中华人民共和国境外的个人信息处理者，应当在中华人民共和国境内设立专门机构或者指定代表，负责处理个人信息保护相关事务，并将有关机构的名称或者代表的姓名、联系方式等报送履行个人信息保护职责的部门。”

2019 年，《证券法》第 177 条规定：“境外证券监督管理机构不得在中华人民共和国境内直接进行调查取证等活动。未经国务院证券监督管理机构和国务院有关主管部门同意，任何单位和个人不得擅自向境外提供与证券业务活动有关的文件和资料。”

（二）网络安全审查

2020 年 4 月 13 日，国家互联网信息办公室等 12 个部门联合公布了《网络安全审查办法》。[①] 2021 年 12 月 28 日，上述 12 个部门加上证监会共 13 个部门再次联合发布新的《网络安全审查办法》，自 2022 年 2 月 15 日起实施。该办法主要针对的是“关键信息基础设施运营者采购网络产品和服务，网络平台运营者开展数据处理活动，影响或者可能影响国家安全”的情形。

根据该办法，在中央网络安全和信息化委员会领导下，国家互联网信息办公室会同中华人民共和国国家发展和改革委员会、中华人民共和国工业和信息化部、中华人民共和国公安部、中华人民共和国国家安全部、中华人民共和国财政部、中华人民共和国商务部、中国人民银行、国家市场监督管理总局、国家广播电视总局、中国证券监督管理委员会、国家保密局、国家密码管理局建立国家网络安全审查工作机制。网络安全审查办公室设在国家互联网信息办公室，负责制定网络安全审查相关制度规范，组织网络安全审查。

关键信息基础设施运营者采购网络产品和服务的，应当预判该产品和服务投入使用后可能带来的国家安全风险。影响或者可能影响国家安全的，应当向网络安全审查办公室申报网络安全审查。该办法所称网络产品和服务主要指核心网络设备、重要通信产品、高性能计算机和服务器、大容量存储设备、大型数据库和应用软件、网络安全设备、云计算服务，以及其他对关键信息基础设施安全、网络安全和数据安全有重要影响的网络产品和服务。

---

① 国家互联网信息办公室、国家发展和改革委员会、工业和信息化部、公安部、国家安全部、财政部、商务部、中国人民银行、国家市场监督管理总局、国家广播电视总局、国家保密局、国家密码管理局令第 6 号。

掌握超过100万用户个人信息的网络平台运营者赴国外上市，必须向网络安全审查办公室申报网络安全审查。

2021年6月30日，滴滴出行在美国纽约证券交易所上市，自交表到上市只用了20天，创造了2021年最快纪录，市值高达680亿美元。但是，上市后第二天，网络安全审查办公室即对滴滴实施网络安全审查，审查期间暂停新用户注册。紧接着，国家互联网信息办公室（国家网信办）依据《网络安全法》的相关规定，先后通知应用商店下架"滴滴出行"及旗下另外25款App，要求滴滴严格按照法律法规和国家有关标准，认真整改存在的问题，切实保障广大用户个人信息安全，并会同公安部、国家安全部、自然资源部、交通运输部、税务总局、市场监管总局等部门进驻滴滴开展网络安全审查。2022年7月21日，国家网信办依法对滴滴处人民币80.26亿元罚款。

网络安全审查重点评估相关对象或者情形的以下国家安全风险因素：

（1）产品和服务使用后带来的关键信息基础设施被非法控制、遭受干扰或者破坏的风险；

（2）产品和服务供应中断对关键信息基础设施业务连续性的危害；

（3）产品和服务的安全性、开放性、透明性、来源的多样性，供应渠道的可靠性以及因为政治、外交、贸易等因素导致供应中断的风险；

（4）产品和服务提供者遵守中国法律、行政法规、部门规章情况；

（5）核心数据、重要数据或者大量个人信息被窃取、泄露、毁损以及非法利用、非法出境的风险；

（6）上市存在关键信息基础设施、核心数据、重要数据或者大量个人信息被外国政府影响、控制、恶意利用的风险，以及网络信息安全风险；

（7）其他可能危害关键信息基础设施安全、网络安全和数据安全的因素。

（三）个人信息跨境提供

2021年《个人信息保护法》第三章专门规定了个人信息跨境提供的规则。该法规定，个人信息处理者因业务等需要，确需向中华人民共和国境外提供个人信息的，应当具备下列条件之一：

（1）依照本法第40条的规定通过国家网信部门组织的安全评估；

（2）按照国家网信部门的规定经专业机构进行个人信息保护认证；

（3）按照国家网信部门制定的标准合同与境外接收方订立合同，约定双方的权利和义务；

（4）法律、行政法规或者国家网信部门规定的其他条件。

中华人民共和国缔结或者参加的国际条约、协定对向中华人民共和国境外提供个人信息的条件等有规定的，可以按照其规定执行。

个人信息处理者应当采取必要措施，保障境外接收方处理个人信息的活动达到本法规定的个人信息保护标准。个人信息处理者向中华人民共和国境外提供个人信息的，应当向个人告知境外接收方的名称或者姓名、联系方式、处理目的、处理方式、个人信息的种类以及个人向境外接收方行使本法规定权利的方式和程序等事项，并取得个人的单独同意。

关键信息基础设施运营者和处理个人信息达到国家网信部门规定数量的个人信息处理者，应当将在中华人民共和国境内收集和产生的个人信息存储在境内。确需向境外提供的，应当通过国家网信部门组织的安全评估；法律、行政法规和国家网信部门规定可以不进行安全评估的，从其规定。

中华人民共和国主管机关根据有关法律和中华人民共和国缔结或者参加的国际条约、协定，或者按照平等互惠原则，处理外国司法或者执法机构关于提供存储于境内个人信息的请求。非经中华人民共和国主管机关批准，个人信息处理者不得向外国司法或者执法机构提供存储于中华人民共和国境内的个人信息。

境外的组织、个人从事侵害中华人民共和国公民的个人信息权益，或者危害中华人民共和国国家安全、公共利益的个人信息处理活动的，国家网信部门可以将其列入限制或者禁止个人信息提供清单，予以公告，并采取限制或者禁止向其提供个人信息等措施。

（四）数据出境安全评估

2024 年 8 月 30 日，国务院第四十次常务会议通过的《网络数据安全管理条例》规定，在中华人民共和国境内开展网络数据处理活动及其安全监督管理，适用该条例。在中华人民共和国境外处理中华人民共和国境内自然人个人信息的活动，符合《中华人民共和国个人信息保护法》第 3 条第 2 款规定情形的，也适用该条例。在中华人民共和国境外开展网络数据处理活动，损害中华人民共和国国家安全、公共利益或者公民、组织合法权益的，依法追究法律责任。

该条例第五章专门规定了数据跨境安全管理措施，其中规定，符合下列条件之一的，网络数据处理者可以向境外提供个人信息：（1）通过国家网信部门组织的数据出境安全评估；（2）按照国家网信部门的规定经专业机构进行个人信息保护认证；（3）符合国家网信部门制定的关于个人信息出境标准合同的规定；（4）为订立、履行个人作为一方当事人的合同，确需向境外提供个人信息；（5）按照依法制定的劳动规章制度和依法签订的集体合同实施跨境人力资源管理，确需向境外提供员工个人信息；（6）为履行法定职责或者法定义务，确需向境外提供个人信息；（7）紧急情况下为保护自然人的生命健康和财产安全，确需向境外提供个人信息；（8）法律、行政法规或者国家网信部门规定的其他条件。

网络数据处理者在中华人民共和国境内运营中收集和产生的重要数据确需向境外提供的，应当通过国家网信部门组织的数据出境安全评估。网络数据处理者按照国家有关规定识别、申报重要数据，但未被相关地区、部门告知或者公开发布为重要数据的，不需要将其作为重要数据申报数据出境安全评估。通过数据出境安全评估后，网络数据处理者向境外提供个人信息和重要数据的，不得超出评估时明确的数据出境目的、方式、范围和种类、规模等。

大型网络平台服务提供者跨境提供网络数据，应当遵守国家数据跨境安全管理要求，健全相关技术和管理措施，防范网络数据跨境安全风险。

2022 年 7 月 7 日，国家互联网信息办公室公布《数据出境安全评估办法》，对数据处理者向境外提供在中华人民共和国境内运营中收集和产生的重要数据、个人信息的安全评估进行了规范。根据该办法，数据处理者向境外提供数据，有下列情形之一的，应当通过所在地省级网信部门向国家网信部门申报数据出境安全评估：

（1）数据处理者向境外提供重要数据；

（2）关键信息基础设施运营者和处理 100 万人以上个人信息的数据处理者向境外提供个人信息；

（3）自上年 1 月 1 日起累计向境外提供 10 万人个人信息或者 1 万人敏感个人信息的数据处理者向境外提供个人信息；

（4）国家网信部门规定的其他需要申报数据出境安全评估的情形。

为了指导和帮助数据处理者规范、有序申报数据出境安全评估，国家互联网信息办公室于 2022 年编制了《数据出境安全评估申报指南（第一版）》，对数据出境安全评估申报方式、申报流程、申报材料等具体要求作出了说明，自 2022 年 9 月 1 日起施行。

数据处理者因业务需要确需向境外提供数据，符合数据出境安全评估适用情形的，应当根据《数据出境安全评估办法》规定，按照申报指南申报数据出境安全评估。以下情形属于数据出境行为：（1）数据处理者将在境内运营中收集和产生的数据传输、存储至境外；（2）数据处理者收集和产生的数据存储在境内，境外的机构、组织或者个人可以查询、调取、下载、导出；（3）国家网信办规定的其他数据出境行为。

2023 年 2 月 22 日，国家互联网信息办公室发布了《个人信息出境标准合同办法》，自 2023 年 6 月 1 日起施行。2024 年 3 月，国家互联网信息办公室发布了《数据出境安全评估申报指南（第二版）》和《个人信息出境标准合同备案指南（第二版）》。符合数据出境安全评估适用情形的，按照申报指南申报数据出境安全评估；通过与境外接收方订立个人信息出境标准合同的方式向境外提供个人信息的，按照备案指南向所在地省级网信部门备案。

（五）涉外政府信息公开

国务院办公厅秘书局 2008 年发布的《关于外国公民、法人或其他组织向我行政机关申请公开政府信息问题的处理意见》（国办秘函〔2008〕50 号）规定：在我国境内的外国公民、法人或其他组织，因生产、生活、科研等特殊需要，向我行政机关申请获取相关政府信息，由我行政机关依照《中华人民共和国政府信息公开条例》有关规定办理。在我国境外的外国公民、法人或其他组织向我行政机关提出政府信息公开申请的，我行政机关不予受理。我行政机关收到在我境内的外国公民、法人或其他组织关于公开政府信息的申请后，应当对申请人的身份进行核实；对于拟提供的政府信息，要依照保守国家秘密法及其他法律法规和国家规定进行严格的保密审查。我行政机关向外国公民、法人或其他组织提供的政府信息一般为中文，不提供外文译本。香港特别行政区、澳门特别行政区和台湾地区居民、法人或其他组织向我行政机关申请获取政府信息事宜，参照上述意见办理。

五、科技、农业和生物安全审查

《中华人民共和国科学技术进步法》第 82 条规定："国家采取多种方式支持国内外优秀科学技术人才合作研发，应对人类面临的共同挑战，探索科学前沿。国家支持科学技术研究开发机构、高等学校、企业和科学技术人员积极参与和发起组织实施国际大科学计划和大科学工程。国家完善国际科学技术研究合作中的知识产权保护与科技伦理、安全审查机制。"

《中华人民共和国种子法》第 61 条规定："国家建立种业国家安全审查机制。境外机构、个人投资、并购境内种子企业，或者与境内科研院所、种子企业开展技术合作，从事品种研发、种子生产经营的审批管理依照有关法律、行政法规的规定执行。"

《中华人民共和国生物安全法》第 20 条规定："国家建立生物安全审查制度。对影响或者可能影响国家安全的生物领域重大事项和活动，由国务院有关部门进行生物安全审查，有效防范和化解生物安全风险。"该法还规定，国家建立首次进境或者暂停后恢复进境的动植物、动植物产品、高风险生物因子国家准入制度。进出境的人员、运输工具、集装箱、货物、物品、包装物和国际航行船舶压舱水排放等应当符合我国生物安全管理要求。海关对发现的进出境和过境生物安全风险，应当依法处置。经评估为生物安全高风险的人员、运输工具、货物、物品等，应当从指定的国境口岸进境，并采取严格的风险防控措施。国家建立境外重大生物安全事件应对制度。境外发生重大生物安全事件的，海关依法采取生物安全紧急防控措施，加强证件核验，提高查验比例，暂停相关人员、运输工具、货物、物品等进境。必要时经国务院同意，可以采取暂时关闭有关口岸、封锁有关国境等措施。

国家加强对我国人类遗传资源和生物资源采集、保藏、利用、对外提供等活动的管理和监督，保障人类遗传资源和生物资源安全。国家对我国人类遗传资源和生物资源享有主权。从事下列活动，应当经国务院卫生健康主管部门批准：(1)

采集我国重要遗传家系、特定地区人类遗传资源或者采集国务院卫生健康主管部门规定的种类、数量的人类遗传资源；（2）保藏我国人类遗传资源；（3）利用我国人类遗传资源开展国际科学研究合作；（4）将我国人类遗传资源材料运送、邮寄、携带出境。

第五节 境外非政府组织境内活动管理

一、概论

《中华人民共和国境外非政府组织境内活动管理法》规定，境外非政府组织，是指在境外合法成立的基金会、社会团体、智库机构等非营利、非政府的社会组织（NGO）。境外非政府组织依法可以在经济、教育、科技、文化、卫生、体育、环保等领域和济困、救灾等方面开展有利于公益事业发展的活动。

全球化时代，非政府组织已经成为国际舞台上比较有影响力和执行力的重要行为体。2016 年，中共中央总书记、国家主席习近平在致二十国集团民间社会会议的贺信中指出，民间社会组织是各国民众参与公共事务、推动经济社会发展的重要力量。中国政府支持本国社会组织参与国内经济社会建设，也欢迎境外非政府组织来华开展友好交流合作，并努力创造良好法治环境，为其在华活动提供便利，保障其合法权益。

改革开放以来，越来越多的境外非政府组织进入中国开展活动，并经历了本土化和合法化的发展进程。据公安部境外非政府组织办公室统计，截至 2022 年 12 月 31 日，已有 678 个境外非政府组织代表机构依法登记，临时活动备案 4 688 项。[①]

境外非政府组织在华活动极大促进了中国的经济、文化、教育、环保、医疗卫生等的发展。例如，经国家版权局批准，美国电影协会、国际唱片业协会、商业软件联盟、日本唱片协会、韩国著作权委员会、国际作者和作曲者协会联合会等境外著作权认证机构设立了常驻中国代表机构。境外著作权认证机构常驻中国代表机构在我国依法开展各类活动，是联系境外权利人与境内使用者及国内外版权界的桥梁和纽带。各境外著作权认证机构常驻中国代表机构的基本职能是负责其会员的作品进入中国（内地）市场的著作权认证联络。权利认证工作能够有效避免境外相关利益方“假授权”，降低国内使用者的侵权风险，推动我国著作权制度的完善和著作权秩序的净化。此外，各境外著作权认证机构常驻中国代表机构还开展有关著作权法律政策咨询、研究和宣传普及，著作权相关产业研究与合作，著作权人才培训和能力建设以及著作权保护等活动。

---

① 境外非政府组织办事服务平台网站，https://ngo.mps.gov.cn.

同时，也有一些境外敌对势力借助非政府组织进入我国境内开展非法政治活动，给我国国家安全和社会稳定带来诸多挑战，亟须进行法治化管理。在2016年之前，我国颁布了一些针对境外非政府组织的行政法规和部门规章，例如1989年发布2013年修订的《外国商会管理暂行规定》、1998年的《民办非企业单位登记管理暂行条例》、1998年发布2016年修订的《社会团体登记管理条例》以及2004年的《基金会管理条例》。2016年4月28日，第十二届全国人民代表大会常务委员会第二十次会议通过了《中华人民共和国境外非政府组织境内活动管理法》，2017年11月4日对其进行了修正，实现了我国对境外非政府组织的法治化管理。国家体育总局于2018年印发了《境外非政府组织在境内开展体育活动管理办法》。国家版权局于2019年印发了《关于依法加强对境外著作权认证机构常驻中国代表机构管理的意见》。

二、登记和备案

（一）登记

境外非政府组织在中国境内开展活动，应当依法登记设立代表机构；未登记设立代表机构需要在中国境内开展临时活动的，应当依法备案。境外非政府组织未登记设立代表机构、开展临时活动未经备案的，不得在中国境内开展或者变相开展活动，不得委托、资助或者变相委托、资助中国境内任何单位和个人在中国境内开展活动。

国务院公安部门和省级人民政府公安机关，是境外非政府组织在中国境内开展活动的登记管理机关。公安机关负责境外非政府组织代表机构的登记、年度检查，境外非政府组织临时活动的备案，对境外非政府组织及其代表机构的违法行为进行查处。公安部2016年发布了《境外非政府组织代表机构登记和临时活动备案办事指南》，并开通了境外非政府组织网上办事服务平台。

境外非政府组织应当自业务主管单位同意之日起30日内，向登记管理机关申请设立代表机构登记。境外非政府组织在中国境内登记设立代表机构必须符合以下条件：

（1）在境外合法成立；

（2）能够独立承担民事责任；

（3）章程规定的宗旨和业务范围有利于公益事业发展；

（4）在境外存续二年以上并实质性开展活动；

（5）法律、行政法规规定的其他条件。

境外非政府组织代表机构应当以登记的名称，在登记的业务范围和活动地域内开展活动。境外非政府组织不得在中国境内设立分支机构，国务院另有规定的除外。设立代表机构的境外非政府组织应当通过代表机构在登记管理机关备案的银行账户管理用于中国境内的资金。境外非政府组织代表机构、开展临时活动的境外非政府组织不得在中国境内发展会员，国务院另有规定的除外。

境外非政府组织代表机构应当于每年 12 月 31 日前将包含项目实施、资金使用等内容的下一年度活动计划报业务主管单位，业务主管单位同意后十日内填写《境外非政府组织代表机构年度活动计划备案表》，并附下一年度活动计划报登记管理机关备案。

（二）临时活动备案

境外非政府组织未在中国境内设立代表机构，在中国境内开展临时活动的，应当与中国的国家机关、人民团体、事业单位、社会组织（以下称中方合作单位）合作进行。中国境内任何单位和个人不得接受未登记代表机构、开展临时活动未经备案的境外非政府组织的委托、资助，代理或者变相代理境外非政府组织在中国境内开展活动。

境外非政府组织开展临时活动，中方合作单位应当按照国家规定办理审批手续，并在开展临时活动 15 日前向其所在地的省级人民政府公安机关境外非政府组织管理办公室（登记管理机关）备案。在赈灾、救援等紧急情况下，需要开展临时活动的，备案时间不受上述时限的限制。开展临时活动的境外非政府组织，应当以经备案的名称开展活动。开展临时活动的境外非政府组织应当通过中方合作单位的银行账户管理用于中国境内的资金，实行单独记账，专款专用。

登记管理机关认为备案的临时活动不符合《中华人民共和国境外非政府组织境内活动管理法》第 5 条规定的，及时通知中方合作单位停止临时活动。

三、业务主管

国务院有关部门和单位、省级人民政府有关部门和单位，是境外非政府组织在中国境内开展活动的相应业务主管单位。业务主管单位的名录由国务院公安部门和省级人民政府公安机关会同有关部门公布。[①]

境外非政府组织同时具备下列条件，可以申请由民政部担任其登记设立代表机构的业务主管单位：（1）符合《中华人民共和国境外非政府组织境内活动管理法》第 10 条的规定；（2）符合《境外非政府组织在中国境内活动领域和项目目录、业务主管单位名录（2017）》规定由民政部担任业务主管单位的范围要求。[②]

已在公安机关登记，并由民政部作为业务主管单位的境外非政府组织代表机构，应按规定向民政部报送年度工作计划、年度工作报告。需要办理变更登记事项和注销登记的，应当按规定向民政部提出申请，经同意后，前往公安机关办理。

业务主管单位负责对境外非政府组织设立代表机构、变更登记事项、年度工

① 《境外非政府组织在中国境内活动领域和项目目录、业务主管单位名录（2017）》，公安部 2016 年 12 月。

② 《民政部受理境外非政府组织设立代表机构业务主管单位申请工作办法（试行）》，民发〔2018〕79 号。

作报告提出意见，指导、监督境外非政府组织及其代表机构依法开展活动，协助公安机关等部门查处境外非政府组织及其代表机构的违法行为。

四、外国商会

外国商会是指外国在中国境内的商业机构及人员依照本规定在中国境内成立，不从事任何商业活动的非营利性团体。外国商会的活动应当以促进其会员同中国发展贸易和经济技术交往为宗旨，为其会员在研究和讨论促进国际贸易和经济技术交往方面提供便利。虽然外国商会也属于境外非政府组织，但对它的管理依照《外国商会管理暂行规定》[①] 进行。

成立外国商会，应当具备下列条件：

（1）有反映其会员共同意志的章程；

（2）有一定数量的发起会员和负责人；

（3）有固定的办公地点；

（4）有合法的经费来源。

外国商会应当按照国别成立，可以有团体会员和个人会员。团体会员是以商业机构名义加入的会员。商业机构是指外国公司、企业以及其他经济组织依法在中国境内设立的代表机构和分支机构。个人会员是商业机构和外商投资企业的非中国籍任职人员以本人名义加入的会员。

五、境外非政府组织与国家安全

近年来，一些境外敌对势力借助非政府组织来华活动，动机不纯，企图传播西方政治理念，开展影响我国政治安全的活动。[②]

在彭某、李某颠覆国家政权案中，该二人自 2012 年 9 月起即在境外非政府组织的资助下，通过互联网宣扬西方“颜色革命”价值观、炒作敏感事件，将矛头指向政府。同时，将颠覆国家政权作为行动目标建立组织，在国内开展颠覆渗透活动。该案深刻展现了西方敌对势力借助境外 NGO、利用网络对我国制造“颜色革命”的险恶图谋。2019 年，在香港“修例风波”中，“平等机会妇女联席”旗下团体“香港妇女基督徒协会”动员多家女权团体，通过网络和自媒体平台肆意散布“女性示威者受到香港警方的性暴力行为和语言侮辱”的不实言论，煽动民众为被捕者声援。部分不良媒体亦大肆跟风炒作，极力诬陷香港警方“性暴力”，致使香港特区政府与香港警方在国际舆论中陷于被动。这些境外 NGO 大多都受过西方敌对势力的支持与资助，通过网络舆论战，号召不明真相的群众走上街头进行

---

① 1989 年 6 月 14 日中华人民共和国国务院令第 36 号发布，根据 2013 年 12 月 7 日国务院令第 645 号《国务院关于修改部分行政法规的决定》修订。

② 张青磊：《国家政治安全视角下境外非政府组织的管理路径》，《湖北警官学院学报》2020 年第 2 期。

所谓的“民主抗争”，它们在宣扬“颜色运动”思想中起着相当重要的幕后操纵和推动作用。①

《中华人民共和国境外非政府组织境内活动管理法》规定，境外非政府组织、境外非政府组织代表机构有下列情形之一的，由登记管理机关吊销登记证书或者取缔临时活动；尚不构成犯罪的，由设区的市级以上人民政府公安机关对直接责任人员处15日以下拘留：

（1）煽动抗拒法律、法规实施的；

（2）非法获取国家秘密的；

（3）造谣、诽谤或者发表、传播其他有害信息，危害国家安全或者损害国家利益的；

（4）从事或者资助政治活动，非法从事或者资助宗教活动的；

（5）有其他危害国家安全、损害国家利益或者社会公共利益情形的。

境外非政府组织、境外非政府组织代表机构有分裂国家、破坏国家统一、颠覆国家政权等犯罪行为的，由登记管理机关依照前款规定处罚，对直接责任人员依法追究刑事责任。

近些年来，随着国际关系中对抗因素的增加，外国代理人管理制度正被越来越多的国家所采纳。外国代理人（foreign agent）是指代理外国势力影响本国政治决策的个人或组织。1938年，美国颁布了世界上第一部《外国代理人登记法》，建立了外国代理人披露制度。近年来，俄罗斯等国家纷纷颁布类似法律，对外国代理人加强监管和控制②，美国重启《外国代理人登记法》，主要目的在于利用该法对有俄罗斯和中国等背景的实体进行打压。2017年，美国司法部要求将在美国注册但主要由俄罗斯政府资助的“今日俄罗斯”美国频道，以及在美国注册但播放俄罗斯卫星通讯社广播的一家电台登记为“外国代理人”。2018年，美国司法部要求将中国国际电视台北美分台登记为“外国代理人”。澳大利亚2018年底开始实施的《外国影响透明机制法》也主要针对中国。从健全涉外法律体系及反制外国对华干涉、维护政治安全等方面考虑，中国应当研究制定外国代理人法。

第六节　香港特别行政区维护国家安全立法

一、立法背景

《香港特别行政区基本法》第23条规定：“香港特别行政区应自行立法禁止任

① 马天南：《“颜色革命”中的美国非政府组织因素研究——基于香港“占中”事件的分析》，《哈尔滨学院学报》2018年第4期。

② 江辉：《外国代理人法的域外经验与启示》，《国际法研究》2022年第1期。

何叛国、分裂国家、煽动叛乱、颠覆中央人民政府及窃取国家机密的行为，禁止外国的政治性组织或团体在香港特别行政区进行政治活动，禁止香港特别行政区的政治性组织或团体与外国的政治性组织或团体建立联系。”

《澳门特别行政区基本法》第 23 条有相似的规定。澳门特别行政区政府成立后，积极推动基本法第 23 条立法，在 2008 年公布了国家安全法草案，并在同年 10 月 22 日至 11 月 30 日就该草案进行广泛的公开咨询。草案经修改后，特区政府在 2008 年 12 月 19 日向立法会成员引介国安法法案，法案于 2009 年 1 月 5 日和 2 月 25 日分别在立法会全体会议上获得一般性和细则性通过。2023 年 6 月 5 日，澳门特别行政区行政长官贺一诚作出了第 79/2023 号行政长官批示，重新公布了经第 8/2023 号法律修改的第 2/2009 号法律《澳门特别行政区维护国家安全法》全文。

香港回归后，香港特别行政区政府也一直试图落实基本法第 23 条立法工作。2002 年 9 月，香港特别行政区政府发布了《实施基本法第 23 条咨询文件》，开始进行为期 3 个月的征询意见，但随即遭到境内外反动势力的干扰破坏。2003 年 9 月 5 日，董建华被迫宣布撤回国家安全条例草案，承诺重新检讨有关立法工作并向社会各界作充分咨询，达成共识后再启动国家安全立法，同时重申在国家安全立法问题上没有时间表。基本法第 23 条的立法工作从此陷入僵局。国家安全法的缺失给香港带来消极影响，2019 年的“修例风波”严重危及香港社会稳定和国家安全。

为了维护国家主权、安全、发展利益，坚持和完善“一国两制”制度体系，维护香港长期繁荣稳定，保障香港居民合法权益，2020 年 5 月 28 日，第十三届全国人民代表大会第三次会议通过了《全国人民代表大会关于建立健全香港特别行政区维护国家安全的法律制度和执行机制的决定》，具体内容如下：(1) 国家坚定不移并全面准确贯彻“一国两制”、“港人治港”、高度自治的方针，坚持依法治港，维护宪法和香港特别行政区基本法确定的香港特别行政区宪制秩序，采取必要措施建立健全香港特别行政区维护国家安全的法律制度和执行机制，依法防范、制止和惩治危害国家安全的行为和活动。(2) 国家坚决反对任何外国和境外势力以任何方式干预香港特别行政区事务，采取必要措施予以反制，依法防范、制止和惩治外国和境外势力利用香港进行分裂、颠覆、渗透、破坏活动。(3) 维护国家主权、统一和领土完整是香港特别行政区的宪制责任。香港特别行政区应当尽早完成香港特别行政区基本法规定的维护国家安全立法。香港特别行政区行政机关、立法机关、司法机关应当依据有关法律规定有效防范、制止和惩治危害国家安全的行为和活动。(4) 香港特别行政区应当建立健全维护国家安全的机构和执行机制，强化维护国家安全执法力量，加强维护国家安全执法工作。中央人民政府维护国家安全的有关机关根据需要在香港特别行政区设立机构，依法履行维护国家安全相关职责。(5) 香港特别行政区行政长官应当就香港特别行政区履行维护国家安全职责、开展国家安全教育、依法禁止危害国家安全的行为和活动等情况，定期向中央人民政府提交报告。(6) 授权全国人民代表大会常务委员会就建立健全香港特别行政区维护国家安全的法律制度和执行机制制定相关法律，切实防范、制止和惩治任何分裂国家、颠覆国家政权、组织实施恐怖活动等严重危害国家安全的行为和活动以及外国和境外势力干预香港特别行政区事务的活动。全国人民代表大会常务委员会决定将上述相关法律列入《中华人民共和国香港特别行政区基本法》附件三，由香港特别行政区在当地公布实施。

为落实上述决定，中华人民共和国第十三届全国人民代表大会常务委员会第二十次会议于 2020 年 6 月 30 日通过了《中华人民共和国香港特别行政区维护国家安全法》，并自公布之日起施行。第十三届全国人民代表大会常务委员会第二十次会议同时决定：在《中华人民共和国香港特别行政区基本法》附件三中增加全国性法律《中华人民共和国香港特别行政区维护国家安全法》，并由香港特别行政区在当地公布实施。香港特别行政区本地法律规定与《中华人民共和国香港特别行政区维护国家安全法》不一致的，适用该法规定。香港特别行政区政府还颁布了《中华人民共和国香港特别行政区维护国家安全法第四十三条实施细则》，自 2020 年 7 月 7 日起施行。

二、《中华人民共和国香港特别行政区维护国家安全法》的内容

(一) 机构设置

《中华人民共和国香港特别行政区维护国家安全法》规定，香港特别行政区设立维护国家安全委员会，负责香港特别行政区维护国家安全事务，承担维护国家安全的主要责任，并接受中央人民政府的监督和问责。香港特别行政区维护国家安全委员会设立国家安全事务顾问，由中央人民政府指派，就香港特别行政区维护国家安全委员会履行职责相关事务提供意见。

香港特别行政区政府警务处设立维护国家安全的部门，配备执法力量。警务处维护国家安全部门的职责为：(1) 收集分析涉及国家安全的情报信息；(2) 部署、协调、推进维护国家安全的措施和行动；(3) 调查危害国家安全犯罪案件；(4) 进行反干预调查和开展国家安全审查；(5) 承办香港特别行政区维护国家安全委员会交办的维护国家安全工作；(6) 执行法律规定的其他职责。

香港特别行政区律政司设立专门的国家安全犯罪案件检控部门，负责危害国家安全犯罪案件的检控工作和其他相关法律事务。该部门检控官由律政司长征得香港特别行政区维护国家安全委员会同意后任命。

(二) 罪行和处罚

《中华人民共和国香港特别行政区维护国家安全法》规定了分裂国家罪、颠覆国家政权罪、恐怖活动罪和勾结外国或者境外势力危害国家安全罪等四项危害国

家安全的罪行及其处罚措施。

（三）效力范围

《中华人民共和国香港特别行政区维护国家安全法》规定，任何人在香港特别行政区内实施该法规定的犯罪的，适用该法。犯罪的行为或者结果有一项发生在香港特别行政区内的，就认为是在香港特别行政区内犯罪。在香港特别行政区注册的船舶或者航空器内实施该法规定的犯罪的，也适用该法。

香港特别行政区永久性居民或者在香港特别行政区成立的公司、团体等法人或者非法人组织在香港特别行政区以外实施该法规定的犯罪的，适用该法。不具有香港特别行政区永久性居民身份的人在香港特别行政区以外针对香港特别行政区实施该法规定的犯罪的，适用该法。

（四）案件管辖、法律适用和程序

香港特别行政区对《中华人民共和国香港特别行政区维护国家安全法》规定的犯罪案件行使管辖权，但该法第55条规定的情形除外。香港特别行政区管辖危害国家安全犯罪案件的立案侦查、检控、审判和刑罚的执行等诉讼程序事宜，适用该法和香港特别行政区本地法律。香港特别行政区管辖的危害国家安全犯罪案件的审判循公诉程序进行。除涉及国家秘密和公共秩序等情形外，审判应当公开进行。

香港特别行政区政府警务处维护国家安全部门办理危害国家安全犯罪案件时，可以采取香港特别行政区现行法律准予警方等执法部门在调查严重犯罪案件时采取的各种措施，并可以采取该法规定的特殊措施。

香港特别行政区行政长官应当从裁判官、区域法院法官、高等法院原讼法庭法官、上诉法庭法官以及终审法院法官中指定若干名法官，也可从暂委或者特委法官中指定若干名法官，负责处理危害国家安全犯罪案件。

对高等法院原讼法庭进行的就危害国家安全犯罪案件提起的刑事检控程序，律政司长可基于保护国家秘密、案件具有涉外因素或者保障陪审员及其家人的人身安全等理由，发出证书指示相关诉讼无须在有陪审团的情况下进行审理。

（五）中央人民政府驻香港特别行政区维护国家安全机构

中央人民政府在香港特别行政区设立维护国家安全公署。中央人民政府驻香港特别行政区维护国家安全公署依法履行维护国家安全职责，行使相关权力。

《中华人民共和国香港特别行政区维护国家安全法》第55条规定，有以下情形之一的，经香港特别行政区政府或者驻香港特别行政区维护国家安全公署提出，并报中央人民政府批准，由驻香港特别行政区维护国家安全公署对该法规定的危害国家安全犯罪案件行使管辖权：（1）案件涉及外国或者境外势力介入的复杂情况，香港特别行政区管辖确有困难的；（2）出现香港特别行政区政府无法有效执行该法的严重情况的；（3）出现国家安全面临重大现实威胁的情况的。

根据该法第55条规定管辖有关危害国家安全犯罪案件时，由驻香港特别行政区维护国家安全公署负责立案侦查，最高人民检察院指定有关检察机关行使检察权，最高人民法院指定有关法院行使审判权。根据该法第55条规定管辖案件的立案侦查、审查起诉、审判和刑罚的执行等诉讼程序事宜，适用《中华人民共和国刑事诉讼法》等相关法律的规定。根据该法第55条规定管辖案件时，该法第56条规定的执法、司法机关依法行使相关权力，其为决定采取强制措施、侦查措施和司法裁判而签发的法律文书在香港特别行政区具有法律效力。对于驻香港特别行政区维护国家安全公署依法采取的措施，有关机构、组织和个人必须遵从。

驻香港特别行政区维护国家安全公署及其人员依据该法执行职务的行为，不受香港特别行政区管辖。

（六）对第14条和第47条的解释

2022年12月30日，第十三届全国人民代表大会常务委员会第三十八次会议通过了《全国人民代表大会常务委员会关于〈中华人民共和国香港特别行政区维护国家安全法〉第十四条和第四十七条的解释》，具体内容包括：

（1）根据《中华人民共和国香港特别行政区维护国家安全法》第14条的规定，香港特别行政区维护国家安全委员会承担香港特别行政区维护国家安全的法定职责，有权对是否涉及国家安全问题作出判断和决定，工作信息不予公开。香港特别行政区维护国家安全委员会作出的决定不受司法复核，具有可执行的法律效力。香港特别行政区任何行政、立法、司法等机构和任何组织、个人均不得干涉香港特别行政区维护国家安全委员会的工作，均应当尊重并执行香港特别行政区维护国家安全委员会的决定。

（2）根据《中华人民共和国香港特别行政区维护国家安全法》第47条的规定，香港特别行政区法院在审理危害国家安全犯罪案件中遇有涉及有关行为是否涉及国家安全或者有关证据材料是否涉及国家秘密的认定问题，应当向行政长官提出并取得行政长官就该等问题发出的证明书，上述证明书对法院有约束力。

（3）香港特别行政区行政长官依据《中华人民共和国香港特别行政区维护国家安全法》第11条的规定于11月28日向中央人民政府提交的有关报告认为，不具有香港特别行政区全面执业资格的海外律师担任危害国家安全犯罪案件的辩护人或者诉讼代理人可能引发国家安全风险。不具有香港特别行政区全面执业资格的海外律师是否可以担任危害国家安全犯罪案件的辩护人或者诉讼代理人的问题，属于《中华人民共和国香港特别行政区维护国家安全法》第47条所规定的需要认定的问题，应当取得行政长官发出的证明书。如香港特别行政区法院没有向行政长官提出并取得行政长官就该等问题发出的证明书，香港特别行政区维护国家安全委员会应当根据《中华人民共和国香港特别行政区维护国家安全法》第14条的规定履行法定职责，对该等情况和问题作出相关判断和决定。

三、香港特别行政区《国家安全条例》

《中华人民共和国香港特别行政区维护国家安全法》是中央政府立法，通过列入《香港特别行政区基本法》附件三而在香港实施，但它并不能取代香港特别行政区政府根据《香港特别行政区基本法》第23条应当完成的立法任务。2020年5月28日，《全国人民代表大会关于建立健全香港特别行政区维护国家安全的法律制度和执行机制的决定》指出："维护国家主权、统一和领土完整是香港特别行政区的宪制责任。香港特别行政区应当尽早完成香港特别行政区基本法规定的维护国家安全立法。"

为了全面落实《香港特别行政区基本法》第23条、《全国人民代表大会关于建立健全香港特别行政区维护国家安全的法律制度和执行机制的决定》及《中华人民共和国香港特别行政区维护国家安全法》所规定的宪制责任，2024年3月7日，香港特别行政区行政长官会同行政会议审议同意《中华人民共和国香港特别行政区维护国家安全条例草案》并决定提交香港特别行政区立法会审议。2024年3月8日，该条例草案刊宪。2024年3月19日，香港特别行政区立法会三读全票通过《中华人民共和国香港特别行政区维护国家安全条例》（简称《维护国家安全条例》）。香港特别行政区行政长官李家超3月22日签署经立法会通过的《维护国家安全条例》，并在2024年3月23日刊宪生效。

《维护国家安全条例》正文由9个部分组成，分别是"导言""叛国等""叛乱、煽惑叛变及离叛，以及具煽动意图的作为等""与国家秘密及间谍活动相关的罪行""危害国家安全的破坏活动等""危害国家安全的境外干预及从事危害国家安全活动的组织""与维护国家安全相关的执法权力及诉讼程序等""维护国家安全机制及相关保障""相关修订"。《维护国家安全条例》顺应世界各国维护国家安全立法趋势，积极借鉴其他国家特别是普通法国家同类立法最新成果和有益经验，与国际通行做法及规则相接轨。该条例采用香港普通法制度下常用的法律草拟方式、技巧和习惯订立。条例中逾半数罪名在《刑事罪行条例》《官方机密条例》《社团条例》等香港本地法例中原来就存在。《维护国家安全条例》标志着《香港特别行政区基本法》第23条立法任务的最终完成，为坚定不移并全面准确贯彻"一国两制"、"港人治港"、高度自治的方针，建立健全特区维护国家安全的法律制度和执行机制，依法防范、制止和惩治危害国家安全的行为与活动，保障特区居民和在特区的其他人的合法权益，确保特区内的财产和投资受法律保护，保持特区的繁荣和稳定提供了坚实保障。

第七节　军事安全法律制度

一、军事安全概论

习近平总书记在党的二十大报告中指出："我们要坚持以人民安全为宗旨、以政治安全为根本、以经济安全为基础、以军事科技文化社会安全为保障、以促进国际安全为依托，统筹外部安全和内部安全、国土安全和国民安全、传统安全和非传统安全、自身安全和共同安全，统筹维护和塑造国家安全，夯实国家安全和社会稳定基层基础，完善参与全球安全治理机制，建设更高水平的平安中国，以新安全格局保障新发展格局。”①

军事安全是总体国家安全观的核心内容之一，在整个国家安全体系中发挥至关重要的支柱和保障作用，关系到国家的生死存亡和长治久安。虽然总体国家安全观的内涵和外延比历史上任何时候都要丰富，但是军事安全的重要性依然不可替代，军事手段始终是维护国家安全的保底手段。面对复杂多样的安全威胁和挑战，用传统的理念、方法和手段越来越难以有效维护国家安全。维护新形势下的军事安全，只有在总体国家安全观指导下，更新战略思维，综合统筹，不断提升国家安全保障能力，尤其要加快推进国防和军队现代化建设，全面提升打赢能力，坚决维护军事安全，才能为国家长治久安和中华民族伟大复兴提供强有力支撑。②

国防是国家为防备和抵抗侵略，制止武装颠覆和分裂，保卫国家主权、统一、领土完整、安全和发展利益所进行的军事活动，以及与军事有关的政治、经济、外交、科技、教育等方面的活动。国防是国家生存与发展的安全保障。我国的军事和国防建设必须坚持以马克思列宁主义、毛泽东思想、邓小平理论、“三个代表”重要思想、科学发展观、习近平新时代中国特色社会主义思想为指导，贯彻习近平强军思想，坚持总体国家安全观，贯彻新时代军事战略方针，建设与我国国际地位相称、与国家安全和发展利益相适应的巩固国防和强大武装力量。

习近平强军思想，立足新时代强军兴军实践，提出一系列标志性引领性的新理念新思想新战略，形成一个内涵丰富、思想深邃、与时俱进的科学军事理论体系。这一思想的主要内容，集中体现在“十一个明确”中，充分彰显了党的军事指导理论的时代性、开放性和创造性。

《国防法》第15条规定：中央军事委员会领导全国武装力量，并负责组织开展国际军事交流与合作。《国防法》第十一章则具体规定了我国的对外军事关系法律制度。其中第67条规定了我国对外军事关系的基本原则：“中华人民共和国坚持互相尊重主权和领土完整、互不侵犯、互不干涉内政、平等互利、和平共处五项原则，维护以联合国为核心的国际体系和以国际法为基础的国际秩序，坚持共同、综合、合作、可持续的安全观，推动构建人类命运共同体，独立自主地处理对外军事关系，开展军事交流与合作。”

《国防法》第70条规定：“中华人民共和国在对外军事关系中遵守同外国、国

① 习近平：《高举中国特色社会主义伟大旗帜 为全面建设社会主义现代化国家而团结奋斗——在中国共产党第二十次全国代表大会上的报告》，人民出版社2022年版，第52-53页。

② 唐永胜：《维护军事安全 为国家长治久安提供坚强支撑》，《光明日报》2016年4月15日，第6版。

际组织缔结或者参加的有关条约和协定。”该条规定确立了我国在对外军事合作中的有约必守原则。

二、对外军事关系的主要任务

《国防法》第 68 条规定：“中华人民共和国遵循以联合国宪章宗旨和原则为基础的国际关系基本准则，依照国家有关法律运用武装力量，保护海外中国公民、组织、机构和设施的安全，参加联合国维和、国际救援、海上护航、联演联训、打击恐怖主义等活动，履行国际安全义务，维护国家海外利益。”其具体规定了我国对外军事安全的主要任务，其中最重要的是保护海外中国公民、组织、机构和设施的安全。

随着我国综合国力的提升，我军参与联合国维持和平行动、国际救援以及与外国军队举行联合军事演习等活动逐渐增多。2020 年是中国军队参加联合国维和行动 30 周年。1990 年 4 月，中国军队向联合国停战监督组织派遣 5 名军事观察员，开启了中国军队参加联合国维和行动的历程。30 年来，中国军队认真践行《联合国宪章》宗旨和原则，先后参加 25 项联合国维和行动，累计派出维和官兵 4 万余人次，是安理会常任理事国第一大出兵国。①

目前，我军参与上述活动主要是通过缔结多边或者双边国际条约来明确有关各方的权利义务关系②，尚缺乏具体的国内法规。《国防法》第 69 条仅原则性规定：“中华人民共和国支持国际社会实施的有利于维护世界和地区和平、安全、稳定的与军事有关的活动，支持国际社会为公正合理地解决国际争端以及国际军备控制、裁军和防扩散所做的努力，参与安全领域多边对话谈判，推动制定普遍接受、公正合理的国际规则。”

三、《国际军事合作工作条例》

2007 年 12 月 29 日，第十届全国人民代表大会常务委员会第三十一次会议审议了部分人大代表提交的关于建立健全我军涉外军事行动法律体系的议案 2 件。解放军团曾海生等 41 名代表提出关于建立健全我军涉外军事行动法律体系的议案（第 741 号）、解放军团姚云竹等 30 名代表提出关于制定涉外军事行动法的议案（第 742 号），建议建立健全我军涉外行动法律体系，制定涉外军事行动法，制定军队参加联合国维和行动条例、军队参加国际人道主义救援行动条例、联合军演条

① 中华人民共和国国务院新闻办公室：《中国军队参加联合国维和行动 30 年》白皮书，2020 年 9 月。

② 参见《上海合作组织成员国关于举行联合军事演习的协定》，中国于 2007 年 6 月 27 日签署，2008 年 12 月 27 日批准该协定，该协定适用于香港及澳门特别行政区。《中华人民共和国和俄罗斯联邦关于举行联合军事演习期间其部队临时处于对方领土的地位的协定》，2007 年 6 月 29 日第十届全国人民代表大会常务委员会第二十八次会议通过。

例、军队反恐怖行动条例等军事法规，以适应涉外军事行动的需要。全国人大法律委员会建议有关部门进行研究。[1]

《立法法》第117条规定："中央军事委员会根据宪法和法律，制定军事法规。"中央军委2017年颁布《军事立法工作条例》（军发〔2017〕132号），对中央军委制定、修改、废止、解释军事法规的活动进行了规范。2021年2月，中央军委主席习近平签署命令，发布《国际军事合作工作条例》，自2021年3月1日起施行。该条例共8章48条，是新时代国际军事合作工作领域的第一部基本法规，是我军开展国际军事合作工作的基本依据。该条例把依法治军思想融入国际军事合作工作中，强化法治思维，完善国际军事合作法规制度，在开展国际军事合作时注重有法可依、法律先行，注重签署法律文件固化合作成果，注重运用法律手段维护自身利益，同时积极参与创制国际军事规则。

《国际军事合作工作条例》共8章48条，主要规范了以下内容：

一是确立了功能定位。该条例确立了国际军事合作工作在党和国家对外工作、国防和军队建设中的重要地位，对提升国家和军队国际影响力具有重要作用。

二是明确了指导原则。该条例明确了新时代国际军事合作工作的指导思想，提出了坚持服务大局、积极作为、合作共赢，强化底线思维、法治思维等指导原则。

三是明确了主要任务。综合考虑现行管理体制和工作实践，该条例明确了国际军事合作担负的主要任务，涵盖了我军国际军事合作的各个方面，初步构建了国际军事合作体系框架。

四是划清了职责分工。该条例确立了国际军事合作领导管理体制，从横向上对各项任务的职责予以规范，从纵向上对组织实施过程进行了职责划分，更有利于形成整体合力。

五是提出了工作保障要求。该条例提出，强化人才、法律、专业以及社会化保障等方面的工作，夯实国际军事合作工作基础，推动国际军事合作工作创新发展。

六是创设了检查评估制度。该条例明确，建立完善国际军事合作工作检查评估制度，及时组织开展总结、检查和评估，提高国际军事合作综合效益和整体水平。

四、对外救援和护航

域外军事救援往往会涉及救援部队及其官兵在受援国境内的法律地位和司法管辖问题。该问题通常由签订的双边或多边的《部队地位协定》（Status of Forces

---

① 全国人大法律委员会关于第十届全国人民代表大会第五次会议主席团交付审议的代表提出的议案审议结果的报告，2007年12月29日第十届全国人民代表大会常务委员会第三十一次会议通过。

Agreement）予以规定。这类协定专门调整经接受国同意在其境内执行职务的派遣国武装部队的法律地位，一般对派遣国与接受国之间的管辖权划分、民事求偿、车辆和驾驶执照、武器使用、当地采购和雇佣、争端解决等做出安排，实践中已成为各国加强国际军事合作的重要法律手段。我国尚未与他国签订具有普遍适用性的《部队地位协定》，因而在实施国际人道救援行动中，我国部队在受援国的法律地位依然是不确定的。

2008 年 6 月 2 日，联合国安理会一致通过关于打击索马里海盗问题的第 1816 号决议，应索马里过渡联邦政府请求，依据《联合国宪章》第七章，授权有关国家加强合作，进入索马里领海打击海盗。

中国对该决议投了赞成票。中国常驻联合国代表团临时代办腊翊凡公使衔参赞在有关中方投票立场的解释性发言中表示，中方历来主张国际社会积极协助解决索马里问题，对索海盗问题十分关注，支持安理会尽快通过决议，协助索马里过渡联邦政府打击海盗。但海盗问题涉及国际法敏感问题，与联合国各成员国海洋权益息息相关，因此安理会在就相关问题采取行动时必须格外慎重。中方主张相关决议必须基于当事国同意，符合索政府和人民的意愿；仅适用于索海域，不能随意扩展至其他地区；应与《联合国海洋法公约》保持一致，避免冲击现行国际法。中国认为第 1816 号决议最大限度地凝聚了国际社会在索马里海盗问题上能够达成的共识，是积极而稳妥的，因此投了赞成票。在今后实施过程中，国际社会应继续保持合作，共同应对可能遇到的问题。

2008 年 12 月 26 日，应索马里过渡联邦政府请求，中国海军首批护航编队从三亚起航前往亚丁湾、索马里海域执行护航任务。这是自新中国成立以来我们进行的第一次海军实战性质的军事行动。15 年间，中国海军派出 45 批护航编队 150 余艘次舰艇，完成 1 600 余批 7 200 余艘船舶护航任务，其中外国船舶超过 50%。①

五、联合军事演习

在当今世界舞台上，联合军事演习已然成为一种越来越流行的国际军事合作样式。一方面，世界安全局势复杂化和威胁跨境化客观上需要各国加强国际合作，共同应对；另一方面，世界强国或地区国家集团往往通过联合军事演习展示其国力、军力，扩大自己的影响力，提高自身的安全系数。我国已与俄罗斯缔结了《中华人民共和国和俄罗斯联邦关于举行联合军事演习期间其部队临时处于对方领土的地位的协定》，还缔结了《上海合作组织成员国关于举行联合军事演习的协定》。

---

① 莫小亮、李新凯、钱晓虎：《牢记使命，走向深蓝卫和平——中国海军赴亚丁湾、索马里海域护航 15 周年综述之一》，《解放军报》2023 年 12 月 26 日，第 4 版。

六、跨境反恐法律制度

恐怖主义是人类社会的公敌，是对所有国家和全人类的挑战，严重威胁国际和平与安全。反恐怖主义是国际社会的共同责任。

长期以来，联合国主导制定一系列公约等文件，领导和协调成员国共同打击恐怖主义，推动将反恐怖主义工作纳入法治轨道。世界各国纷纷响应联合国号召，积极履行国际义务，制定和实施国内反恐怖主义法律，不断加强国际反恐怖主义合作。经过不懈努力，国际社会逐步建立起包括国际性、区域性公约，多边、双边条约和协定，以及国内法在内的多层次反恐怖主义法律制度体系。

中国作为恐怖主义受害国，长期面临着恐怖主义的现实威胁。从20世纪70年代末开始，为加强国际合作，有效防范和惩治恐怖活动，中国相继加入或批准了《关于在航空器内的犯罪和犯有某些其他行为的公约》《关于制止非法劫持航空器的公约》《统一国际航空运输某些规则的公约》等。90年代以来，中国立足本国国情，坚持宪法原则，借鉴学习国际社会有益经验，加快了国内反恐怖主义法律制度体系建设进程。多年来，通过建立健全法律制度、严格规范公正文明执法、全面落实公正司法、切实加强人权保障等法治实践，中国逐步探索出符合本国实际的反恐怖主义法治道路，有力维护了国家安全、公共安全和人民生命财产安全，为全球和地区安全稳定作出贡献。[①]

2010年8月28日，第十一届全国人民代表大会常务委员会第十六次会议批准了联合国大会2005年通过的《制止核恐怖主义行为国际公约》。2015年12月27日，第十二届全国人民代表大会常务委员会第十八次会议通过了《中华人民共和国反恐怖主义法》。该法作为反恐怖主义的专门性、综合性法律，对中国反恐怖主义工作的基本原则和立场、恐怖活动组织和人员的认定、安全防范、情报信息、调查、应对处置、国际合作、保障措施、法律责任等作出全面规定，为防范和惩治恐怖活动提供了有力的法律保障。2018年4月，全国人大常委会修正了《中华人民共和国反恐怖主义法》，进一步明晰行业主管部门的职责，促进反恐怖主义工作的有效开展。2014年，中国人民银行、公安部与国家安全部联合制定的《涉及恐怖活动资产冻结管理办法》，对涉及恐怖活动资产冻结的程序与行为作出专门规定。2017年，国务院办公厅发布《关于完善反洗钱、反恐怖融资、反逃税监管体制机制的意见》（国办函〔2017〕84号），提出要明确执行联合国安理会反恐怖融资相关决议的程序。建立定向金融制裁名单的认定发布制度，明确相关单位在名单提交、审议、发布、监督执行、除名等方面的职责分工。完善和细化各行政主管部门、金融监管部门和反洗钱义务机构执行联合国安理会反恐怖融资决议要求

---

① 中华人民共和国国务院新闻办公室：《中国的反恐怖主义法律制度体系与实践》白皮书，2024年1月。

的程序规定和监管措施，进一步明确资产冻结时效、范围、程序、善意第三人保护及相关法律责任，保证联合国安理会相关决议执行时效。2021 年，中国人民银行发布《金融机构反洗钱和反恐怖融资监督管理办法》。

我国积极倡导区域反恐怖主义合作，在上海合作组织框架下，推动制定《打击恐怖主义、分裂主义和极端主义上海公约》《上海合作组织成员国边防合作协定》《上海合作组织反恐怖主义公约》等一系列国际文件，与俄罗斯、哈萨克斯坦、巴基斯坦等国签署双边反恐怖主义协定，开展司法合作、联合反恐怖主义演习等，在维护国际和地区安全稳定方面发挥了重要作用。通过建立执法部门和边境地区反恐怖主义领域会晤交流和对口合作机制，在情报信息交流、边境管控、案件侦办、打击恐怖融资等方面，与数十个国家开展了务实交流与合作。

第十章　涉外应急管理法律制度

第一节　国家涉外突发事件应急管理制度

一、涉外突发事件的概念

《中华人民共和国突发事件应对法》第 2 条规定：“本法所称突发事件，是指突然发生，造成或者可能造成严重社会危害，需要采取应急处置措施予以应对的自然灾害、事故灾难、公共卫生事件和社会安全事件。”该法第 3 条规定：按照社会危害程度、影响范围等因素，突发自然灾害、事故灾难、公共卫生事件分为特别重大、重大、较大和一般四级。法律、行政法规或者国务院另有规定的，从其规定。突发事件的分级标准由国务院或者国务院确定的部门制定。

为加强突发事件应急预案体系建设，规范应急预案管理，增强应急预案的针对性、实用性和可操作性，依据《中华人民共和国突发事件应对法》等法律、行政法规，国务院办公厅于 2024 年 1 月 31 日印发了《突发事件应急预案管理办法》（国办发〔2024〕5 号）。该办法参考了世界主要国家的应急管理制度[①]，同时具有鲜明的中国特色。按照制定主体划分，应急预案分为政府及其部门应急预案、单位和基层组织应急预案两大类。政府及其部门应急预案包括总体应急预案、专项应急预案、部门应急预案等。单位和基层组织应急预案包括企事业单位、村民委员会、居民委员会、社会组织等编制的应急预案。

2006 年发布的《国家突发公共事件总体应急预案》规定，本预案所称突发公共事件是指突然发生，造成或者可能造成重大人员伤亡、财产损失、生态环境破坏和严重社会危害，危及公共安全的紧急事件。根据突发公共事件的发生过程、性质和机理，突发公共事件主要分为以下四类：（1）自然灾害。主要包括水旱灾害，气象灾害，地震灾害，地质灾害，海洋灾害，生物灾害和森林草原火灾等。（2）事故灾难。主要包括工矿商贸等企业的各类安全事故，交通运输事故，公共设施和设备事故，环境污染和生态破坏事件等。（3）公共卫生事件。主要包括传

---

① 赵来军等：《世界主要国家应急管理体系与实践及启示》，科学出版社 2023 年版，第 5 页。

染病疫情，群体性不明原因疾病，食品安全和职业危害，动物疫情，以及其他严重影响公众健康和生命安全的事件。（4）社会安全事件。主要包括恐怖袭击事件，经济安全事件和涉外突发事件等。各类突发公共事件按照其性质、严重程度、可控性和影响范围等因素，一般分为四级：Ⅰ级（特别重大）、Ⅱ级（重大）、Ⅲ级（较大）和Ⅳ级（一般）。

涉外突发事件则是指同时涉及我国和外国国家与个人的突发事件，包括境外涉我突发事件（主要指境外发生的造成我国机构和人员伤亡及财产损失的突发事件）和境内涉外突发事件（主要指境内发生的造成外国机构和人员伤亡及财产损失的突发事件）。

国务院办公厅于 2005 年发布了《国家涉外突发事件应急预案》，共分为总则、组织指挥体系和职责、预警机制、分级响应、处置程序、应急保障和附则七章。[①]在该预案基础上，全国各省、自治区、直辖市均制定了相应的应急预案，并设定了相应的涉外突发事件协调和应急处置工作联席会议制度。联席会议一般由各省外办牵头，省公安厅、国家安全厅、商务厅、教育厅、劳动保障厅、科技厅、旅游局、工商局、外专局等部门参加。联席会议统一指挥、协调处理省内各类重大涉外突发事件。[②]

《中华人民共和国突发事件应对法》第 14 条规定，中华人民共和国政府在突发事件的预防与应急准备、监测与预警、应急处置与救援、事后恢复与重建等方面，同外国政府和有关国际组织开展合作与交流。中华人民共和国领域外发生突发事件，造成或者可能造成中华人民共和国公民、法人和其他组织人身伤亡、财产损失的，由国务院外交部门会同国务院其他有关部门、有关地方人民政府，按照国家有关规定做好应对工作。

二、境外中资企业机构和人员安全管理制度

国务院办公厅于 2004 年发布了《关于加强境外中国公民和机构安全保护工作的意见》。[③] 国务院办公厅还于 2005 年转发了商务部等部门《关于加强境外中资企业机构与人员安全保护工作意见的通知》[④]，该通知要求充分利用境外中国公民和机构安全保护工作部际联席会议制度和驻外使领馆牵头、其他驻外机构配合的我国境外人员和机构安全保护应急协调处理机制，进一步加强外交部、公安部、安全部、财政部、交通部、商务部、卫生部、国资委、民航总局等部门之间的沟通、交流与协作，重点对境外领事保护、境外企业和项目管理、应急资金支持、交通

---

① 国办函〔2005〕59 号，https：//www.gov.cn/yjgl/2005-08/08/content_21277.htm.

② 参见吉林省人民政府办公厅《关于加强涉外突发事件应急处置工作的通知》，吉政办发〔2005〕39 号。

③ 国办发〔2004〕74 号。

④ 国办发〔2005〕48 号。

运输、医疗救护、保险保障等工作进行协调，合力推进相关法律法规建设，建立健全安全防范和应急处置工作机制，互通安全情报等，共同做好境外中资企业、机构与人员安全保护工作。驻外使领馆要加大对外交涉力度，做好驻在国军队、内务、警察等部门的工作，争取其为我国境外中资企业、机构与人员安全保护工作提供更多帮助。要与境外中资企业、机构及援建、承包、劳务企业加强联系，保持信息畅通。

该通知还要求，在发生境外涉我突发事件时，除按照有关应急预案的规定做好事发现场先期处置等工作外，应积极协助我国境外中资企业、机构与人员在遭受突发安全侵害后向所在国索赔，争取合理赔偿。对涉及我国境外企业、机构与人员的一般性安全事件，继续做好领事保护工作。劳动保障部要继续研究做好与有关国家签订双边社会保险协定的工作，更好地维护境外中资企业、机构与人员的社会保障权益。保险机构要开发、完善与境外人员和机构安全保护相关的险种。各派出企业必须为外派人员购买境外人身意外伤害、职业暴露等保险，提高境外人员和机构的抗风险能力。

2010年，商务部、外交部、国家发展和改革委员会、公安部、国务院国有资产监督管理委员会、国家安全生产监督管理总局、中华全国工商业联合会联合发布《境外中资企业机构和人员安全管理规定》。[①] 该规定第四章规定了境外安全突发事件应急处置的程序。其中第16条规定："境外安全突发事件是指境外发生的对境外中资企业机构和人员生命和财产安全构成威胁或造成损失的事件，包括战争、政变、恐怖袭击、绑架、治安犯罪、自然灾害、安全生产事故和公共卫生事件等。"第17条规定，境外安全形势发生异常时，境外中资企业机构应及时向我驻外使领馆报告。境外安全突发事件发生后，境外中资企业机构应立即向我驻外使领馆报告，在使领馆指导下妥善处置。具体程序如下："（一）境外中资企业机构做好事发现场处置工作，及时救助伤员，向当地警方报警。（二）境外中资企业机构了解并准确报告突发事件详情，包括：1. 事件涉及单位或项目情况；2. 事件发生的时间、地点及现场情况；3. 事件简要经过及原因的初步判断；4. 事件已经造成或可能造成的伤亡人数（包括失踪人数），人员姓名、籍贯、国内联系单位、家属联系方式；初步估计的直接经济损失；5. 已经采取的措施；6. 其他应该报告的内容。"

2012年，商务部发布了《境外中资企业机构和人员安全管理指南》，这是我国首个针对"走出去"企业境外安全风险管理工作的指导性文件，借鉴吸收了国际先进管理理论和一些企业在境外安全风险管理方面的成功经验与做法，具有较强的操作性。企业要针对海外经营的地区分布、所在行业、业务类型的不同特点，参照该安全管理指南建立并完善本企业的境外安全管理体系和相关管理制度。《安

① 商合发〔2010〕313号。

全管理指南》全面介绍了企业境外安全风险管理的原则、目标和流程，重点关注社会公共安全风险，兼顾企业海外业务中常见的经营风险，旨在指导企业科学建立境外安全风险管理体系，有效规避、控制、转移和分散风险。

商务部、外交部、住房城乡建设部、卫生计生委、国资委、安全监管总局2013年7月1日联合发布《对外投资合作境外安全事件应急响应和处置规定》①，该规定适用于对境外中资企业机构和人员生命财产安全构成威胁或造成损失的境外安全事件的处置工作，包括战争、政变、恐怖袭击、绑架、治安犯罪、自然灾害、生产安全事故和公共卫生事件等。该规定第5条明确要求，境外安全事件处置遵循“以人为本、依法办事、预防为主、安全第一”的原则。该规定第三章建立了应急响应制度。境外安全事件发生后，境外中资企业机构应第一时间向驻外使（领）馆和对外投资合作企业报告情况，并在驻外使（领）馆指导下做好现场处置工作。驻外使（领）馆指导境外中资企业机构开展处置工作，并向对外投资合作企业注册地省级人民政府和商务部、外交部、住房城乡建设部、卫生计生委、国资委、安全监管总局等有关部门报告，提出事件处置的意见建议，包括必要时请国内派工作组赴前方指导协调。驻外使（领）馆经商处（室）应立即向驻在国所有中资企业机构通报境外安全事件情况，做出加强安全防范的工作部署，提出工作要求。商务部向各地商务主管部门和中央企业发出预警。对外投资合作企业注册地省级人民政府主管部门应按照驻外使（领）馆的意见建议和上级主管部门的要求，督促和指导对外投资合作企业妥善处置境外安全事件，视情派工作组赴境外开展工作。对外投资合作企业应按照地方人民政府主管部门的要求和驻外使（领）馆的意见和建议，指导境外企业机构做好处置工作，并提供人员和资金保障。

国务院发布的《对外承包工程管理条例》（2008年颁布，2017年修订）第13条规定，对外承包工程的单位应当有专门的安全管理机构和人员，负责保护外派人员的人身和财产安全，并根据所承包工程项目的具体情况，制定保护外派人员人身和财产安全的方案，落实所需经费。对外承包工程的单位应当根据工程项目所在国家或者地区的安全状况，有针对性地对外派人员进行安全防范教育和应急知识培训，增强外派人员的安全防范意识和自我保护能力。

三、出境旅游突发事件应急处理

《中国公民出国旅游管理办法》（2017年修订）规定，旅游团队领队在带领旅游者旅行、游览过程中，应当就可能危及旅游者人身安全的情况，向旅游者作出真实说明和明确警示，并按照组团社的要求采取有效措施，防止危害的发生。旅游团队在境外遇到特殊困难和安全问题时，领队应当及时向组团社和中国驻所在

① 商合发〔2013〕242号。

国家使领馆报告；组团社应当及时向旅游行政部门和公安机关报告。

中国公民在出境旅游过程中生命财产受到损害或严重威胁的重大和较大突发事件发生后，国家应启动应急处置工作。根据《中国公民出境旅游突发事件应急预案（简本）》的规定，应急救助工作实际应坚持如下原则：（1）以人为本，救助第一。以保障出境旅游的中国公民生命财产安全为准则，履行政府公共服务职能，尽力提供事前、事中和事后的必要应急救助。（2）迅速反应，减少损失。事件发生后做到在第一时间、第一现场实施救助和报告。根据需要，迅速动员和协调国内外应急救援力量，力争在最短的时间内将危害和损失降到最低程度。（3）依法规范，协调配合。遵守国家法律法规和国际条约，参照事发国（地区）法律法规的相关规定。各部门要认真履行职责，主动配合协调，保证信息畅通，确保应急措施到位。（4）顾全大局，服从指挥。各相关部门和涉事单位要认真贯彻党中央、国务院有关处理突发事件的要求，认真履行职责，树立大局意识，服从应急指挥机构的统一领导，保证完成各项处置工作。

中国公民出境旅游突发事件发生后，根据需要启动不同级别的应急响应机制。处理重大和较大突发事件，启用以下组织指挥系统：（1）部际联席会议。中国公民出境旅游重大和较大突发事件发生后，根据需要启动境外中国公民和机构安全保护工作部际联席会议，统一组织、协调、指挥应急处置工作。（2）应急领导小组。中国公民出境旅游重大和较大突发事件发生后，启动外交部和国家旅游局成立的应急领导小组，负责统一组织、协调、指挥应急处置工作。必要时，国务院其他有关部门和相关省级人民政府参与组织协调。

根据事发地点、性质、规模和影响，中国公民出境旅游突发事件分为特别重大（Ⅰ级）、重大（Ⅱ级）、较大（Ⅲ级）和一般（Ⅳ级）四级响应。事发后，当事人立即向事发地有关部门报警求助，并组织必要的自救。同时，迅速向我驻当地外交机构和国内组团单位报告。我驻外外交机构接到事发报告后，采取必要措施，努力控制事态，并迅速将事发情况向外交部和国家旅游局报告。我境外有关部门协助开展医疗急救、财产保护、安置安抚和游客转移等工作。对救助及善后处理提出建议，随时向国内报告。旅游机构及时了解核实涉事旅游团队及游客情况，及时准确向有关部门提供信息。迅速通知涉事保险机构及国际救援机构提供紧急救援。督促国内组团单位履行合同承诺，采取措施保证及时救助。组织协调国内组团单位负责人和当事游客家属尽快赴事发国（地区）参与和协助处理有关事宜。根据需要，派遣有关部门和地方政府组成的工作组。与事发国（地区）有关部门交涉，寻求必要的合作与支持。组织协调有关部门和地方政府协助做好应急处置相关工作。后期处置主要包括做好旅游团队回国后的善后工作和提交事件处理报告。

新冠疫情暴发之后，文化和旅游部办公厅于 2020 年 1 月 24 日发布《关于全力做好新型冠状病毒感染的肺炎疫情防控工作暂停旅游企业经营活动的紧急通知》，要求即日起，全国旅行社及在线旅游企业暂停经营团队旅游及“机票+酒店”旅游产品。2020年7月，最高人民法院、司法部、文化和旅游部联合发布《关于依法妥善处理涉疫情旅游合同纠纷有关问题的通知》，要求妥善化解纠纷。文化和旅游部门、司法行政部门、人民法院应当始终以法律为准绳，客观、全面、公平认定疫情在具体案件中对旅游经营者、旅游者造成的影响，在明确法律关系性质和合同双方争议焦点的基础上，平衡各方利益，兼顾旅游者权益保护与文化旅游产业发展，积极、正面引导旅游经营者和旅游者协商和解、互谅互让、共担风险、共渡难关，妥善化解纠纷，争取让绝大多数涉疫情旅游合同纠纷以非诉讼方式解决，维护良好的旅游市场秩序。最高人民法院于2020年12月修正了《关于审理旅游纠纷案件适用法律若干问题的规定》。2021年10月，文化和旅游部办公厅发布《关于从严从紧抓好文化和旅游行业疫情防控工作的紧急通知》（文旅发电〔2021〕276号），要求严格做好外防输入工作。旅行社及在线旅游企业不得经营出入境团队旅游和“机票+酒店”业务，不得以任何形式搞变通。

2020年4月，最高人民法院发布第三批8个依法惩处妨害疫情防控犯罪典型案例，其中之一为“郭某某妨害传染病防治案”。该案中，2020年2月29日至3月7日，被告人郭某某从河南省郑州市乘坐火车到达北京市，从北京市乘飞机经阿联酋阿布扎比中转，先后到意大利米兰、法国巴黎旅行，后乘飞机按原路线返回。3月7日，郭某某乘飞机从阿布扎比到达北京市后，乘坐机场大巴到北京西站，于当日下午乘坐火车返回郑州市。回到郑州市后，郭某某明知境外入郑人员需要申报健康登记和采取隔离措施，故意隐瞒出入境情况，且未执行隔离规定，返程次日到单位上班。其间，郭某某出现咽痛、发热等症状，仍多次乘坐公共交通工具，出入公共场所。3月11日，郭某某被确诊为新冠患者，与其密切接触的43人被集中隔离进行医学观察，其工作单位所在大厦全楼封闭7天。而后，43名密切接触者均已解除隔离医学观察，尚无人实际感染新型冠状病毒。河南省郑州市二七区人民法院经审理认为，被告人郭某某违反传染病防治法的规定，拒绝执行卫生防疫机构依照传染病防治法提出的预防、控制措施，引起新型冠状病毒传播的严重危险，其行为构成妨害传染病防治罪。郭某某在全球疫情蔓延的形势下，出国旅游返回后故意隐瞒出入境情况，不执行隔离规定，多次出入公共场所，造成43名密切接触者被集中隔离，单位所在办公大楼被封闭7天，社会危害严重，影响恶劣，应依法从严惩处。综合其犯罪事实、性质、情节和对社会的危害程度以及认罪悔罪表现，人民法院于2020年4月3日以妨害传染病防治罪判处被告郭某某有期徒刑一年六个月。

四、国际公共卫生事件应急管理

（一）突发公共卫生事件的概念

国务院2003年颁布、2011年修订的《突发公共卫生事件应急条例》第2条规定："本条例所称突发公共卫生事件，是指突然发生，造成或者可能造成社会公众健康严重损害的重大传染病疫情、群体性不明原因疾病、重大食物和职业中毒以及其他严重影响公众健康的事件。"

自SARS事件后，我国发生了数次突发公共卫生事件：人感染禽流感事件、三鹿奶粉事件、甲型H1N1流感事件、H7N9禽流感疫情和新冠疫情等。这些突发公共卫生事件都引发了不同程度的国际关注。尤其是新冠疫情，其是我国乃至世界历史上百年未遇的全球性突发公共卫生事件，在应对它的过程中也暴露出了我国突发公共卫生应急管理法治建设的一些不足。

（二）国际关注的突发公共卫生事件

北京时间2020年1月31日凌晨，世界卫生组织（WHO）宣布将新冠疫情列为"国际关注的突发公共卫生事件"（Public Health Emergency of International Concern，PHEIC)。根据《国际卫生条例（2005)》第12条（国际关注的突发公共卫生事件的确定)："根据收到的信息，特别是从本国领土上正发生事件的缔约国收到的信息，总干事应当按照本条例规定的标准和程序确定该事件是否构成国际关注的突发公共卫生事件。"依据该条例规定进行评估的总干事如果认为正发生国际关注的突发公共卫生事件，则应当与本国领土上发生事件的缔约国就初步决定进行磋商。如果总干事和缔约国对决定意见一致，则总干事应当根据第49条规定的程序就适宜的临时建议征求按第48条成立的委员会（以下统称"突发事件委员会"）的意见。在以上初步磋商之后，如果总干事和本国领土上发生事件的缔约国未能在48小时内就事件是否构成国际关注的突发公共卫生事件取得一致意见，应当按照第49条规定的程序做出决定。

在决定某个事件是否构成国际关注的突发公共卫生事件时，总干事应当考虑：(1）缔约国提供的信息；(2)《评估和通报可能构成国际关注的突发公共卫生事件的决策文件》所含的决策文件；（3）突发事件委员会的建议；（4）科学原则以及现有的科学依据和其他有关信息；（5）对人类健康危险度、疾病国际传播风险和对国际交通干扰危险度的评估。经与本国领土上发生国际关注的突发公共卫生事件的缔约国磋商后，如果总干事认为一起国际关注的突发公共卫生事件业已结束，则总干事应当按照第49条规定的程序做出决定。

《国际卫生条例（2005)》附件2《评估和通报可能构成国际关注的突发公共卫生事件的决策文件》中列举了以下四个衡量标准：（1）事件的公共卫生影响是否严重；（2）事件是否不寻常或意外；（3）是否有国际传播的严重危险；（4）是否有限制国际旅行或贸易的严重危险。

若按第12条确定正发生国际关注的突发公共卫生事件，总干事应当根据第49条规定的程序发布临时建议。可酌情（包括在确定国际关注的突发公共卫生事件已经结束后）修改或延续此类临时建议，此时也可按需要发布旨在预防或迅速发现其卷土重来的其他临时建议。临时建议可包括遭遇国际关注的突发公共卫生事件的缔约国或其他缔约国对人员、行李、货物、集装箱、交通工具、物品和（或）邮包拟采取的卫生措施，其目的在于防止或减少疾病的国际传播和避免对国际交通的不必要干扰。世卫组织可根据第53条提出关于常规或定期采取适宜卫生措施的长期建议。缔约国可针对正发生的特定公共卫生危害对人员、行李、货物、集装箱、交通工具、物品和（或）邮包采取以上措施，其目的是防止或减少疾病的国际传播和避免对国际交通的不必要干扰。世卫组织可根据第53条适时修改或撤销长期建议。

2024年12月底，已有128个国家报告了超过12万例猴痘病例，2024年8月14日，WHO已宣布猴痘疫情为国际关注的突发公共卫生事件。

（三）国际关注的突发公共卫生事件应急能力建设

《国际卫生条例（2005）》是我国加入的一部具有普遍约束力的国际卫生法。该条例认为各缔约国应当发展、提高或保持其快速有效应对国际关注的突发公共卫生事件的应急核心能力，并要求在2012年6月15日前，发现、评估、报告、通报和处置突发公共卫生事件的能力全部达标，不能如期达标可申请延期。2012年6月，综合考虑各方面因素，我国向世界卫生组织提出了延期两年达标的申请并获得同意。此后两年，国家卫生计生委、环境保护部、农业部、质检总局、安全监管总局、食品药品监管总局、林业局、国防科工局等部门高度重视公共卫生应急核心能力建设，按照该条例要求，进一步密切配合，认真梳理存在的主要问题和差距，制定具体工作计划和方案，加强对本系统公共卫生应急核心能力建设的指导和督查工作。各省级人民政府加强组织领导，加大工作支持力度，建立健全卫生计生、环境保护、农业、质检、安全监管、食品药品监管、林业、国防科工等多部门应对公共卫生风险和突发公共卫生事件的应急处置协作机制，加强信息共享和措施联动，加大对出入境口岸基础设施建设的投入力度，加强实验室检测能力建设，提高生物安全监管水平，定期开展应急培训和演练，着力提高生物、化学、核辐射等各类因素引发的突发公共卫生事件的应急处置能力。

目前，我国突发公共卫生事件监测及应对能力、实验室能力和生物安全管理能力、出入境口岸核心能力、人畜共患病防控能力、食品药品安全事故防控能力、化学性和核辐射事件防控能力等公共卫生核心能力均达到了《国际卫生条例（2005）》的要求。我国于2014年如期实现了《国际卫生条例（2005）》要求的能力建设目标。

2006年，国务院编制了《国家突发公共卫生事件应急预案》。该预案根据突发公共卫生事件的性质、危害程度、涉及范围，将突发公共卫生事件划分为特别重大（Ⅰ级）、重大（Ⅱ级）、较大（Ⅲ级）和一般（Ⅳ级）四级。其中，特别重大突发公共卫生事件主要包括：（1）肺鼠疫、肺炭疽在大、中城市发生并有扩散趋势，或肺鼠疫、肺炭疽疫情波及2个以上的省份，并有进一步扩散趋势。（2）发生传染性非典型肺炎、人感染高致病性禽流感病例，并有扩散趋势。（3）涉及多个省份的群体性不明原因疾病，并有扩散趋势。（4）发生新传染病或我国尚未发现的传染病发生或传入，并有扩散趋势，或发现我国已消灭的传染病重新流行。（5）发生烈性病菌株、毒株、致病因子等丢失事件。（6）周边以及与我国通航的国家和地区发生特大传染病疫情，并出现输入性病例，严重危及我国公共卫生安全的事件。（7）国务院卫生行政部门认定的其他特别重大突发公共卫生事件。

（四）国境卫生检疫制度

为了加强国境卫生检疫工作，防止传染病跨境传播，保障公众生命安全和身体健康，防范和化解公共卫生风险，我国制定了《中华人民共和国国境卫生检疫法》（2024年修订），实施国境卫生检疫制度。在中华人民共和国对外开放的口岸，海关依照本法规定履行检疫查验、传染病监测、卫生监督和应急处置等国境卫生检疫职责。该法第36条规定，根据重大传染病疫情应急处置需要，经国务院决定，可以暂时封锁有关国境或采取其他必要的应急处置措施。

根据《中华人民共和国进出境动植物检疫法》（2009年修正）的规定：国外发生重大动植物疫情并可能传入中国时，国务院应当采取紧急预防措施，必要时可以下令禁止来自动植物疫区的运输工具进境或者封锁有关口岸；受动植物疫情威胁地区的地方人民政府和有关口岸动植物检疫机关，应当立即采取紧急措施，同时向上级人民政府和国家动植物检疫机关报告。邮电、运输部门对重大动植物疫情报告和送检材料应当优先传送。

依据《中华人民共和国国境卫生检疫法》及其实施细则和《突发公共卫生事件应急条例》，海关总署发布了《国境口岸突发公共卫生事件出入境检验检疫应急处理规定》（2018年修正）。根据该规定，突发公共卫生事件（以下简称突发事件）是指突然发生，造成或可能造成出入境人员和国境口岸公众健康严重损害的重大传染病疫情、群体性不明原因疾病、重大食物中毒以及其他严重影响公众健康的事件，包括：（1）发生鼠疫、霍乱、黄热病、肺炭疽、传染性非典型肺炎病例的；（2）乙类、丙类传染病较大规模的暴发、流行或多人死亡的；（3）发生罕见的或者国家已宣布消除的传染病等疫情的；（4）传染病菌种、毒种丢失的；（5）发生临床表现相似的但致病原因不明且有蔓延趋势或可能蔓延趋势的群体性疾病的；（6）中毒人数10人以上或者中毒死亡的；（7）国内外发生突发事件，可能危及国境口岸的。根据该规定第21条，突发事件发生后，发生地海关经上一级海关批准，应当对突发事件现场采取下列紧急控制措施：（1）对现场进行临时控制，限制人员出入；对疑为人畜共患的重要疾病疫情，禁止病人或者疑似病人与易感动物接触。（2）对现场有关人员进行医学观察，临时隔离留验。（3）对出入境交通工具、货物、集装箱、行李、邮包等采取限制措施，禁止移运。（4）封存可能导致突发事件发生或者蔓延的设备、材料、物品。(5) 实施紧急卫生处理措施。

海关总署按照《突发公共卫生事件应急条例》的要求，制订全国国境口岸突发事件出入境检验检疫应急预案。主管海关根据全国国境口岸突发事件出入境检验检疫应急预案，结合本地口岸实际情况，制订本地国境口岸突发事件出入境检验检疫应急预案，并报上一级海关和当地政府备案。

面对新冠疫情在境外呈现扩散态势、通过口岸向境内蔓延扩散风险加剧的严峻形势，最高人民法院、最高人民检察院、公安部、司法部、海关总署 2020 年 3 月联合发布《关于进一步加强国境卫生检疫工作 依法惩治妨害国境卫生检疫违法犯罪的意见》，依法及时、从严惩治妨害国境卫生检疫的各类违法犯罪行为，切实筑牢国境卫生检疫防线，坚决遏制疫情通过口岸传播扩散，为维护公共卫生安全提供有力的法治保障。[①]

(五) 国际航空安全防疫

《国际民用航空公约》第 14 条规定，“各缔约国同意采取有效措施防止经由空中航行传播霍乱、斑疹伤寒 (流行性)、天花、黄热病、鼠疫以及各缔约国随时确定的其他传染病。为此，各缔约国将与负责关于航空器卫生措施的国际规章的机构保持密切的磋商。此种磋商应不妨碍各缔约国所参加的有关此事的任何现行国际公约的适用”。《国际民用航空公约》附件 19《安全管理》中“安全”的定义为“将与航空器运行相关或直接支持航空器运行的航空活动的相关风险减少并控制在一个可接受水平的状态”。《国际民航组织关于民航当局管理 2019 冠状病毒病相关航空安全风险的手册》将其扩展至卫生安全。

《国际卫生条例 (2005)》规定了机场、港口和陆地口岸的公共卫生安全，要求缔约国在指定的机场、港口和陆地口岸必须具备监测发现、科学预警、有效应对公共卫生风险和突发公共卫生事件的能力。此外，该条例第 43 条“额外卫生措施”还规定，缔约国为应对特定公共卫生风险或国际关注的突发公共卫生事件，可根据本国有关法律和国际法义务采取卫生措施。前提是这些措施对国际交通的限制及对人员的伤害不应超过“适度保护健康”的其他合理的可行措施。如果采取额外卫生措施给国际交通造成明显干扰的，应该在 48 小时内向世界卫生组织提供采取此类措施的公共卫生依据和科学信息。

2016 年 3 月和 4 月，交通运输部又根据民航应急工作的实际需要，先后公布了《中国民用航空应急管理规定》(交通运输部令 2016 年第 10 号) 与《民用运输机场突发事件应急救援管理规则》(交通运输部令 2016 年第 45 号)。民航局也根据国家相关立法及《国家突发公共卫生事件应急预案》编制了《突发公共卫生事件民用航空应急控制预案》。

---

① 署法发〔2020〕50 号。

新冠疫情暴发后，中国政府严格按照上述公约和国内法的规定，对国际航班采取了必要的控制措施。中国民用航空局2020年3月26日发布《关于疫情防控期间继续调减国际客运航班量的通知》（民航发〔2020〕12号）。2020年6月4日发布《民航局关于调整国际客运航班的通知》（民航发〔2020〕27号），规定自2020年6月8日起，实施航班奖励和熔断措施：（1）民航局、外交部、国家卫健委、海关总署、移民局等共同建立专班机制，以入境航班落地后旅客核酸检测结果为依据，对航班实施熔断和奖励措施。（2）奖励措施。航空公司同一航线航班，入境后核酸检测结果为阳性的旅客人数连续3周为零的，可在航线经营许可规定的航班量范围内增加每周1班，最多达到每周2班。（3）熔断措施。航空公司同一航线航班，入境后核酸检测结果为阳性的旅客人数达到5个的，暂停该公司该航线运行1周；达到10个的，暂停该公司该航线运行4周。"熔断"的航班量不得调整用于其他航线。"熔断"期结束后，航空公司方可恢复每周1班航班计划。

2021年4月28日，民航局发布《关于国际定期客运航班熔断措施调整试行的通知》，将《民航局关于调整国际客运航班的通知》第7条第3款国际客运航班"熔断措施"调整为"航班熔断或控制客座率运行措施"。具体如下："1. 航空公司单一入境航班确诊旅客人数达到5例的，可从以下两种限制运行的方式中自主选择：（1）航班熔断措施：自航班入境的第四周起，暂停该航班运行2周，并取消奖励航班；（2）控制客座率运行措施：自航班入境的第四周起，限制该航班以不高于40%的客座率运行4周，并取消奖励航班。2. 航空公司单一入境航班确诊旅客人数达到10例的，自航班入境的第四周起暂停该航班运行4周，并取消奖励航班。如连续两班确诊旅客人数分别达到10例的，当周立即熔断，累计暂停运行8周。3. 航空公司单一入境航班确诊旅客人数达到30例的，当周立即熔断，暂停该航班运行4周。"

熔断措施实施后，美国多次以航班熔断机制为由对中国航班采取"报复"举措。2021年8月，美国交通部将中国航空公司的四个航班载客量限制在40%以下，为期四周，作为对中国民航局暂停美国联合航空四趟航班的回应。2022年1月，美国交通部暂停了中国航空公司从美国飞往中国的44趟航班，时间从1月30日起至3月29日，以此回应此前中国民航局暂停美国航空公司44趟航班的决定。美国交通部此举其实是以航班运营为借口向中国方面施压，以获取某些"霸王特权"。中国的熔断措施是根据《国际卫生条例（2005）》和《国际民用航空公约》采取的正常防疫安全措施，并不是针对某一个特定国家，而是一视同仁的。美国的做法则并非基于疫情防控的需要，而纯粹是出于"报复"，其显然混淆了《中美空中运输协定》关于运输的规定与《国际民用航空公约》及其附件关于防疫的规定，单方将中方的防疫行为解释为对于相关义务的违反。

五、跨境核事故应急管理

2003 年颁布的《中华人民共和国放射性污染防治法》规定，该法适用于中华人民共和国领域和管辖的其他海域在核设施选址、建造、运行、退役和核技术、铀（钍）矿、伴生放射性矿开发利用过程中发生的放射性污染的防治活动。国家建立健全核事故应急制度。核设施主管部门、环境保护行政主管部门、卫生行政部门、公安部门以及其他有关部门，在本级人民政府的组织领导下，按照各自的职责依法做好核事故应急工作。

国务院于 1993 年颁布了《核电厂核事故应急管理条例》，2011 年对其进行了修订，适用于可能或者已经引起放射性物质释放、造成重大辐射后果的核电厂核事故（以下简称核事故）应急管理工作。该条例规定，国家核事故应急计划由国务院指定的部门组织制定。

2013 年，国务院办公厅发布《国家核应急预案》。该预案适用于我国境内核设施及有关核活动已经或可能发生的核事故。境外发生的对我国大陆已经或可能造成影响的核事故应对工作参照该预案进行响应。国家核应急协调委负责组织协调全国核事故应急准备和应急处置工作。国家核应急协调委主任委员由工业和信息化部部长担任。日常工作由国家核事故应急办公室承担。必要时，成立国家核事故应急指挥部，统一领导、组织、协调全国的核事故应对工作。

因核事故应急响应需要，可以实行地区封锁。省、自治区、直辖市行政区域内的地区封锁，由省、自治区、直辖市人民政府决定；跨省、自治区、直辖市的地区封锁，以及导致中断干线交通或者封锁国境的地区封锁，由国务院决定。

国家核应急协调委统筹协调核应急国际通报与国际援助工作。按照《及早通报核事故公约》的要求，当核事故造成或可能造成超越国界的辐射影响时，国家核应急协调委通过核应急国家联络点向国际原子能机构通报。向有关国家和地区的通报工作，由外交部按照双边或多边核应急合作协议办理。必要时，国家核应急协调委提出请求国际援助的建议，报请国务院批准后，由国家原子能机构会同外交部按照《核事故或辐射紧急情况援助公约》的有关规定办理。

日本福岛核泄漏事故发生后，国家核安全局会同有关部委对运行和在建核电厂开展了核安全检查，检查结果表明：我国核电厂具备一定的严重事故预防和缓解能力，安全风险处于受控状态，安全是有保障的。为了进一步提高我国核电厂的核安全水平，国家核安全局依据检查结果对各核电厂提出了改进要求。为了规范各核电厂共性的改进行动，国家核安全局组织编制了《福岛核事故后核电厂改进行动通用技术要求》，作为核电厂后续改进行动的指导性文件。2012 年，国家核安全局印发《福岛核事故后核电厂改进行动通用技术要求（试行）》的通知（国核安发〔2012〕98 号），该文件结合了我国核电厂的实际情况，综合考虑了福岛核事故后的初步经验反馈，集合了行业内各方的意见，反映了国内核能界对于福岛核事故后安全改进的认识水平，是用于指导我国核电厂开展改进工作的综合性文件。

第二节 华侨和海外中国人权益保护

一、概论

《宪法》第 50 条原则性规定："中华人民共和国保护华侨的正当的权利和利益，保护归侨和侨眷的合法的权利和利益。"《中华人民共和国归侨侨眷权益保护法》第 2 条规定："归侨是指回国定居的华侨。华侨是指定居在国外的中国公民。侨眷是指华侨、归侨在国内的眷属。本法所称侨眷包括：华侨、归侨的配偶，父母，子女及其配偶，兄弟姐妹，祖父母、外祖父母，孙子女、外孙子女，以及同华侨、归侨有长期扶养关系的其他亲属。"

2009 年 4 月 24 日，中国国务院侨务办公室印发的《关于界定华侨外籍华人归侨侨眷身份的规定》对华侨、外籍华人、归侨及侨眷的概念进行了更明确的规定：

（1）华侨是指定居在国外的中国公民。"定居"是指中国公民已取得住在国长期或者永久居留权，并已在住在国连续居留两年，两年内累计居留不少于 18 个月；中国公民虽未取得住在国长期或者永久居留权，但已取得住在国连续 5 年以上（含 5 年）合法居留资格，5 年内在住在国累计居留不少于 30 个月，视为华侨；中国公民出国留学（包括公派和自费）在外学习期间，或因公务出国（包括外派劳务人员）在外工作期间，均不视为华侨。

（2）外籍华人是指已加入外国国籍的原中国公民及其外国籍后裔，中国公民的外国籍后裔。

（3）归侨是指回国定居的华侨。"回国定居"是指华侨放弃原住在国长期、永久或合法居留权并依法办理回国落户手续；外籍华人经批准恢复或取得中国国籍并依法办理来中国落户手续的，视为归侨。

（4）侨眷是指华侨、归侨在国内的眷属。侨眷包括：华侨、归侨的配偶，父母，子女及其配偶，兄弟姐妹，祖父母、外祖父母，孙子女、外孙子女，以及同华侨、归侨有长期扶养关系的其他亲属。外籍华人在中国境内的具有中国国籍的眷属视为侨眷。

华侨和外籍华人在开展侨务工作中通常密不可分，华侨和外籍华人统称侨胞。我国是侨务资源大国，有 6 000 多万海外侨胞分布在世界近 200 个国家和地区，其中华侨 600 多万，外籍华人 5 000 多万，他们是中华民族的重要组成部分，是维护国家主权、安全、发展利益及促进中外友好的重要依靠力量，是我国不可替代的重要资源。[①]

除了侨胞之外，其他因工作、留学、旅游、看病治疗等居留在境外的中国人数量也日益剧增，他们和华侨一起被统称为海外中国人。海外中国人由于都具有中国国籍，因此都要接受中国法律的属人管辖。但非定居的海外中国人不具有华侨身份，他们与华侨在法律上的权利义务方面有所差别。

我国政府高度重视中国公民的海外利益保护，2006 年外交部即在领事司中专门设立领事保护处，2007 年其又升格为领事保护中心。但目前我国尚无专门保护海外侨胞和海外中国公民权益方面的立法。2006 年，十届全国人大代表在第 206 号、第 583 号议案中就曾提议制定“保护海外公民安全法”或“境外中国公民合法权益保护法”等单行法律。国务院法制办公室曾于 2009 年发布《中华人民共和国领事工作条例（征求意见稿）》，这是中国首次尝试就领事保护进行立法。

党的十八大以来，以习近平同志为核心的党中央统筹国内国际两个大局，对做好侨务工作、凝聚侨心侨力实现中国梦作出新的部署、提出新的要求。习近平总书记以实现中华民族伟大复兴的战略胸怀，提出“团结统一的中华民族是海内外中华儿女共同的根，博大精深的中华文化是海内外中华儿女共同的魂，实现中华民族伟大复兴是海内外中华儿女共同的梦”的重要论述，相信“广大海外侨胞一定能够发挥不可替代的重要作用”，强调“把广大海外侨胞和归侨侨眷紧密团结起来，发挥他们在中华民族伟大复兴中的积极作用，是党和国家的一项重要工作”，要求侨务部门当好海外侨胞和归侨侨眷的贴心人，成为侨务工作的实干家。《中共中央关于全面推进依法治国若干重大问题的决定》指出：“依法维护海外侨胞权益。”党的十九大报告提出：“广泛团结联系海外侨胞和归侨侨眷，共同致力于中华民族伟大复兴。”党的二十大报告提出：“加强和改进侨务工作，形成共同致力民族复兴的强大力量。”

二、华侨权益保护的法律制度

从国际法看，侨民要接受两种管辖权：一方面，基于国籍这一法律联系，侨民受其国籍国保护，有忠于本国的义务。另一方面，侨民居住国依据其属地管辖权，对该国领域内的外国侨民拥有管辖权。侨民对居住地国也负有一定的法律义务，不得违反居住国的法律。

对于居住国而言，侨民是外国人。通常，各国都在宪法、民法、商法、劳动法、诉讼法及其他有关的法律中明确规定外国人在本国所享有的权利和承担的义务。居住地国可以根据该国社会和经济发展情况以及该国与外国之间缔结或参加的国际条约，决定赋予本国境内的外国人何种法律地位。历史上，一些国家曾经

① 国务院侨务办公室主任许又声：《国务院关于华侨权益保护工作情况的报告》，2018 年 4 月 25 日在第十三届全国人民代表大会常务委员会第二次会议上。

对外国侨民施加限制、进行打压甚至迫害。例如，美国于 1882 年 5 月 6 日签署的“排华法案”允许美国暂停中国人入境移民，禁止华人在美拥有房产、禁止华人与白人通婚、禁止华人妻子儿女移民美国、禁止华人在政府就职、禁止华人同白人在法院对簿公堂等。该法案直到 1943 年才被废除。2012 年 6 月 18 日，美国众议院全票表决通过，美国正式以立法形式就 1882 年通过的“排华法案”道歉。[①] 西方列强历史上还曾通过所谓的“治外法权”制度来保护本国海外国民的利益，这种帝国主义法律霸权制度已遭到历史的唾弃。

侨民在居住国受保护的权利通常包括人身权、财产权、著作权、发明权、劳动权、受教育权、婚姻家庭权、继承权等人身权、财产权及诉讼权利。但大多数国家都不给予外国侨民居住国的政治权利。

国务院于 2016 年印发《国家侨务工作发展纲要（2016—2020 年）》，对加强侨务法治建设、依法维护海外侨胞和归侨侨眷权益提出明确要求。国务院侨办、公安部、外交部于 2013 年印发《华侨回国定居办理工作规定》，规范华侨回国定居办理工作程序。

华侨权益保护目前仍缺乏国家层面的专门性法律支撑。相关华侨权益保护的内容散见在《归侨侨眷权益保护法》《国籍法》《出境入境管理法》《民法典》《公益事业捐赠法》等法律以及有关行政法规中。

1990 年，国务院颁布《关于鼓励华侨和香港澳门同胞投资的规定》。华侨、港澳投资者在境内投资举办拥有全部资本的企业、合资经营企业和合作经营企业，除适用于该规定外，参照执行国家有关涉外经济法律、法规的规定，享受相应的外商投资企业待遇。

2015 年 10 月，中国第一部保护华侨权益的省级地方性法规——《广东省华侨权益保护条例》实施，条例对华侨政治、人身、社保、生育、教育、财产、投资、捐赠等八个方面权益的保护作出具体规定，还将外籍华人权益保护列入其中，成为华侨权益保护地方性条例的范例。2016 年 9 月，《福建省华侨权益保护条例》施行，这是中国省级人大颁布的第二部综合性保护华侨权益的地方性法规，涉及华侨普遍关注的政治权益、出入境权益及身份认定、投资权益、捐赠权益、华侨文化保护、回国创业等方面。2015 年通过的《国家安全法》第 33 条明确规定：“国家依法采取必要措施，保护海外中国公民、组织和机构的安全和正当权益，保护国家的海外利益不受威胁和侵害。”党的十八届四中全会通过的《中共中央关于全面推进依法治国若干重大问题的决定》明确提出：“强化涉外法律服务，维护我国公民、法人在海外及外国公民、法人在我国的正当权益，依法维护海外侨胞权益。”2018 年 9 月，十三届全国人大常委会立法规划公布，华侨权益保护已经入选

---

① 邹奕：《排华法案的宪法争议——美国排华判例中“国会全权”原则检讨》，《环球法律评论》2013 年第 5 期。

第三类立法项目。

《中共中央关于全面推进依法治国若干重大问题的决定》指出："依法维护海外侨胞权益。"国家深化为侨服务举措，切实维护海外侨胞和归侨侨眷合法权益。各地方和有关部门紧紧围绕海外侨胞和归侨侨眷的利益诉求，积极深入做好为侨服务工作。不断完善惠侨政策举措。建成出入境证件身份认证平台，为华侨提供身份核验，有效解决华侨持护照在国内办理事务不便利问题；实施对外籍华人申请多次签证、长期居留和永久居留的便利政策；实施便利境外中国公民办理业务的 6 项政策措施，为华侨办理驾驶证、身份证及出入境等业务提供便利；制定印发华侨子女接受义务教育、华侨学生接受高中阶段教育、普通高等学校招收华侨学生等政策文件，依法保障华侨子女及华侨学生的受教育权；认真落实华侨参保有关政策，将符合参保条件的华侨纳入社会保险覆盖范围，明确办理退休手续后出国定居或者加入外国国籍的，可以享受社会保险待遇。2015 年以来，广东、福建、上海、湖北、浙江、海南、四川、贵州、天津、山东等 10 省市先后颁布实施华侨权益保护条例，党的二十大报告提出，"维护我国公民、法人在海外合法权益"。研究制定华侨权益保护法，对于统筹推进国内法治和涉外法治、完善涉外法治体系、依法维护海外侨胞权益具有积极意义。近年来，俄罗斯、韩国、印度尼西亚、菲律宾、印度等国针对本国海外侨民的权益保护积极开展立法工作，在借助侨务资源促进本国经济社会发展、引进海外侨民人才、传承民族文化等方面发挥了积极作用，为我国开展华侨权益保护法立法工作提供了有益借鉴。

2023 年 6 月 29 日，国务院第九次常务会议通过了《中华人民共和国领事保护与协助条例》，自 2023 年 9 月 1 日起施行。该条例适用于在国外的中国公民、法人、非法人组织正当权益被侵犯或者需要帮助时，驻外外交机构依法维护其正当权益及提供协助的行为。该条例对海外华侨权益保护提供了坚实保障。

《　　　　　　　》※任课教师调查问卷

为了能更好地为您提供优秀的教材及良好的服务，也为了进一步提高我社法学教材出版的质量，希望您能协助我们完成本次小问卷，完成后您可以在我社网站中选择与您教学相关的1本教材作为今后的备选教材，我们会及时为您邮寄送达！如果您不方便邮寄，也可以申请加入我社的**法学教师 QQ 群：436438859（申请时请注明法学教师）**，然后下载本问卷填写，并发往我们指定的邮箱（cruplaw@163.com）。

邮寄地址：北京市海淀区中关村大街59号文化大厦中国人民大学出版社1202室收

邮　　编：100872

再次感谢您在百忙中抽出时间为我们填写这份调查问卷，您的举手之劳，将使我们获益匪浅！

基本信息及联系方式：※

姓名：__________ 性别：__________ 课程：______________

任教学校：______________________ 院系（所）：__________

邮寄地址：______________________ 邮编：______________

电话（办公）：__________ 手机：__________ 电子邮件：________

调查问卷：※

1. 您认为图书的哪类特性对您选用教材最有影响力？（　　）（可多选，按重要性排序）

   A. 各级规划教材、获奖教材　　B. 知名作者教材

   C. 完善的配套资源　　D. 自编教材

   E. 行政命令

2. 在教材配套资源中，您最需要哪些？（　　）（可多选，按重要性排序）

   A. 电子教案　　B. 教学案例

   C. 教学视频　　D. 配套习题、模拟试卷

3. 您对于本书的评价如何？（　　）

   A. 该书目前仍符合教学要求，表现不错将继续采用

   B. 该书的配套资源需要改进，才会继续使用

   C. 该书需要在内容或实例更新再版后才能满足我的教学，才会继续使用

   D. 该书与同类教材差距很大，不准备继续采用了

4. 从您的教学出发，谈谈对本书的改进建议：____________________

____

____

选题征集：如果您有好的选题或出版需求，欢迎您联系我们：

联系人：黄　强　联系电话：010-62515955

索取样书：书名：______________________

书号：______________________

备注：※ 为必填项。